다육식물 **세덤**

THE
PLANT LOVER'S GUIDE
TO
SEDUMS

THE **PLANT LOVER'S GUIDE** TO
SEDUMS
BRENT HORVATH

식물 애호가 안내서
다육식물 세덤

브랜트 호르바(Brent Horvath) 지음 / 남상용 옮김
(사)한국선인장과 다육식물협회 발행

목차(CONTENTS)

제1장 총론 ·· 5
1. 내가 세덤 다육식물을 좋아하는 이유 ········· 6
2. 세덤, 경계식물로서 디자인하기 ············· 12
3. 세덤에 대한 이해 ···························· 50
4. 세덤의 재배와 번식 ························· 64

제2장 각론 세덤류에 대한 소개 ············ 83

1. 로디올라 로세아 하위종 아티카 ············ 84
2. 로디올라 인테그리폴리아 ··················· 85
3. 로디올라 파키클라도스 ····················· 86
4. 세덤 ×루브로틴크툼 ························ 87
5. 세덤 ×루테오비리데 ························ 88
6. 세덤 그라실 ·································· 89
7. 세덤 그리세바치 ···························· 90
8. 세덤 글라우코필룸 ·························· 91
9. 세덤 노코엔세 ······························· 92
10. 세덤 대시필름 ······························ 93
11. 세덤 대시필름 변종 마크로필룸 ·········· 94
12. 세덤 덴드로이디움 ·························· 95
13. 세덤 디버겐스 ······························ 96
14. 세덤 디퓨섬 ································· 97
15. 세덤 락숨 ···································· 98
16. 세덤 란체올라툼 ···························· 99
17. 세덤 루시둠 ································ 100
18. 세덤 리가티 ································ 101
19. 세덤 리네아레 '바리에가툼' ············· 102
20. 세덤 리디움 ································ 103
21. 세덤 마키노이 ······························ 104
22. 세덤 마키노이 '오곤' ····················· 105
23. 세덤 멀티셉 ································ 106
24. 세덤 멕시카눔 ······························ 107
25. 세덤 멕시카눔 '레몬 볼' ················· 108
26. 세덤 모라넨세 ······························ 109
27. 세덤 모르가니아눔 ························ 110
28. 세덤 모시니아눔 ··························· 111
29. 세덤 보치이 ································ 112
30. 세덤 브레비폴리움 ························ 113
31. 세덤 사르멘토숨 ··························· 114
32. 세덤 섹상굴라레 ··························· 115
33. 세덤 수아베오렌스 ························ 116
34. 세덤 스탈리 ································ 117
35. 세덤 스테나페탈룸 '더글라시이' ········ 118
36. 세덤 스파툴리폴리움 아종 푸르푸레움 ······ 119
37. 세덤 스파툴리폴리움 아종 프루이노숨 '케이프 블랑코' ······ 120
38. 세덤 아돌피 ································ 121
39. 세덤 아크레 ································ 122
40. 세덤 아크레 '오레움' ····················· 123
41. 세덤 알란토이데스 ························ 124
42. 세덤 알붐 ··································· 125
43. 세덤 알붐 '코랄 카펫' ···················· 126
44. 세덤 알붐 '파로' ··························· 127
45. 세덤 알붐 변종 마크란툼 '클로로티쿰' ······ 128
46. 세덤 앵글리쿰 ······························ 129
47. 세덤 에마르지나툼 '에코 어메이산' ····· 130
48. 세덤 오레가눔 ······························ 131
49. 세덤 오레고넨세 ··························· 132
50. 세덤 오악사카눔 ··························· 133
51. 세덤 자포니쿰 '토교 선' ················· 134
52. 세덤 자포니쿰 변종 세나네세 ··········· 135
53. 세덤 자포니쿰 변종 푸밀룸 ············· 136
54. 세덤 집시콜라 ······························ 137
55. 세덤 콘푸섬 ································ 138
56. 세덤 클라바툼 ······························ 139
57. 세덤 킴나키 ································ 140
58. 세덤 테르나툼 ······························ 141
59. 세덤 테트락티눔 '코랄 리프' ············ 142
60. 세덤 트렐레아시 ··························· 143
61. 세덤 파키필룸 ······························ 144
62. 세덤 팔메리 ································ 145
63. 세덤 폴리트리초이데스 '초콜릿 볼' ····· 146
64. 세덤 푸르푸라시움 ························ 147
65. 세덤 풀첼룸 ································ 148
66. 세덤 프레알툼 ······························ 149
67. 세덤 헤르난데지이 ························ 150
68. 세덤 히스패니쿰 변종 미누스 ··········· 151
69. 세덤 히스패니쿰 변종 히스패니쿰 ····· 152
70. 시노크라슐라 유나넨세 ·················· 153
71. 오로스타키스 보에메리 ·················· 154
72. 페디무스 미덴도피아누스 ··············· 155
73. 페디무스 미덴도피아누스 '스트리아투스' ······ 156
74. 페디무스 셀스키아누스 ·················· 157
75. 페디무스 스톨로니페러스 ··············· 158
76. 페디무스 스푸리우스 '닥터 존 크리치' ······ 159
77. 페디무스 스푸리우스 '레닌그라드 화이트' ······ 160

번호	항목	페이지
78.	페디무스 스푸리우스 '레드 카펫'	161
79.	페디무스 스푸리우스 '트리컬러'	162
80.	페디무스 스푸리우스 '풀다글루트'	163
81.	페디무스 시초텐시스	164
82.	페디무스 아이조온	165
83.	페디무스 엘라콤비아누스	166
84.	페디무스 엘라콤비아누스 '더 엣지'	167
85.	페디무스 옵투시폴리우스 변종 리스토니아	168
86.	페디무스 캄차티쿠스	169
87.	페디무스 캄차티쿠스 변종 플로리페루스 '바이엔슈테파너 골드'	170
88.	페디무스 타케시멘시스 '골든 카펫'	171
89.	페디무스 하이브리더스 '임머그룬첸'	172
90.	페트로세덤 루페스트레	173
91.	페트로세덤 루페스트레 '블루 스프루스'	174
92.	페트로세덤 루페스트레 '안젤리나'	175
93.	페트로세덤 몬타눔 아종 오리엔탈	176
94.	페트로세덤 세디포르메	177
95.	페트로세덤 오크롤레우쿰	178
96.	페트로세덤 포스테리아눔 아종 엘레강스	179
97.	프로메튬 셈퍼비보이데스	180
98.	힐로텔레피움 '다즐베리'	181
99.	힐로텔레피움 '라요스'	182
100.	힐로텔레피움 '루비 글로우'	183
101.	힐로텔레피움 '마에스트로'	184
102.	힐로텔레피움 '마트로나'	185
103.	힐로텔레피움 '미스터 굳버드'	186
104.	힐로텔레피움 '베라 제임슨'	187
105.	힐로텔레피움 '베르트램 앤드슨'	188
106.	힐로텔레피움 '베카'	189
107.	힐로텔레피움 '블루 펄'	190
108.	힐로텔레피움 '비치 파티'	191
109.	힐로텔레피움 '생일 파티'	192
110.	힐로텔레피움 '선더클라우드'	193
111.	힐로텔레피움 '선더헤드'	194
112.	힐로텔레피움 '선셋 클라우드'	195
113.	힐로텔레피움 '소프트 클라우드'	196
114.	힐로텔레피움 '앰버'	197
115.	힐로텔레피움 '체리 타르트'	198
116.	힐로텔레피움 '초콜릿 드롭'	199
117.	힐로텔레피움 '칼'	200
118.	힐로텔레피움 '클라우드 워크'	201
119.	힐로텔레피움 '클래스 액트'	202
120.	힐로텔레피움 '퓨어 조이'	203
121.	힐로텔레피움 '플럼 퍼펙션'	204
122.	힐로텔레피움 '헙스트프로드'	205
123.	힐로텔레피움 스펙타빌 '네온'	206
124.	힐로텔레피움 스펙타빌 '브릴리안트'	207
125.	힐로텔레피움 스펙타빌 '스타더스트'	208
126.	힐로텔레피움 스펙타빌 '카르멘'	209
127.	힐로텔레피움 스펙타빌 '핑크 샤블리'	210
128.	힐로텔레피움 시에볼디이	211
129.	힐로텔레피움 시에볼디이 하위종 바리에가툼	212
130.	힐로텔레피움 아나캄프세로스	213
131.	힐로텔레피움 에리드로스티쿰 '메디오바리에가툼'	214
132.	힐로텔레피움 에리드로스티쿰 '프로스티 모른'	215
133.	힐로텔레피움 에웨르시이 아종 호모필룸 '로젠테피크'	216
134.	힐로텔레피움 우수리엔세 '터키시 딜라이트'	217
135.	힐로텔레피움 카우티콜라 '리다켄스'	218
136.	힐로텔레피움 타타리노위	219
137.	힐로텔레피움 텔레피움 '래스베리 트러플'	220
138.	힐로텔레피움 텔레피움 '레드 카울리'	221
139.	힐로텔레피움 텔레피움 '문라이트 세레나데'	222
140.	힐로텔레피움 텔레피움 '블랙 뷰티'	223
141.	힐로텔레피움 텔레피움 '제녹스'	224
142.	힐로텔레피움 텔레피움 '체리 트러플'	225
143.	힐로텔레피움 텔레피움 '퍼플 엠페러'	226
144.	힐로텔레피움 텔레피움 '포스트맨스 프라이드'	227
145.	힐로텔레피움 텔레피움 '피콜레트'	228
146.	힐로텔레피움 텔레피움 아종 루프레티 '합 그레이'	229
147.	힐로텔레피움 텔레피움 아종 맥시멈 '선키스트'	230
148.	힐로텔레피움 텔레피움 아종 텔레피움 '문스테드 다크 레드'	231
149.	힐로텔레피움 포풀리폴리움	232
150.	힐로텔레피움 플루리코울레 변종 에자웨	233

제3장 부록 ······ 235

1.	다육식물 세덤 판매처	236
2.	다육식물 세덤을 볼 수 있는 곳	238
3.	다육식물 세덤의 추가적인 정보들	239
4.	감사의 글	240
5.	사진 제공자들	240
6.	한글색인	241
7.	영문색인	253
8.	작물의 재배지역도	265

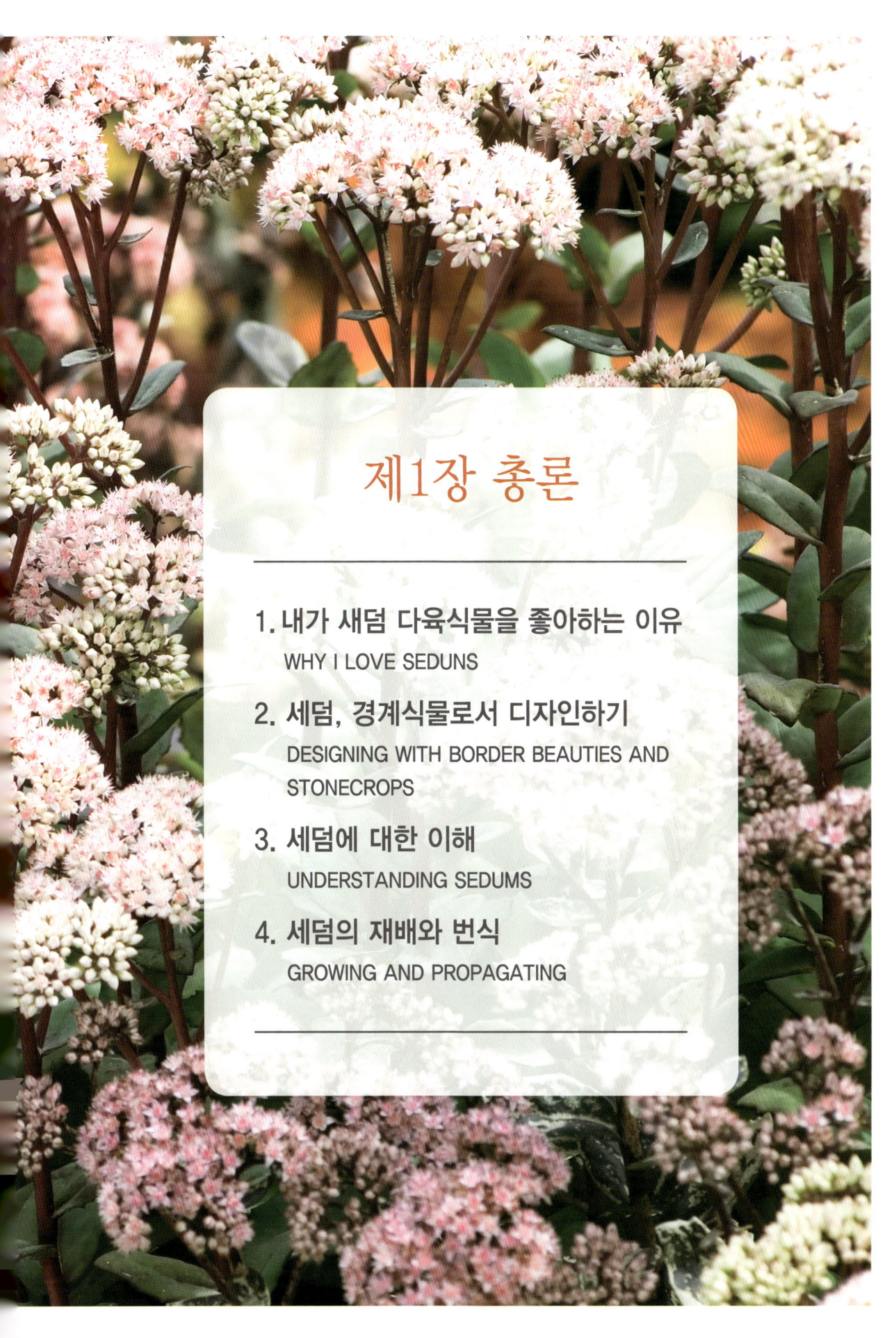

제1장 총론

1. **내가 새덤 다육식물을 좋아하는 이유**
   WHY I LOVE SEDUNS

2. **세덤, 경계식물로서 디자인하기**
   DESIGNING WITH BORDER BEAUTIES AND STONECROPS

3. **세덤에 대한 이해**
   UNDERSTANDING SEDUMS

4. **세덤의 재배와 번식**
   GROWING AND PROPAGATING

1. 내가 세덤 다육식물을 좋아하는 이유
(Why I Love Sedums)

나는 세덤 다육식물을 재배하시는 부모님 슬하에서 자랐고 지금도 그 일을 계속하고 있다. 나의 전 생애를 통해 점점 더 세덤 다육식물에 심취해 가고 있다. 이 세덤 다육식물은 재배하기 편하고 다양하며 정말 매혹적이다.

가을이 되면 온도가 내려가고 겨울을 준비할 때 계절에 따른 다양한 색채, 즉 토양과 식물의 색이 금색, 살색 등의 칼라가 나타난다. 가을의 즐거움(Autumn Joy)을 위해 힐로텔레피움 *Hyloptelephium* '헙스트프루드'를 재배하는데 고전적인 다년생인 세덤은 색의 다양성을 즐기게 해준다. 부드러운 산딸기(래스베리)와 같은 분홍색의 꽃은 가을이 다가옴에 따라 심홍색으로 변해간다. 여기에다가 아주 혹독한 추운 겨울을 제외하고는 이 강하고 집요한 세덤 다육식물은 겨울 동안에도 황동색으로 변해가며 아름다움을 선사한다. 아동용 포스터 등에 등장하는 이미지 캐릭터와도 같은 다년생 세덤인 힐로텔레피움 *Hyloptelephium* '헙스트프루드'가 우리에게 친숙할지 몰라도 이 다양한 세덤류의 세계에서 유일한 것이 아닌 단지 일부분일 뿐이다. 세덤 다육식물에는 정말로 많은 다양한 것들이 많다. 세덤 다육식물은 키가 큰 것, 작은 것 등 문자 그대로 수백 종이 존재한다(역자 주 : 이 책에서는 주요한 세덤류 150종을 기술하고 있으나 재배종 세덤류 책의 저자이기도 한 스티븐슨 레이는 이미 400종을 분류해 놓았다. 따라서 대략 700종 내외가 될 것으로 역자는 추정한다. 그리고 *세덤 Sedum*, 힐로텔레피움 *Hyloptelephium*, 스톤크롭 *Stonecrop*이 거의 같은 의미로 사용되고 있으나 *세덤*과 힐로텔레피움은 모두 크라슐라과 세덤 속이나 그 하위분류 단위인 *세덤* 아속과 힐로텔레피움 아속으로 서로 다르고 스톤크롭은 생태적으로 척박한 돌자갈 밭에서 잘 자라는 식물로 보면 된다).

▲ 세덤류는 분화식물로서도 아주 좋다. 정원이 없을지라도 여러분은 화분에서 매혹적인 세덤류를 재배할 수 있다.

대부분의 세덤류는 힐로텔레피움 '헙스트프루드' 처럼 쉽게 재배할 수 있는데 배수가 잘되는 척박한 토양의 양지쪽이기만 해도 잘 자란다. 세덤은 다육식물의 핵심 작물로 건조에도 잘 견디고 게으른 사람도 잘 키우며 즙을 식용할 수도 있다. 세덤은 잎이 수분을 잘 보존하고 강한 뿌리를 가지고 있다. 크라슐라(제이드 플랜트)와 선인장 관련 유사 식물과는 달리 많은 세덤류들은 내한성이 강해 내한성 재배지도(부록 265페이지 참조) 5지역에서 9지역(최저기온 -30℃~0℃)에서도 잘 자란다. 만약 여러분이 세덤이 생존할 수 없는 추운지역에 산다면 여러분은 용기에 세덤을 심어 집안에 들여 놓거나 식물체를 잘라 보관하였다가 이듬해 봄에 다시 심고 재배할 수 있다.

만약 여러분의 정원에 세덤이 아직 없다면 작은 것부터 시작하라. 여러분의 정원이나 화분에 1~2개부터 시작하라. 처음 시작하는 분들에게는 '크리스마스 치어' (세덤 ×루브로틴크툼 Sedum ×rubrotinctum)라는 품종의 용기재배부터 시작하라고 강하게 권하고 싶다. 이런 좋은 세덤 식물은 겨우내 여러분의 창가를 밝게 해줄 것이며 봄에는 그 색으로 여러분을 신나게 해주고 여름의 정열을 즐기도록, 가을에는 여러분과 함께 조용히 지내게 될 것이다.

세덤을 알아가는 것은 나에게 있어서 계속되는 탐험이다. 전 세계적으로 아주 많은 세덤류가 있다. 어떤 것은 대초원의 스텝지대나 동아시아와 유럽의 낮은 산등성이에 우박처럼 쏟아져 내려 앉아있고 또 다른 세덤류는 일본 열도와 로키산맥에서 자라는 것이 발견된다. 정원을 가꾸는 사람들은 긴 시간동안 보존되어온 이 세덤류의 가치 있는 선발과 교잡과 변이의 존재와 매년 새롭게 유통되는 것 때문에 감사해야 한다.

스티븐슨 레이(참고서적 239페이지 참조)가 저술한 결정적인 세덤류에 관한 책으로 '재배식물로서의 세덤'이라는 책이 1994년도에 출판되었고 그 이후 조금 수정판이 출간되었다. 그 이후로 더 많은 변이종과 식물체가 출현하였고 식물분류학적인 연구의 진전으로 DNA 기반의 연구가 진행되어 재분류도 되었다. 세덤류를 분류하는 식물학자들의 연구에 따르면 아직도 많은 혼란스러운 종들이 많은데 예로 페트로세덤 Petrosedum과 페디무스 Phedimus처럼 아직도 다른 속에 속한 잘못된 분류도 많다고 한다. 많은 애매한 영역의 세덤류는 힐로텔레피움 속(Genera)에서 지금도 분리해 나가고 있다. 정말 이 식물에 심취되어서 분류하고 탐험해 나가는 분들에게 격려와 용기를 북돋우어 주기를 바란다. 그분들이 어떤 역할과 일을 하든 우리와 관계가 깊고 훌륭한 일을 하고 있는 것이다.

여러분이 아름다운 꽃이나 잎을 가진 경계식물로 아름다운 세덤을 선호하거나 낮게 자라는 지피식물로서 세덤을 좋아하든지 간에 여러분의 상상력을 발휘하게 하고 여러분의 정원을 돋보이게 하는 것은 가을뿐만 아니라 전 계절에 걸쳐 그러하다.

아름다운 경계식물(Border Beauties)

힐로텔레피움 Hylotelephium 속은 더 위로 자라는 키가 큰 세덤류로 다소 더 곧추서고 빽빽하게 자란다. 많은 작은 별모양의 조합으로 구성된 둥근 화서(꽃대)는 칼라나 브로콜리와 같이 풍성하다. 잎은 두텁고 육질이 있는 다육식물로 색깔이 세이지를 닮은 녹색에서 청색, 적색까지 다양하다. 대부분의 테두리 식재용 세덤은 봄에 밝은 녹색의 엽아를 가지고 있고 늦여름부터 초가을까지 흰색, 분홍, 적색의 꽃을 피운다. 여름에는 나비들에게 이 꽃은 인기가 있어서 나비정원을 가꾸는 정원사들은 꼭 이 세덤류를 선호하고 특히 가을에 개화하는 경계식물로 더 선호하는 데 꿀벌도 자주 찾아온다. 날씨가 점점 추워짐에 따라 꽃의 색은 점점 다양해지고 깊어진다. 만약 여러분이 사는 지역이 겨울에 아주 춥지 않다면 이 세덤은 더 오랫동안 여러분의 곁에서 다른 식물들은 말라가고 있을 때 더 멋있는 대비를 보이면서, 또는 눈 덮인 꽃덩어리가 매혹적인 상태로 여전히 여러분의 주위를 아름답게 해줄 것이다.

몇몇 세덤은 60cm 정도로 키가 크고 혼식하는 경계용 식물로 이용되고 있다. 최근 좀 더 키가 작은 세덤류가 도입되어 호기심을 유발하고 있다. 소위 말하는 클라우드(cloud) 세덤은 30cm 키에 단단하고 튼튼한 줄기 뿐만 아니라 특별히 꽃이 많은 세덤으로 알려져 있다. 소위 사막식물로 알려진 힐로텔레피움 텔레피움 '디저트 블랙', '디저트 블론드', '디저트 레드'는 30cm 이하로 비록 더 키가 작지만 새로운 용도가 있어 재배되고 있다.

일반적으로 경계용 식물로 공격적이지도 않고 고압적으로 요구하지 않기에 세덤은 다른 식물들의 군락 속에서 번성하고 있다. 많은 정원을 가꾸는 사람들은 별꽃(aster), 관상용 골든 로드(goldenrod), 볼토니아(boltonia)와 같이 세덤류를 늦게까지 꽃을 피우는 조화롭고 대비되는 색을 지닌 것을 선호한다. 그들은 가을에 그들 자신의 매혹적인 그래스류와 함께 혼식으로 이용되고 있다. 힐로텔레피움 Hylotelephium 품종과 교배종이 수백 종 있고 매년 새로운 종이 육성되어 소개되고 있다. 이 책에서 저자는 20여종의 가장 우수하고 대표적이라고 생각되는 종들을 소개하고 있다.

지피식물로서 세덤
(Groundcovering Sedums)

다소 덜 매혹적이고 군집상태로 살아가는 보통 키가 10~15cm 정도이면서 펼쳐지고 기며 포복성인 세덤은 경계 식물과 유사하면서도 작은 이 식물이 여러분을 다시 한 번 놀라게 만들 것이다. 이 종류의 세덤 다육식물의 잎은 온화한 기후지역에서는 상록성이다. 이들은 덩어리로 별 모양의 꽃이 핀다. 이들은 보통의 토양과 일조에서도 잘 살아간다. 이들은 작은 크기 때문에 카펫식물로 분류되기도 한다. 이 식물은 지표면이나 바위, 담장을 뒤덮는 커버식물이다. 몇몇 종들은 보행로나 테라스에서 밟아도 견딜 정도로 충분히 강하다.

이들은 테라리움을 만들 때 이용되기도 하고 분재를 재배하는 분들은 그들의 작은 나무 밑을 장식하는 식물로 사용하기도 한다. 개체상태로 하나하나를 보면 시선을 끄는 잎과 꽃들이 암석원에 잘 어울린다. 전통적인 항아리 모양의 용기들을 활용한 장식에 이런 세덤류들은 모서리를 부드럽게 커버해주거나 정원과 윈도우 박스를 꾸미는데 유용한 식물이다. 이들은 배수가 잘 되는 토양이나 사질토양에서 작고 얕은 용기에서도 잘 자라고 옥상조경용이나 혁신적인 식물재배지에서도 잘 자란다.

많은 재배자들은 이 세덤 다육식물을 이들 끼리나 다른 식물과 혼재시켜 짝을 이루며 재배하기를 좋아한다. 다양한 색, 1년 내내 나타나는 변화무쌍한 특성, 정말로 잘 어울리는 혼합식물로 세덤만한 것이 없다. 그들의 색은 군식이나 화분, 콤팩트한 연출에서도 아름답다. 재미있고 사랑스러우며 대비되는 목적으로 사용하기에

▲ 몇몇 세덤 다육식물들은 색깔의 순수함 그 자체뿐만 아니라 다양한 변화성에서도 말이 필요 없는 아름다움을 보여준다.

도 그만이다. 마지막으로 다육식물 중에서 '닭과 병아리'로 알려진 우수한 *셈퍼비붐* 식물도 생존력이 정말 우수하다. 좀 더 커지면 다른 식물과 잘 어울리는 동반식물로서도 아주 좋다. 만약 여러분이 세덤에 빠져들면 여러분의 장원은 세덤류가 더 많이 자라게 될 것이다. 새로운 품종으로 실험하게 되고 다양한 칼라로 배치하며 흥미진진한 세덤이야기를 만드는데 열중하는 당신을 발견하게 될 것이다. 여러분은 점점 흥미가 있어지게 되고 종종 중독이 되기도 한다.

이 책에서 다루는 많은 다른 세덤류는 그 나름의 이야기를 가지고 있다. 어떤 것은 이상하기도 하고, 어떤 것은 특이하고 희귀하나 이용성이 높고, 어떤 것은 아주 새로운, 신품으로 갓 만들어진 것이기도 하다.

예를 들면 저자가 *세덤 카이룰레움* Sedum caeruleum을 연구해왔는데 어떤 때는 특이하거나 유용했다. 한 식물은 중동지방에서 가지고 와서 모래흙에서 이것을 재배했는데 적색의 잎에 푸른색 꽃을 피웠다. 이는 크라슐라과의 다육식물에서 몇몇 종을 제외하고, 즉 유일한 푸른 꽃을 피우는 세덤이었다. 정말 아름다운 푸른 꽃이었다. 저자를 흥분시킨 또 다른 식물로 *세덤 불레아눔* Sedum booleanum이 있다. 이 녀석은 은색의 잎과 오렌지색 꽃을 가진 식물로 그 대비와 어울림이란! 말이 필요 없었다. 저자에게 흥미를 끈 또 다른 북미 원산의 *세덤 옵투사툼* Sedum obtusatum은 일반화되지 않아 아직 유통이 잘 되지 않는 희귀종이지만 연구할수록 그 가치에 매료된다. 육종목적으로 가지고 있는 *힐로테레피움 팔레센스* Hylotelephium pallescens와 같은 세덤은 곤추서는 식물에 가는 회록색 잎을 가지고 있다. 저자는 아직도 더 많이 연구하고 배우며 더 많이 세덤의 세계로 여행하고 싶은 것이다.

한마디로 세덤은 현재 다양하고 역동적 식물이다. 즉, 이름이 계속 바뀌고 새로운 종이 나오는 것은 물론 시장에서는 새품종이 나타나고 소개되며 농장으로 팔려나가 재배되고 있다. 여러분은 어떤 친구가 나누어 준 것이나 시장에서 구입한 것을 막론하고 여러분의 집으로 가져온 세덤류의 이름을 바르게 인식하고 사용하는 데 최선을 다해야 한다. 식물들이 너무 많고 혼동되어 여러분이 혼란의 늪에 빠지지 않도록 말이다. 세덤류는 많은 새로운 발견과 가능성의 유혹이 있다. 여러분은 쉽게 가려고 하지 말고 노력하면 이 세덤식물은 그 보상을 해줄 것이다. 희망하건대 이 책이 여러분의 정원과 화분재배에서 힘을 주고 영감을 주게 되기를 바란다. 오라 놀라운 세덤의 세계가 여러분을 기다리고 있다.

▲ 세덤 멕시카눔 '레몬 볼'은 전통적인 정원의 평면 포인트용 지피식물로 이용되고 있다.

▲ 이 멋있고 작은 포복성 쿠션(cushion) 식물인 세덤 히스패니쿰 변종 히스패니쿰은 상록성이며 번식은 분지, 분주로 한다.

2. 세덤, 경계식물로 디자인하기
(Designing with Border Beauties and Stonecrops)

세덤의 형태나 잎, 꽃에서 보이는 다양성은 애호가들에게는 창의성과 적용의 범위를 자유롭게 늘려준다. 여러분이 어디나 어떻게 살든지 간에 이 세덤 식물은 여러분에게 끝없는 상상의 날개를 펼쳐준다. 이 많은 다양한 세덤을 활용하기 위해서 어떤 선택을 하더라도 기본적인 디자인의 원리만 좀 알면 아무 문제가 없다.

크기와 비율(Scale and Proportion): 공간이 좁으면 좁을수록 더 작은 세덤이 필요할 것이고 공간이 커지면 그에 따라 큰 것을 선택하면 된다.

반복적 사용(Repetition): 이 세덤 다육식물은 여기든 저기든 플러그를 꽂듯이 아무데나 두어도 잘 자란다. 이 세덤 식물은 질감이나 색을 반복적으로 사용하는 정원이나 화원 테두리를 위한 반복적인 사용에 알맞다.

대비(Contrast): 이 세덤 다육식물의 또 다른 역할은 여러분이 찾고 있는 색이나 질감을 거의 완벽하게 쉽게 만족시켜 준다. 식물체의 주변이나 여러분의 부스 등을 이 식물이 강조시켜 주고 채워준다. 이 세덤 식물은 특별한 조형물이나 상황을 부각시켜주는 포인트가 될 수도 있고 배경식물로서 사용할 수도 있다.

질감과 형태(Texture and Form): 이 세덤 식물은 미세한 작은 것에서 조잡하고 큰 것에 이르기까지 바늘처럼 가늘거나 뭉툭한 것, 광택이 있는 것에서부터 흰색 백분이나 회색, 푸른색 분(비비면 쉽게 벗겨짐)으로 덮인(푸른빛을 띤 흰 가루(백분)의) 식물체까지 어떤 것이라도 가능한 다양한 선택을 할 수 있는 식물이다.

이 매혹적인 세덤류 식물을 다른 식물들과 나란히 병렬(juxtaposed)로 두면 그 존재자체로 아름다울 뿐만 아니라 식물이 없는 길가나 파치오, 자갈밭, 다른 단단한 포장지대에서도 아름답게 빛난다.

자 여러분, 이제 먼저 일반적이고 인기 있는 사용을 먼저 시도해 보다. 정원에서 아주 단순한 2가지가 있는데 하나는 경계식물로 심는 것이고 또 하나는 지피식물로 가꾸는 것이다. 어떤 세덤은 둘 다 이용이 가능하다.

경계식물로 심는 세덤
(Border Sedums)

세덤 다육식물의 가장 중요한 이용처는 경계식물로 심는 것이다. 여기에는 다소 크고 곧추서서 자라는 다년생이 이용된다. 이것은 가을에 제 맛이 나기 때문에 '가을 세덤'이라고 하기도 한다. 식물분류학자들은 이 세덤을 힐로텔레피움속이라고 별도로 분류하기도 한다.

가장 인기있는 것중의 하나는 '가을의 즐거움'이라는 힐로텔레피움 *Hylotelephium* '헙스트프로드'이다. 이 쾌활하고 발랄한 모양의 식물은 사계절 내내 인기가 좋은데 봄에는 거치형 잎을 가진 청록색의 둥근 정아의 줄기가 나오고 여름에는 밝은 녹색의 브로콜리 같은 줄기의 정아로 자란다. 가을에는 이 식물이 분홍과 적색으로 변하면서 겨울에는 줄기가 마르면서 꽃이 계피(시나몬)와 같은 갈색으로 바뀐다.

모든 힐로텔레피움 *Hylotelephium*은 비록 잎과 꽃이 다소 다를 수는 있어도 모두 같은 생애주기를 거치는데 여러분은 정말 아름다운 가을의 세덤 '비거네트'를 조경용 경계식물로 심음으로써 단순하면서도 효과적인 식물 조합으로 이는 당해 최고의 세덤과 다른 다년생을 이용함으로 만들어 낼 수 있다. 꽃덩어리의 다양한 음영과 열려있는 다채색의 잎은 적색, 노란색, 자색 꽃과 잎으로 잘 조합되어 있다. 한편 세덤만으로 꾸밀 때에는 다소 비슷한 품종들끼리 색깔을 혼재시키는 것이 좋다. 이렇게 하는 것이 멋있고 관리비가 적게 드는 색의 띠를 만들거나 여러 색을 배합하는 직물의 무늬(tapestry)처럼 보이게 하거나 경계용 화단처럼 만들 수도 있다.

아름다운 전시효과를 만들어 내거나 장시간 이용하는 등 요즘은 눈에 잘 띄게 하는 다양한 선택을 할 수 있다. 여기 사진은 아름다운 몇몇의 경우를 나타내었는데 여러분이 따라해 보거나 아이디어를 얻어 가기 바란다.

▲ 힐로텔레피움 시에볼디는 반복적인 아치형 줄기를 갖는 세덤으로 색과 질감이 강하게 대비되는 상록의 줄기를 가지고 있다.

◀ 힐로텔레피움 '헙스트프루드'가 고전적이고 전통적인 가을의 합작품을 만들어 내고 있다. 펜니세툼 알로페쿠로이데스 '레드 헤드'와 페로브스키아 아트리플리키폴리아 '슈퍼바'는 매혹적인 담담함과 다채색이 섞인 혼합형 경계식물로 우수성이 인정되고 있다.

◀ 힐로텔레피움 '마트로나'를 군식한 모습으로 일리노이 리슬에 있는 모튼(Morton) 수목원의 보행로이다. 주변 조경과 가을에 아름답게 혼합된 색의 배합을 눈여겨보라.

◀ 비슷한 품종의 세덤을 조합시켜 배치한 모습으로 계절의 아름다움을 연장시킬 수 있다. 관상용 그래스는 배경으로 늘 아름다운 모습이고 이 식물은 칼라마그로스티스 ×아쿠티플로라 '칼포스터'와 칼라마그로스티스 ×아쿠티플로라 '오버댐'이다. 이 종과 야생종을 혼식하면 병 발생을 막는 효과도 있다.

콘플라워, 관상 그래스와 다른 다년생 식물들

미국의 야생자생 식물인 콘플라워(에키네시아 Echinacea)는 최근 다시 인기가 높아지고 있다. 종묘업자들은 흰색, 노란색, 적색, 오렌지색을 포함하는 놀랍게 다양한 색을 가진 다년생으로 관상기간이 길고 재배도 편리한 이 식물에 보급에 열을 올리고 있다. 이 식물은 경계용 식물인 세덤처럼 호감이 가면서(decent) 양지바른 곳에서, 배수가 잘되는 조건에서 잘 자라며 가을에 꽃이 잘 피는 완벽한 동반식물이다.

키가 작은 관상용 그래스류(Grasses)는 세덤과 자연친화적인 동반식물들이다.

저자는 새로 개발된 왜생의 콘플라워는 경계용 세덤과 아주 잘 맞는 식물이라고 말하고 있다. 그리고 다소 작은 분홍색인 힐로텔레피움 Hylotelephium '레드 카울리'나 힐로텔레피움 스펙타빌 H. spectabile '네온', 그리고 분홍색 에키나세아 엘레강스 '픽시 메도우브리테'나 에키나세아 Echinacea '파우와우 와일드베리'가 있다. 이들은 약간 다르면서 좀 부드럽게 보이며 흰색의 형태로 자라는 힐로텔레피움 '선더클라우드', 왜생 흰색의 콘플라워의 에키나세아 '스노 콘', 에키나세아 '베이비 화이트 스완'이 있다. 관상 그래스로 특별히 더 키가 작은 것이 자연적인 동반식물로 적합하다. 그들의 가는 잎은 둥글고 다육질인 힐로텔레피움의 잎과 잘 조화를 이룬다. 만약 여러분이 컬러풀한 긴 잎이나 가을에 다변화하는 색상을 가진 종자 꼬투리, 혹은 둘 다를 선택한다면 여러분은 승리의 행복감을 느끼게 될 것이다.

저자가 보고 좋아하는 황금색 잎을 가진 그래스와 적색 꽃이나 힐

◀ 힐로텔레피움 텔레피움 '레드 카울리'가 가을에 무어 그래스(셀스레리아 아우툼날리스)와 심겨져 있는 모습이다.

로텔레피움 텔레피움 Hylotelephium telephium '퍼플 엠페러'나 힐로텔레피움 '블랙뷰티'와 같은 형태의 짙은 적색의 잎을 가진 세덤류는 조화를 이룬다. 어떤 다른 좋은 선택으로 하코네클로아 마크라는 황금색 잎을 가진 '아우레올라', 황금색 잎의 아코리스 그라미네우스 Acorus gramineus '오곤', 그리고 화본과와 비슷한 세지(sedge)사초속(屬)의 카렉스 에라타 Carex elata '오리아'가 있다.

잎이 푸른색이든가 청색을 띠는 식물체 등 이러한 세덤류 식물의 다양성 때문에 디스플레이가 용이하고 쉽다. 물론 청색이라고 해서 만능은 아니나 사실 대비와 어울림에는 바람직 한 것이 사실이다. 그런데 일단 당신이 한 곳에 한 쌍으로 배치하려고 한다면 일단 청색이 쉽게 어울린다는 것을 알게 될 것이다. 즉 당신이 원하는 대로 전시하는데 말이다.

여기 청색의 세덤류에는 아름다운 청색의 힐로텔레피움 시에볼디이가 있고 힐로텔레피움 '퓨어 조이', 힐로텔레피움 텔레피움 아종 루프레히티 H. telephium subsp. ruprechtii '합 그레이', 힐로텔레피움 '선더클라우드'가 있다. 이때 왜생의 청색 그래스로 블루페스큐(페스투카 오비나 Festuca ovina)와 블루 오트 그래스(헬릭토트리촌 셈퍼비렌스 Helichtotrichon sempervirens), 또는 작은 청색 줄기를 갖는 스키자크리움 스코파리움 Schizachyrium scoparium을 결합시키면 좋다. 작은 그룹이거나 이런 식물의 모두이거나 일부인 큰 덩어리의 전시에서는 특별히 가을에 특이하고 아름다운 모양의 식물을 즐길 수 있을 것이다.

만약 여러분이 적색의 그래스와 경계용 세덤류를 혼식하기 원한다면 많은 좋은 아이디어가 있다. 펜니세툼 세타케움 Pennisetum setaceum '루브럼', 파운테인 그래스처럼 적색에서 자색을 띤 분수처럼 심겨진 이 그래스를 선택하면 늘 환희의 슬거움을 제공하는 것이 된다. 그렇지 않으면 펜니세툼 알로페쿠로이데스 P. alopecuroides '레드 헤드'와 같은 깃털 모양(plume) 적색을 띤 화본과 그래스를 선택하거나, 더 작은 식물인 펜니세툼 알로페쿠로이데스 P. alopecuroides '전저 러브'이 알맞다. 일단 경계식물로 되면 꽃이 피고 열매가 맺혀 갈색으로 변하면 그 생애주기가 끝난다. 갈색의 시나몬과 같은 적색 잎의 카렉스 부차나니 Carex buchananii 식물과 포미움 테낙스 Phormium tenax 식물은 반복적으로 심으면 잎의 모습이 아주 멋있게 대비가 된다. 칼라마그로스티스 Calamagrostis, 데스챔프시아 Deschampsia, 에라그로스티스 Eragrostis, 그리고 모리니아 Molinia 종류는 곧추서는 경계용 세덤과 잘 조화되는 다른 관상용 그래스이다. 모두 유지관리비가 적게 들고 같이 심어진 세덤류와 거의 자라는 환경조건들이 비슷하다.

경계식재용 세덤류와 잘 어울리는 다년생 식물들

추위에 강한(내한성) 동반식물들	추위에 약한 동반식물들
아킬레아 Achillea	에오니움 Aeonium
아가스타체 Agastache	알로에 Aloe
알리움 Allium	에케베리아 Echeveria
제라늄 Geranium	그랍토페탈룸 Graptopetalum
휴케라 Heuchera	파키피툼 Pachyphytum
라반둘라 Lavandula	세네시오 Senecio
네페타 Nepeta	
펜스테몬 Penstemon	
심피오트리쿰 Symphyotrichum (별꽃 Aster)	

▲ 양털 같은 꼬리 풀의 일종인 베로니카 인카나 '퓨어 실버'는 은색 잎을 가지고 있고 이 종은 세덤 섹상굴라레 '골드디그'와 모서리(테두리) 자갈 가든에 잘 어울린다.

힐로텔레피움 Hylotelephium의 선택을 비롯한 아주 멋있는 다년생 경계식물은 늦여름에서 가을로 넘어갈 때 큰 기회를 제공한다. 또한 더 낮게 자라는 지피식물들은 이 책의 전반부에서 다루기로 한다. 적색이나 자색 잎을 가진 힐로텔레피움 Hylotelephium이나 페디무스 스푸리우스 Phedimus spurius '풀다글루트'와 같이 불규칙하게 퍼진(sprawler) 종류부터 다루기로 한다. 추가로 오렌지 데이릴리(헤메로칼리스 Hemerocallis '프리말 스크림')나 '버터플라이 위드'라고 하는 잡초(아스클레피아스 투베로사 Asclepias tuberos)와 같이 적색이나 오렌지색 꽃을 피우는 종을 다룬다. 힐로텔레피움 텔레피움 Hylotelephium telephium '체리 트러플'이나 페르시카리아 암플렉시카울레 Persicaria amplexicaule '파이어테일'의 화끈한 분홍색 꽃을 피우는 것도 도전해 본다. 세덤 아돌피와 같은 드문 오렌지색 잎을 가진 다년생 아래에 심고 대담하게 조합을 만들어 가면 좋다.

만약 당신이 차분하게 가라앉는 식물을 심기 원하면 적색의 잎을 가진 힐로텔레피움 타입의 은색 잎 식물을 재배해 보라. 당신은 2가지의 선택을 할 수 있는데 램스이어(스타키스 비잔티나 Stachys byzantina)와 아르테미시아 슈미트티아나 Artemisia schmidtiana '실버 마운드' 같은 식물이다. 당신은 레이스 모양(lacy) 부드러운 노란색 야로우(아킬레아 Achillea '문샤인')를 버리고 은색 잎의 더 낮은 온도에 견디는 식물을 재배하면 된다.

자색 꽃을 피우는 식물도 좋은데 리아트리스 스피카타 Liatris spicata의 자색을 띠는 화서는 다채색의 힐로텔레피움 식물의 경계에서 멋있는 아름다움을 선사할 것이다. 가을의 선택 별꽃은 또 하나의 방법이다. 예를 들어 진한 자색의 별꽃인 심피오트리쿰 노바-앙글리아 Symphyotrichum (Aster) novae-angliae '퍼플 돔'을 장식용 단추를 달 듯 선택하여 재배할 수 있다. 다른 별꽃류 중에서 칼리메리스 인시사 Kalimeris incisa '블루 스타'는 가을에 한 번 더 꽃이 핀다는 점을 고려한다.

청색의 다년생 식물에게서 또 한 번의 적용을 해보면 좋은 다육식물인 아가스타체와 같은 세덤류의 모두는 잘 어울린다. 이 식물은 색이나 크기가 다양하다. 청색으로 최고 중의 하나는 아마도 아가스타체 Agastache '블루 포춘'이다. 이것은 장기간 꽃을 피운다.

▲ 위스콘신 주, 밀위키에 있는 뵈르너르 식물원에 잔디 길을 따라 자라고 있는 힐로텔레피움 '헙스트프로드'의 모습이다.

▲ 묘지의 담장을 따라 리본으로 배치된 힐로텔레피움 '헙스트프로드'의 경계식재 모습이다.

에린지움 플라눔 *Eryngium planum* 식물은 은색 잎에 거의 대부분 흰색이나 청색의 꽃을 피우는데 또 하나의 좋은 동반식물이다.

경계(울타리, hedging)로 활용

여러분이 경계용 세덤을 심을 때는 전통적인 방법을 버리고 여러분의 집에서 낙엽성 울타리로 매력적이고 성공적으로 재배할 수 있다. 단지 같은 변종이나 식물을 밀식으로 재배할 수 있다. 만약에 더 전통적으로 보이기를 원한다면 이들의 크기와 습성 때문에 새로운 품종, 더 작은 종이나 아주 꽃을 많이 피우는 품종을 선택하여야 한다. 예를 들면 힐로텔레피움 *Hylotelephium* '비치 파티'와 힐로텔레피움 '선더클라우드'가 알맞다.

다른 다육식물과 같이 심기

많은 세덤류들의 대단한 동반식물들은 용기재배는 물론 정원에서도 유사한 환경과 유사하게 보이는 외양을 갖는다. 저자는 여러분 스스로가 이런 사실을 실험해보고 도전하기를 원한다. 세덤류과에 소속된 크라슐라는 35속이 넘는다. 여러분이 해보기를 원하는 몇몇 제안을 해본다.

셈퍼비붐인 '닭과 병아리'라는 별명을 가진 셈퍼비붐은 로제트형에 다양한 색상의 수상화서에 별모양의 꽃을 피운다. 이 식물들은 더 작은 곳에 하는 경향이 있으나 그룹이나 대량으로 배치하면 아주 강한 인상을 준다. '주피터의 수염'이라는 (조비바르바 *Jovibarba*)는 셈퍼비붐 *Sempervivum*인 닭과 병아리의 모습과 아주 유사하다. 그들의 줄기에 형성된 작은 새로 나온 가지(chicks)를 제외하고는 말이다. 또한 작은 꽃은 종형이고 바깥으로 아래로 열려있다.

에케베리아 *Echeveria* 종과 품종은 육질성의 로제트 형을 가졌기 때문에 큰 셈퍼비붐인 닭과 병아리 식물과 닮았다. 그리고 작은 가지는 자색에서 청색의 음영을 가지고 있어서 눈길을 끈다. 에케베리아의 변이종 다육식물 꽃은 노을 빛 분홍색과 노란색으로 아름답다.

칼랑코에 종과 품종은 선물용이나 집에서 키우는 식물로 인기가 있다.

이것은 또한 많은 것들이 정원이나 포트에서 세덤과 같이 재배한다. 이들의 다육질 잎은 적색 빛을 띠는 은색이거나 녹색이다. 이 칼랑코에는 밝은 색의 컬러를 가진 꽃을 피운다.

비록 크라슐라속인 제이드 플랜트는 온화한 지방의 정원이나 큰 용기에서 아주 크게 자라지만 더 크고 경계성 세덤류를 포함하는 다른 작은 세덤류에게 동반식물로 알맞다. 이들의 꽃은 흰색에서 분홍색으로 좀 덜 예쁘지만 대신 잎사귀는 아주 멋진 대비를 만들어 준다.

▲ 다육식물로 피복한 길가 변두리(edge), 콘플라워를 감싼 모습이다.

지피식물로서 스톤크롭, 세덤류
(Groundcover, or Stonecrop, Sedums)

세덤류의 두 번째 중요한 사용처는 지피식물로서의 기능이다. 정원이나 운동장에서 지피식물은 중요한데 정원에서 우리는 이런 식물이나 대체식물을 찾기 위해 노력하는 일이 많다. 많은 경우 세덤류는 그래스류가 자랄 수 없는 자갈밭에서 자란다. 여러분은 비료를 주거나 잔디를 깎고, 물을 주는 것과 같이 투자하는 것을 좋아하지 않기 때문에라도 이 다육식물을 선호한다. 여러분은 경사가 심해 예취기가 들어갈 수 없거나 심지어 물까지도 주기 어려운 곳, 극도로 건조하거나 척박한 지대, 암반 토양지대에는 이 식물을 심으면 되는데 이때 그 지역의 토양의 유실도 막아준다.

돌밭에서 잘 자라는 세덤류는 다른 지피식물의 대체재로서도 좋다. 이들은 잡초인 고우트 위드(goutweed, 미나리과 잡초)나 무성한(지나치게 자란) 담쟁이덩굴(ivy)이 식물의 밭(patch)이나 둑(embankment)에서 자라는 것보다 더 제어하기가 쉽다. 이 세덤류로 지피(지면을 덮으면)를 하면 다육질의 이 식물이 잡초를 궁지에 몰아 제어해 준다. 이 식물은 많은 관리비가 들지 않으며 그 영역을 벗어나거나 끊임없이 자라 계속 잘라주는 수고를 할 필요가 없다.

이 식물들은 또 지피식물로서 아름다움까지 제공해준다. 이들이 3계절에 따른 흥미 있는 변화를 제공하는데 꽃이 피면 장관을 이루고 봄여름에는 녹색 잎과 꽃으로, 가을에는 잎은 물론 꽃도 아름답게 변해 간다. 온화한 기후지대에서는 1년 내내 상록성으로 그렇지 않은 경우도 다소 덜 추울 때 매혹적인 아름다움을 제공한다. 잎의 질감과 컬러는 계속하여 아름다움을 선사한다.

이 식물들의 기능은 역시 매우 유용하다. 세덤류는 정원이나 조경이 멈추는 휴식기에도 계속 유기물을 분해한다. 길가를 따라서 심으면 사용된 재질의 단단한 끝을 무디게 해준다. 화단이나 경계식물에서 세덤류는 뿌리부분을 덮어주고 토양을 시원하게 유지시켜주기도 한다. 이 식물은 공격적으로 침입하지 않기 때문에 경계지대에서 문제를 발생시키지도 않는다. 외양이 좋기 때문에 이들은 정면 앞(프론트)에 많이 식재되는데 이는 이들의 모서리나 중심부를 장식하는 것으로 이용된다. 그리고 지면으로 낮게 자라고 군락을 형성하는 다년생 중에서 결코 빼놓을 수 없는 식물이다.

◀ 가을에 적색으로 변한 페디무스 미덴도피아누스는 여러분의 상상 이상이다.

인기가 있는 2가지 세덤류를 보면 하나는 오랫동안 이용해온 식물로 페디무스 스푸리우스 *Phedimus spurius* '스코로즈 블루(용의 피)'이다. 실제로 요즘도 나는 늘 이 식물의 개량종, 페디무스 스푸리우스 *P. spurius* '풀다글루트'를 늘 추천한다. 여러분도 생각해 보면 불타는 듯한 붉은색 잎과 식물체가 아름답다.

또 하나의 다른 우수한 식물로 페트로세덤 루페스트레 *Petrosedum rupestre* '안젤리나'는 새로 개발된 황금색 잎을 가진 좋은 세덤이다. 이 두 세덤 시물체는 모두 주변의 식물과 잘 대비가 되며 아주 우수한 적응력과 건조에도 강하며 진흙과 척박한 토양에도 잘 자라고 부분적인 차광이나 강한 광에도 잘 적응한다. 이들의 질감도 주변 식물과 잘 대비되고 조화를 이룬다. 마지막으로 이 두 세덤 식물은 모두 아주 훌륭한 지피식물로 잘 뻗어 나간다. 잡초도 밀어내고(exclude) 날카로운 모서리도 부드럽게 할 뿐만 아니라 근경이나 분주로 쉽게 번식도 시킬 수 있다. 만약 여러분이 원하면 원래의 식물에서 분리하여 또 다른 지역에서 심을 수도 있다.

지피식물로서 세덤은 단지 녹색을 제공하는 이상이다. 많은 세덤류는 봄에는 약한 녹색이나 청색의 지피식물로 색을 띠나 여름이 되면 더 짙은 적색의 컬러를 만끽하고 겨울이 다가오면 적색이나 구리색, 다른 매혹적인 아름다운 색을 나타낸다. 낙엽성 세덤류는 꼭 컬러를 목적으로 하지 않으나 날씨가 서늘해지면 다양한 색깔에 생기가 돈다. 몇몇 종은 정말로 타의 추종을 불허하는 (unbeatable) 아름다운 색을 나타낸다. 그래서 여러분이 이 식물을 다량으로 군식을 하면 여러분은 이것을 제대로 보게 될 것이다. 페디무스 엘라콤베아누스 *Phedimus ellacombeanus*는 오렌지색에서 적색, 페디무스 미덴도피아누스 *P. middendorffianus*는 활기 있는 체리색, 페디무스 시초텐시스 *S. tetractinum*는 오렌지에서 주홍색을 띤다.

겨울을 지나면 반내한성이거나 아직도 상록성인 세덤의 컬러가 역시 변한다. 이 종류에서 우수한 것으로 세덤 ×루테오비리데 *Sedum ×luteoviride*가 있는데 구리색으로 변한다. 세덤 모라넨세 *S. moranense*는 자두색의 적색으로, 세덤 테트락티눔 *S. tetractinum* '코랄 리프'는 산호색의 적색으로 바뀐다. 만약 여러분이 선택한 지피식물 세덤류에서 엽색이 컬러로 장식되기를 원하면 이 장의 목록표를 찾아보라. 물론 계절에 따라 변이도, 변화도 종종 다르게 나타날 수 있다는 것(특히 광의 강약이나 노출정도 등)을 예상하고 있어야 한다. 저자의 견해로는 지피식물로 약간의 변이가 존재하는데 이는 연중 아름다움을 증진시키는 것에 도움이 된다.

청색의 잎

잎이 청색인 세덤류는 지피식물로 관심을 끌고 있다. 청색은 우리 눈에 휴식을 제공하고 조경에서 디자이너들이 말하는 소위 '소프트 스톱'을 만들거나 테두리, 경계, 안마당(courtyard), 의자가 있는 구석진 곳 등, 특정지역은 특별히 선호하기도 한다. 아주 인기가 높은 지피식물 품종은 페트로세덤 루페스트레 Petrosedum rupestre '블루 스프루스'로 정말 상록 관엽을 생각나게 하는 바늘 같은 잎을 갖고 있다. 시간이 있어서 상록관목의 밑둥지에 이 식물을 심어둔 것을 볼 수 있었고 노간주나무(juniper) 밑에서도 낮게 이 세덤식물이 퍼져나갔다. 다른 방법으로 다른 차원의 컬러가 대비되는 유사한 것을 가진 블루 컬러 세덤과 조합할 수 있다. 페트로세덤 루페스트레 P. rupestre는 녹색과 금색을 같이 가지고 있다.

은색에서 회록색 잎

다른 다육식물과 마찬가지로 많은 세덤류는 지피식물이든, 더 큰 힐로텔레피움 종류이든 더 약하고 부드러운(muted) 연한 잎과 은색에서 회색의 영역을 가지고 있다. 때때로 이 종들은 짙은 잎사귀 위로 반짝거리는 왁스칠이나 가루로 코팅되어 있는 분질로 덮여있다. 다른 경우 솜털 같은(fuzzy) 은색 잎은 열과 건조를 견디게 하는 작은 털로 덮여 있기도 하다. 또 다른 경우로 은색으로 덮여있는 것은 특별히 반사를 하게하는데 이른 아침이나 늦은 오후의 구석진 코너에서 반사광의 역할을 하는 것이 분명하다. 이러한 세덤류들은 실제적으로 정원을 만들 때 다양한 조합에서 꼭 필요한 존재이다. 이 세덤류는 녹색식물의 동반식물로 아주 좋으며 꽃은 더욱 예쁘게 하고 색깔도 더 빛나고 멋있게 만들어 준다.

자두색, 적색, 자색의 잎들

자색이나 짙은 자색(plum)의 잎은 고급적이거나 정열적인(sultry) 색으로 보일 수 있다. 그것은 고립된 지역에서 시각적인 포인트로, 그리고 드라마나 다른 꽃과 잎의 대비되는 배경 막으로 이용되는 색이다. 세덤의 세계에서는 다행스럽게도 여러 색을 만드는 파레트(palette)가 증가하고 있다. 힐로텔레피움 Hylotelephium '베르트램 앤더슨'은 좋은 형태를 지니고 있는 종이고 반대로 힐로텔레피움 '플럼 퍼펙션'은 작은 잎을 가지고 다른 질감을 제공하며 힐로텔레피움 '체리 타르트'는 두터운 둥근 잎을 가지고 있다.

▼ 인기가 있는 지피식물인 페트로세덤 루페스트레 '블루 스프루스'는 침엽수의 청색 잎이 특징이고 왕성하게 퍼져가는 식물로 노란색 꽃을 피운다.

청색 잎을 가진 지피식물들

힐로텔레피움 텔레피움 아종 루프레티 '합 그레이'
Hylotelephium telephium subsp. ruprechtii 'Hab Gray'

힐로텔레피움 '선더클라우드'
Hylotelephium 'Thundercloud'

페트로세덤 몬타눔 아종 오리엔탈
Petrosedum montanum subsp. orientale

페트로세덤 루페스트레 '블루 스프루스'
Petrosedum rupestre 'Blue Spruce'

페트로세덤 세디포르메 Petrosedum sediforme
로디올라 파키클라도스 Rhodiola pachyclados
세덤 클라바툼 Sedum clavatum
세덤 락숨 Sedum laxum
세덤 모르가니아눔 Sedum morganianum
세덤 오레고넨세 Sedum oregonense
세덤 파키필룸 Sedum pachyphyllum
세덤 트렐레아시 Sedum treleasei

◀ 강한 일사에서 흰 가루가 덮인 푸른 기를 띤 청록색과 거의 은색에 가까운 잎을 가진 힐로텔레피움 시에볼디로 잎 가장 자리가 적색인 식물이다.

은색에서 회록색 잎의 식물들

힐로텔레피움 '칼' Hylotelephium 'Carl'
힐로텔레피움 에웨르시이 아종 호모필룸 '로젠테피크'
Hylotelephium ewersii subsp. homophyllum 'Rosenteppich'
힐로텔레피움 '퓨어 조이' Hylotelephium 'Pure Joy'
힐로텔레피움 시에볼디이 Hylotelephium sieboldii
힐로텔레피움 텔레피움 아종 루프레티 '합 그레이'
Hylotelephium telephium subsp. ruprechtii 'Hab Gray'
힐로텔레피움 '선더클라우드'
Hylotelephium 'Thundercloud'
오로스타키스 보에메리 Orostachys boehmeri
세덤 대시필름 Sedum dasyphyllum
세덤 히스패니쿰 변종 미누스
Sedum hispanicum var. minus
세덤 오악사카눔 Sedum oaxacanum
세덤 팔메리 Sedum palmeri

자두색, 적색, 자색의 잎을 가진 지피식물들

힐로텔레피움 '베르트램 앤드슨'
Hylotelephium 'Bertram Anderson'
힐로텔레피움 카우티콜라 '리다켄스'
Hylotelephium cauticola 'Lidakense'
힐로텔레피움 '체리 타르트'
Hylotelephium 'Cherry Tart'
힐로텔레피움 '플럼 퍼펙션'
Hylotelephium 'Plum Perfection'
힐로텔레피움 텔레피움 '블랙 뷰티'
Hylotelephium telephium 'Black Beauty'
힐로텔레피움 텔레피움 '체리 트러플'
Hylotelephium telephium 'Cherry Truffle'
힐로텔레피움 텔레피움 '퍼플 엠페러'
Hylotelephium telephium 'Purple Emperor'
힐로텔레피움 우수리엔세 '터키시 딜라이트'
Hylotelephium ussuriense 'Turkish Delight'
페디무스 스푸리우스 '풀다글루트' 그리고 다른 품종들
Phedimus spurius 'Fuldaglut' and other cultivars
페디무스 스푸리우스 '레드 카펫'
Phedimus spurius 'Red Carpet'
세덤 알붐 '코랄 카펫' Sedum album 'Coral Carpet'
세덤 × 루브로틴크툼 '오로라'
Sedum × rubrotinctum 'Aurora'
세덤 스파툴리폴리움 아종 푸르푸레움
Sedum spathulifolium subsp. purpureum
세덤 스탈리 Sedum stahlii

▼ 짙은 자두색 잎을 가진 힐로텔레피움 텔레피움 '퍼플 엠페러'와 금색의 잎을 가진 페트로세덤 루페스트레 '안젤리나'에 둘러싸여 대비가 되고 있다.

황색에서 금색의 잎

황금색의 세덤은 정말 아름답고 가치가 높다. 여러분이 원하는 신선함과 따뜻한 느낌을 준다. 한때 저자는 지피식물로 이 색을 띠는 페트로세덤 루페스트레 Petrosedum rupestre '안젤리나' 식물을 무작정 사용했다. 추위를 견디는 성질이 양호하고 잘 번식하며 색이 멋있었기 때문이다. 그렇다. 생장하는 봄이 되면 생기가 돋고 황금색이라는 이름에 어울리게 멋있는 다육식물이 되므로 조경용으로 이용된다. 그러나 상록성인 경우 겨울이 되면 밝은 구리색을 가진 청동의 갈색으로 변한다. 저자가 가장 좋아하는 조합은 적색과 자두색 잎을 가진 휴케라 Heuchera '오시디언'나 휴케라 Heuchera '플럼 푸딩'이다. 만약 여러분이 이 색을 좋아하나 공간이 부족하면 세덤 섹상굴라레 Sedum sexangulare '골드디그'를 심으면 된다. 반면에 밝지 않은 이 연둣빛(chartreuse) 형태의 종은 늦봄과 초여름이 되면서 황금색으로 변해가고 황금빛 노란색 꽃을 겸해서 핀 전체적인 질감은 훌륭하고 줄기는 약 6mm 정도 된다. 세덤 섹상굴라레 S. sexangulare '골드디그'는 키가 약 5~7.5cm 정도로 매트를 형성하며 퍼져나가고 가로지른 범위는 30cm 이상이다. 많은 다른 세덤류와 같이 부분적인 음지에서 잘 견딘다. 그늘이 심하면 황금색이 연해진다.

오렌지색에서 산호색의 잎

많은 세덤류가 존재하지는 않으나 오렌지나 산호, 유사한 따뜻한 색을 가진 세덤류로 이 종류는 아주 장엄하다. 특별히 이 종류들은 다른 것들과 혼합할 때 더 돋보인다. 그렇지 않으면 완전히 다른 색, 예를 들면 청색과 같은 경우 대비가 잘 된다. 오렌지색과 라임 그린, 또는 연두빛(연두색)이 식물이 아주 짝을 잘 지을 수 있고 잘 어울린다.

녹색 잎

만약에 여러분이 대부분의 생장기에 녹색의 세덤류를 찾고 있다면 다음 23페이지에 나와 있는 리스트를 보면 된다. 다 자란 식물체는 좋은 대체작물이고 잔디와 다른 식물로 더 전통적인 녹색 잎을 가진 지피식물이다.

▲ 세덤 테트락티눔 '코랄 리프'의 모습이다.

오렌지색에서 산호색의 잎을 가진 지피식물들

세덤 아돌피 '쿠퍼톤'
Sedum adolphii 'Coppertone'

세덤 에마르지나툼 '에코 어메이산'
Sedum emarginatum 'Eco-Mt. Emei'

세덤 자포니쿰 변종 푸밀룸
Sedum japonicum var. pumilum

세덤 킴나키
Sedum kimnachii

세덤 마키노이 '라임라이트'
Sedum makinoi 'Limelight'

세덤 폴리트리초이데스 '초콜릿 볼'
Sedum polytrichoides 'Chocolate Ball'

세덤 섹상굴라레 '레드 힐'
Sedum sexangulare 'Red Hill'

세덤 테트락티눔 '코랄 리프'
Sedum tetractinum 'Coral Reef'

황색에서 금색의 잎을 가진 지피식물들

힐로텔레피움 에리드로스티쿰 '메디오바리에가툼'
Hylotelephium erythrostictum 'Mediovariegatum'

페트로세덤 루페스트레 '안젤리나'
Petrosedum rupestre 'Angelina'

세덤 아크레 '오레움'
Sedum acre 'Aureum'

세덤 자포니쿰 '토쿄 선'
Sedum japonicum 'Tokyo Sun'

세덤 마키노이 '라임라이트'
Sedum makinoi 'Limelight'

세덤 마키노이 '오곤'
Sedum makinoi 'Ogon'

세덤 멕시카눔
Sedum mexicanum

세덤 멕시카눔 '레몬 볼'
Sedum mexicanum 'Lemon Ball'

세덤 섹상굴라레 '골드디그'
Sedum sexangulare 'Golddigger'

▲ 세덤 섹상굴라레 '골드디그'는 침엽을 가진 세덤으로 여름에 황금색으로 변한다.

녹색 잎을 가진 지피식물들

페디무스 엘라콤비아누스 품종들
Phedimus ellacombeanus cultivars

페디무스 하이브리더스 '임머그룬첸'
Phedimus hybridus 'Immergrünchen'

페디무스 캄차티쿠스 품종들
Phedimus kamtschaticus cultivars

페디무스 캄차티쿠스 변종 플로리페루스 '바이엔슈테파너 골드'
Phedimus kamtschaticus var. *floriferus* 'Weihenstephaner Gold'

페디무스 스푸리우스 품종들
Phedimus spurius cultivars

세덤 아크레 품종들 *Sedum acre* cultivars

세덤 알붐 변종 마크란툼 '클로로티쿰'
Sedum album var. *micranthum* 'Chloroticum'

세덤 디버겐스 *Sedum divergens*

세덤 멕시카눔 *Sedum mexicanum*

세덤 오레가눔 *Sedum oreganum*

세덤 섹상굴라레 품종들 *Sedum sexangulare* cultivars

세덤 테트락티눔 *Sedum tetractinum*

▲ 광택이 있는 녹색 잎을 가진 세덤 '서브라임' 종은 2008년 저자의 농장인 '인트린식 다년생 가든 (Intrinsic Perennial Gardens)'에서 도입했고 다년생의 베드나 경계식물로 가치가 우수하다.

무늬종(반입) 세덤류

색이 섞인 잎을 가진 세덤류는 여러 목적으로 이용된다. 화분에 심으면 포인트가 되고 대비용으로 이용되며 호기심을 끌기에 좋다. 혼합된 색깔의 경계식물에서 다른 색의 세덤류는 그것이 꽃이 피지 않을 때까지 '계속 그것을 유지함으로' 신선한 흥미를 제공한다. 테두리나 군식, 작은 공간에 심는 것으로서 무늬종 반입식물은 정말로 관심을 끌기에 충분하다. 많은 다른 식물들과 같이 세덤류도 그들이 자라는 환경에 따라서 변하고 돌연변이도 생긴다. 때로는 순전한 녹색 식물에서 멋있는 무늬종이 생기기도 하고 컬러가 변하기도 한다. 시간이 지남에 따라 흥미가 있는 새로운 식물이 생기기도 한다. 무늬종 잎은 적어도 하나의 컬러가 자연적이거나 녹색에 대비되는 것을 가질 때로 정의될 수 있다.

세덤류 가운데서 바람직한 것은 잎의 테두리나 중앙부에 무늬가 들어가는 것이다. 예를 들어 힐로텔레피움 *Hylotelephium* '헙스트프루드'가 발견되었고 또는 변종 돌연변이체로 노란색 테두리를 가진 잎이 되는 것이다. 여러분은 지금 그런 식물을 구입할 수 있는데 그 이름은 힐로텔레피움 '라요스'이다. 지명도가 있는 종묘업자나 정원사는 이 새로운 식물을 번식시킬 수 있다.

무늬종 식물은 엽록소가 적기 때문에 약간의 문제가 있는 식물이므로 활력이 떨어지고 때때로 내한성도 약하다. 세덤의 경우 원위치로 복귀 (되돌아가는)가 되는 것도 문제이다. 모든 녹색 잎을 가진 식물은 무늬종 식물보다 빨리 자라는 경향이 있고 녹색으로 이런 변이종이 원위치 되기도 한다. 이런 변이종을 잘 지킬 필요가 있는데 이런 식물이 원래의 유전상태로 되돌아가지 않고 '유전적 고정'이 되도록 하는 것이다. 가능한 한 녹색줄기의 기부에 가깝게 녹색 줄기를 잘라 내는데 그 과정을 루징(rouging)이라고 한다. 때때로 무늬는 바이러스에 의해서도 일어난다. 만약 새로운 컬러가 반점(splash)이나 줄무늬(streak)로 나타났다면 이 세덤 식물은 건강하지도 안정적이지도 않다. 그 병이 다른 식물에게 전염될 수 있다(세덤류의 바이러스는 76페이지 참조).

변종이나 돌연변이(sport)는 유전적 돌연변이와 유사한데 새로운 싹이나 양친에게서 나온 새로운 식물체를 말한다. 즉 돌연변이체는 색이나 형태에서 다른 식물체를 말한다. 이것은 스스로 자라거나 분리해서 생장시킬 수 있는데 가치가 있을 때는 영양번식을 시켜 유지

▲ 힐로텔레피움 '마에스트로'로 힐로텔레피움 '마트로나'의 돌연변이체이다.

▲ 힐로텔레피움 '화이트 투스 샤크'는 힐로텔레피움 '헙스트프루드'의 돌연변이체로 가는 흰색의 테두리를 가지고 있다. 그러나 쉽게 다시 원래의 형태로 쉽게 되돌아가기(회귀)도 한다.

무늬종(반입) 잎을 가진 지피식물들

힐로텔레피움 '베카'
Hylotelephium 'Beka'

힐로텔레피움 '엘시 골드'
Hylotelephium 'Elsie's Gold'

힐로텔레피움 에리드로스티쿰 '프로스티 모른'
Hylotelephium erythrostictum 'Frosty Morn'

힐로텔레피움 에리드로스티쿰 '메디오바리에가툼'
Hylotelephium erythrostictum 'Mediovariegatum'

힐로텔레피움 '라요스'
Hylotelephium 'Lajos'

힐로텔레피움 시에볼디이 하위종 바리에가툼
Hylotelephium sieboldii f. *variegatum*

힐로텔레피움 스펙타빌 '핑크 샤블리'
Hylotelephium spectabile 'Pink Chablis'

페디무스 엘라콤비아누스 '더 엣지'
Phedimus ellacombeanus 'The Edge'

페디무스 캄차티쿠스 '바리에가투스'
Phedimus kamtschaticus 'Variegatus'

페디무스 스푸리우스 '트리컬러'
Phedimus spurius 'Tricolor'

세덤 앵글리쿰 '수지 큐'
Sedum anglicum 'Suzie Q'

세덤 리네아레 '바리에가툼'
Sedum lineare 'Variegatum'

세덤 마키노이 '바리에가툼'
Sedum makinoi 'Variegatum'

▲ 페디무스 캄차티쿠스 '바리에가투스' 무늬종의 모습이다.

해 나갈 수 있다. 예를 들어 힐로텔레피움 *Hylotelephium* '마트로나'는 짙은 색 돌연변이체가 생겼는데 힐로텔레피움 '마에스트로'로 결국 새로운 품종이 되었다. 원래의 식물체는 회록색 잎과 자주색 줄기, 핑크색 꽃을 피우는 종이었는데 새로 생긴 돌연변이 힐로텔레피움 '마에스트로'는 더 짙은 자색 잎과 더 짙은 분홍색 꽃을 가진 식물체이다. 페트로세덤 루페스트레 *Petrosedum rupestre* '안젤리나'는 돌연변이체의 경우 완전히 다른 황금색 잎인 돌연변이체가 생겼다.

때때로 세덤은 환상적인 지상부(슈트)와 달 모양(아치형)의 생장점(철화)을 만드는데 이로 인해 납작해진 줄기와 줄기의 끝에 있는 잎에 물결모양(wavy)의 능선(ridge)을 만들기도 한다. 이런 것들은 색다른(novelty) 것이고 이런 것을 수집하는 사람들에게는 아주 흥미 있는 일이다. 저자는 닭의 벼슬모양의 세덤 알붐 *Sedum album* '코랄 카펫' 종을 가지고 있는데 저자는 이 식물의 생장을 조절하기 쉽고 특수화된 생장과 습성 때문에 이 식물을 특별히 좋아한다.

클라우드 세덤

지피식물로서의 가능성은 제한되어 있지 않은데 단지 낮게 자라고 스톤크롭형 세덤이면 된다. 곧추서서 자라는 새로운 종이나 경계용 세덤에서는 부리(bill)처럼 튀어나온 곳을 채우는 용도로 유용하다. 최근에 구입한 아주 우수한 품종은 콤팩트한 큰 꽃을 가지고 있고 지속적으로 핀다. 저자는 이런 형태를 클라우드 타입이라고 부른다.

이들은 독특하고 서로 밀착되어 물결치는 것(물결 모양)과 같은 모습을 보인다. 이런 모습을 만드는 것은 간단하다. 단지 화분을 30~38cm 정도 간격으로 배치해 놓기만 하면 된다. 여기에 이용되는 품종은 흰색의 힐로텔레피움 Hylotelephium '선더클라우드', 풍선껌 모양이며 핑크색인 힐로텔레피움 '퓨어 조이', 선홍색 핑크인 힐로텔레피움 '생일 파티'들이다.

크고 아름다운(grander), 말하자면 초원 같은 녹색의 식재계획에서 새로 도입된 지피품종들은 잘 관리하지 않으면 사라져버릴 수도 있다. 그들 새로운 종에서 나타나는 대비되는 질감으로서 덩어리나 색은 더 정교한 질감, 궁극적으로 밀짚 같은 노란색, 여름부터 겨울까지 잘 적응되고 안정된 녹색 식물이다. 특별히 잎과 꽃에서 가을에 나타나는 외양은 아주 장관이다.

▲ 힐로텔레피움 '퓨어 조이' "클라우드 세덤"의 베드처럼 개화한 꽃의 모습이다.

▼ 미조우리 식물원의 환상적인 재배용기가 세덤 식물과의 조화된 모습이다.

세덤 식물의 용기재배
(Sedums in Containers)

최근 용기재배가 주목받고 있다. 용기에 재배하는 것은 시간, 돈, 공간에 대한 문제를 해결해주고 도시의 한 복판이나 아파트, 파치오나 데크 등 장소에 구애됨이 없다. 더 큰 정원을 가진 사람들은 전시회를 위해 그들의 식물들을 포트에 심기도 한다. 또 식물이 잘 자라지 않을 때 화분에 옮기기도 하고 아이디어가 생길 때도 용기에 심는다. 세덤류는 이런 시대의 추세에도 잘 맞는 작물이다. 다양하기도 하고 관리하기도 편하기 때문이다.

여러분이 잘 알다시피 포트에 심은 식물들은 잘 말라죽는다. 근권의 토양혼합물은 물이 잘 빠지거나 충분하지 않다. 햇빛을 받는 쪽이 가열되기도 하고 바람이 부는 쪽에는 수분을 고갈시켜 빨리 건조되기도 한다. 테라코타나 토분은 실제적으로 근권으로부터의 수분 손실에 약하다. 이런 이유 때문에 어떤 화분은 날마다 물을 주어야 하는데 특별히 여름에는 그렇다. 바쁜 정원사에게는 이런 용기를 관리하는 여러 일들이 힘들지만 세덤류를 재배하면 이런 일이 필요가 없게 된다.

▶ 내건성이 강한 힐로텔레피움 카우티콜라 '리다켄스'는 봄부터 가을까지 용기재배를 해도 아름답다.

인기가 있는 용기재배 식물들

힐로텔레피움 카우티콜라 '리다켄스'
Hylotelephium cauticola 'Lidakense'

힐로텔레피움 시에볼드이 품종들
Hylotelephium sieboldii cultivars

세덤 아돌피 품종들
Sedum adolphii cultivars

세덤 알란토이데스 품종들
Sedum allantoides cultivars

세덤 덴드로이디움
Sedum dendroideum

세덤 헤르난데지이
Sedum hernandezii

세덤 ×루테오비리데
Sedum ×luteoviride

세덤 모시니아눔
Sedum mocinianum

세덤 모르가니아눔
Sedum morganianum

세덤 멀티셉
Sedum multiceps

세덤 오악사카눔
Sedum oaxacanum

세덤 파키필룸
Sedum pachyphyllum

세덤 팔메리
Sedum palmeri

테라코타나 토분이라 할지라도 세덤은 건조에도 강하고 용기에서 잘 자라기 때문이다. 사실 세덤류의 대부분은 오히려 건조조건에서 자라는 것을 좋아한다.

건조에 잘 견디는 식물들과 세덤류의 조합을 시키다보면 결국 모두 다육식물 용기를 만들게 된다. 창의성을 가지고 이렇게 만들면 대단한 작품이 된다. 금상첨화로 유지관리비도 적게 든다. 그래서 용기재배에 대한 자문을 요청받으면 이들 식물을 보완하는 다육식물을 추천하게 된다.

먼저 여러분이 성공적인 포트재배를 위해서는 지켜야 할 몇 가지 원칙이 있다. 첫 번째, 크기에 주의해야 한다. 식물의 크기에 맞추어서 용기를 선택해야 한다. 자연 상태에서 많은 세덤류는 빈 공간을 채우거나 엎지르듯이 퍼져나가는 식물로 이용되므로 어린 식물체로 시작해서 재배를 하다보면 비로소 세팅이 된다. 개개의 세덤이 하나로 멋있기도 하지만 이는 '표본일 때'이고 대부분은 용기에 같이 있을 때 보기가 좋다. 그렇지 않으면 세덤과 다른 다육식물을 컬러와 용기, 그 식물들이 자랄 공간까지도 고려한 동반식물로 재배할 때이다. 마지막으로 여러분이 추위에 약한 세덤을 선택한다면 그들 세덤을 용기에 옮기고 실내에서 겨울을 나야할 것이다.

세덤류를 포트에서 멋있게 전시 재배할 때 용기 그 자체와 토양, 토양위에 덮는 자갈이나 멀칭재료 등 비식물적 요소도 고려해야 한다. 돌로 된 화분이나 콘크리트, 석회물질 등이 돌을 좋아하듯이 자연스럽게 느껴지도록 해야 한다. 예를 들면 가는 질감의 세덤으로 가는 잎과 롤빵처럼 생긴 품종인 세덤 히스패니쿰으로 이는 아마도 고산지대나 강한 내한성(마운딩) 식물이 펼치는 콘서트(concert) 같이 어울릴 것이다. 점토, 도자기, 플라스틱 화분은 때때로 색이나 장식이 심겨

▲ 행잉바스켓에 담겨져 자라는 세덤 멕시카눔 '레몬 볼' 세덤류들의 모습이다.

▲ 세덤 모르가니아눔이 여러 용기에서 걸이화분으로 자라는 세덤류들의 모습이다.

▲ 배수가 잘되는 용기에서 자라는 3가지 세덤의 모습이다. 과감한 도자기로 된 용기와 다양한 컬러의 백그라운드 속에서 재배되고 있는데 위쪽은 힐로텔레피움 '루비 글로우', 중앙은 페디무스 스푸리우스, 아래는 녹색의 오로스타키스가 복합적으로 용기에서 재배되고 있다.

덩굴성 용기재배 세덤류들

세덤 아돌피
Sedum adolphii

세덤 클라바툼
Sedum clavatum

세덤 킴나키
Sedum kimnachii

세덤 리네아레 '바리에가툼'
Sedum lineare 'Variegatum'

세덤 멕시카눔 품종들
Sedum mexicanum cultivars

세덤 모라넨세
Sedum moranense

세덤 모르가니아눔
Sedum morganianum

세덤 팔메리
Sedum palmeri

세덤 스탈리
Sedum stahlii

세덤 테트락티눔 품종들
Sedum tetractinum cultivars

세덤 트렐레아시
Sedum treleasei

진 세덤류와 잘 어울려야 하는데 납작하거나 대비되거나 하여 용기 그 자체가 부조화를 이루지 않도록 해야 한다. 반면에 대부분의 세덤 다육식물은 배수가 빨리되는 혼합 용토를 좋아하는데 여러분은 대부분 크기와 색깔이 다른 가는 자갈을 화분위에 얹어서 작업을 끝내는데 이것은 토양습도를 보존하고 잡초를 방제하며 여러분의 작품을 멋있게 하는 것인데 이는 대비효과와 마감작업으로 좋다.

별난 용기(offbeat) 재배는 세덤이 쉽게 잘 자라기 때문에 기발한(quirkly) 용기에서도 대부분 잘 견딜 것이다. 오래된 신발과 부츠에서 재배하든지, 빈티지 찻잔이나 주전자, 프라이팬(colander), 커피 캔이나 페인트 통 등도 어떨까? 만약 여러분이 용기재배에 주저하면 작은 포트를 달아매는 것만으로도 좋다. 어떻게 하든지 간에 배수가 잘되고 모래흙을 사용해야 한다는 것이다. 만약에 배수가 힘든 조건이면 용기에 구멍을 뚫어두면 된다. 만약 여러분이 수목원이라면 나무의 그루터기의 안과 밖이나 통나무를 용기로 사용하면 좋을 것이다. 저자는 이럴 때 세덤 테르나툼 *Sedum ternatum* 종을 사용하도록 추천한다.

매달기와 연결하기

최고의 방법 중 하나는 화분 매달기이다. 항아리나 높인 포트(elevated pot), 윈도박스 등에서 재배하는 것은 감칠맛 나는 일이다. 자연적인 습성을 이용한 폭포모양의 현애(cascading) 재배도 좋다. 당나귀 꼬리(burro's tail) 세덤인 세덤 모르가니아눔은 옛날부터 가장 일반적인 품종 중 하나인데 세덤 ×루브로틴크툼 *Sedum × rubrotinctum*과 세덤 스탈리 *S. stahlii* 또 마찬가지이다.

작고 긴 품종으로 세덤 디퓨섬 *Sedum diffusum*, 세덤 모라넨세 *S. moranense*, 세덤 오악사카눔 *S. oaxacanum*들은 모두 작거나 중간 크기의 포트에 재배하기 좋다.

▲ 도자기에 대담한 시도를 한 배경이 컬러풀하고 세덤 힐로텔레피움 '선셋 클라우드', 페디무스 타케시멘시스 그리고 힐로텔레피움 시에볼디 하위종 바리에가툼이 자라고 있다. 세덤 오레가눔(중앙 앞), 페트로세덤 포스테리아눔(왼쪽), 그리고 세덤 오크롤레우쿰 '레드 위글'(오른쪽). 에오니움과 셈퍼비붐속(왼쪽 아래)으로 종합적인 작품이 완성되었다.

초미니 샘플(specimen) 세덤의 전시

어떤 세덤은 너무 작아서 정원의 토양에서는 관심을 끌지 못한다. 이럴 때는 용기에서 재배하며 전시하면 문제가 없다. 이때는 좀 독특한 용기화분을 사용하는 것도 보여주기와 전시하기에 좋다.

나무 세덤 : 멕시코 원산의 세덤류 중에서 나무와 같은 줄기를 가진 장수하는 식물이다. *세덤 덴드로이디움* Sedum dendroideum과 근연종인 *세덤 프레알툼* S. praealtum은 거의 비슷한 크라슐라인 제이드 플랜트(jade plant)가 있고 7.5~15cm 정도의 키(초장)를 가진 세덤 멀티셉은 작은 세덤(유카 브레비폴리아 Yucca brevifolia)로 이 조슈아 트리(유카)를 생각나게 하는 세덤이다.

로제트형 세덤 : 단단하고 억센(stout) 두터운 잎을 가진 로젯트형 세덤으로 *세덤 루시둠* Sedum lucidum과 *세덤 트렐레아시* S. treleasei는 여러분을 에케베리아 Echeveria와 혼동하게 만드는(물론 그 둘을 결합시킬 수도 있음) 세덤이다. 작은 점토화분에 심으면 아주 보기가 좋다.

관목세덤 : *세덤 푸르푸라시움* Sedum furfuraceum과 *세덤 헤르난데지이* S. hernandezii는 고급스럽기도 하지만 그 모양이 키 작은 나무인 관목(shrublike)처럼 보인다. 이 세덤류도 역시 집에서 키우는 다육식물로 안성맞춤이다.

용기재배에서 배색

용기에서 세덤을 재배하는 중에 가장 중요한 것 중의 하나는 어떻게든 매력적인 조합을 만들어가야 한다는 점이다. 용기에서 자랄 수 있는 작은 세덤, 잎과 꽃 모두에서 색채가 다양하게 선택할 수 있고 만들어갈 수 있어야 한다는 것이다. 여러분은 이미 매력적인 배색에 대하여 알아보았다. 예를 들면 붉은빛을 띠는 녹색이나 노란빛을 디는 적색 등 여러분의 정원에서 다른 식물과 장소에서 배치도 알아보았다. 여기에 성공적이고 즐거운 협력과 조화가 필요하다. 그러나 한마디로 지혜로워야 한다. 때때로 적은 것이 좋은 것이다(과유불급). 왜냐하면 여기에 나오는 식물들의 대부분은 항상 작은 식물체이다. 여러분은 너무 많은 전시물이나 식물은 아름다움을 흐트러뜨리게 하고 오히려 압도당하게 만든다.

만약 여러분이 원하면 이 작은 세덤류에 대한 보상책으로 용기 그 자체를 조정할 수 있다. 대비되는 색깔을 가진 포트를 눈에 띄게, 돋보이게 배치할 수 있고 배경 막을 조정할 수도 있다.

저자는 여러분을 자신감 있게 하여 순수한 녹색이나 회록색을 넘어서는 대담한 배치를 추천한다. 여기 하나의 좋은 아이디어로 청색 잎을 가진 식물과 혼합시키는 것이다. 여기에는 세덤 클라바툼 Sedum clavatum과 세덤 파키필룸 S. pachyphyllum 식물이 있다. 오렌지색의 잎을 가진 세덤에는 세덤 아돌피 S. adolphii 가 있다.

용기재배에 어울리는 동반식물들

앞에서도 기술한 것처럼 용기재배 즉, 포트재배에서는 세덤류에 다른 식물들이 더해져야 한다. 일단 세덤 다육식물은 다른 식물과 연결되고 동반식물로서 큰 문제가 없이 성공적이다. 다육식물은 충분하고 풍부한(ample) 일조를 좋아하고 배수가 잘 되는 토양에서 양호한 생장을 한다. 그러므로 다육식물이 세덤과 자연적인 동반식물이다. 다른 내건성 식물들도 물론 잘 어울리는데 문제가 없다.

용기에서 재배할 때 상황이 시시각각 변한다는 것을 유념해야 한다. 여러분이 동반식물로 알고 있는 식물이 안 맞을 수도 있고 동반식물이 너무 크게 자라거나 공격적이어서 조화가 깨질 수도 있다. 여기서 변화를 위해 이런 성질을 서로 주고받을 수 있는 것도 아니다. 그러나 이때 전정을 해서 공격적인 자람을 조절하거나 식물체를 서로 맞바꿀 수 있고 더 알맞은 식물로 대체할 수 있는 것은 장점이다. 여러분들이 실험도 해보고 꾸준히 공부하면 이러한 조합을 발전시켜갈 수 있고 이 세덤 다육식물의 아름다움을 통하여 여러분과 여러분의 정원을 방문하는 방문객에게도 행복감을 줄 수 있을 것이다.

세덤 다육식물에 잘 어울리는 동반식물은 아르메리아 Armeria와 다이안서스 Dianthus, 조비바르바 Jovibarba, 레위시아 Lewisia, 로술라리아 Rosularia, 사시프라가 Saxifraga, 셈퍼비붐 Sempervivum, 탈리눔 Talinum이 있고 저자는 에케베리아 Echeveria, 유포르비아 Euphorbia, 그랍토페탈룸 Graptopetalum, 파키피툼 Pachyphytum, 포르툴라카 Portulaca, 세네시오 Senecio를 추천한다.

암석원, 돌담(암벽)과 갈라진 틈새에서도 잘 자라는 세덤
(Sedums in Rock Gardens, Stone Walls, and Crevices)

세덤이 가지고 있는 본래의 습성 때문에 때때로 자갈토양에서 세덤류를 만난다. 이런 돌자갈 밭에서도 잘 자라는 식물인 세덤은 암석원 식물로 제격이다. 혁신적인 조경사와 정원 디자이너라면 다소 수직적이고 갈라진 틈이 많은 석축에다가 이 세덤을 매달아 둘 것이다. 이 세덤류가 이런 환경에서 살아가는 것만으로도 여러분에게 영감을 주어서 여러분의 안마당 어디에서도 이 세덤류를 키울 수 있다는 자신감을 갖게 될 것이다. 여러분은 다양한 암석원을 만들 때 이 책의 236~238페이지에 나오는 주소록과 연락처를 보면 북미 암석원 협회 등에서 많은 자료를 얻을 수 있을 것이다. 저자는 단지 전체적인 정보를 제공할 뿐이다.

암석원과 자갈정원

전통적인 암석원에서의 일 대부분은 이들을 정착시키는 일이다. 일단 동반식물과 함께 뿌리를 내리면 세덤은 자라가고 유지관리비도 적게 든다. 햇빛이 잘 드는 양지바른 지역에 경사가 있어서 배수가 잘 되는 곳이 최적지이다. 즉 대부분 산악지역에 작은 마운드(mound)를 만들고 세덤을 심은 후 자갈로 멀칭을 한다. 이렇게 하는 것은 잡초를 제거할 필요가 거의 없이 관리를 쉽게 하기 위함이다.

다른 말로 표현하자면 자갈 가든인데 이것은 새로운 것이 아니고 미국에서는 이미 만들어져 있거나 요즘도 만들고 있는 곳도 많다. 이들 자갈 가든은 평지에 주로 만드는 추세이다. 즉 토양층에 세덤류가 완전히 정착이 되면 그 이후에 자갈로 멀칭을 한다.

이때 토양깊이는 약 10cm 정도는 되도록 하고 자갈은 뿌리와 줄기가 나누어지는 지제부(토양과 접하는 부위)까지 깔아준다. 좀 더 큰 돌이나 자갈이 있으면 토양층 여기저기에 파격을 주면서 배치한다.

행사가 있으면 일단 바닥을 디자인하고 적용해야 할 테두리를 정한다. 자갈로 길을 채우고 잔디나 유기물로 멀칭한다. 이때 벽돌이나 금속, 자갈을 이용한다.

▲ 건조한 자갈 정원에서 잘 자라고 있는 세덤류들의 모습이다.

식물의 색을 조절하려면, 물론 할 수는 있는데 다양한 세덤이 배치될 수 있는 충분히 공간이 나와야 한다. 저자는 추위에 강한 세덤류에 대한 이벤트 행사를 했는데 아름답고 유용했다고 한다. 만약 여러분이 동반식물을 원하면 상대적으로 건조에 잘 견디는 식물을 선택해야 한다는 것에 유의하라.

여러분은 전통적이고 고산지대 식물을 활용할 수 있을 것이나, 그러나 주의해야 할 것은 이런 지역이 원산지인 식물은 고산이나 극지의 수목 한계선(timberline)을 넘어설 수 있고 그렇게 되면 가정정원에서 행복하게 이들을 유지관리하기가 어려울 수 있다. 즉 여름의 극한 더위와 겨울의 건조를 견뎌내지 못할 수 있다. 때때로 여러분은 포트에서 이런 식물을 키우는 까다로운(fussy) 소비자를 만날 수도 있다. 그러면 암석원에 이 세덤류를 완전히 옮기든지 생육하는 계절에 이 포트를 심든지 해야 한다. 여러분이 좋아하는 식물에 대한 연구와 기꺼이 재배하고자 하는 것에 대한 결정은 여러분의 몫이다. 평야 들판과는 달리 여러분의 암석원이나 자갈 정원에서 왜생의 미국 그래스류를 동반하여 재배한다.

재질로서 자갈

자갈정원인 앞마당으로 여행해보라. 그리고 잘 준비된 가든 센터는 여러분에게 돌의 크기나 색, 심지어 모양까지도 다양한 선택을 할 수 있도록 보여줄 것이다. 대부분의 경우 이런 작은 크기의 자갈의 역할은 표토를 덮고 멀칭하는 장식용이다. 실세로 여러문이 세덤류나 동반식물을 키우기를 원하면 대부분 빨리 배수가 가능하도록 사토로 된 토양이 필요하다. 더 작은 자갈이 가장 자연적일 수 있다. 저자는 때때로 지역의 완두콩이 작은 새눈크기의 콩 자갈을 이용한다.

이것들은 둥글고 6mm내외로 작다. 만약 식물체가 더 크면 큰 것을 사용하면 된다. 색깔은 중간의 색을 선택하는 것은 안전을 선택하는 것이다. 저자는 밝은 회색 계열을 선호한다. 자연적으로 채굴한 석영과 닮은 위스콘신 돌은 뾰쪽한 각이 있어 위험할 수 있다. 그런데 몇몇 암석원을 관리하는 재미있는 친구들은 어둡거나 밝은 돌, 붉거나 푸른 색, 또는 이들을 섞은 것을 시공하기도 한다. 어쨌거나 복잡하고 과다한 그런 것은 여러분의 선택이고 저자는 단순하게 하는 것을 추천한다.

테라스 그리고 보도용 세덤류

페디무스 캄차티쿠스
Phedimus kamtschaticus

페디무스 스푸리우스 '닥터 존 크리치'
Phedimus spurius 'Dr. John Creech'

로디올라 파키클라도스
Rhodiola pachyclados

세덤 아크레 '오리아'
Sedum acre 'Aurea'

세덤 알붐 변종 마크란툼 '클로로티쿰'
Sedum album var. *micranthum* 'Chloroticum'

세덤 대시필름 *Sedum dasyphyllum*

세덤 히스패니쿰 *Sedum hispanicum*

세덤 자포니쿰 변종 푸밀룸
Sedum japonicum var. *pumilum*

세덤 리디움 *Sedum lydium*

▲ 잡초도 물리칠 수 있는 단단한 특성을 가진 페디무스 스푸리우스 '닥터 존 크리치'은 보행로에 아주 완벽하게 어울린다.

이렇게 하면 질감과 형태는 물론 때때로 전 계절을 거쳐 멋있는 배경식물을 제공받는 것이 된다. 저자의 경우 이런 외생의 그래스를 갖는 행운이 있었다. 보우텔로우아 쿠르티펜둘라 *Bouteloua curtipendula*와 보우텔로우아 그라킬리스 *B. gracilis*, 코엘러리아 크리스타타 *Koeleria cristata*, 파니쿰 레베르기 *Panicum leibergii*, 스키자크리움 스코파리움 *Schizachyrium scoparium*, 스포로볼루스 헤테로렙시스 *Sporobolus heterolepsis* '타라' 등이 있다.

낮게 자라는 내한성 건조지대 식물로 그래스류가 있거나 없거나 간에 잘 어울린다. 저자는 적응력이 높고 극한 환경을 잘 견디는 야생식물을 좋아한다. 페디무스 스푸리우스 *Phedimus spurius*와 같은 경계식물이자 지피식물인 알리움 스코에노프라섬 *Allium schoenoprasum* '라이징 스타', 코레옵시스 란체올라타 *Coreopsis lanceolata*, 에키나세아 테네신시스 *Echinacea tennesseensis*, 게움 트리플로룸 *Geum triflorum*, 리아트리스 실린드라세아 *Liatris cylindracea*, 리아트리스 푼크타타 *L. punctata*, 오에노테라 마크로카르파 *Oenothera macrocarpa* 등의 식물들은 멋있는 자연적 이름다움을 가지고 있다.

보행로와 테라스용 세덤

최소한의 수분 조건에서도 강한 일사를 견디며 자라는 세덤이 있다는 것에 저자는 감사한다고 했다. 테라스와 보도 같은 곳에 있는 판석(flagstone)이나 암석, 벽돌 등의 열악한 환경에서도 이 강인한 세덤류는 잘 자라간

▲ 시멘트와 돌 계단에서도 잘 자라는 세덤으로 뜨거운 위치에 녹색의 컬러가 강하다.

▲ 석축에서도 잘 자라는 세덤류의 모습이다.

▲ 페디무스 엘라콤베아누스 식물이 돌과 돌 사이의 틈새와 벽에서도 잘 자라고 있는 모습이다.

▲ 돌로 된 담장의 벽에 만들어진 주머니 같은 공간의 토양에서 잘 자라고 있는 세덤의 모습이다.

다. 항상 그러한 것은 아니지만 이 식물은 보행자의 답압에도 잘 견디고 주머니처럼 튀어나온 부리 같은 모서리(bill)에도 생존한다.

이들은 스스로 옆으로 퍼져가고 빈공간과 틈새를 파고드는 번식까지도 한다. 잡초도 물러나게 하는(yanking) 강인성과 적은 수분공급에도 살아가고 시간이 지나면 자생식물처럼 정착을 하는 식물이다.

여러분이 지역의 원예센터에 가면 밟아도 되는 답압작물(stepable)이라는 라벨이 붙은 세덤을 만날 수 있을 것이다. 이러한 식물은 보행자의 답압을 견딜 수 있는 식물이라는 표식이다.

돌, 자갈, 콘크리트 암벽

암벽은 암석원의 부분으로 녹색의 벽과 식물이 자라고 있는 곳이다. 여기는 식물이 매달려서 자라기도 하고 돌 위에서 자라기도 한다. 작은 구멍이라도 있으면 종자가 떨어져 발아도 한다. 여기에는 2가지가 있는데 하나는 건조한 암벽으로 인위적인 콘크리트나 구조물이 아닌 순수한 암석으로 구성된 것으로 단지 90cm 이하의 식물이 살아간다. 또 하나는 인위적이고 모르타르를 부어서 만든 것으로 구멍이 있거나 식물을 재배할 수 있는 포켓이 있는 경우이다.

이 구조물은 건축 시에 이를 미리 고려하여 만든 경우이다. 이러한 벽은 식물이 그래도 살아갈 수 있도록 최대한 배려한 구조물이다. 이것은 두 가지의 특성이 있는데 하나는 안정성이고 또 하나는 비가 올 때 빗물이 스며들어 식물이 자라게 하는 것이다. 이런 것들은 언덕이나 제방, 독립적인 구조물로서 수분을 보존하고 유지하도록 해준다.

여러분이 암벽 정원을 만드는 동안 이것이 끊임없이 여러분을 성가시게(chore) 하지 않을 것이라는 것을 안다. 최선의 결과로 세덤은 그들 스스로 종자를 퍼트리며 살아간다. 시간이 좀 지나면 이 세덤은 빈 공간을 다 채우고 심지어는 벽돌이나 암벽 사이의 크랙 같은 아주 작은 공간에서도 잘 살아간다. 다음은 그러한 곳에 알맞은 세덤의 품종으로 페디무스 엘라콤베아누스 *Phedimus ellacombeanus*, 페디무스 캄차티쿠스 *P. kamtschaticus*, 페디무스 스푸리우스 *P. spurius*, 세덤 아크레 *Sedum acre*, 세덤 알붐 *S. album*, 세덤 섹상굴라레 *S. sexangulare*가 있다. 암벽사이에 자라는 세덤 품종들에 부가하여 어떤 고산식물들은 그 틈새 사이를 파고들며 자라간다. 그러한 식물은 오리니아 사사틸리스 *Aurinia saxatilis*, 오브리에타 델토이데아 *Aubrietia deltoidea*, 아라비스 카우카시카 *Arabis caucasica* 등이 있다.

조경에서 여러분이 직면하는(confront) 디자인 문제는 세덤으로 인해 여러분의 딱딱한 암벽이 흐트러지는 것이다. 이 세덤 식물을 심음으로 문제는 해결된다. 이 대단한 일을 하는 것은 어두운 (dusky) 장미와 자색을 가진 힐로텔레피움 플루리콜레 변종 에자웨 *Hylotelephium pluricaule* var. *ezawe*, 힐로텔레피움 에웨르시이 아종 호모필름 *H. ewersii* subsp. *homophyllum* '로젠테피크' 품종들이다. 은회색은 세덤 히스패니쿰 변종 미누스 *Sedum hispanicum* var. *minus*이고 그 옆에 형태, 크기, 잎의 크기 등 매우 유사한 것이 두 가지 식물이 있다. 그러나 반복되는 표면에 다른 색은 그 작은 돌들이 더 부드럽게 만들어 준다. 같은 효과가 세덤 히스패니쿰 변종 히스패니쿰 *S. hispanicum* var. *hispanicum* 품종에서 동일하게 미세한 질감을 갖는 세덤과 옆으로 퍼져가는 매트형 형태의 잎을 가진 세덤 리디움 자주색의 품종에서 볼 수 있다. 또 다른 선택으로 크기와 질감을 비교할 수 있는데 단지 적색줄기를 가진 녹색의 세덤으로 세덤 리디움 *S. lydium*이 있다.

암벽 틈새(크레비스) 가든은 인기를 얻고 있는 암석원의 또 다른 하나의 형태이다. 이것들은 독특한 평면의 돌밭을 모방하여 전시한 것이다. 즉 암반토양의 갈라진 틈(slit) 사이로 식물이 파고들어 가는 것이다. 이것들은

▲ 미국 매디슨에 있는 위스콘신 대학의 알렌 센터니얼 가든에서 볼 수 있는 암벽 틈새(크레비스) 가든의 모습이다.

수직의 납작한 암반 사이에 식물이 파고들어 절편을 가지고 있는 것이다. 여기에 대한 좋은 표본은 매디슨에 있는 위스콘신 대학의 알렌 센테니얼 가든과 덴버 식물원이다.

여기에 알맞은 식물은 규모면에서 아주 작다. 저자는 평판 암석으로 자신의 암벽 틈새(크레비스) 가든을 만들었다. 저자는 깜찍하게 식물을 재배해 올렸는데 세덤 대시필름 Sedum dasyphyllum과이다. 동반식물로 짧은 꽃이 피는 고양이 발가락 모양의 다육식물로 세덤 자포니쿰 변종 푸밀룸 S. japonicum var. pumilum이 있다. 그 고양이 발가락 같은 다육식물과 안테나리아 네글렉타 Antennaria neglecta '피위'는 회색돌을 가진 조합으로 유쾌하게(호감이 가는) 만든다. 반면에 세덤 대시필름 S. dasyphyllum은 이웃하는 돌의 일부를 반점모양(작은 반점)으로 된 오렌지톤의 일부를 선택하여 조성한다. 세덤 알붐 S. album 종의 작은 형태가 적절하고 알맞다. 세덤 알붐 변종 마크란툼 Sedum album var. micranthum '클로로티쿰' 종은 1년 내내 밝은 녹색을 유지하고 있다. 세덤 알붐 S. album '파로'는 가장 작은 품종 중 하나로 아주 매력적이다. 이것은 가을이 되면 적색과 녹색으로 바뀐다. 겨울이 되면 완전히 적색으로 된다.

옥상녹화용 세덤
(Sedums for Greenroofs)

요즘은 옥상녹화가 인기가 높다. 정원은 물론 지속가능한 건축의 개념에서 어느 정도 첨단기술이다. 세덤류는 옥상녹화용으로 주요 작물이고 이상적인 최적의 다육식물 재료이다. 재미있게도 중국 사람들은 수백 년 동안 옥상녹화용으로 오로스타키스 차네티이 Orostachys chanetii(세덤 차네티이)를 재배해오고 있다. 옥상녹화의 실제적 이익은 많다. 그러한 지붕의 대부분은 관상용이 아니었다. 그들은 다른 유익을 얻기 위해서였는데 이는 대도시의 경우 태풍 시에 배수나 하수도(sewer), 물의 저장고로써 이용했다. 실제로 어떤 경우는 강우량의 60~100%를 보유할 수 있었다. 또 더운 날에 건물을 시원하게 해주고 온도의 변화를 줄여주며 자외선으로 인한 건물의 손상을 막아 건물의 수명을 50% 늘려주기도 하여 궁극적으로 경비를 줄여주기도 한다.

마지막으로 옥상녹화를 하면 꿀벌이나 야생조류, 심지어 유익한 곤충까지 야생동물의 서식처를 제공하여 좋

▲ 사진에서 보는 코코넛 코이어(코코넛 열매 겉껍질로 만든 거친 섬유. 밧줄이나 바닥 깔개 등을 만들 때 씀) 트레이는 옥상녹화용으로 알맞은 재료이다.

은 생태계 조성에 기여한다. 즉, 다양한 생물상을 만들어 줌으로 지표의 토양과 생물, 야생자연의 연결통로로서 생물다양성의 완충지대를 만들어 준다.

옥상녹화는 대부분 건물옥상에 짓기 때문에 추가 하중을 견딜 수 있도록 적절한 보강공사를 신축 시에 고려한다. 현재는 상업시설의 대부분이 평면으로 된 지붕이므로 옥상녹화를 하기에 가장 적당하다. 거주시설인 가정에서는 바깥에 있는 파치오나 데크를 사용할 수 있는지 디자인과 함께 고려해 보아야 한다. 그렇지 않으면 헛간(shed), 놀이터, 창고를 개량해서 만들 수 있고 여러분이 의지가 있다면 어디든지 가능할 것이다.

식물의 필요를 충족시켜주기 위해서 옥상녹화를 위한 어떤 건축적인 조치가 필요하다. 여러분이 사는 지역의 기후와 경험 속에서 여러분에게 잘 맞는 회사를 선택하고 준비하는 책들이 많이 나와 있다. 그리고 혹은 여러분의 지역기후에 맞게 경험이 풍부한 회사의 사람들을 고용하여 설치할 수도 있다.

세덤, 경계식물로서 디자인하기

▶ 플러그 화분을 이용한 옥상녹화 모습이다.

▶ 줄기삽(stem cutting)으로 번식시키고 있는 옥상녹화 모습이다.

◀ 세덤 뗏장을 옥상에서 생산하는 시카고 '오헤어 국제공항' 옆 페덱스 농장의 항공사진. 저자의 형제인 '컬트(Kurt)'가 운영하는 인트린식 조경(Intrinsic Landscaping) 회사로 1ha(3,000평)에 이른다.

▲ 봄에 볼 수 있는 시카고식물원의 옥상녹화 모습이다.

▲ 봄에 볼 수 있는 시카고식물원의 옥상녹화 모습으로 보통 10cm 깊이로 토양을 조성하나 여기서는 10, 15, 20cm로 다양하게 만들었다.

▲ 미국 일리노이 주 시카고 '페기 노트배르트 자연박물관'의 지붕의 80%에 설치된 농장에서 세덤을 삽목한 후 8개월 된 모습이다.

간단히 요약해서 말하면 7.5~13cm 정도의 얕은 토양에서도 대부분의 세덤은 잘 자란다. 팔레트, 즉 조색판(palette)을 넓게 잡으면 좀 더 넓어져야 하지만 심근성의 세덤이라면 다소 깊게 토양을 만들 필요가 있다. 옥상녹화용 토양은 바람에 날리지 않고 수축팽창(shrinkage)이 적은 특화된 토양이 좋다. 미국 태평양 북서부 지역에서는 주로 경석질(輕石質, pumice)의 토양을 사용하는 반면에 중서부 지대와 많은 다른 지역에서는 버미큘라이트와 같은 운모나 셰일을 팽창시켜 만든 토양을 이용한다. 다른 배지로 사용되는 것들은 모래, 피트모스, 펄라이트, 퇴비, 기타 식물 유래의 유기질을 이용한다.

몇몇 설치방법에서 독일이나 유럽의 여러 나라에서 사용하는 전통적인 방법을 보면 옥상에 바로 설치하는 것이다. 특별한 디자인이 필요하면 화분을 이용하여 심는다. 그렇지 않을 경우 옥상은 세덤을 삽목하여 이 삽목체를 종자로 재배할 수 있다. 또 다른 방법은 미리 재배하여 키운 식물을 심는 것이다. 이 때 트레이는 보통 플라스틱을 사용하지만 종종 코코넛 코이어(코코피트)를 사용하기도 한다. 마지막으로는 미리 키워둔 세덤 매트(세덤 뗏장)를 이용해볼 수도 있다.

대부분의 옥상녹화가 정착되는 데는 1~3년 정도 소요된다. 약간의 유지관리 비용도 계상해야 한다. 처음에 시작할 때 토양의 비료분이 약하기 때문에 식물체가 가늘고 약하면 규칙적으로 비료를 준다. 새로운 정원을 시작할 때에는 원하는 작물이 다 자라고 채워질 때까지 잡초를 제거하는 것이 중요하다. 마지막으로 중요한 일은 여러분이 옥상녹화를 하려면 늘 배수구를 체크하고 깨끗하게 관리하여야 한다.

주택의 벽이나 카펫베드(가정정원)을 위한 세덤류들
(Sedums for Carpet Beds and Living Walls)

세덤을 이용할 수 있는 또 다른 장소로 면이 수직인 주택의 벽이나 강한 펜스, 수평인 카펫베드(가정정원)는 우리를 흥분시키고 독특하게 하기에 충분하다. 또 다른 방법으로 식물이 심겨진 프레임을 만들어 사용하는 것, 즉 대형 용기를 활용하는 방법이다. 이때 용기는 나무, 벽돌, 기타 튼튼한 최신의 재료를 사용할 수 있다. 여기에 토양을 채우고 식물체를 배열한다. 항상은 아니나 때때로 별난 기하학적 배치도 시도해 본다. 결과적으로 이런 프레임은 살아있는 그림이 될 것이다.

카펫베드용 식물들은 그들의 강한 은색의 잎이 매력적이고 세덤 스파툴리폴리움 아종 프루이노숨 Sedum spathulifolium subsp. pruinosum '케이프 블랑코'와 세덤 대시필름 S. dasyphyllum들이고 이들을 빌려 이용할 수도 있다. 세덤 알붐 S. album '코랄 카펫'과 페디무스 스푸리우스 Phedimus spurius '풀다글루트'는 적색의 잎을 가지고 있다. 페트로세덤 루페스트레 Petrosedum rupestre '안젤리나'와 세덤 자포니쿰 S. japonicum '토교 선'은 노란 황금색 잎을 가지고 있는 세덤류이다.

주택의 벽은 수직으로 펼쳐진 장소로 때로는 스케일이 크다. 벽은 집약관리가 어렵고 내부에 사람이 살기 때문에 여기는 내한성이 강하고 천천히 자라는 품종이 좋다.

넓은 면적의 옥상녹화에 알맞은 세덤류

이 식물들은 토심이 7.5~13cm에 내한성 재배지역(최저온도-26℃) 5를 필요로 한다.

힐로텔레피움 카우티콜라 '리다켄스'
Hylotelephium cauticola 'Lidakense'

페트로세덤 루페스트레 품종들
Petrosedum rupestre cultivars

페디무스 하이브리더스 '임머그룬첸'
Phedimus hybridus 'Immergrünchen'

페디무스 캄차티쿠스 품종들
Phedimus kamtschaticus cultivars

페디무스 캄차티쿠스 변종 플로리페루스 '바이엔슈테파너 골드'
Phedimus kamtschaticus var. floriferus 'Weihenstephaner Gold'

페디무스 스푸리우스 품종들
Phedimus spurius cultivars

페디무스 타케시멘시스 '골든 카펫'
Phedimus takesimensis 'Golden Carpet'

로디올라 파키클라도스 Rhodiola pachyclados
세덤 아크레 품종들 Sedum acre cultivars
세덤 알붐 품종들 Sedum album cultivars
세덤 풀첼룸 Sedum pulchellum
세덤 섹상굴라레 품종들 Sedum sexangulare cultivars

▲ 전형적인 카펫 모양의 세덤 멕시카눔 '레몬 볼'로 미국 미조리 식물원 빅토리아 가든의 모습이다.

▲ 시카고식물원 '그룬펠드 어린이 재배정원'의 벽면녹화로 모두 세덤을 사용하였다.

세덤, 경계식물로서 디자인하기

◀ 액자형 수직가든의 소재로서 세덤류 만한 것이 없다.

◀ 목재 팰릿(pallet)으로 만든 세덤 정원으로 사적인 개인 패널이다.

◀ 세덤과 다육식물로 만든 프레임 박스의 살아있는 세덤식물의 모습이다.

▲ 미국 시카고식물원의 살아있는 벽으로 '세덤'과 '크리핑 타임'을 혼식하였다.

즉 잘 생존하도록 적절한 물과 양분의 공급과 아름답게 보이도록 솜씨를 필요로 하는(tricky) 장소이다. 여러분은 배수가 잘 되는 토양을 원할 수도 있지만 수축의 문제와 너무 많은 수분을 보유하는 것을 고려하여 관행적인 토양인 피트모스와 식물을 잘 조절해야 한다. 부가하여 병을 예방하고 식물을 건강하게 유지하기 위해서는 토양배지를, 관수를 하는 중간에 건조되도록 할 필요가 있다. 주택의 벽을 이용한 벽면녹화의 이상적인 식물배치는 바닥의 땅에 식물을 심는 것이다. 그런 후에 식물이 다 채워지면 내려서 매달리게 하는 것도 방법이다.

현재로서는 아쉽게도 세덤이나 다육식물은 무토양 재배인 수경재배시스템으로 잘 키울 수가 없다(역자주, 요즘 한국에서는 어렵기는 하지만 수경재배로 다육식물을 잘 재배한다). 수경재배는 열대식물이 주로 이용되고 장소도 쇼핑몰이나 관공서의 내부에서 볼 수 있다. 그러나 두 가지 다른 방법들이 있는데 흡수력이 있는, 즉 흡수성의 펠트(felt)로 '채소 매트'(프랑스 디자이너 패트릭 블랑의 제안)를 사용하면 된다. 전시나 재배는 큰 플라스틱이나 금속류를 안쪽에 대거나 경계선 안쪽에 둥우리를 만들어 재배할 수 있다. 이때 트레이는 배수공을 뚫어두어야 하는데 그렇지 않으면 뿌리썩음병이 생기기도 한다. 이렇게 하더라도 아직은 관수를 하는데 주의해야 한다.

벽면녹화에서 배색은 아직도 기후요소에 의해 크게 좌우된다. 아주 추운 기후대나 겨울에 물을 주는 경우 등에서는 선택할 수 있는 식물이 제한될 수밖에 없다. 이 때 선택이 가능한 상록성 세덤류로는 페디무스 캄차티쿠스 변종 플로리페러스 *Phedimus kamtschaticus var. floriferus* '바이엔슈테파너 골드', 페디무스 타케시멘시스 *Phedimus takesimensis* '골든 카펫', 페트로세덤 루페스트레 *Petrosedum rupestre*가 있고 반상록성 세덤류로 힐로텔레피움 아나캄프세로스 *Hylotelephium anacampseros*, 페디무스 스푸리우스 *Phedimus spurius* 품종들이 있는데 이 식물은 줄기가 아래로 자라는 현수성이고 로제트 형으로 기울어져(tip) 재배된다. 물론 좀 더 따뜻한 기후지대에서는 배색을 다양하게 선택할 수도 있다.

아주 건조한 지대에서 세덤류의 재배
(Sedums for Very Dry Conditions)

많은 세덤류가 건조한 상황에서 잘 견디는데 미국의 남서부, 서부의 끝자락, 멕시코와 같은 원산지에서 아주 극도로 덥고 건조함에도 불구하고 수 주간 물을 주지 않아도 생존이 가능하다. 더 다행스럽게도 햇빛에 살짝 구워지는 정도의 광이 강하게 비치는 파치오나 데크 등에서도 잘 견디고, 포트에 담아서 전시회를 할 때, 물주기를 깜박 잊어버리는 다소 게으른 사람들에게까지도 잘 맞는 다육식물이다. 다른 다육식물과 마찬가지로 이 세덤류는 그런 거칠고 건조하며 열악한 환경을 잘 견디는 특성이 있다. 크라슐라산 대사(CAM)라고 하는 것인데 이는 물을 잎에 저장하기 좋은 방법으로 더운 낮에는 기공을 닫고 있다가 수분의 손실이 적은 밤에 기공을 열어 이산화탄소를 흡수하고 산소와 물을 방출하는 일반 다른 식물과 반대되는 대사작용을 한다. 즉 이 CAM 식물은 증산을 줄여 식물체내 수분을 잘 유지하고 보존하는 효율적인 시스템을 가지고 있다.

두터운 다육식물의 잎은 강인함의 상징이다. 예를 들어 젤리빈 세덤류는 열과 가뭄에 아주 잘 견디는 대표적 식물이다. 여기에는 세덤 푸르푸라시움 Sedum furfuraceum, 세덤 헤르난데지이 S. hernandezii, 그리고 세덤 스탈리 S. stahlii 식물과 그들의 교배종이 있는데 작지만 아주 중요한 그룹이다. 여기에는 세덤 아돌피 S. adolphii, 세덤 클라바툼 S. clavatum, 세덤 루시둠 S. lucidum과 세덤 트렐레아시 S. treleasei 식물이 있고 그 잎은 6mm정도 되는데 열기를 견디는 특성이 우수하다.

다른 사막식물들도 아주 우수한 것이 많다. 나무 세덤(세덤 덴드로이디움 Sedum dendroideum, 세덤 프레알툼 S. praealtum)이 있고 여기에 버금가는 관목 같은 세덤에는 (세덤 콘푸섬 S. confusum, 세덤 킴나키 S. kimnachii)가 있는데 오래 살아서 수명이 길고 용기재배에 문제가 없는 식물이다. 만약 여러분이 얼음이 약하게 얼 정도의 기후지대에 산다면 이 식물들은 노지에서도 재배가 가능하고 1년 내내 이 식물의 아름다움을 즐길 수 있다.

경계용 세덤이란 어떤 것인가? 그들의 모두가 극한 가뭄에도 잘 견딜까? 답은 '아니다' 이다. 그러면 여러분은 기대와 달라서 다소 혼란스러울 수 있지만 저자는 이런 식물, 힐로텔레피움 카우티콜라 Hylotelephium cauticola 와 힐로텔레피움 포풀리폴리움 H. populifolium이고 그렇지 않으면 힐로텔레피움 Hylotelephium '플럼 퍼펙션' 이 말라 죽는 것을 본적이 물론 없지만 그 세덤류가 그런데서 자라는 것을 본적도 없다(역자 주: 세덤류와 다육식물이

건조지대에 알맞는 세덤류들

- 세덤 아돌피 품종들 Sedum adolphii cultivars
- 세덤 알란토이데스 품종들 Sedum allantoides cultivars
- 세덤 클라바툼 Sedum clavatum
- 세덤 덴드로이디움 Sedum dendroideum
- 세덤 루시둠 품종들 Sedum lucidum cultivars
- 세덤 오악사카눔 Sedum oaxacanum
- 세덤 파키필룸 Sedum pachyphyllum
- 세덤 ×루브로틴크툼 품종들 Sedum ×rubrotinctum cultivars
- 세덤 수아베오렌스 Sedum suaveolens
- 세덤 트렐레아시 Sedum treleasei

건조조건에 잘 견딘다고 해서 수분이 없는 것을 좋아하고 잘 자라는 것은 아니다).

덥고 건조한 조건은 세덤류의 외양을 증진시키지만 어떤 종은 여름에 최고조에 이르기도 한다. 예를 들면 두터운 손가락 모양의 잎을 가진 세덤 모르가니아눔 Sedum morganianum, 세덤 ×루브로틴크툼 S. ×rubrotinctum과 그 품종에 세덤 ×루브로틴크툼 '오로라' 가 있고 세덤 파키필룸 S. pachyphyllum도 있다. 작고 수줍은 뜻한 잎을 가진 세덤 ×루브로틴크툼 종은 약한 오렌지색과 녹색을 띤 아주 밝은 적색으로 변한다. 반면에 '오로라'는 크림 화이트 색의 특징을 더해서 생육하고 밝은 체리 적색을 띤다. 세덤 파키필룸은 오렌지색에서 끝이 적색으로 변해가는 반면 잎은 청색이다. 이 종은 끝이 반짝이는 밝은 색을 띠는 것처럼 보인다. 똑똑한 이름을 가진 세덤 아돌피 S. adolphii '쿠퍼톤' 은 또한 더위에 강하고 여름에는 밝은 오렌지색으로 바꾼다.

심한 더위와 건조도 이 식물의 매력적인 능력을 억제하지 못한다. 세덤 팔메리 Sedum palmeri는 작은 야자나무와 꼭 닮은 30cm 정도까지 자라고 등나무(cane) 같은 줄기와 세덤 디퓨섬 S. diffusum '포토시눔'(음지에서도 견딤)와 같이 나무아래 심기도 한다.

또는 세덤 모라넨세 S. moranense (겨울에는 자색-적색으로 변함)가 있다. 더운 지역에서는 화끈한 색을 보여준다. 세덤 ×루브로틴크툼은 심으면 적색과 녹색의 그 자체를 보는 뜻한 화끈한 조합을 볼 수 있다(다음 페이지 사진 참조). 그렇지 않으면 여러분은 세네시오 만드랄리스체 Senecio mandraliscae나, 유포르비아 미르시니테스 Euphorbia myrsinites와 같은 약한 청색의 예쁜 잎을 가진 멋있는 식물을 보게 될 것이다.

▲ 세덤 ×루브로틴크툼 '오로라'는 덥고 건조한 조건에서 잎이 체리 빛을 띤 적색이 된다. 이 책의 표지에 나와있는 식물이다.

음지에서도 잘 자라는 세덤류
(Sedums for Shade)

비록 세덤은 강한 빛을 좋아하는 것으로 알려져 있지만 몇몇은 예외적인데 사실 그 식물은 그늘조건이라야 잘 자랄 수 있다. 덥고 다습인 여름에 페디무스 포스테리아눔 Phedimus forsterianum, 세덤 마키노이 Sedum makinoi 품종들, 세덤 폴리트리초이데스 S. polytrichoides, 세덤 글라우코필룸 S. glaucophyllum, 그리고 세덤 자포니쿰 S. japonicum '토교 선' 종은 아주 더운 여름을 그늘 조건으로 보호해 준다. 이런 세덤류는 그늘과 습기를 더 좋아하고 잘 자라는 것 같다. 세덤 사르멘토숨 Sedum sarmentosum이 좋은 샘플이다. 비록 이것은 중국에서 수입되었지만 일본 정원에서도 종종 사용된다. 또 다른 하나는 미국원산의 식물 세덤 테르나툼 S. ternatum인데 애팔래치아 산맥에서 가져온 멋있는 품종이다. 봄에 흰색의 스프레이형의 꽃과 풍부한 녹색과 둥근 잎을 가지고 있다. 로키산맥에서 온 이 로디올라 인테그리폴리아 Rhodiola integrifolia 식물은 원산지의 기후를 좋아하여 다소 서늘한 여름이면 습지에도 잘 견딘다.

축축하고 습기가 많은 북서부는 원산지와 유사한 환경특성으로 잘 자란다. 여기에는 짙은 녹색 잎을 가진 두 종이 있는데 세덤 디버겐스 Sedum divergens와 세덤 오레가눔 S. oreganum이다. 이 두 종은 겨울이 되면 자두와 같은 적색을 띠고 있다. 또 다른 위대한 선택은 세덤 스파툴리폴리움 S. spathulifolium 품종이다. 이것은 다소 서늘한 장소에서 자갈과 배수가 빨리 잘되는 토양을 좋아하는데 많은 아종과 변종이 있다. 분필과 같은 은백색이거나 적색 잎을 가지고 있는데 세덤 디버겐스 S. divergens와 세덤 오레가눔 S. oreganum종은 짙은 녹색을 가리고 있기도 하다. 호스타와 같은 세덤 식물도 있다. 잎의 크기와 형태가 극도로 대비되는 이것을 음지식물원에서 한번 본 적이 있다. 세덤 히스패니쿰 변종 미누스 Sedum hispanicum var. minus가 그 품종이다. 적응을 잘 할 뿐만 아니라 종자도 영양번식도 잘 된다.

▲ 세덤 사르멘토숨은 빠르게 생장하는 다습, 음지성 식물이다. 상록수나 둥근 돌 위위에 심으면 이웃 식물과 잘 자라갈 것이다.

▲ 비록 이것은 흰색 꽃을 피우고 있지만 크기와 질감이 비슷하다. *세덤 테르나툼*은 봄에 꽃이 피고 *페디무스 스푸리우스* '레닌그라드 화이트'는 여름에 꽃이 핀다. 그래서 여러분은 계속해서 꽃을 볼 수가 있다.

▲ 적응력이 좋은 *세덤 섹상굴라레*와 황금색의 *세덤 섹상굴라레* '골드디그'는 대비가 됨에도 또 잘 어울린다.

▲ 가장 작은 세덤 중 하나인 *세덤 알붐* '파로'이다.

고온 다습한 해안가 지역에서 *세덤 멕시카눔* Sedum mexicanum과 금색의 품종인 *세덤 멕시카눔* '레몬 볼'은 일부 코너를 채우는 세덤으로 유용하다. 저자는 인기 있는 지피식물로 *리리오페 스피카타* Liriope spicata와 *리리오페 무스카리* L. muscari만한 것을 본 적이 없다고 한다. 저 두 품종은 리리오페(liriope)의 상록 검엽(침엽수와 같은)과 대비되는 흥미를(호기심을) 자아내는 식물이다. *세덤 마키노이* Sedum makinoi '오곤' 종은 녹색과 황금색을 띠는데 녹색이나 밝은 녹색품종들은 *세덤 마키노이* '라임라이트'이다. 그렇지 않으면 여러분은 땅에 바싹 붙어 자라는 밝은 녹색에 둥근 잎, 붉은 줄기로 변해가는 이 식물, *페디무스 스톨로니페러스* Phedimus stoloniferus를 고려해 보아야 할 것이다. 더 시원한 곳에서는 *세덤 아크레* Sedum acre와 *세덤 아크레* '오레움'이 좋다.

테라리움, 요정정원, 분재 전시용 세덤
(Sedums for Terrariums, Fairy Gardens, and Bonsai Displays)

가장 작은 잎을 가진 세덤류 중에 시간을 갖고 관리를 잘 하면 정말 멋있는 식물을 키울 수 있다. 여러분의 동의여부를 떠나 이런 것 중에 아주 작고 놀라운 것은 테라리움으로 재배하는 것이다. 이것은 매력 덩어리이다. 또 하나는 요정정원으로 점점 인기가 올라가고 있다. 분재에 사용되는 세덤은 작은 나무의 기부에 세덤으로 장식하는 것이 아주 좋다. 만약 이러한 컨셉(concept)이 여러분을 유혹(entice) 하면 여기에 관한 책이나 인터넷을 뒤지는 등 어떤 수단과 방법을 동원해서라도 여러분을 정보를 찾게 될 것이다. 그러면 여러분은 충분히 많은 아이디어

작고 깜찍한 세덤류

세덤 알붐 '파로'
Sedum album 'Fårö'

세덤 알붐 변종 마크란툼 '클로로티쿰'
Sedum album var. *micranthum* 'Chloroticum'

세덤 앵글리쿰
Sedum anglicum

세덤 보치이
Sedum borschii

세덤 브레비폴리움
Sedum brevifolium

세덤 대시필름 품종들
Sedum dasyphyllum cultivars

세덤 그라실
Sedum gracile

세덤 그리세바치
Sedum grisebachii

세덤 히스패니쿰 품종들
Sedum hispanicum cultivars

세덤 자포니쿰 품종들
Sedum japonicum cultivars

세덤 리디움
Sedum lydium

세덤 멀티셉
Sedum multiceps

▲ 이 녹색식물은 *세덤 멕시카눔*이고 황금색 품종은 *세덤 멕시카눔* '레몬 볼'인데 부분적 음지식물과 강한 대비를 이루는데 평범하게 간작(間作)을 하면 된다.

와 좋은 식물을 얻을 수 있을 것이다.

 이런 특수한 상황에서 여러분은 가장 중요한 요소로 토양을 꼽을 수 있을 것이다. 특별히 테라리움에서 용기의 내부에 적당한 습도를 유지하게 되는 데 세덤 식물에서는 다소 잘 맞지 않는다. 그래서 일반적으로 사용하는 토양을 사용하지 않고 대신 가는 자갈이 섞인 토양을 사용한다. 여러 색과 질감은 흥미를 돋우는 아주 중요한데 너무 튀거나 너무 복잡하지 않도록 해야 한다.

화환, 토피어리, 꽃꽂이 소재로서 세덤
(Sedums for Living Wreaths, Topiary, and Arrangements)

기본적인 지식을 갖고 있다면 세덤이나 관련된 식물을 이용해서 화환이나 토피어리를 만드는 일은 어렵지 않다. 여러분이 원하는 모양을 철사나 다른 튼튼한 재료를 이용해서 만들고 먼저 물을 먹인 수태나 다른 수분을 보유할 수 있는 수분 보유 배지성 재료를 섞어 넣는다. 어떤 취미가나 플로리스트들은 여러 단계를 추가하기도 한다. 즉 느슨하게 완전히 감싼 비부착성의 플라스틱에다 토양 혼합물을 지지하게 한다. 그런 후에 작은 구멍을 적당한 간격으로 내고 거기에다가 식물을 꽂아 넣는다. 마무리가 끝나면 얇은 꽃꽂이용 철사로 주어진 장소에 완전히 설치를 끝낸다. 비록 세덤류이기는 하지만 화환이나 토피어리에 살아있는 식물이 있기 때문에 물을 주어야 하는데 그냥 물이 든 쟁반이나 수조에 잠깐 그것을 담갔다가 꺼내면 과다한 수분이 존재하지 않아서 좋다.

두꺼운 잎을 가진 로제트형 다육식물이 화환용으로 알맞은 세덤이다. 그러한 세덤류에는 세덤 아돌피 *Sedum adolphii*, 세덤 클라바툼 *S. clavatum*, 세덤 루시둠 *S. lucidum*, 세덤 파키필룸 *S. pachyphyllum*, 세덤 ×루브로틴크툼 *S. × rubrotinctum*과 세덤 트렐레아시 *S. treleasei*가 있다. 여러분은 에케베리아나 에오니움(닭과 병아리 모양의 식물)과 같은 다른 다육식물을 사용할 수도 있다. 지구의와 같은 둥근 구(49 페이지)나 다른 토피어리 모양을 내는 데는 세덤 알붐 *S. album*, 세덤 대시필룸 *S. dasyphyllum*, 세덤 그리세바치 *S. grisebachii*, 세덤 자포니쿰 *S. japonicum* '토교 선', 세덤 리디움 *S. lydium*, 세덤 스파튤리폴리움 *S. spathulifolium* 종이 적당하다. 그리고 적색의 에오니움류인 검은 색 '닭과 병아리'라고 불리는 품종도 많이 사용된다.

▲ 세덤류를 이용하여 만든 화환의 모습이다

▲ 둥근 공과 같은 모양에 전통적인 식재로 멋들어지게(nifty) 세덤류가 강조되고 있다. 미국 미조우리 빅토리아 가든에서 *세덤 자포니쿰* '토교선'과 적색의 *셈퍼비붐*이 같이 식재되어 있다.

3. 세덤에 대한 이해(Understanding Sedums)

세덤류는 많고 놀라운 다양성으로 많은 식물 그룹을 형성하고 있다. 어떤 종은 오랫동안 재배되어 왔다. 반면에 어떤 것은 최근 육종된 것도 있고 자연에서 찾아낸 것도 있으며 정원이나 종묘업자들에 식별(discerning) 되어지고 만들어지기도 했다. 비록 이런 세덤류 식물이 처음에는 좀 복잡하기도 하지만 조만간 이런 다육식물이 깔끔하고 센스 있게 성공적으로 분류되어 이용되어지리라고 생각한다.

세덤은 어떤 식물인가?
(What is a Sedum?)

저자는 세덤을 하나의 과(family)라고 부르기를 좋아한다. 엄밀히 말하면 세덤은 현재 크라슐라과에 소속되어 있다. 여러분은 이 세덤이 대표적인 크라슐라과 작물로 알고 있을 것이다. 그러지 않으면 제이드 플랜트(염좌, *크라슐라 오바타 Crassula ovata*)이거나 아름다운 다양한 컬러의 꽃을 피우는 가정 식물인 칼랑코에, 혹은 온화한 기후대의 조경용로 선호되는 식물일 것이다. 그러나 세덤이 아니지만 그들은 다육식물의 특징인 다육질의 수분을 함유한 크라슐라과의 특성을 공유하고 있다. 세덤은 꽃을 비롯해서 이런 식물에서 최고의 위치에 있다. 여기서 우리는 각각의 꽃은 동수의 기관을 가지고 있다는 것을 관찰하였다. 만약 5개의 꽃잎이 있다면 수술이나 암술의 부분도 같은 수로 있다는 것이다. 세덤 속에 있는 식물들은 수술(수꽃부분)이 2배로 많다. 세덤은 아주 유사한 식물들이 많기 때문에 정원사나 종묘업자들이 말하는 세덤류의 상당부분은 다른 속의 식물이다. 크라슐라의 덕택으로 그들이 동일하게 분류된다. 다육식물의 잎과 같은 꽃을 가지고 있다.

▲ 줄기를 감싸고 있는 다육질의 잎을 가진 페트로세덤 오크롤레우쿰 '레드 위글'의 모습이다.

▲ 모든 다육식물이 그러하듯이 *세덤 에마르지나툼*의 수분을 보존하고 있는 다육질의 잎의 모습이다.
이 식물이 다른 식물과 구별되는 특징은 가운데 톱니모양의 홈(notched)이 있다는 것이다.

2000년대 이후로 식물 분류학자들은 이 세덤그룹 내에 존재하는 식물들을 재분류하느라고 바빠졌다. 이들의 상당수는 여러분이 알다시피 DNA연구를 통해 다른 식물체와 식별하여 이름을 바꾸고 뒤섞인 품종(shuffling)들을 분류하는데 도움을 받고 있다. 이 과에는 현재 33개의 속이 존재한다는 것에 다 동의한다. 분류학자들은 이 세덤류에 약 400개에서 800개의 종이 존재한다고 말한다. 이 책에서 저자는 새로운 것을 포함하여 선별한(winnow) 150종의 유용한 세덤을 기술하고 있다.

세덤 속(The Genera)

여기서 말하는 모든 세덤이 다 세덤 속에 소속된 것은 아니다. 여기 세덤류에는 세덤 속에서 충분이 분리될 수 있다고 판단되는 특징을 가진 5개의 아속(subgenera)이 있다. 이런 새로운 속은 힐로텔레피움 *Hylotelephium*, 페트로세덤 *Petrosedum*, 페디무스 *Phedimus*, 로디올라 *Rhodiola*, 그리고 시노크라슐라 *Sinocrassula* 속들이다. 이 책에서 저자가 주로 강조하는 것은 먼저 기술한 4종류의 속이다. 여기에는 또한 두 가지의 부가적인 속이 있는데 분류학자들은 이것이 아주 밀접히 관련되어 있다고 말한다. 여기에 포함된 몇 가지를 요약해서 여러분에게 소개하면 다음과 같다.

세덤 속은 라틴어의 sedere(앉는다는 뜻임)에서 유래하였는데 이것은 sedare(조용하다는 뜻임)라는 어원에서 유래하였을 가능성이 크다. 이것은 린네(식물에 학명을 부여한 식물학자, 1737)가 이미 수백 년 전에 사용하던 이름을 그대로 사용하였기 때문이다. 그리스어의 아이조온(aizoon)도 이 식물을 나타낸다. 그것의 의미는 영원히 산다는(ever-living) 뜻이다. 또는 항상, 영원 등의 뜻을 지니고 있다. 이 것은 대부분의 세덤이 가진 자연적인 강인함과 긴 수명 때문일 것이다.

대부분의 경우 힐로텔레피움 속은 크게 곧추서는 키와 엽병(잎줄기), 넓고 가는 잎, 콤팩트(compact)하고 둥근 모양의 화두, 관 모양의 근경(根莖)이라고 하는 탈색된 뿌리줄기(rootstock)는 다른 세덤과 쉽게 구별된다. 반면에 여기는 상당히 많은 크림 화이트 색의 꽃과 꽃잎을 가진 선발된 개체가 있으나 노란 색을 가진 것은 없다. 또한 힐로텔레피움 속의 심피(心皮), 암술 잎(carpel)은 늘 위로 곧추서있다. 정원사들은 이 속이 경계선에 잘 어울린다는 것을 알고 있다.

페트로세덤 *Petrosedum* 종은 그들의 바늘과 같은 침엽 때

▲ 힐로텔레피움 텔레피움 '제녹스'는 전통적인 경계성 세덤으로 넓고 얇은 잎과 콤팩트하고 둥근 화두를 가지고 있다.

▲ 힐로텔레피움 시에볼디는 이 속이 가지고 있는 전형적인 넓고 얇은 잎과 3부분으로 된 잎(ternate)의 패턴으로 이는 그 품종만이 가지고 있는 독특한 특징이다.

▲ 페트로세덤 루페스트레 '그린 스프루스'로 이름에 걸맞게 침엽수와 같은 잎을 가지고 있다.

▲ 바늘과 같은 잎을 가진 페트로세덤 루페스트레 '안젤리나'의 모습이다.

▲ 톱니와 같은 결각 잎을 가진 페디무스 타케시멘시스 '골든 카펫'으로 잎 가장자리도 완전히 톱니 모양이다.

▲ 로디올라 로세아 종에서 뿌리에서 지상부로 올라오는 새로운 싹의 모습이다.

▲ 로제트 단계의 *시노크라슐라 인디카* 변종 유나넨시스의 모습이다.

문에 쉽게 식별이 된다. 이들의 꽃은 노란색에서 크림색이고 과거에는 이들을 '루페스트레' 그룹의 세덤으로 분류했었다. 분류학자들의 최근 연구에 의하면 10종, 3가지 아종을 가진 속으로 확실히 분류된다고 한다. 비록 이것은 아주 적은 것일지 몰라도 이것은 가장 인기 있는 것 중의 하나인 페트로세덤 루페스트레 *Petrosedum rupestre* '안젤리나'가 포함되어 있다.

페디무스 *Phedimus* 종은 더 얇고 더 납작한 잎을 가지고 있는데 진정 세덤과 대조가 된다. 이것은 두꺼운 잎이나 손가락 모양의 잎을 가지고 있다. 또한 이것의 엽연은 세덤류가 완전하거나 둥근 것과는 대조되게 확실하게 톱니모양의 거치상이다. 페디무스 *Phedimus* 종은 일부의 근부가 목본인 경우도 있지만 대부분 일차적으로 다년생 초본류에 속한다. 겨울이 되면 이 식물은 잎을 떨어뜨리는 경향이 있어 줄기가 노출된다. 때때로 위쪽에 있는 잎이 울퉁불퉁한(ragged) 로제트 형으로 남아 있기도 한다. 다음해 봄이 되면 매력적으로 다시 자란다.

로디올라 *Rhodiola*는 미국과 중국의 많은 산에 일차적으로 많은 종이 분포하고 있는 속이다. 비록 대충 한번만 보면 세덤을 닮았지만 이들은 3가지에 있어서 서로 다르다. 잎이 더 가늘고 또 줄기는 지하부보다는 지상부에 뿌리를 가지며 그 뿌리의 끝을 벗어나서 자란다. 일반명은 바위솔이다. 이 식물은 뿌리줄기에서 스위트향이 난다. 결과적으로 이 식물은 줄기가 많아지고 덤불처럼 된다. 단지 적은 수의 로디올라만 자라게 된다.

시노크라슐라 *Sinocrassula* 종은 남중국이나 미얀마 북쪽에서 자라는 부드러운 식물로 중국 크라슐라라고도 한다. 이 식물은 상대적으로 작고 로제트를 형성하며 세덤을 생각나게 하는 어두운 잎을 가진 식물이다.

이 종에서 독특하게 구별되는 작은 꽃은 세덤에서 발견되는 전형적인 두 줄과 비교되는 한 줄의 수술을 가지고 있다. 이것은 원추화서(원추꽃차례)를 가지고 있고 흰색이나 짙은 분홍색에서 적색으로 바뀐다. 저자는 이 책에서 단지 한 품종의 시노크라슐라 *Sinocrassula* 종을 가지고 있다고 말한다. 때문에 이 식물은 미국이나 유럽에서 일반적으로 이용하기 힘들다. 그러나 다른 곳에서 수출입을 하면 된다. 때때로 라벨이 잘못되어서 거래되기도 한다.

마지막으로 기술하고 싶은 것은 이전에 세덤으로 분류하였던 다양한 색의 깊이를 더하는 종이다. 저자는 오로스타키스 *Orostachys*와 프로메튬 *Prometheum* 종도 포함된다고 한다. 오로스타키스라는 이름은 일반명으로 받아들여지고 있다. 반면에 이종의 로제트 잎은 다른 세덤의 것과 비슷하다. 독특한 원추(圓錐) 꽃차례를 가지고 있는 화두는 서로 분리된다. 그럼에도 그들의 각각의 꽃은 힐로텔레피움을 닮았다. 그래서 이들에 여기로 분류시킨다. 프로메튬 *Prometheum* 속은 단지 두 종류만 있는데 둘 다 아직도 세덤 *Sedum*이라는 이름으로 판매된다. 이들은 둘 다 털을 가진 잎, 작은 로제트형 2년생 식물로 한번 열매를 맺고 죽는(monocarpic) 식물, 즉 개화 후 죽는다는 의미가 있다.

야생의 세덤이 자라는 곳(Where Sedums Grow in the Wild)

북반구에서 자라는 세덤의 다양성과 엄청난 규모는 나의 호기심을 자극하는데 충분했다. 지금 분류되고 있는 남아메리카 종은 이제 막 분류작업이 진행되고 있다. 그 식물의 가치는 시간이 말해 줄 것이다.

사실 대량의 분배지역은 3지역으로 중동은 약 100종, 새로 시작되는 아프리카 북동쪽, 유럽과 스칸디나비아 산맥 등이다. 히말라야 산맥과 주변지역은 태평양 연안 지역을 따라 200여종 이상이 가정에서 재배되고 있다. 여러 태평양 섬들에서도 해안가 식물이나 자생종으로 많이 재배되고 있는 것으로 판명되고 있다. 최근에는 약 100종이 멕시코 지역에 보석처럼 존재하는 것으로 나타났다. 북미지역에 약 30종이 있다는 것이 추가적으로 밝혀졌다. 이 원산지들의 대부분은 배수가 잘되고 빠른 암석지대인 것으로 나타났다. 다시 요약해서 정리하면 세덤이 잘 자라는 곳은 배수가 잘 되는 토양지대이다. 이는 여러 지역의 정원사들의 평가(appreciate)에서도 나타난다. 원예업자들은 '도입'을 지속적으로 해오고 있다. 다양한 지역과 종묘상을 불문하고 흥미가 있는 품종이나 개량된 종을 찾아서 이용할 것이다. 힐로텔레피움 *Hylotelephium* '베르트램 앤드슨'과 같은 멋있는 자두색 잎과 다른 지역에서 더 큰 식물체와 모본을 가진 훌륭한 종을 찾는 것이다.

화형들(Flower Forms)

많은 논란이 되는 세덤류들의 분류는 1차적으로 그들이 갖고 있는 엽형과 색이라고 말할 수 있다. 이것들은 앞에서 분화발전시켜 왔고 식물들을 기술하면서 구별하였다. 그러나 더 나아가 세덤은 다육식물의 잎 이상의 가치가 있다. 다른 곳에서 설명했듯이 식물학자들은 세덤이 가지고 있는 화형에 주목한다. 정말로 세덤이 가지고 있는 꽃의 기본적 특징은 능동적인 식별분류에 아주 중요하다. 가까이 가서 보면 먼저 일반적인 분류학자들의 용어를 이해하게 되고 세덤에 대해서 무엇을 보아야 할지를 알게 된다.

대부분의 꽃에서 웅성 기관으로 수술은 꽃밥(약)을 받치는 얇은 수술대(필라멘트)를 가지고 있다. 그리고 이 꽃밥은 그 안에 꽃가루를 가지고 있게 된다. 즉 이 수술대와 꽃밥주머니(약)로 수술을 구성하는 두 요소이다. 대부분의 세덤은 다른 꽃 구성 부분(예를 들면 꽃잎 등)의 2배수에 해당하는 수술을 가지고 있다. 두 개의 로브(둥근 돌출부)를 가진 꽃밥주머니(약)를 가지고 있다. 몇몇 힐로텔레피움 *Hylotelephium* 종에서는 수술이 확장되어 꽃잎 위로 튀어나와 있다. 한창 꽃이 피어있을 때에는 화두가 거의 털로 덮여 있는 것처럼 보인다. 어떤 교잡종은 전혀 수술이 없어서(꽃가루도 없고) 육종을 하려면 문제가 된다. 이런 식물은 불임개체가 된다. 힐로텔레피움 *Hylotelephium* '헙스트프루드' 종에서 이런 현상을 볼 수 있다.

꽃에서 자성 기관으로 암술이 있다. 전형적인 이 암술은 하나 이상의 심피(心皮)로 구성되어 있다. 각 심피는 암술대와 주두, 자방으로 구성된다. 세덤에서 이 암술기관은 또 하나의 독특한 구분요소가 된다. 세덤의 종자가 익어감에 따라 암술이 종에 따라 다르지만 수직으로 쪼개지고 둘 중에 하나가 반응을 보인다. 어떤 종에서는 이 암술이 내부에서 점점 팽창하고 둥근 아치모양이 되어 꽃잎으로 향한다. 식물학자들은 이것을 후만 암술(kyphocarpic)이라고 부른다. 다른 세덤에서 암술은

▲ 힐로텔레피움 스펙타빌은 아주 긴 수술대를 가진 종이다.

심피가 위로 곧추서있으면 정립 암술(orthocarpic)이라고 한다.

꽃의 바깥조직으로 꽃받침과 꽃잎이 있다. 이것도 세덤의 분류에서 긍정적인 효과를 준다. 세덤의 꽃받침은 잎과 같은 포를 가지고 있는데 이 포는 꽃이 피기 전에 화뢰를 지지하고 받쳐준다. 예를 들면 장미의 눈을 생각해 보면 된다. 세덤에서 많은 꽃받침은 늘 꽃잎과 개수가 같다. 대부분의 세덤 꽃은 보통 4개에서 6개까지 꽃잎을 가지고 있는데 이들 꽃에서 보면 적으면 3개, 많으면 11개까지 꽃잎을 가지고 있을 수 있다. 꽃받침의 크기도 이 세덤을 분류하는 데 중요한 측면이 된다. 어떤 종은 광대하고 큰(ample) 꽃받침을 가지고 있고(세덤 테르나툼 *Sedum ternatum*), 어떤 종은 상당히 작은 크기의 꽃잎을 가지고 있는데(페트로세덤 루페스트레 *Petrosedum rupestre*) 마지막으로 각각의 세덤의 꽃은 거의 늘 별모양을 하고 있다는 것이다.

▶ 암술의 안쪽이 부풀어서 늘어나 있는 후만 암술(kyphocarpic)로 암술아 누워 있는 페디무스 캄차티쿠스 종의 모습이다.

▶ 힐로텔레피움 텔레피움 '옐로우 제녹스'은 암술이 곧추서서 부풀어 있는 구조인 정립 암술(orthocarpic)로 되어 부풀어 있다.

▶ 페트로세덤 루페스트레의 걸쇠나 버클처럼 걸고 있는 녹색 꽃눈의 꽃받침들. 꽃잎에 비해 상대적으로 작다.

▲ 세덤 테르나툼의 상대적으로 큰 녹색 꽃받침과 얇은 흰색 꽃잎을 가지고 있다.

대부분 세덤의 꽃이 덩어리나 포도송이 같은 클러스터로 피는 것을 화서라고 한다. 이 화서는 위쪽부분이 상당히 납작한 모양이거나 둥근 모양을 가지고 있는데 이것을 화두(flowerhead)라고 부른다. 많은 힐로텔레피움 *Hylotelephium* 종에서 볼 수 있다. 이 줄기의 끝을 수상(穗狀) 화서나 취산 화서(聚繖花序)라고 부른다. 이 취산화서는 다른 모양과 밀도를 가진 분지된 클러스터이다. 이 취산화서(cyme)를 가진 세덤에는 페디무스 스푸리우스 *Phedimus spurius* '풀다글루트'가 있다.

이러한 규칙성의 일반화에는 항상 예외가 있다. 오로스타키스 보에메리 *Orostachys boehmeri*와 같은 세덤에서는 수상화서(穗狀花序, spike)의 모양을 갖는 작은 꽃이 핀다. 오래된 잎에서 몇몇의 예외는 있지만 세덤의 줄기를 보면 이들은 늘 둥글고 매끈하다. 세덤 멀티셉 *Sedum multiceps*은 줄기에 털이 있어 보인다. 세덤의 줄기는 곧추서며 기기도 하고 아래로 늘어지는 현수형도 있다. 세덤의 잎이나 때때로 꽃에서처럼 세덤의 줄기는 색이 다양하고 또 계절에 따라 다양해져서 우리가 거부할 수 없는 아름다움은 만들어낸다.

▲ 로디올라 로세아의 엽액(leafaxil)에서 안고 있는 뜻한 꽃과 엽액(leaf axil) 모습이다.

▲ 세덤 히르수툼은 작을 털로 둘러싸인 작은 잎을 가지고 있다.

마지막으로 세덤의 뿌리도 분류의 중요한 요소이다. 이 뿌리들이 목본에서부터 괴경, 지하경, 수염뿌리에 이르기까지 다양하다. 위에서 기술한 것처럼 힐로텔레피움 *Hylotelephium* 의 뿌리는 괴경이다. 로디올라 *Rhodiola*의 경우에는 뿌리의 위쪽부분에 작은 비늘 모양의 아린(芽鱗)을 가진 지상부로 뿌리줄기 즉, 지하경(rhizome)으로 자란다.

아종과 교잡종들
(Subspecies and Hybrids)

세덤은 예민하고 다양한 데 세덤 알붐 *Sedum album* 과 같은 잘 알려진 주목할 만한 어떤 종은 특별히 번식 능력이 우수하다. 이 종은 종류가 많고 다양할 뿐만 아니라 몇몇의 특별한 아종을 가지고 있다. 이 아종은 자연적으로 발생한 종의 변이로 나타난 것이고 이것은 지리적 격리에서 기인했으나 그들의 분포가 겹치는 다른 군과의 내부간 교잡에 의해서 지금도 상호교배(interbreed)가 진행되고 있을 것이다.

세덤 대시필룸 *Sedum dasyphyllum*과 세덤 대시필룸 아종 그랜둘리페룸 *Sedum dasyphyllum subsp. glanduliferum*의 경우는 둘 다 털이 있는데 아종은 더 털이 많다.

식물학자들(참고문헌)은 물론 종묘업자들의 카탈로그를 보면 이것은 다소 중요하지 않은 것처럼 기술하고 있으나 저자가 보기에는 이것은 종이 차이와 분류를 위해서 중요한 요소이다. 예를 들어 새로운 식물이 도입되면 여러분은 그 새로운 종의 고유한 특성을 알아보고 추적하기를 원할 것이기 때문에 아종도 더 중요하게 된다는 것을 알아야 한다.

교잡종의 경우 때때로 족보(parentage)가 양친과 다르기 때문에 새로운 품종으로 오인되기가 쉽다. 예를 들면 힐로텔레피움 *Hylotelephium* '헙스트프루드' 종에서 이런 현상을 볼 수 있다. 이 종은 힐로텔레피움 스펙타빌 *H. spectabile*과 힐로텔레피움 텔레피움 *H. telephium*의 교잡종이다. 그러나 힐로텔레피움 스펙타빌과 닮은 아주 현저하고 두드러진 특징을 갖고 있다. 힐로텔레피움 텔레피움 교잡종의 경우 특성의 대부분이 아종에서 나온다.

그래서 그 차이와 변화를 포착하기 힘들다. 다시 말해 그 종은 초기에는 차이가 잘 보이지 않는다. 힐로텔레피움 텔레피움 아종 텔레피움 *Hylotelephium telephium* subsp. *telephium*과 힐로텔레피움 텔레피움 아종 파바리아 *H. telephium* subsp. *fabaria*는 자색에서부터 분홍-적색의 꽃을 피운다.

이 식물 종은 힐로텔레피움 텔레피움 *H. telephium*의 일반적인 식물크기보다 더 작고 녹색 잎을 가지고 있다. 한편 힐로텔레피움 텔레피움 아종 맥시멈 *H. telephium* subsp. *maximum*은 크림 흰색의 꽃을 피우고 힐로텔레피움 텔레피움 아종 루프레티 *H. telephium* subsp. *ruprechtii*는 적색의 아치형 줄기를 가진다. 잎은 푸른 기를 띤 회백색(灰白色)의 흰 가루가 덮인 거치형이다. 푸른빛을 띤 흰 가루(백분)가 있는데 판매나 유통에서 1차적인 선택기준은 영양생장의 형태에 따른 특성이다.

▲ 목본성으로 손가락 모양이거나 근경을 갖는 힐로텔레피움 속의 뿌리로 분주(dividing)나 재식할 때 볼 수 있다.

잘못 명명되거나 이름을 바꾼 세덤류들
(Misnamed and Renamed Sedums)

식물은 여러 가지 이유로 식물명이 잘 못 될 수 있다. 일단은 여러분이 이름이 바르게 사용하든 그렇지 않든지 간에 그 이름을 바꾸기는 아주 어렵다. 이 책을 저술하는 동안 나는 가장 일반적으로 잘 못 사용하는 원예용으로 거래되는 세덤류에 대하여 알게 되었다. 이 책의 여기저기에서 이런 내용을 기술하고 논함에 따라 저자는 이런 저런 잘못된 이름을 바로 잡았다. 저자가 바라기는 적절한 정보는 "제시되고 수정되는 일(stick)"이 지속되어야 한다.

정말 저자를 놀라게 한 것 중의 하나는 세덤 폴리트리초이데스 *Sedum polytrichoides* '초콜릿 볼'과 거의 늘 잘못 기술되는 것이 세덤 하코넨세 *S. hakonense*이었다. 이들 품종은 둘 다 모두 일본에서 도입된 것으로 저자는 이 잘못된 명칭의 오류를 정확히 설명할 수는 없다. 약 10년 전 힐로텔레피움 *Hylotelephium* '헙스트프루드'에 대한 특허의 역사를 연구하던 중 저자는 재미있고도 놀라운 사실을 발견하였다. 즉 이 식물이 아직도 널리 알려져 있는 영어의 세덤 *Sedum* "오텀 조이"라는 사실이다. 어쨌든 간에 저자는 이 두 종간에는 번식능력이 없는 교잡종이라는 사실을 알게 되었다. 그 품종은 웅성 기관 자체를 가지고 있지 않았다. 그렇게 잘못된 인식은 여러분이 세덤 스펙타빌 *S. spectabile*로 잘못된 판매리스트를 보면서 많은 시간을 할애해야 할 때 더 놀라고 말 것이다. 지금은 이것이 정정되어 한 양친은 힐로텔레피움 스펙타빌 *Hylotelephium spectabile*로 또 다른 양친은 힐로텔레피움 텔레피움 *H. telephium*으로 확인되었다.

　미국의 남부와 서부에는 많은 멕시코에서 유래한 세덤 종이 판매되고 있다. 이들의 유연관계를 따라가 보면 유사한 특성을 발견하게 되는 데 여기에는 파키피툼 *Pachyphytum*, 파키세덤 *Pachysedum*, 그리고 에케베리아 *Echeveria*가 있다. 그 중에 하나가 세덤 카르니콜로 *Sedum carnicolor*라는 이름으로 판매된다. 그런데 이 품종은 존재하지 않으며 확인도 어렵다. 저자의 추정으로 이 식물은 아마도 파키피툼이 아닌가 한다. 두 가지의 혼란스러운 멕시코 종은 세덤 아돌피 *Sedum adolphii*와 세덤 너스바우베리아넘 *S. nussbaumerianum*이다. 때때로 이것은 이명종이므로 간단하다. 세덤 아돌피가 더 오래된 종이고 올바른 이름이다. 앞으로 더 복잡한 논쟁거리가 많이 있을 것이다.

　일반적으로 많이 팔리는 세덤 아돌피는 자주 이야기가 되고 있는 것이 '골든 글로우'라고 불리는 교잡종이다. 이 '골든 글로우'는 다육질의 밝은 녹색에서 노란색을 갖는 세덤 아돌피의 잎 모양을 가지고 있다. 이 식물은 일반적으로 세덤 너스바우메리아넘 *Sedum nussbaumerianum* '쿠퍼톤'이라는 이름으로 판매되는데 오렌지색에서 테라코타(terra-cotta) 색을 더운 여름에 나타낸다.

　사실 이것은 올바른 이름은 세덤 아돌피 '쿠퍼톤'이다. 때때로 다육식물들은 새로운 종으로 판매되기도 한다. 여기에는 옛날부터 내려오는 관행과 선행의 이름에 책임이 크다. 여기에 해당하는 것이 세덤 디버젠스 *S. divergens*이고 이것은 동일한 이름으로 동일한 이름으로 세덤 글로보섬 *S. globosum*이 있다. 또한 비록 힐로텔레피움 알보로세움 *Hylotelephium alboroseum*은 힐로텔레피움 에리드로스티쿰 *H. erythrostictum* 보다 말하기도, 글자를 쓰기도 훨씬 쉽다. 그런데 오래된 힐로텔레피움 에리드로스티쿰 *H. erythrostictum*이 맞다. 세덤 세디포르메 *Sedum sediforme*는 또 하나의 경우로 또 다른 학명은 세덤 니카엔세 *S. nicaeense*와 동일명으로 거래된다.

　오래된 것의 예를 들면 부드러운 세덤 멕시카눔 *Sedum mexicanum* '레몬 볼'은 추위에 강한(내한성) 종으로 페트로세덤 루페스트레 *Petrosedum rupestre*은 황금색 잎을 가지고 있기 때문에 서로 닮았고 페트로세덤 루페스트레 *P. rupestre* '안젤리나'와는 많은 부분이 닮았다. 이것은 여러분이 기대하던 것보다 훨씬 더 약하므로 집으로 가져오거나 쇼핑하기 전에 그것을 관찰하고 조사해볼 필요가 있는데 그렇지 않으면 여러분의 정원사들을 어렵게 만들 수 있다.

　이름이 잘못 사용되는 또 다른 예는 세덤류의 꽃만이 아니다. 꽃은 식물분류학자들이 분류하는 중요한 요소이다. 예를 들면 여러분은 세덤 히스패니쿰 *Sedum hispanicum*과 세덤 팔리둠 *S. pallidum*의 잎을 비교해보라, 여러분은 꽃이 피기 전에는 그 차이를 발견하지 못할 것

> **때때로 식물이 단지 다른 종과 닮았다면 라벨을 만들어가면서 틀린 이름을 제시하고 수정하는 일(stick)을 계속해야 한다.**

이다. 그러나 꽃이 피면 구별이 되는데 만약 분홍색 꽃이 피면 그것은 세덤 히스패니쿰이고 반면에 흰색이면 그것은 세덤 팔리둠이다.

　분류학자들은 철자를 바꿈으로 다시 분류하자고 하나 이것은 적은 혼동을 유래할 뿐이다. 세덤 캄차티쿰 *Sedum kamtschaticum*은 페디무스 *Phedimus* 속이나 세덤 캄차티쿰 아종 엘라콤비아눈 *S. kamtschaticum subsp. ellacombianun*으로 그 자신의 종으로 바뀌었다. 새로운 이름은 페디무스 엘라콤비아누스 *Phedimus ellacombeanus*로 바뀌게 되었다. 여러분은 그 종의 이름의 끝 한자가 'n'에서 's'로 바뀌었다는 것에 주의하라. 이것은 그 단어의 끝나는 글자로 서로 매치가 될 수 있다고 하는 식물학 분야의 관습 때문이다.

　이것은 라틴어에서도 마찬가지로 세덤 속의 많은 종에서 'um'으로 끝나고 지금은 그 종들이 페디무스이면 많은 종들이 'us'로 끝난다.

　일반명(common name)들은 역시 많은 문제를 야기한다. 예를 들면 세덤 아크레 *Sedum acre*와 세덤 사르멘토숨 *S. sarmentosum*으로 이들은 서로 비슷해서 많은 문제를 야기한다. 즉 일반명이 "황금 이끼"이다. 그래서 서로 서로 같은 것으로 팔릴 수 있어 혼란을 야기한다.

세덤류 가운데서 잘못 이름이 붙여진 많은 종들이 수십 년간 시간이 지나면서 고착화되었다. 저자가 이 책을 쓰면서 연구해보니 *세덤 글라우코필룸* Sedum glaucophyllum은 *세덤 네비이* Sedum nevii의 다른 이름이어서 잘못 혼란을 일으켰다. *세덤 네비이* Sedum nevii는 실제로 판매되고 있지 않았기에 상대적으로 구분하기가 쉬웠다. 같은 이름의 *세덤 모시니아눔* Sedum mocineanum과 *세덤 힌토니* Sedum hintonii는 둘 다 털이 많은 식물로 멕시코에서 들어온 많은 종 가운데 하나이다. 그러나 *세덤 힌토니* Sedum hintonii는 거의 재배가 되고 있지 않기 때문에 그 이름은 실제적으로 이전의 식물이었다. 이것을 조사하는 것은 간단하지도 쉽지도 않다. 예를 들면 *세덤 글라우코필룸* Sedum glaucophyllum는 두 가지 다른 형태로 유통되고 있는데 적색의 하이라이트를 가진 암회색의 형태를 저자는 *세덤 글라우코필룸* Sedum glaucophyllum '레드 프로스트'라고 부르고 밝은 녹색–은색의 형태의 품종을 *세덤 글라우코필룸* Sedum glaucophyllum '실버 프로스트'라고 한다.

마지막으로 아직도 더 계속해서 이름이 바뀌겠지만 최신으로 수정하려고 관심을 가지고 있어야 한다. 이 책에서 기술하는 이름은 같은 동명의 이름이나 형태를 그래도 가장 최신의 것을 정리한 것으로 보면 된다. 더 많은 이해를 돕기 위해서 옳고 그른 신구의 품종을 색인에 표시하려고 노력하였다.

▲ 원래의 이름이 세덤 '앰버'이었다. 이 교잡종이 힐로텔레피움 속으로 되었고 그래서 지금은 힐로텔레피움 '앰버'로 수정되었다.

4. 세덤의 재배와 번식
(Growing and Propagating)

대부분의 세덤류들은 쉽게 큰 식물체로 번식이 되고 관리도 쉽고 번식도 잘된다. 이 세덤 식물은 정원이나 가든에서 매혹적이고 발랄하다. 여기서는 여러분이 이 식물을 잘 키우려면 알아야 할 기초적인 지식을 제공하고자 한다.

내한성(Hardiness)

여러분이 식물을 선택하고 도입하는 데 첫 번째로 고려해야 할 것은 여러분이 재배하고자 하는 지역에서 그 식물이 생존가능성 여부, 특별히 저온에서 견디는 능력이다.

세덤의 생존능력은 겨울의 낮은 온도나 얼음이 얼고 눈이 오는 등의 온도환경은 그 식물의 고향, 즉 원산지에 의존한다.

멕시코 사막과 여기서 이차적으로 파생되는 지역, 그리고 후손과 자식들은, 물론 이런 상황을 보완하고 보충하려고 한다. 비록 여러분이 살고 있는 곳이 항상 내한성식물을 키우기에는 문제가 있을 수 있으므로 포트(화분)에 심거나 실내로 가지고 들어옴으로 겨울을 나게 할 수는 있다.

이 책에 나와 있는 미국 농무성(USDA)의 내한성 지도(Zone map, 265페이지 부록 8)의 정보를 관심 있게 살펴보라. 이 정보는 지역의 공급업체나 우편주문의 종묘장(원예 육묘장)까지 확인해야 한다. 물론, 의심이 생기면 질의하거나 물어보고 안 되면 여러분이 직접 내한성 실험을 몇몇 식물에 따라 해보아야 한다. 아마 북부나 남부지대에서 만약 여러분이 더 따뜻한 미기후 지대임을 아는 것은 여러분의 재산을 지키는 일이다.

그렇지 않으면 기꺼이 나약한(coddle) 경계 식물의 문제가 됨으로 한 지역에서 더 맞는 곳으로 옮겨야 한다. 해당 식물의 원산지를 관심있게 알아보라. 그래야 여러분이 그 식물의 잘 자라는 지역을 결정할 때 도움이 된다. 그렇지 않으면 겨울의 추위와 여름의 더위에 보호

(역자 주)

내한성은 추위를 견디는 내한성(耐寒性, cold resistance)와 건조를 견디는 내한성(耐무性, drought resistance)로 우리글의 표현이 같은데 특별히 세덤류는 추위와 건조에 견디는 성질이 강해 혼란을 준다. 가급적 구별하여 번역하려고 했으나 독자 여러분이 문맥 속에서 판단해가며 이해하기를 바란다.

▲ 힐로텔레피움 '헙스트프루드'의 마른 줄기들은 겨울에 재미있는 질감을 선물해 준다.

반내한성 스톤크롭들 재배지역(Zone) 7과 그 이남지방 품종

세덤 클라바툼 Sedum clavatum
세덤 디퓨섬 Sedum diffusum
세덤 마키노이 품종들 Sedum makinoi cultivars
세덤 멕시카눔 품종들 Sedum mexicanum cultivars
세덤 모라넨세 Sedum moranense
세덤 ×루브로틴크툼 Sedum ×rubrotinctum
세덤 테트락티눔 품종들 Sedum tetractinum cultivars

내한성 스톤크롭들 재배지역(Zone) 6과 그 이북지방 품종

페트로세덤 루페스트레 품종들
Petrosedum rupestre cultivars
페디무스 엘라콤비아누스 품종들
Phedimus ellacombeanus cultivars
페디무스 하이브리더스 '임머그룬첸'
Phedimus hybridus 'Immergrünchen'
페디무스 캄차티쿠스 품종들
Phedimus kamtschaticus cultivars
페디무스 스푸리우스 품종들
Phedimus spurius cultivars
로디올라 파키클라도스 Rhodiola pachyclados
세덤 아크레 품종들 Sedum acre cultivars
세덤 알붐 품종들 Sedum album cultivars
세덤 리디움 Sedum lydium
세덤 오레가눔 Sedum oreganum
세덤 섹상굴라레 품종들 Sedum sexangulare cultivars

를 해 주어야 한다. 한두 개의 매력적인 일을 파악하고 시도해 보라.

일반적으로, 경계식재용 세덤류(힐로텔레피움 Hylotelephium 종 그리고 품종들)는 많은 다른 인기가 있는 정원이나 가든에서 다년생들과 재배 시 최저온도에서 잘 살아간다. 내한성 지역 4나 5에서 온난한 9까지에서 겨울 멀칭을 하여 현명하게 재배하면 최저온도의 지역4 그리고 5의 식물들도 선택할 수 있다.

조경 공사를 할 때 권고사항을 확인하고 경관을 조성하며 적절한 조합을 고려해야 한다. 마지막으로 이 책의 후반부에 있는 유용한 정보자원을 활용하여 식물과 장소 등을 자세히 알아보는 것이 좋다. 만약 여러분이 특이한 식물은 찾거나 정보를 알아보고 싶으면 색인을 찾아보라.

위치와 광도(Site and Sun)

작은 지피식물 스톤크롭(stonecrop)의 타입(형태)부터 큰 식물까지, 직립하는 경계 타입(형태), 대부분의 세덤류는 충분히 강한 햇빛에서 적당한 장소에서 양념같이 그 역할을 한다. 이 세덤 식물은 다육식물이라는 것을 명심해야 한다. 햇볕이 이들을 따뜻하게 하고 이 식물은 햇빛을 좋아하므로 두텁고 아름다운 잎들을 만든다. 그러나 스트레스가 주어지면 그렇게 하기가 힘들다.

이 식물을 위한 적당한 장소의 선택은 이 식물이 적어도 완전한 햇빛을 6시간 이상 받아야 최적 광도조건에 도달한다. 여기에는 약간의 예외적인 세덤류가 있으나 여름에 몹시 더운 날씨(blazing)의 한낮에 작은 쉼터 같은 그늘은 도움이 될 수도 있다. 특별히 만약 이 식물들이 사막이 원산지가 아닌 식물이라면 그러하다. 만약 이 식물을 보호해주지 않으면 이 식물은 말라죽거나, 천천히 자라거나 생장이 중지되거나, 상층부가 타는 현상이 생기거나 잎의 가장자리가 마를 것이다. 부분적인 그늘에서 잘 견디는 식물은 간단히 몇 시간의 햇빛을 즐기는 것들이다. 그리고 가을이나 다른 때라할지라도 여러분의 집에서 만약 그늘진 시간이 길어지면 문제가 된다. 유연성(flexibility)이나 적응력(adaptability)이 많은 정원들에서 감지가 된다.

다른 요구조건은 배수가 양호한 위치이다. 만약 여러분이 이미 경사진 땅이나 암석질의 토양이라면 이상적인 상황이다. 그렇지 않으면 토양을 돋우거나 배수가 잘 되도록 만들고 자연적인 환경을 바꾸어야 한다. 다시말해 세덤류가 잘 자라도록 베드를 높이고 경사가 없으면 원하는 높이만큼 높낮이를 변경시켜야 한다. 우리 종묘장의 한 코너에서 우리는 이 두 가지를 다 시행했다. 우리는 베드를 높인 곳에서 삽목을 하고 15~20cm 초장을 가진 세덤은 베드의 상층부에서 키운다.

토양(Soil)

대부분 세덤류는 배수가 잘되는 건조한 토양에서 생육이 좋다. 몇몇 종은 암석질의 경사나 사막 지대에서 입수하였다. 그리고 유사한 조건의 가든에서 만족스럽게 잘 자란다. 척박하거나 비옥하지 않은 것이 더 최적 토양조건이다. 일반적으로 가는 세립질 토양이 좋다. 이들의 재배에서 중요한 것은 토양 수분인데 수분이 많으면 뿌리 썩음(근부병)이나 자연적인 식물의 병을 유발하기 때문이다.

여러분은 어떤 지점이 좋다고 생각될 때 첫 번째, 어떤 세덤류를 심고 겨울을 나며 수분을 토양에서 적게 유지할 것인가이다. 특별히 도랑을 파거나 낮게 경사의 위치를 설정해야할지 모른다. 약한 기울기로 경사지게 하는 것은 과도한 물을 제거하는 쉬운 배수 방법이기 때문이다. 만약 여러분이 적당한 토양이라고 생각하여 어떤 지점을 선택하면, 흙을 한줌 적당히 파내어 본다. 만약 토양이 거름기가 많거나 점토이면(heavy), 추천하는 적당한 재료를 여러분의 지역 화원이나 가든 센터, 농협 등 조합에서 구입하여 약간 흙을 파내고 섞거나 모래, 펄라이트, 자갈, 칩스 등의 다른 재료를 이용하여 가볍게 통기성을 높일 필요가 있다. 명심해야 할 것은 과도하게 비옥한 토양은 좀 비옥도가 낮게 관리할 필요가 있다. 그래야 생장이 좀 느려지고 때때로 더 많은 잎과 꽃을 볼 수가 있다.

세덤류를 여러분의 정원이나 가든에서 토양재배를 하든지 아니면 높임(raised) 베드에서 재배할 때 최적 토양조건을 만들어 주어야 한다는 것은 중요하다. 배수가 양호한, 배수성의 증진은 유기질의 재료를 줌으로서 가능하다. 위에서 2.5~7.5cm 정도로 퇴비를 1년에 1~2번 객토하듯 뿌려주면 충분하다. 최적 토양조건이 되면 여러분은 이런 작업을 1년에 1번 정도로 줄일 수 있다. 유기질의 공급을 늘려주면 여러분의 토양은 통기성이 증가할 것이다. 이것은 또한 수분과 양분의 보유능력을 증가시킬 것이다.

최적의 토양조건으로 pH도 중요한 문제이다. pH가 6.5나 그 이상일 때는 대부분의 세덤류 재배에서 문제가 없이 이상적이다. 사실, 많은 원산지의 조건은 알칼리 토양(pH 7 이상)이다. 여러분은 모래, 자갈 또는 돌을 그 지역에 추가해야 할지 모른다.

여러분의 재배지가 너무 산성이 되지 않도록 주의해야 한다. 다른, 여러분은 석회를 뿌려줌으로 중성이나 알칼리성으로 만들어 주어야 한다. 그리고 관리의 수준을 높여야 한다. 추가적인 일이 생기지 않도록 예방하고 방지하는 것이 최선의 방법이다.

그늘에서도 자라는 세덤류들

힐로텔레피움 포풀리폴리움
Hylotelephium populifolium
힐로텔레피움 시에볼디이 *Hylotelephium sieboldii*
페트로세덤 포스테리아눔 아종 엘레강스
Petrosedum forsterianum subsp. *elegans*
페디무스 엘라콤비아누스 *Phedimus ellacombeanus*
세덤 글라우코필룸 *Sedum glaucophyllum*
세덤 마키노이 품종들 *Sedum makinoi* cultivars
세덤 오레가눔 *Sedum oreganum*
세덤 풀첼룸 *Sedum pulchellum*
세덤 사르멘토숨 *Sedum sarmentosum*
세덤 섹상굴라레 *Sedum sexangulare*
세덤 테르나툼 *Sedum ternatum*
세덤 테트락티눔 품종들 *Sedum tetractinum* cultivars

▲ 가는 침엽의 세덤류(앞부분)와 뒷부분의 손바닥선인장(오푼티아 휴미푸사)이 짝을 이루어 잘 어울린다. 잎은 배를 젓는 노 모양(paddlelike) 잎들이고 두 종류 모두 물이 적어도 잘 자라는 식물이다.

식재하기(Planting)

세덤류는 봄 또는 가을에 심는다. 비록 이 식물이 한여름의 심한 스트레스 상태에서 식재하는 것은 바람직하지도 지혜롭지도 않다. 먼저 미리 토양을 잘 정비하고 잡초, 큰 뿌리, 그리고 다른 장애물들을 제거해 둔다. 식물을 이상적으로 식재할 때는 용기의 크기가 유사한 것을 사용한다. 여러분이 세덤류가 준비가 되면 포트(화분)를 빼내고 만약 굳어서 단단하면 부드럽게 뿌리부분을 느슨하게 만든다. 간격은 여러분의 문제보다 식물들 간 즉, 다른 동반식물을 고려하여 결정한다.

대부분 세덤류들은 지나치게 무성하거나 공격적인 생장습성을 가진 것이 아니다. 그러므로 이들은 몸을 편히 움직일 수 있는 공간(elbow room)에 기초하여 이 식물이 성숙했을 때의 크기를 예측하여 식재한다. 빨리 자라는 식물인 다른 다년생들이나 그래스류와 같이 부피가 더 커지는 식물은 안전한 거리를 확보하고 위치를 선정하여야 한다.

만약 여러분이 원하는 지피식물을 세덤류, 스톤크롭으로 더 빨리 채우고자 한다면 그러한 식물을 구입하고 더 밀집되게 심으면 될 것이지만 때로는 너무 비좁아서 애처롭게 보일 때가 있을 것이다. 예를 들면, 더 크고 많은 경계식재용 세덤류, 힐로텔레피움 *Hylotelephium* '마트로나'와 같은 것은 38cm 정도는 재식거리를 두어야 앞으로 더 자랐을 때 문제가 되지 않는다. 식물을 너무 복잡하게 심으면 외양이 뒤틀어져 원하는 미적 환경을 만들기 힘들다. 여러분의 식물을 원래 있었던 같은 깊이의 토양에 심어라. 이 식물은 종묘장의 포트에서 그렇게 자라왔기 때문에 그렇게 하는 것이 좋다. 새로 입식한 식물에게 첫 번째 일은 2주 정도는 물을 매일 잘 주어서 활착이 잘 되도록 해주어야 한다.

물주기와 멀칭, 그리고 비료주기 (Moisture, Mulch and Fertilizer)

세덤류들은 대부분의 구성 기관들이 내한성(drought)을 갖고 있지만 이 식물은 물이 아예 없이는 살아갈 수 없다. 수분은 토양을 통하여 식물은 뿌리로 흡수되기에 이 요소들을 잘 관리하여야 한다. 배수가 불량하면 세덤류가 죽기 쉽다. 세덤류는 지나치게 많은 수분조건에서도 죽기 때문에 적절히 조절을 잘 하여야 한다. 사실 세덤류 식물을 죽이는 가장 쉬운 방법은 물에 찌들게 하는 것이다. 다른 다육식물 그리고 내한성(drought)이 있는 식물과 함께 세덤류를 재배하는 최선의 방법은 여러분의 식물이 건강한지를 확인하고 과도한 수분이 공급되지 않도록 하는 것이다. 항상 관심 있게 살펴보라. 회색에서 은색을 가진 식물들이 더 건조에 잘 견디는 경향이 있다.

가든이나 정원에서 세덤류들은 물을 아주 적게 요구할 것이다. 종묘장에서 우리는 아주 더울 때 매일 자동적으로 물을 주는 시스템을 통해 수분을 공급하지만 같은 토양이나 재배조건(환경)에서 다른 작물과 비교할 때 훨씬 적은 양의 수분을 주게 된다.

대체적으로 세덤류들은 그 이전에 물을 주었기 때문에 만약 토양이 여전히 습기를 머금고 있다면 굳이 물을 줄 필요는 없다. 때때로 여러분은 토양을 보고 물을 줄 때라고 말할지 모른다. 여러분은 축축한 토양이 더 어두운 색이라는 것을 통해 수분의 차이를 컬러(색)로 알 수 있을지 모른다. 여러분은 또한 표토를 통해서도 알 수 있다.

여러분은 세덤류 식물을 심은 후에 여러분이 해야 하는 일은 이 식물이 잘 자라도록 최소한의 물을 주는 것이다. 아주 좋은 방법은 세덤류가 좋아하는 위치에 암석질의 토양으로 "멀칭"을 2.5cm 이상 두껍게 하는 것이다. 이용도에 따라서 이 석영암 또는 작은 콩자갈로 크기가 9mm 정도가 좋다. 씻겨져 닳거나 둥근 재료보다 모서리진 자갈이 더 효과적이라는 사실을 관심 있게 살펴보라.

여러분이 보기를 좋아하고 원하는 조건여하로 이런 재료가 멀칭이나 토양의 상층부에 있으면 보기가 좋다. 시간이 지나면 이들은 자연스럽게 토양에 파고 들어가게 될 것이다. 그 동안(사이)에 아담하고 깨끗하며 더 매혹적으로 될 것이다. 전통적인 정원이나 가든에서 멀칭은 또한 세덤류 재배에서 유익하나 지나치지 않도록 해야 한다. 토양의 윗부분 관부나 혹은 줄기를 너무 복잡하게 하지 말아야 하는데 이런 재료와 환경들이 물과 산소, 그 특정 부위의 습도를 높여 생육을 제한해서 식물을 힘들게 해서는 안 된다.

그러면 이런 일은 생장을 억제하고 부패를 유발하기도 한다. 마른 그래스류의 볏짚은 잘라내고, 잘게 썰어

▲ 이 단단하고 튼튼한 식물의 관부(crown)가 멀칭이 되어 있다.

건조시킨 가을 잎들, 코코아껍질들이 만약 지나치지 않고 적절하기만 하면 오히려 생육을 도울 수 있다.

재료가 무엇이든지 간에, 적당한 멀칭을 2.5cm 내외로 하면 조건여하에 따라 식물체의 크기, 심어진 안정도 등은 토양 수분의 급격한 변화를 줄여서 생육환경을 잘 조절해주고 토양을 시원하게 유지해주며 잡초의 발생을 줄여준다. 추운 기후지대의 겨울에 멀칭이 더 두꺼우면 서리에 의한 토양의 융기(frost-heaving)를 줄여준다.

세덤류를 재배할 때 비료는 최소한으로 준다. 사실 저자는 토양이 극도로 척박하지 않으면 정원이나 가든에서 비료를 사용하는 것을 추천하지 않는다. 단지 몇 번 정도만 이 세덤류에 비료를 준다. 우리 종묘장에서는 작은 유묘를 키우기 위해서 완효성 비료를 토양과 혼합시켜 사용한다. 가든에서 여러분은 새로운 지피식물을 길가를 따라서나 견본식물로 잘 재배를 하면 이 식물은 최고의 볼거리를 제공해 준다.

그런 경우에, 비료를 적게 주거나 주더라도 활발하게 생육하는 동안에만 최소한으로 준다. 여러분이 할 수 있는 최고의 선택은 수용성 비료를 약하게 타서 주는 것이다. 아마 질소-인산-칼리가 각각 5-10-10 정도의 절반이거나 그 이하로 준다. 그리고 어쨌든 물을 줄 때 이것은 알아야 하는데 가을에는 절대 주면 안 된다. 이는 가을에는 세덤류 중에서 모두 다년생 식물, 즉 생육이 줄어들고 겨울에 휴면에 들어가야 함으로 그렇게 할 수 있도록 만들어 간다.

▲ 이 가든에서는 덮고 건조한 부분까지도 고려하여 주의 깊게 선택한 두 가지의 컬러(색)를 배색한 모습이다.

계절별 유지관리
(Seasonal Maintenance)

대부분의 세덤류는 재배 시에 환경의 요구도가 낮아서 (unde-manding) 관리를 적게 해도 되는 식물이다. 그러나 몇 가지 주기적으로 해야만 하고 해주어야 하는 일을 여기에 기술한다.

봄철

지피식물 지역, 힐로텔레피움 *Hylotelephium*이나 가을 타입(형태)세덤류 주변의 겨울 멀칭을 주의 깊게 제거한다. 서리의 위험이 지나가면 세덤류를 포트에 심어서 햇빛이 잘 드는 위치에 둔다. 식물체가 새로 도착하면 여러분이 즐거운 마음으로 성숙한 세덤류를 토양이나 포트(화분)에 심는다. 여러분은 지금 그 식물을 쪼개서 분주시키고 지저분한 지상부나 상처를 입은 뿌리들을 부드럽게 정리하고 이 식물을 잘 이식하고 활착할 수 있도록 물을 준다. 경우에 따라서 선택적으로 적심이나 그루다듬기를 하는데 힐로텔레피움 *Hylotelephium* 또는 가을 타입(형태)에 따라 그렇게 한다. 영국에서는 그루다듬기를 하고 있는 도중인 5월경에 경진대회를 하고 이에 도전하는 행사를 1년생 식물과 함께 '첼시(Chelsea) 꽃 박람회'에서 하는데 이것을 "첼시 찹(Chelsea Chop)"이라고 한다. 이 주름이 잡혀있는 가지들과 이렇게 가지를 전정함으로 둥글고 완전한 식물은 더 짧고 더 풍성해진다. 결점이나 문제는 꽃이 늦게 필수 있다는 것이고 화두가 더 작아진다는 것이다.

여름철

잡초를 뽑아내고 세덤 재배지역으로 옮겨라. 갈색으로 변한 것, 상처 난 것, 또는 생장이 잘못되고 빗나간 것 등을 손질한다.

지피식물의 타입(형태)들에서 힘이 빠진 화두들을 제거하고 만약 보기에 좋지 않거나 잘못 자란 어린 싹은 손질한다. 만약 어떤 지피식물이 그 지역을 벗어나 지나치게 과번무하면 날카로운 삽이나 전정으로 긴 포복 가지를 다듬는다.

가을철

힐로텔레피움 또는 가을에 재배하는 세덤류에서는 죽은 상층부를 제거하는 작업이 종종 필요하다. 정말 이 꽃이 핀 화두들은 개화할 때가 최고이지만 매혹적인 상태로 겨울동안 남아있다. 만약 여러분이 부케(bouquets)를 위해서 이것을 사용하기 원하면 일부를 미리 잘라두라.

만약 1년생 잡초의 공격을 직접적으로나 간접적으로 받으면 이 잡초는 종자를 많이 생산해 번식시키므로 모든 식물체를 완전히 뽑아내어 제거해야 한다. 그렇지 않으면 적어도 꽃은 제거해야 다음해에 잡초가 적어진다. 그리고 항상 잘 관찰해서 이 잡초들을 바로바로 제거해야 한다. 어떤 작은 겨울잡초나 화본과 잡초들이 침입할 수가 있다.

▶ 페디무스 타케시멘시스는 상록성 잎을 가지고 있기 때문에 멋있는 샘플식물이고 용기재배를 하기가 좋다.

▲ 식물과 화분(포트)이 조화를 잘 이루는 모습이다.

자갈 가든에서 이 세덤류를 자르고 전지하는 시기는 이때이다. 저자의 경우 가장 보기 좋은 식물은 겨울철을 지내면서 즐기는 관상용 그래스와 같은 식물들이다. 이것들은 유기질이 없는 것을 보충해 준다. 낙엽성 세덤류를 자르고 전지하여 주변을 말끔히 정리한다.

만약 여러분이 정원이나 가든에서 추운 기후지대나 내한성이 경계에 있는 경우 멀칭을 한다. 이 세덤들을 새 화분에 담아서 겨울동안 실내에 전시해 둔다.

겨울철

만약 여러분이 사는 지역에 눈이 오면 누구든지 보도나 길, 도로를 치우고 정리한다. 여러분의 세덤류 식물이 길가의 소금을 뒤집어쓰지 않도록 한다. 이 소금물이 흘러넘치면 이 세덤류 식물이 이듬해 봄에 죽거나 피해를 볼 수 있기 때문이다. 여러분이 실내에 들여서 전시해 둔 화분상태, 즉 실내의 이 식물이 해충이나 다른 피해를 입지 않는지 주의를 기우려라. 물은 필요할 때만 최소한으로 주고 비료는 주지 않는다. 새로운 식물을 구입할 때는 새로운 카탈로그(catalogs)나 책, 잡지, 인터넷을 참고한다.

용기들(Containers)

여러분이 작은 홈통 정원이든지 딸기 포트를 채우든지 간에 적당히 토양을 잘 섞고 이 식물을 잘 자라게 하면 된다. 잘 섞인 특이하게 라벨이 된 포장토양을 다육식물이나 선인장용으로 추천한다. 여러분은 전통적인 포트 토양인 펄라이트, 퍼미스(pumice), 뾰쪽한 자갈로 보완한 것은 아주 배수가 잘 되도록 해줄 것이다. 우리의 종묘장에서 바크(수피)가 주재료인 포트 토양에 왕겨를 추가하여 배수가 더 잘되게 하였다. 또 다른 것은, 만약 여러분이 직접 이 작업을 하려고 하면 1분량의 원예용 모래와 1분량의 그리트(grit, 즉, 자갈 약간과 퍼미스, 또는 펄라이트), 그리고 1분량의 퇴비나 표준 포트용 토양으로 만들면 된다.

용기재배에서 세덤류들은 다육식물이 아닌 식물처럼 물을 많이 요구하지 않는다. 온도가 극도로 높고 덥거나 포트가 아주 작지 않으면 1주일에 1~2번의 물을 주면 대부분 용기에서 자라는 세덤류들에게는 충분하다. 때때로 화분상태의 전시와 재배는 장점도 있으나 영양공급의 문제도 발생한다. 특별히 만약 이들이 같은 용기에서 계속 자라면 영양분들이 혼합상토에서 용출되어 나가기 때문에 영양부족이 올 수 있다. 그럴 경우 여러분은 분갈이를 해주는 것이 좋다.

토양혼합상토는 시간이 지나면 양분이 고갈되고 토양이 단단하고 빽빽해진다. 여기에 더하여 식물은 용기에 비하여 너무 크게 자랄지도 모른다. 그러면 그 식물을 2~3개로 분주하거나 더 큰 포트로 옮긴다. 이것은 관심 있는 관리(handle-with-care) 프로젝트이다. 어떤 세덤류의 잎은 부서지기 쉽고 무르며 뿌리는 우둘투둘하고 발육이 나쁘다. 이때 분갈이나 조치를 하는 가장 좋은 시기는 봄인데 이때 생장이 급격히 증가하기 때문이다. 이렇게 하여 식물들이 더 강해지고 더 활력이 증가하면 새로운 집으로 빨리 가져가기가 좋다. 이런 식물들에서 꽃이 만개할 때는 스트레스를 받기 때문에 분갈이나 분주를 하면 절대 안 된다.

절화들(Cut Flowers)

어떤 세덤류의 꽃줄기를 잘라 내어 실내의 화병에 옮기면 그 세덤의 형태에 따라 때때로 너무 작아 보인다. 한편 경계식재용 세덤류인 힐로텔레피움들은 아주 좋다. 반면에 화두를 일찍 자르면(적화) 여전히 녹색(전개되지 않은 화아단계)이고 추가적인 강화조치(영양공급, 온도 등)를 해 주어야 복합적인 아름다운 부케(bouquets)가 된다. 혹은 이 식물의 컬러(색)가 올라가고 조화로운 색을 만들어 내는 가을에 이 식물을 자르거나 수확하면 꽃꽂이에 알맞는 색을 얻을 수 있고 그 즉시 개화되기 시작한다.

여러분이 관찰해 보았겠지만 이 경계용 세덤의 화두는 정원에서 건조가 잘 된다. 만약 여러분이 늦은 계절에 어울리는 색상을 좋아하면 황갈색이나 적갈색(russet), 햇볕에 탄 빛깔(tan), 그리고 초콜릿 갈색으로 되면 그때 이들을 수확해서 건조화 꽃꽂이로 이용할 수 있다. 이 단계에서 이 식물은 오래 견디고 종자나 꽃잎들을 여러분의 식탁보 위로 흘리지 않을 것이다. 정원이나 가든에서는 물론 가정에서도 저자가 가장 좋아하는 조합은 화병으로 몇몇 블랙 아이 수산(루드베키아 유사종) 그리고 미스칸투스 시넨시스 *Miscanthus sinensis* '모닝 라이트'이다.

병해충(Pests and Diseases)

여러분이 문제에 봉착할지도 모르지만 일반적으로 세덤류는 병충해문제가 거의 없는 식물로 치부하기 쉽다. 종묘장에서도 보면 사람들은 저자를 신뢰한다.

저자는 그들 모두를 지금까지 보아왔는데 사실 만약 소비자가 저자의 식물에서 문제가 된다면 그 식물은 상당부분 곧바로 설명이 되고 치료할 수 있다. 명심해야 할 것은 만약 여러분이 건강한 식물을 믿을만한 곳에서 사서 이 책의 안내를 따라 적절한 장소선정과 식재, 그리고 관리를 한다면 여러분은 복 받은 행운의 사람들로 어떤 어려운 문제도 봉착하지 않을 것이다. 처음부터 건강한 세덤류들은 그렇게 건강하게 계속 남아 있을 것이다.

해충들

대부분의 생육기간 중 세덤류들은 해충의 피해를 거의 받지 않는다. 풀잠자리(lacewings), 기생말벌류, 그리고 박새, 무당벌레와 같은 자연 포식자들은 일반적으로 방제와 관리가 된다. 문제가 발생할때 적절한 방제와 관리가 중요하다. 왜냐하면 해충은 곰팡이성 진균병과 바이러스를 전파시키고 전달하는 매개체(vectors, 보독충)이기 때문에 여러분의 식물들을 항상 유심히 관찰해야 한다. 만약 어떤 해충이 이 식물을 공격하면 늦게 않게 빨리 대책을 세워야 한다. 새로운 식물을 검역(Quarantine)하고 여러분의 소중한 식물이 고생하지 않도록 청결을 유지해야 한다.

만약 여러분이 약제를 뿌리기로 마음먹었으면 해충을 파악하고 약제의 라벨을 점검하여야 한다. 그런 후에, 항상 그 약제의 안내를 주의 깊게 읽어보고 시기와 양 그리고 살포방법에 알맞게 사용해야 한다. 많은 살충제들은 다육식물의 잎에 해를 주기도 한다. 그래서 식물체의 무게를 재거나 천이나 구획을 만들어 보호하기도 한다. 특별히 말라티온(살충제)는 피하고 조심하여야 한다. 심각하게 해충이 만연하면 식물이 아주 심하게 손상

▲ 해충에 의한 잎은 피해 모습이다.

을 입을 수도 있으므로 농약살포를 포기하고 버리거나 폐기하는 것도 고려한다.

저자의 종묘장에서는 진딧물(apids)이 대부분 주요 해충들이다. 이런 작은 곤충들은 새싹과 같은 새로운 어린 것을 즐기는데 서늘한 온실에서 많은 자연포식자(천적)의 활동이 적어질 때 주로 문제가 된다. 용기에 담은 세덤류를 겨울에 집안으로 들여놓았을 때 피해가 크고 상처를 입기 쉽다. 방제는 원예용 오일, 님 오일(neem oil), 또는 살충비누를 낮은 약량의 용액으로 매 2~3일 간격으로 1주나 2주 동안 진딧물이 많이 있는 곳에서부터 살포한다. 너무 햇빛이 강하면 잎을 태우기 때문에 좋지 않다. 이런 진딧물이 좋아하는 경계식재용 세덤류는 힐로텔레피움 카우티콜라 *Hylotelephium cauticola*, 힐로텔레피움 에리드로스티쿰 *H. erythrostictum*, 그리고 힐로텔레피움 시에볼디이 *H. sieboldii*이다.

깍지벌레(mealybug)들은 대부분 일반적으로 스트레스를 받았거나 비료를 너무 많이 준 식물의 뿌리나 줄기의 하단부를 공격한다. 이들도 진딧물처럼 영양분을 흡즙한다. 포트에 심은 세덤류들은 좋은 먹잇감이다. 이런 분홍색을 띠는 곤충들은 흰색의 털로 덮인 부분의 뒤에 숨어있거나 만약에 여러분이 뿌리의 루트 볼(root ball)을 포트에서 갑자기 끄집어 낼 때 쉽게 토양의 가장자리에서 볼 수 있다. 작은 해충이므로 솔로 털어내거나 쓸어낸다. 알코올에 담근 솜을 뭉쳐서 닦아 내거나 뿌리의 루트 볼을 청소한다. 그리고 새로운 토양을 담은 화분에 분갈이 한다. 더 크게 문제가 되면 추천한 진딧

물 약을 뿌리거나 제충국(除蟲菊, pyrethrum) 계열의 살충제를 살포한다.

민달팽이(slugs)와 달팽이류들은 두터운 잎을 가진 세덤류로 힐로텔레피움 시에볼디이 *Hylotelephium sieboldii* 그리고 그들의 관련 품종들의 잎을 갉아 먹는다. 습하고 습도가 높은 환경을 이러한 연체동물들이 좋아한다. 그래서 과도한 수분의 공급을 피해야 한다. 주변에 이런 해충의 먹이를 제거함으로 번식을 억제해야 한다. 만약 문제가 지속되면 다시 매뉴얼에 따른 방제를 시작하고 특별히 비가 온 후에 주의해야 한다. 가능하다면 피해를 받은 지역에 배수나 건조가 되도록 조치를 취해야 한다.

블랙 와인(black wine) 바구미와 딸기 뿌리 바구미들은 대부분 일반적으로 온화한 기후지대에 많다. 저자의 종묘장에서는 그리 크게 해를 입히지 않았으나 이 큰 해충은 농작물에 심각한 손해를 끼친다. 유충(grub)이나 굼벵이(약간 흰색의 벌레로 검은 색 머리를 가지고 있음)는 뿌리를 가해하는 반면에 성충(adult)은 잎의 테두리를 가해한다. 포트에 심겨진 식물을 구입할 때는 가볍게 잎(역자 주: 여기서는 곧 줄기와 같음)을 잡아당겨 보고 만약 그 식물이 바로 잘 뽑히고(pop right out) 작은 뿌리가 보이면, 바구미나 다른 건전성에 문제가 있다는 징조이다. 여러분이 할 수 있는 최선의 예방과 방제는 이렇게 해충의 침해를 받은 식물체를 구입하지 않는 것이다. 만약 바구미가 여러분의 세덤류에 나타나면 그 식물을 처분하고(버리고) 새로운 식물을 심기 전에 토양을 교체해 준다.

▲ 넓고 큰 화두를 가진 이 식물은 여름에 식재한 가장자리(경계)용 세덤으로 대비가 잘되는 컬러(색)과 질감을 가지고 있다.

> ### 사슴의 먹이로부터 생존하는 세덤
>
> 세덤류는 사슴-저항성 식물로 가끔씩 리스트에 오른다. 여전히 이 식물은 보장(guarantee)이 되지 않음에도 불구하고 특별히 만약 이 식물은 더 좋은 먹잇감을 가지지 않는 어쩔 수 없는 상황이거나 만약 겨울이 너무 길지 않으면 사슴은 여러분의 세덤류를 먹지 않을 것이다. 여러분은 큰 울타리나 다발(스프레이)을 이용하여 침입자를 방지하도록 노력하라. 이 식물은 조금씩 갉아먹도록 세덤류를 관리한다면 비록 어려운 상황이라도 이 세덤 식물이 생존할 것이다. 고맙게도 강한 뿌리의 체계와 자연회복(natural resilience) 시스템으로 인해 생존을 가능하게 된다.

뿌리혹(Root knot) 선충들은 또 다른 주요해충인데 이들은 토양유래성(soil-borne)으로 극히 작은 해충인데 여름철에 뿌리를 가해한다. 뿌리에 혹을 만들어 식물체가 물이나 영양의 흡수를 못하도록 방해한다. 이들을 식별하는 확실한 방법은 토양과 이 식물체의 뿌리를 분석센터 실험실에 보내 식별을 의뢰하는 것이다. 이 선충의 피해를 받은 식물체는 활력을 잃고 수분의 부족으로 위조현상을 보일 것이다. 이 피해를 받은 세덤류 식물을 선충이 가해하지 않은 18℃ 이하의 온도에 연중 서늘한 시기에 두면 피해를 최소화할 수 있다.

진균(곰팡이)병

세덤류는 해충보다 훨씬 더 많은 병이 발생하고 이렇게 병에 잘 걸리는 성질을 이병성이라고 한다. 병은 앞으로 자세히 설명하겠지만 예방이 가장 중요하다는 것을 알아야 한다. 잡초에만 계속해서 주의를 주다보면 이 식물은 어느새 병의 소굴이 되어 퍼져간다. 병이 든 죽은 식물은 즉시로 치운다. 이것 또한 병을 퍼뜨리고 병소의 역할을 한다. 만약에 상록성 잎이 아니거나 지속적으로 종자를 생산하는 것이 아니라면 겨울 내내 세워두고 비바람을 맞힐 필요가 없다. 저자는 세덤류를 늦가을에 잘라서 정리하도록 추천한다.

만약 어떤 식물이 정말로 병이 나고 쇠약해지면 바로 뽑아버리고 그것을 제거해야 한다. 종묘장에서 우리는 항상 이들을 뽑아버리고 이들 때문에 생겨난 병징이나 표징(sign)이 있는 식물이나 근원을 없애 버린다. 왜냐하면 이런 병은 관수 때문에 더 빨리 퍼져가기 때문이다. 또 다른 일은 이병성 품종은 생분해성 재배용 포트(화분)에 심었는데 이것은 배수를 빠르게 하여 식물을 더 건강하게 해준다. 활착이 잘되고 더 오래된 세덤류들은 병에 대한 저항성이 더 크다. 다시 말하면 더 어린식물일수록 더 많이 심하게 상처를 입기 쉽다. 힐로텔레피움들은 특별히 곰팡이 병에 걸리기 쉬운데 몇몇 새로운 교잡종들인 힐로텔레피움 스펙타빌 *Hylotelephium spectabile*을 양친으로 교배한 것은 예외적으로 강하다. 어쨌든 종묘장에서 새로운 힐로텔레피움 텔레피움 *H. telephium* 품종들과 교잡종은 상처를 입기 쉽다.

병원균 리족토니아 *Rhizoctonia*는 뿌리를 썩게 한다. 그리고 피시움 *Phythium*은 윤문병이나 모잘록병(damping off)을 유발하는데 전형적으로 여름의 더위에 수분이 많을 때 발생한다. 연한 녹색의 잎, 위조, 그리고 생장억제는 이 병의 표징이다. 예방이 최선의 방법이고 피해를 최소화하는 것인데 이 두가지 토양전염성(soil-borne) 곰팡이(진균)들의 예방은 식물을 비좁지 않게 성글게 심고 물을 줄인다. 생물적 방제는 트리코데르마 하르지아눔 *Trichoderma harzianum*이라는 균이 예방적으로 뿌리썩음병(근부병)을 방제한다.

또 하나의 곰팡이성 진균병은 포마 텔레피 *Phoma telephii*에 의해서 야기되는데 이 병의 병징은 잎과 줄기가 침전되고 가라앉은 변이를 보인다. 피해는 특별히 두드러지게 현저한 적색의 잎을 가진 힐로텔레피움 *Hylotelephium*인데 이것은 잎에 문제가 되는 것 같다. 이 병에 감염된 식물은 늦서리에 의해 더 쉽게 타고 상한다. 그리고 잎이 축축하거나 햇빛이 너무 강하면 또한 잘 탄다(burn). 적색 잎의 힐로텔레피움은 이 적색 때문에 내한성이 감소한다. 습한 토양, 축축한 잎, 그리고 지나치게 많은 과수분(over watering)은 이 곰팡이(진균)들의 생장을 촉진시키기 때문에 어찌되었건 토양을 건조하게 만들고 재배지역에 통기성(aerate)을 증가시킨다. 감염된 줄기들과 잎들은 제거하고 없앤다.

스크레로티움 롤프시 *Sclerotium rolfsii*는 줄기들이나 뿌리를 부패시키는 부패병을 일으킨다. 작고 노란색 반점이 나타나기 시작하면 균핵병(sclerotia)이 기저부에 발생한 것이다. 더 따뜻한 온도와(일반적으로 27℃) 토양의 질소함량이 낮고 축축한 습한 기후에서 흰색의 목화솜털과 같은 생장을 한다. 감염된 식물은 위조된 것처럼 보이고 줄기들이 붕괴되어 내려앉으며 토양 선을 따라 거들(girdle) 모양의 테두리가 생긴다. 일단 감염된 식물은 매몰처리하거나 태우고 표토(겉흙)는 15cm 이상을 제거한다.

보트리티스 시네리아 *Botrytis cinerea*는 때때로 회색곰팡이병이라고 불린다. 털이 많이 자라가고 회색으로 뒤덮는다. 이것은 과도한 수분에 기온이 낮아 엽온이 10~21℃에서 많이 발생한다. 병에 걸린 잎들은 불규칙적인 모양의 갈색 반점이 생긴다. 일반적으로 엽맥 주변에 생긴다. 경계식재용 세덤류들이 이병성이고 이 곰팡이(진균)의 대부분은 토양에 부착되어서 자라는 포복성 세덤은 아니다. 최선의 예방책은 공기의 유동을 좋게 하는 것이다. 또한 만약 가능하다면 잎에 흙(토양)이 묻지 않도록 한다. 멀칭은 곰팡이(진균)들을 식물체와 분리시켜서 병 발생을 억제시킨다.

곰팡이(진균) 병에 걸린 잎은 반점이 생기거나 탄저병이 흰색의 덩어리로 낮은 줄기들과 때때로 잎 근처에서 발생한다. 잎에서 함몰된(sunken) 반점이 발달하여 관상 가치를 떨어뜨린다. 축축한 조건(환경)은 이 곰팡이(진균)를 더 만연하게 하기 때문에 단지 아침에만 식물에 물을 주도록 한다. 그리고 잎에 토양이 튀겨서 병균이 붙는 것을 피하게 해야 한다. 무슨 수를 써서라도 건조한 조건을 유지하고 재배토양이나 지역에 통기성을 높인다. 이 식물이 마르면 그런 부위를 제거하고 감염된 잎들을 정리한다. 가을에 이 식물들을 잘라내고 그것을 처리한다. 그러나 병이 든 식물체를 여러분의 퇴비를 만드는데 퇴비더미에 두어서는 안 된다.

흰가루병(백분병, 에리시페 *erysiphe*)는 작물에 흰 가루병을 일으키는 자낭균에 속하는 식물병원균 속 병인데 예를 들면, 보리, 밀의 흰 가루병의 학명은 에리시페 그라미니스 *Erysiphe graminis*인데 주로 온실에서 재배하는 세덤에서 문제가 된다.

이 병은 습도가 높을 때 병발생이 많고 온도는 20~30℃, 그리고 광도가 낮을 때 병의 발생이 많아진다. 병징은 작은 흰색의 반점이 상층부 잎에 나타난다. 반면에 이 병은 식물을 죽이지는 않지만 외양을 손상시킨다. 흰 가루병(백분병)을 예방하려면 식물의 재식밀도를 낮게 하여 공기의 유동을 좋게 하고 습도를 낮게 유지하며, 온실 내에 통풍이 잘되게 충분한 공간을 확보한다.

감염이 된 식물체의 일부를 제거한다. 그리고 그 식물이 재생장하도록 한다. 만약 어떤 식물이 정말로 보기가 나쁘고 상태가 안 좋으면 여러분은 눈물을 머금고 그것을 뽑아내고 대체해야 한다.

바이러스병

왜화와 뒤틀림, 얼룩은 바이러스가 세덤류를 괴롭히기 때문이다. 사실 세덤류들은 바이러스 이병성이 높다. 저자는 세덤식물재배에서 바이러스를 가장 먼저 배워야 한다고 말한다. 식물을 테스트한 결과 차이나 얼룩이 생기면 바이러스인데 여기에는 오이 모자이크 바이러스(CMV), 감자 바이러스 Y(POTY), 그리고 담배 윤문(ring spot) 바이러스(TRSV) 등이 많이 발생한다.

식물 바이러스는 매개충(vector)에 의해 주로 전파된다. 전형적으로 흡즙 해충이나 선충, 이런 것은 식물에서 식물로 즙(sap)에 의한 물리적 전파를 시킨다. 이런 물리적 전반은 동물들이 감염된 식물을 먹은 후에 그리고 병이 없는 식물을 먹었을 때 전염되고 전정을 할 때도 전염된다.

담배 모자이크 바이러스(TMV)의 경우 흡연자가 어떤 식물의 잎을 만지면 담배를 핀 손에서 바이러스 병이 옮기기까지도 한다. 그리고 어떤 특정 식물들은 이보다 더 이병성 식물들이 있기 때문에 저자는 흡연자가 일하는 것을 추천하지 않는다.

바이러스의 물리적 표징은 일반적으로 황화나 잎의 반점 그리고 때때로 잎의 주름(puckering)이다. 주요한 바이러스를 가진 식물은 바이러스로 인해 활력이 떨어지고 다른 병에 잘 걸리기 때문에 그 식물은 궁극적으로 죽게 된다.

다른 문제들

식물체가 부풀어 오르는 수종이나 부종(edema)은 세덤류를 쇠약하게 하여 문제를 발생시킨다. 이 생리적 장애를 "부종(swelling)"이라고 한다. 식물체가 물을 방출하는 수분보다 흡수하는 수분이 많고 기후가 습하고 매우 축축하거나 여러분이 물을 많이 주면 발생한다. 이것도 세덤류가 서늘한 기후와 습한 공기, 습윤 토양에서 재배하면 발생한다.

▲ 벌들의 먹이가 되는 꿀이 많이 분비되는 힐로텔레피움 '퓨어 조이'의 아름다운 꽃들의 모습이다.

세덤류에 부종(수종)이 생기면 잎이 불규칙적으로 부풀어 오르고 헝겊을 덧댄 것(패치)과 같다가 결국은 파열되고 떨어져 나간다. 햇볕에 탄 빛깔, 황갈색(tan)에서 갈색의 패치(patches)는 해충의 가식피해나 곰팡이성 진균피해와 상당히 닮았다. 이것은 보기에 아주 나쁠 뿐만아니라 식물체를 약하게 해서 상처를 입기 쉬워서 해충이나 병에 약해진다. 일단 잎들이 피해를 받으면 이 식물은 치료하기가 힘들다.

저자가 관찰한 부종(수종)의 대부분은 힐로텔레피움 Hylotelephium 교잡종인 '마트로나'와 같은 종에서 주로 발생하였고 더 많은 피해를 줄이기 위해서는 물주기를 줄이고 단지 아침에만 물을 준다. 물이 잎에 튀기지 않도록 한다. 만약 가능하다면 여러분의 식물체를 더 강한 햇빛과 공기 유동이 잘되는 곳, 또 다른 것은 세게 전정을 하거나 잘라내어 새로운 잎이 자라는 조건(환경)을 만들어 준다. 더 건조해야 그 식물이 건강해질 것이다.

▲ 힐로텔레피움 '블랙 잭'이으로 그 특성이 회귀하고 있는 '마트로나' 그리고 또한 부종(수종) 이생긴 모습이다.

세덤류를 재배함에 있어서 마지막으로 고려해야 할 것은 잡초방제이다. 특별히 이들 세덤들이 활착할 때와 유지할 때가 문제이다. 잡초는 병해충의 숙주가 되고 병을 퍼뜨리기 쉽다. 그래서 잡초를 식별하고 종합적인 식물건강 유지 차원에서 제거해야 한다. 옥상녹화의 경우, 유지관리 차원에서 필수적인데 원하는 식생으로 완전히 덮일 때까지 반드시 잡초방제를 잘 하여야 한다.

번식(Propagation)

대부분의 경우 세덤류는 번식이 쉬운 편이다. 여러분이 분지나 분주로 번식시키거나 삽목이나 종자까지도 비교적 쉽다. 분지나 분주로 번식시키는 일은 대부분 가정의 정원사의 재치와 능력이다. 많은 경우 세덤 식물은 모식물체에서 분리되기도 전에 뿌리를 내는 식물도 있다. 종묘장에서 우리가 세덤류를 많은 양을 번식시킬 때 일반적으로 줄기삽(경삽)을 많이 사용한다. 이 방법은 가정집에서 하기에 아주 간단하고 더 작은 스케일로 할 수 있다. 분지나 분주로 번식시키거나 삽목으로 번식시키는 경우 모두 다 새로 만들어진 식물체는 사실상 거의 모체와 같다.

또한 세덤류를 번식시키는 데에는 종자로도 가능한데 만약 여러분이 종자로부터 식물체를 얻는 것은 유묘가 모식물체와 비슷하거나 다양하다. 만약 교잡을 시키거나 불확실할 때는 결과들이 실망스럽게 나쁜 경우는 교잡종 식물이 불임성이기 때문이다.

분주(Division)에 의한 번식

이 방법은 가정 정원사들에게 최고의 번식법이다. 이 방법은 쉽게 그리고 성공적으로 할 수 있다. 성숙한 다 큰 식물체이거나 더 크게 자란 식물을 이용한다.

번식 최적기: 이 번식을 행하기에 좋은 계절은 초봄에 새로운 녹색의 지상부(싹)이 보일 때이다.

추천 품종: 큰 뿌리를 가진 힐로텔레피움 *Hylotelephium* 그리고 로디올라 *Rhodiola* 이다.

▼ 어떤 세덤류는 기근(공중뿌리)을 만들기도 하는데 이것은 삽목을 쉽고 잘 하게 해준다.

◀ 세덤류들은 쉽게 줄기삽(경삽)을 통하여 번식시킨다. 납작하고 평평하며 배수가 잘되는 혼합된 토양이 좋다.

◀ 종묘상에서 엽삽번식을 하고 있는 모습이다. 각각의 잎은 가능하다면 기부 쪽에 눈(bud)을 가지고 있어야 한다. 멸균된 재배 용토에 가볍게 눌러준다.

필요 장비: 파거나 심는 모종삽과 잘 들고 날카로운 삽목용 칼이 필요하다.

식물체 처리: 뿌리 식물, 중심부에서 시작하고 바깥테두리 부분으로 나누면서 갈라간다. 저자는 절반이나 4등분으로 나누는 것을 추천한다. 각각의 분주식물들은 녹색의 새싹(눈)이 있는지 반드시 확인한다. 여러 개의 눈(새싹)을 가지고 있거나 가지가 있는 분주 소식물체가 이상적인 것이고 이것을 여러 개의 뿌리를 가진 분지나 분주로 번식시킨다.

분주 과정: 식물은 분지나 분주로 번식시킬 때 토양의 깊이는 이전의 깊이를 고려해서 비슷하게 하고 이 식물이 활착이 잘 될 때까지 물주기와 다른 관리를 세심하게 하여 몇 주간을 잘 관리한다.

줄기 삽목(경삽)에 의한 번식

이 기술은 여러분이 많은 새로운 식물체를 단 하나의 식물체로부터 많이 만들어 낼 수 있다.

번식 최적기: 해당 식물에서 눈이나 꽃이 없을 때 좋다. 과정은 솜씨를 필요로 하는(trickier)데 아주 더운 기후지대에서 한여름에 시행한다. 대부분은 작은 종인 *세덤 아크레 Sedum acre*, *세덤 알붐 S. album*, 그리고 *세덤 히스패니쿰 S. hispanicum* 품종들에서 시행한다. 너무 덥기 전이나 더 크게 종류 그리고 낙엽성 종을 봄의 중간이나 초여름에 실시한다. 가을이 되면 어떤 종은 새싹이 나는데 이 때는 바람직하거나 이상적인 시기는 아니다.

추천 품종: 어떤 종류의 세덤이라도 힐로텔레피움 *Hylotelephium* 타입보다 더 크거나 낮게 자라는 세덤(스톤크롭) 타입(형태)은 없다. *세덤 알붐 Sedum album* 그리고 *세덤 대시필름 Sedum dasyphyllum*에서 후자인 세덤 대시필름이 특히 경삽이 잘 된다.

필요 장비: 트레이, 포트(화분)은 5~7.5cm 깊이를 가진 것, 배수가 잘되는 포트용 토양, 그리고 날카롭고 깨끗하게 자를 수 있는 삽목용 칼, 만약 필요하다면 물주는 도구, 줄기삽(경삽)을 더 큰 트레이나 물에 침지할 수 있는 도구, 위에서 물을 주는 미스트장치가 필요하다.

식물체 처리: 하나의 건강한 줄기. 크기별로 다양하고 맞게 준비하는데 조건여하에 따라 종이나 그해의 시기 등을 고려한다. 일반적으로 여러분은 2.5~5cm 길이를 준비하면 될 것이나 만약 여러분이 큰 잎을 가진 식물은 원하면 아마 7.5cm는 되어야 할 것이다. 각각의 자른 식물체는 적어도 몇몇 개의 잎을 가지고 있어야 하고 뻗어가는 덩굴 타입(형태)은 부드럽게 줄기에서 잎들을 제거한다.

경삽 과정: 배수가 잘되고 멸균이 된 삽목용 토양이 있는 포트나 트레이에 줄기의 기부를 가볍게 밀어서 넣는다(이것을 "삽수 찔러 넣기(sticking the cutting)라고 부른다." 물을 적어도 하루에 한번, 아마도 2번 정도는 주의 깊게 준다).

그러나 토양인 배지가 계속 젖어있도록 하지 않아야 한다. 삽수는 물을 주는 간격사이의 중간에는 약간 건조하도록 하는 것이 좋다. 식물은 2~3주가 되면 뿌리가 나오기 시작하고 그러면 물을 좀 줄여가도 된다.

세덤류의 종자번식

자연 상태에서 세덤류는 곤충이 수분을 시킨다. 이 식물의 종자는 극도로 깜찍하고 작으며 귀여운데 이는 그렇게 놀랄 일은 아니다. 대부분 크기가 길이가 3mm 정도 되고 아주 얇다. 이 새로운 식물의 종자로부터 세덤을 잘 키워내기 위해서는 아주 조심스럽게 다루어야 한다.

여러분이 종자를 구입하거나 다육식물 협회, 클럽, 가든에서 종자를 얻고 서로 교환하는 것은 어렵지 않다. 저자 역시 재배하고 있는 식물에서 종자를 얻는다. 종자를 채취하는 방법은 먼저 개화가 끝나고 종자꼬투리가 녹색에서 갈색으로 바뀌면 이것을 잘라 종이봉지에 종자가 있는 화두를 담고 서늘한 곳에 보관한다. 2주 이상 건조한 곳에 보관한 후 꺼내서 털어가며 종자를 채취한다. 아주 작은 체를(screen)를 이용해서 작은 종자를 체질하면 불순물이 걸러지고 순수한 종자를 얻는다. 이 종자를 주의 깊게 비닐봉지(plastic bag) 담고 식물이름과 채취날짜를 적어 라벨을 붙인다. 종자는 냉장고에 보관하면 1년 정도까지는 저장이 가능하다. 여러분이 가을에 수확한 종자를 파종하면 이듬해 봄에 꽃을 볼 수 있다.

번식 최적기: 봄에 온도가 4~21℃ 사이가 되면 파종한다.

추천 품종: 어떤 종(타입)이든 가능하다. 재배 품종이 아닐 경우 번식은 영양체로 한다.

필요한 장비: 미려한 질감을 가진 납작하고 평평한 접시나 포트(화분), 소독한 종자, 토양상토가 필요하다.

식물체 준비: 잘 익은 종자를 사용한다.

파종 과정: 종자를 미리 물을 주어서 흡수시켜둔 혼합상토에 부드럽게 눌러 파종한다. 이때 상토로 복토를 하지 않는다. 만약에 납작하고 평평한 접시를 사용하면 줄을 맞추어서 심는다. 파종한 용기는 바람이 불거나 흔들리는 곳에 두면 종자가 흐트러지므로 주의한다. 토양수분을 잘 유지하면 일반적으로 2~3주면 발아를 한다.

▲ 세덤 종자가 발아되어 자라고 있는 유묘의 모습이다.

제2장 각론

세덤류 150종에 대한 소개

150 SEDUMS FOR THE GARDEN

1. 로디올라 로세아 하위종 아티카 *Rhodiola rosea* f. *arctica*

바위솔(Roseroot), 북극 스톤크롭(Arctic stonecrop)
또 다른 학명은 *세덤 로제움 하위종 악티쿰* *Sedum roseum* f. *arcticum*

이 매혹적인 식물은 유포르비아를 닮았다. 봄에 일찍 꽃이 피고 있을 때에도 청록색 잎은 여전히 계속 자란다. 각각의 잎들은 물결 꼴의 가장자리가 있는 약한 거치형 엽연(margin)을 가지고 있다. 4부분으로 된 연듯빛(chartreuse) 노란색 새싹들은 상층부가 단단하게 묶여져(packed) 있고 그리고 주변에 잎들이 분포하고 있다. 길고 노란색 수술은 노란색 꽃잎들을 지나서 돌출되어 있다. 강하게 접혀진 모양(수꽃들은 짧고 굵으며 둥근 끝부분을 하고 있다)을 하고 있다. 상층부아래는 밀집한 나선형과 같은 윤생의 잎이 기부까지 뻗어있다. 낙엽성이며 번식은 분주, 분지로 한다.

재배 가능 최저온도: 지역 1(-48℃)~지역 6(-21℃)
식물체의 크기: 10~13cm 초장, 13~15cm의 폭을 가지고 있다.

최적 토양조건: 보통 배수가 양호하고 평균에서 다소 습하고 비옥한 토양이 좋다.
최적 광도조건: 충분히 강한 햇빛이거나 약한 차광이 좋다.
유사한 품종들: 이 종은 다양해서 원산지의 범위도 넓다. 그리고 이 품종은 많은 형태들과 아종이 있다. 주요 재배종은 두 가지 형태가 있는데 위에서 기술한 것은 작은 형태의 종이고 북부 유럽의 형태는 *로디올라 로세아* *Rhodiola rosea*이다. 이 품종은 키와 폭이 45cm이거나 그 이상이다. 일반적으로 자웅이화이다. 즉 웅성과 자성(암꽃)의 꽃들이 분리된 식물이다. 그러나 때때로 완전화로 웅성과 자성(암꽃)의 기관을 모두 가진 식물이 발견되기도 한다. 북아메리카의 형태는 일반적으로 적색의 꽃을 피운다. 반면에 유럽/아시아 종의 형태는 노란색이다.
육종과 도입원: 중앙 유럽에서 중앙아시아까지 넓게 분포되어 있고 한국과 일본에서도 발견되며 미국의 동부, 래브라도, 그리고 그린랜드에서도 발견된다.
작물로서 이용: 이 식물은 아주 멋지게 보이는 빼어난 식물로 자갈 정원이나 가든에서 다른 식물 즉 배수가 잘되는 토양에서 잘 산다. 핑크색의 *다이안서스(Dianthus)* 그리고 미국 미조우리 달맞이꽃(*Oenothera macrocarpa*)과 잘 어울린다. 이 식물은 시원한 지역을 좋아한다.

2. 로디올라 인테그리폴리아 *Rhodiola integrifolia*

둥근 잎(Entire leaved) 바위솔, 왕관(King's crown) 턱 스톤크롭(Ledge stonecrop)
또 다른 학명은 *세덤 인테그리폴리움* Sedum integrifolium

아름다운 고산식물로 암석질 산악지대와 유사한 지역에서 최고의 아름다움을 즐길 수 있다. 거치형 잎과 나선형과 같은 윤생의 줄기들이 항상 상층부에 자색에서 적색까지 자웅이화(웅성이거나 자성(암꽃)인 꽃이 분리되어 같은 그루에 피는 식물)인 꽃들이 핀다. 4개의 수술을 가진 웅성의 꽃(수꽃)은 얇은 꽃잎들보다 더 길다. 자성인 암꽃도 4개의 꽃잎(4판)을 가지고 있다. 낙엽성으로 번식은 분지나 분주로 한다.

재배 가능 최저온도: 지역 3(-37℃)~지역 9(-4℃)
식물체의 크기: 10~15cm 초장, 20~25cm의 폭을 가지고 있다.
최적 토양조건: 암석질의, 배수성이 좋으면서 보습성도 좋은 쿨(cool)한 토양이 좋다.
최적 광도조건: 충분히 강한 햇빛이 좋다.
유사한 품종들: 이 식물은 로디올라 로세아 *Rhodiola rose*와 비슷한 노란색이거나 적색 꽃(발견되는 장소에 따라 꽃 색이 달라짐)을 피운다. 로디올라 인테그리폴리아 변종 아트로퍼푸레아 *Rhodiola integrifolia var. atropurpurea*는 짙은 자색-적색의 꽃들이 41cm 정도까지의 키를 가진 식물이다. 로디올라 인테그리폴리아 아종 프로세라 *Rhodiola integrifolia var. procera*는 더 얇고 더 푸른빛을 띤 흰 가루(백분)의 잎이 창형(창모양)으로 끝이 뾰쪽하게 끝난다. 로디올라 로단타 *R. rhodantha*는 분홍색 꽃을 피운다.
육종과 도입원: 미국 (로키 산맥들과 알래스카), 브리티시 컬럼비아 주(캐나다), 시베리아 등이다.
작물로서 이용: 로키(Rockies)나 다른 서늘한 산악의 기후지대에 거주한다면 이 품종을 재배해보라. 이 식물은 일찍 생장하는 계절에 알맞고 멋있는데 일찍 개화하는 고산식물로 암석정원이나 가든에서 재배하기에 알맞은 식물이다. 엄격하고 까다로운 생육조건(환경)때문에 원산지와 같은 지역에서 주로 거래된다.

3. 로디올라 파키클라도스 *Rhodiola pachyclados*

아프가니 스톤크롭(Afghani stonecrop), 실버 젬 스톤크롭(Silver gem stonecrop)
또 다른 학명은 세덤 파키클라도스 *Sedum pachyclados*

단단한 매트(mat) 모양의 청색-녹색 로제트가 독특하게 보인다. 포복성의 얇은 지하경은 원래의 어미식물체 근처에서 자라간다. 잎의 끝은 일반적으로 3개의 거치형이고 단단한 나선형과 같은 윤생으로 줄기들 주변에 달려있다. 꽃잎이 5개인 꽃들이 밝은 노란색의 기부와 흰색의 난자와 수술대를 가진 흰색 꽃이 핀다. 반면에 이 식물은 봄에만 우거지게 피지 않고 가을에 반복적으로 핀다. 비록 상록성이나 하부의 잎은 갈색으로 보이고 겨울에는 생장점 부위를 감싼다. 번식은 삽목이나 종자 그리고 분지, 분주로 번식시킨다.

재배 가능 최저온도: 지역 5(-29℃)~지역 9(-4℃)
식물체의 크기: 10cm 초장과 45cm에 이르는 폭을 가지고 있다.
최적 토양조건: 평균에서 다소 축축한 토양에서 잘 자란다.
최적 광도조건: 충분히 강한 햇빛이 좋다.
유사한 품종들: 비록 유사한 식물은 없지만 청색-회색 로제트형으로 다른 식물인 세덤 글라우코필룸 *Sedum glaucophyllum*이 있다. 2개의 변종들이 유통되고 있는데 '화이트 다이아몬드' 그리고 '네시'로 실제로는 더 뾰족한 잎을 가지고 있다.
육종과 도입원: 아프가니스탄과 파키스탄이 원산지이다.
작물로서 이용: 포복성의 매트를 형성(matforming)하는 생장습성을 지닌 이 식물은 아주 특이한 지피식물이다. 재배와 생장환경은 원산지 산악의 자생지와 유사해야 한다. 그 자생지의 온도는 서늘함이 지속되고 연중 내내 대부분 낮다. 만약 여러분이 더운 여름 그리고 건조하다면 물을 주는 관수를 하거나 가볍게 그늘을 만들어 주지 않으면 이 식물이 잘 자라지 않을 수도 있다.

4. 세덤 ×루브로틴크툼
Sedum ×rubrotinctum

젤리빈 식물(Jellybean plant), 크리스마스 치어 세덤 (Christmas cheer), 포크와 콩(Pork and beans)

다양한 컬러(색)와 믿을 만한 신뢰성이 있는 이 식물은 오동통한 잎들이 일반적으로 2.5cm 길이이고 대략 6mm의 폭으로 자라고 끝이 가늘어진다. 적색의 컬러(색)는 상층부에서부터 시작된다. 여름에 이 식물의 대부분은 적색이나 겨울에는 녹색으로 자라기 시작하는 경향이 있다. 잎은 나선 모양으로 줄기 주위에 붙어 있고 이 식물의 상층부가 더 밀집한 형태이다. 반면에 더 오래된 잎 상당수, 즉 더 낮아서 줄기들이 나출된 대부분의 잎은 떨어져 나간다. 꽃 때문만은 아닐 것이나 이 식물에서 꽃은 수줍은 듯 피어난다. 그러나 만약 이 식물이 꽃을 피우면 밀집한 덩어리(클러스터)가 노란색, 오렌지색, 그리고 적색 새싹들이 전개되고 노란색 꽃들이 강하게 끝이 뾰족한 꽃잎들과 함께 핀다. 부드러운 다년생으로 때때로 동결온도에서도 생존한다. 상록성으로 번식은 삽목에 의한다. 가든 메리트(AGM) 상, 즉 왕립원예학회상(영국)을 2012년도에 수상하였다.

재배 가능 최저온도: 지역 10(-1℃)~지역 11(7℃)
식물체의 크기: 10cm 이상의 초장, 15~25cm 이상의 폭을 가지고 있다.
최적 토양조건: 건조하거나 배수가 잘되는 평균적 토양이면 좋다.
최적 광도조건: 충분히 강한 햇빛이 좋다.
유사한 품종들: 이 식물은 아마 세덤 파키필룸 *Sedum pachyphyllum*의 교배된 품종인데 이것은 은색 잎이고 세덤 스탈리 *S. stahlii*는 작고 젤리빈 모양의 잎이 적색 벽돌모양이다. 핑크 젤리빈 모양인 세덤 ×루브로틴크툼 *S. ×rubrotinctum* '오로라'(또 다른 학명은 '베라 히긴스')는 돌연변이종으로 푸른빛을 띤 흰 가루(백분)의 회색 잎이 광(햇빛)이 강하면 핑크색으로 바뀌는 특성을 가지고 있고 이용할 가치가 높다. 세덤 구아테말렌세 *Sedum guatemalense*는 분홍색 꽃에 평평한 회록색 잎을 가지고 있다. 세덤 *Sedum* '조이스 툴로치'는 더 위로 곧추서며 전개되는 습성이 있다. 세덤 *Sedum* '리틀 젬'도 역시 유사한 품종이다.
육종과 도입원: 정원이나 가든에서 육종되었다.
작물로서 이용: 일반적으로 실내용이나 실외용 화초로 즐겨 이용하고 관리가 쉬워 용기식물로 많이 활용하며 아주 우수한 동반식물로 다른 다육식물과 잘 어울린다.

5. 세덤 ×루테오비리데
Sedum ×luteoviride

이 관목과 같은 세덤의 가장 주목할 만한 특징은 두텁고 짧은 잎들이 줄기와 직각을 이루고 있다. 줄기와 잎의 상층부는 전형적 육질(fleshy)의 적색 컬러(색)가 녹색의 기저부에 붉게 흘러내리듯 달려있다. 이 기저부는 짙은 오렌지색-적색으로 충분히 강한 햇빛이 좋다. 겨울 컬러(색)는 녹색을 띠는 계피(시나몬)색을 가지는 경향이 있다. 기분 좋은 노란색 꽃들이 다량으로 연초에 핀다. 정단부 끝과 측면 클러스터(꽃덩어리)는 더 작고 포와 같은 잎들이 좁고 답답하게 밀집되어 달린다. 시간이 지남에 따라 이 식물은 밀집되고 하위 잎은 줄기로부터 떨어져 나간다. 상록성이며 쉽게 삽목으로 번식시킬 수 있다.

재배 가능 최저온도: 지역 9(-7℃)~지역 11(7℃)
식물체의 크기: 15cm 초장, 13~15cm 이상의 폭을 가지고 있다.
최적 토양조건: 건조하거나 배수가 잘되는 평균적 토양이면 좋다.
최적 광도조건: 충분히 강한 햇빛이 좋다.
유사한 품종들: 양친이 아주 서로 다른 교잡종(hybrid). 세덤 프레알툼 *Sedum praealtum*은 길고, 둥글며(entire), 납작하고 평평한 잎을 가지고 있는 반면 세덤 그레기 *S. greggii*는 작은 콘(cone) 모양의 로제트형 잎을 가지고 있다. 다른 버금가는 식물로 세덤 디쿰벤스 *S. decumbens*, 세덤 *Sedum* '리틀 젬', 세덤 렙탄스 *S. reptans*, 그리고 세덤 *Sedum* '로커리 챌린저'가 있다.
육종과 도입원: 세덤 프레알툼 아종 파르비폴리움 *Sedum praealtum* subsp. *parvifolium*과 세덤 그레기 *S. greggii*는 멕시코 원산의 교잡종이다.
작물로서 이용: 이 식물은 아주 멋지게 빼어난 식물로 작은 용기식물로 알맞다. 겨울에는 약한 광이 필요하다. 더 따뜻한 기후지대에서는 문제가 없어 보이면 밖에 두어도 되지만 특별한 경우가 아니면 이 식물은 실내에 둔다.

6. 세덤 그라실 *Sedum gracile*

이 식물은 *세덤 섹상굴라레* Sedum sexangulare 의 작은 품종이다. 이 품종 역시 가지가 많이 벌고 퍼져나가는 습성을 가지고 있으며 잎이 녹색이고 직선적으로 자란다. 밀집한 상층부는 더 낮은 줄기들 위로 소용돌이치듯이 자란다. 이것은 전형적으로 약간 건조한 잎을 달고 있다. 여름에는 줄기가 없는 흰색 꽃들이 상층부에 작은 클러스터(덩어리) 핀다. 상록성이며 번식은 분지나 분주로 번식시킨다.

재배 가능 최저온도: 지역 5(-26℃)~지역 8(-9℃)
식물체의 크기: 5cm 초장, 15cm의 폭을 가지고 있다.
최적 토양조건: 암석질의 건조토양에서 배수가 잘되는 토양이 좋다.
최적 광도조건: 충분히 강한 햇빛이 좋다.
유사한 품종들: *세덤 그리세바치* Sedum grisebachii와 *세덤 섹상굴라레* Sedum sexangulare로 비록 둘 다 노란색 꽃을 피운다.
육종과 도입원: 코카서스 산맥이 원산인 고산식물로 약간 낮은 산악지대에서 자란다.
작물로서 이용: 이 산악성 식물은 무더운 환경을 좋아하지 않는다. 작은 지역에 어울리는 종이라고 말한다. 다른 작은 알파인(산악) 식물들인 *드라바*(Drabas)나 *조비바르바*(Jovibarbas)속과 잘 어울려 자란다. 여름이 너무 덥지 않은 곳에서 옥상녹화용으로 사용되기도 한다.

7. 세덤 그리세바치 *Sedum grisebachii*

또 다른 학명은 *세덤 코스토비이* *Sedum kostovii*

돋보기로 자세히 보면 이 형태는 작은 유두(nipples) 모양의 끝에 이미 작은 잎들이 꽉 차 있다. 단단한 잎들이 마운딩(올림)된 이 식물은 유사한 포복성 종이다. 여름에 잎은 녹이 슨듯 한 적색이고 빠르게 녹색을 띤 노란색 꽃들이 6mm 폭으로 핀다. 상록성이며 번식은 봄이나 가을에 삽목이나 분지, 분주로 번식시킨다.

재배 가능 최저온도: 지역 5(-29℃)~지역 9(-4℃).
식물체의 크기: 7.5~10cm 초장, 10~13cm 폭을 갖는다.
최적 토양조건: 건조하거나 배수가 잘되는 평균적 토양이면 좋다.
최적 광도조건: 충분히 강한 햇빛이 좋다.
유사한 품종들: 세덤 섹상굴라레 *Sedum sexangulare*는 덤불이 아닌 상태로 뻗어간다. 세덤 라코니쿰 *S. laconicum*도 유사하나 더 크다. 연한 노란색 꽃을 피운다.
육종과 도입원: 그리스와 불가리아와 같은 고지대가 원산인 다년생이다.
작물로서 이용: 둥글게 자라는 습성과 키가 작은 이 식물은 홈통에 심기가 제격이고 다른 작은 용기재배를 하기에도 좋다. 작은 고산식물로 캄파눌라 *Campanula*와 다이안서스 *Dianthus*와 잘 어울린다.

8. 세덤 글라우코필룸 *Sedum glaucophyllum*

백분 스톤크롭(Glaucous stonecrop), 절벽 스톤크롭(Cliff stonecrop)

단단하며 포복성인 로제트형으로 평평하고 완전한 푸른 빛을 띤 흰 가루(백분)의 은색의 잎 때문에 쉽게 구별되고 인지가 된다. 꽃들이 흰색과 연해지는 분홍색으로 피기 시작한다. 이 식물들은 4개의 꽃잎들을 가지고 있고 납작하고 평평한 수술(적색의 접시모양의 갈색 꽃가루를 가짐)이 꽃잎들의 기부에 고정되어 있다. 상록성이며 쉽게 번식이 되는데 분지나 분주로 번식시킨다. 그러나 종자에서도 번식이 가능하다.

재배 가능 최저온도: 지역 6(-23℃)~지역 9(-4℃).
식물체의 크기: 10cm 초장, 15~20cm의 폭을 가지고 있다.
최적 토양조건: 암석질의, 평균에서 다소 축축한 토양에서 잘 자란다.

최적 광도조건: 부분적인 그늘조건이 좋다.
유사한 품종들: 세덤 글라우코필룸 *Sedum glaucophyllum* '실버 프로스트'는 종종 다른 이름, 즉 세덤 네비이 *S. nevii* (잘못된 이름임)으로 불리는데 이 품종은 밝은 녹색의 로제트형으로 더 긴 잎이 끝은 거치 모양이다. 저자는 더 짙은 종을 주문하였으나 더 녹색의 형태인 '레드 프로스트'가 자리 잡았다. 두 가지로 서로 구별되는 형태이고 적색 식물은 서늘한 기후에서 나타난다.
육종과 도입원: 미국의 남동부, 애팔래치아 산맥(북미, 동부 산맥)이 원산이다.
작물로서 이용: 이 식물은 약간의 그늘에서 잘 자라고 지나친 건조 상태를 견디지 못한다. 대단한 이 식물은 덥고 다습인 해안지역에서 관련 종인 세덤 테르나툼 *Sedum ternatum*, 세덤 풀첼룸 *S. pulchellum*과 잘 어울려 자란다.

9. 세덤 노코엔세 *Sedum nokoense*

또 다른 학명은 세덤 타이완니아눔 *Sedum taiwanianum*

상대적으로 미국에는 새로운 품종이나 확실히 인기가 있는 종이다. 짙은 녹색이며 광택있는 잎들과 지표면을 포복하며 자라는 습성은 좁은 지역에 멋있는 지피식물이 된다. 상대적으로 작으나 그럼에도 불구하고 두껍고 스푼 모양의 잎은 단지 약 1cm로 길이로 자라고 폭은 아직 정확히 알 수 없는 식물이다.

자세히 조사해보면 각각의 잎은 확연히 구별되게 주름이 잡혀있는 상태로 중심부에서 아래로 내려와 있다. 적색의 접시모양의 줄기들은 10cm 정도의 길이이고 밀집한 나선형과 같은 윤생의 잎을 상층부에 가지고 있다. 식물은 꽃이 성글게 노란색 화서들과 늦여름에서 가을 그리고 겨울까지 핀다. 각각의 꽃들에는 4개와 6개 사이에 얇고 직선적인 꽃잎들이 달려있다. 심피(종자)는 녹색에서 적색이나 오렌지색으로 꽃잎들의 색이 연해진다. 상록성이고 번식은 분지나 분주로 한다.

재배 가능 최저온도: 지역 8(-9℃)~지역 11(7℃)로 좀 더 추워도 견딜 수 있을지 모른다.

식물체의 크기: 5~10cm 초장, 7.5~10cm 이상의 폭을 가지고 있다.

최적 토양조건: 암석질의, 건조하거나 배수가 잘되는 평균적 토양이면 좋다.

최적 광도조건: 충분히 강한 햇빛이 좋다.

유사한 품종들: 세덤 노코엔세 *Sedum nokoense* '사이덴세'는 단단하고 빽빽한 식물로 세덤 마키노이 *S. makinoi*와 유사하다.

육종과 도입원: 혼슈(Honshu) 남부의 산악지대로 일본, 대만, 한국 등에 서식하고 있다.

작물로서 이용: 첫번째로 이 종은 상록성으로 홈통과 같은 곳이 아주 좋다. 짙은 녹색의 잎은 자갈 멀칭이나 밝은 컬러(색)의 식물과 좋은 대비를 이룬다. 덥고 습기가 많은 기후지대에서 잘 자란다는 것을 주의해서 심는다.

10. 세덤 대시필름 *Sedum dasyphyllum*

이 유별난 종은 단성화(single), 크림색의 흰색, 넓게 펼쳐진 꽃이 위로 곧장 뻗어있는 작은 식물이다. 단단하게 꽉 찬 상록성 잎이 전형적으로 연한 털로 덮혀 있고 (furry) 엽색은 은색-회색이다. 스트레스를 받으면 핑크색이나 자색의 엷은 색조를 띤다. 잎들은 4번이나 5번의 나선모양으로 얇은 줄기들을 따라 자란다. 식물들을 흔들거나 만지면 잎은 쉽게 떨어지고 뿌리에서 새로운 형태의 식물이 나온다. 새싹들이 나와 전개되기 전에 꽃잎들의 뒷쪽에서 분홍색 줄무늬가 나온다. 이 완전한 식물은 부드러운 핑크색을 나타낸다. 작고 많은 흰색의 꽃들이 넓고 겹쳐서 꽃잎들을 형성한다. 그리고 크림색의 노란 씨방을 만든다. 상록성으로 봄에 쉽게 종자나 삽목, 분지나 분주로 번식시킨다.

재배 가능 최저온도: 지역 5(-29℃)~지역 9(-4℃)
식물체의 크기: 2.5~5cm 초장, 15~20cm의 폭을 가지고 있다.
최적 토양조건: 암석질의 건조토양에서 배수가 잘되는 토양이 좋다.
최적 광도조건: 충분히 강한 햇빛이 좋다.
유사한 품종들: 세덤 대시필름 *Sedum dasyphyllum* '아틀라스 산형'은 유사한 종보다 더 큰 잎을 가지고 있고 여름에 햇빛이 강하면 핑크색이나 은색으로 변한다. 세덤 대시필름 *S. dasyphyllum* '오팔라인'은 더 크고 회록색을 띤다. 세덤 대시필름 변종 마크로필름 *S. dasyphyllum* var. *macrophyllum*은 더 푸른빛을 띤 흰 가루(백분)의, 더 큰 잎 (유사종 보다 2배의 크기)을 가지고 있고 세덤 대시필름 아종 그랜둘리페룸 *S. dasyphyllum* subsp. *glanduliferum*은 털이 아주 많은(pubescent) 형태이다.
육종과 도입원: 중앙 유럽에서 지중해까지와 유럽의 남부에서 북아프리카, 스페인까지 그리고 동쪽으로 터키까지 자생한다.
작물로서 이용: 이 식물은 바위나 돌출부에 달려있는 모습이 발견된다. 그래서 암석정원이나 암벽에 심는다. 이 식물을 다른 자색의 락크레스(바위냉이)와 같이 심어보라. 지피식물로 이용할 수 있으나 그 재식지가 아주 우수한 배수(과도한 겨울의 수분은 손실을 초래함) 특성을 가지고 있어야 한다. 분재(bonsai)에도 사용하곤 한다.

11. 세덤 대시필름 변종 마크로필룸
Sedum dasyphyllum var. *macrophyllum*

이 식물의 종은 건조에 잘 견디는 내건성이 있으므로 계속 인기가 있는 것 같다. 잎이 손가락 모양(장상)인 이 식물은 포복성이므로 땅을 기어가면서 자라며 흰색 꽃들이 위로 직립해 핀다. 회색보다 더 은색이고 밀집한 잎은 아주 매혹적이고 더 작은 세덤 모르가니아눔 *Sedum morganianum*이나 세덤 부리토 *Sedum burrito*와 외형이 닮았다. 두텁고 튼튼한 잎들과 가늘어 보이지 않은 질감은 전형적으로 털이 많은 종이다. 상록성으로 번식은 봄이나 늦여름에 삽목이나 분지, 분주로 번식시킨다.

재배 가능 최저온도: 지역 5(-29℃)~지역 9(-4℃)
식물체의 크기: 7.5cm 초장, 25~30cm의 폭을 가지고 있다.

최적 토양조건: 건조에서 평균적인 토양이 알맞다.
최적 광도조건: 충분히 강한 햇빛에서 가볍고 밝은 그늘의 조건까지가 좋다.
유사한 품종들: 세덤 대시필름 *Sedum dasyphyllum* '메이저'는 가장 유사한 식물로 생각된다.
육종과 도입원: 중앙 유럽에서 지중해까지, 남부에서 북아프리카, 스페인부터 동쪽 터키까지 자생한다.
작물로서 이용: 알맞은 기후지대인 재배지역 6(Zone 6)이나 더 온화한 곳에 적절한 선택을 해서 재배해야만 한다. 저자는 살아있는 이 식물을 벽면 녹화에 이용하는 것을 많이 봐오고 있다.

12. 세덤 덴드로이디움 *Sedum dendroideum*

나무 세덤(Tree sedum), 트리 스톤크롭(Tree stonecrop)

이 식물은 흥미와 호기심을 자아내는 나무 모양의 작은 관목의 세덤으로 제이드(jade) 식물(염좌, 크라슐라 *Crassula*)를 닮았으나 먼 친척이 되는 식물이다. "큰 줄기"와 작은 가지들이 회색-갈색으로 나무와 같이 보인다. 잎은 짙은 녹색이고 곤봉 모양이다. 밀집한 잎들이 창문의 선처럼 잎의 가장자리를 따라 나타나는 것이 이 종의 특징이다. 수줍은 듯한 꽃이 노란색으로 봄에 핀다. 상록성으로 부드럽다. 쉽게 번식을 삽목으로 한다.

재배 가능 최저온도: 지역 9(-4℃)~지역 11+(10℃)
식물체의 크기: 60cm 초장, 30cm의 폭을 가지고 있다.
최적 토양조건: 건조하거나 배수가 잘되는 평균적 토양이면 좋다.
최적 광도조건: 충분히 강한 햇빛이 좋다.
유사한 품종들: 세덤 콘푸섬 *Sedum confusum*, 세덤 디쿰벤스 *S. decumbens*, 그리고 세덤 프레알툼 *S. praealtum* 모두 다 옅은 녹색 잎을 가지고 있다.
육종과 도입원: 멕시코 남부에서 과테말라까지 자생한다.
작물로서 이용: 아주 우수한 용기식물로 실내나 실외에 심는다. 위로 곧추서며 펼쳐지는 습성 때문에 다른 식물을 심은 후 채워주는 충진 식물로 이용하고 낮게 자라는 식물이므로 주변에 세덤 알붐 *Sedum album* '코랄 카펫'과 같은 식물을 심는다.

13. 세덤 디버겐스 *Sedum divergens*

캐스케이드 스톤크롭(Cascade stonecrop), 노인의 뼈 세덤(Old man's bones)
또 다른 학명은 세덤 글로보섬 *Sedum globosum*, 아메로세덤 디버겐스 *Amerosedum divergens*

특별하게 광택이 있는 상록성 잎과 거의 둥근 잎의 모양은 이 식물을 구별지어 주는 특징이다. 이 멋있는 종을 자세히 조사해보면 잎이 서로가 반대로 나며(대생) 짝을 이루는데 직각이 계속해서 짝을 만들며 자란다는 사실을 보게 된다. 잎은 일반적으로 적색과 녹색이 동시에 나타나는데 더 햇빛이 강하면 적색이 된다. 이 식물은 수줍은 듯 꽃이 피나 그 꽃은 늦봄이나 초여름에 노란색으로 핀다. 각각의 꽃들이 6개의 꽃잎을 가지고 있는데 강하게 물결치듯 중앙부 아래로 뻗어있다. 상록성이며 번식은 종자나 줄기삽(경삽)을 한다.

재배 가능 최저온도: 지역 5(-29℃)~지역 9(-4℃)
식물체의 크기: 15~20cm 초장, 20~30cm 이상의 폭을 가지고 있다.
최적 토양조건: 암석질의, 습기가 있는 토양이 좋다.
최적 광도조건: 약간의 그늘이나 충분히 강한 햇빛이 좋다.
유사한 품종들: 더 작은 그리고 더 큰 형태가 있다. 더 작으면 더 높은 자세를 취하기 쉽다. 이 중의 하나인 세덤 디버겐스 변종 미누스 *Sedum divergens* var. *minus*는 짙은 녹색이고 가득 채우는 습성을 가지고 있다. 세덤 오레가눔 *S. oreganum*은 더 작은데 세덤 디바일 *S. debile*은 자그마한 고산식물로 로키 산맥에서 온 품종이다. 연한 녹색이고 뭔가 재배가 어려운 드문 품종이다.
육종과 도입원: 태평양 연안인 북아메리카에 자생한다.
작물로서 이용: 이 종은 서늘한 여름을 더 좋아하다. 그리고 일시적인 건조에 잘 견딘다고 알려져 있다. 상록성이 본성이기 때문에 원산지 지역인 태평양 북서쪽 정원에서 재배하거나 그린루프(옥상녹화)용으로 이용한다. 세덤 오레가눔 *Sedum oreganum*이나 세덤 스파툴리폴리움 *S. spathulifolium*과 같이 조합해서 재배해보라.

14. 세덤 디퓨섬 *Sedum diffusum*

마우스-이어 스톤크롭(Mouse-ear stonecrop)

멕시코에서 자생하는 가장 일반적인 세덤류인 이 종은 경계식물로 사용되어 왔는데 텍사스(미국), 뉴멕시코, 애리조나, 그리고 캘리포니아는 물론 다른 미국 남부의 여러 주에서 존재하는 것이 놀라운 일이 아니다. 이 식물은 전개되고 퍼져나가는 잎들을 가지고 있고 연한 녹색에서 회록색까지 분포한다. 핑크색이 하이라이트인데 오래된 잎일수록 밝은 색을 띤다. 잎들은 작고 얇은 잎이 손가락 모양(장상)의 형태를 갖고 줄기에 밀착해 자란다. 흰색 꽃들이 여름에 상층부에서 핀다. 상록성이며 쉽게 삽목으로 번식시킨다.

재배 가능 최저온도: 지역 7(-15℃)~지역 11(7℃)
식물체의 크기: 5+cm 초장, 25~30cm 이상의 폭을 가지고 있다.
최적 토양조건: 암석질의 건조토양에서 배수가 잘되는 토양이 좋다.
최적 광도조건: 충분히 강한 햇빛에서 가볍고 밝은 그늘의 조건까지가 좋다.
유시한 품종들: 세덤 디퓨섬 *Sedum diffusum* '포도시눔'은 더 크고 더 활력 있게 자란다. 이 식물의 습성은 더 단단하고 빽빽하나 잎이 더 은색에 가깝다.
육종과 도입원: 멕시코가 원산지이다.
작물로서 이용: 용기재배나 정원재배에 아주 우수한 식물로 저자가 본 텍사스(미국) 주에서는 15~20cm 정도의 용기에서 기근(공중뿌리)을 내면서 자라는 이 식물의 줄기들이 토양으로 떨어지듯 현수형으로 자란 모습을 관찰하였다. 저자가 이 식물을 잘라서 봉투에 넣어 집으로 가져왔는데 깜빡 잊어버리고 한 달 후에 기억이 나서 꺼내보니 놀랍게도 여전히 살아 있었다. 단단한 이 식물은 얼마나 잘 존재하고 그리고 얼마나 오래 견디는지에 대한 하나의 시험 식물이다. 이런 사실은 세덤류(다른 것들도)가 물이 없이도 얼마나 잘 견디는지 나타내준다.

15. 세덤 락숨 *Sedum laxum*

로즈플라워 스톤크롭(Roseflower stonecrop)

느슨한 로제트향의 특별히 두터운 잎들이 6mm 정도 된다. 이 잎들은 열십자로 교차하며 엇갈리게(crosswise) 마주나는 십자 대생의 형태로 각각 나온다. 잎의 일부는 상층부에 끝이 톱니 모양을 가지고 있다. 깜찍한 분홍색 꽃은 꽃잎들이 반쯤 녹여서 붙어있는데 전형적인 세덤 식물은 아니다. 꽃밥(약)은 적색이다. 반상록성이며 번식은 삽목으로 번식한다.

재배 가능 최저온도: 지역 6(-23℃)~지역 9(-4℃)
식물체의 크기: 5~7.5cm 초장, 13~15cm 이상의 폭을 가지고 있다.
최적 토양조건: 암석질의 배수가 아주 양호한 토양이 좋다.
최적 광도조건: 충분히 강한 햇빛에서 가볍고 약한 그늘의 조건까지가 좋다.
유사한 품종들: 여기에는 많은 아종이 있다. 세덤 락숨 아종 락숨 *Sedum laxum* subsp. *laxum*은 스푼-모양의 잎과 그 얇은 잎들을 따라서 꽃이 줄기에 달린다. 꽃은 흰색에서 크림색의 노란색으로 핀다. 세덤 락숨 아종 이스트우디아 *S. laxum* subsp. *eastwoodiae*는 더 작은 푸른빛을 띤 흰 가루(백분)의 잎이 9mm 정도 길이이고 잎줄기들이 달린다. 그리고 세덤 락숨 아종 헤크네리 *S. laxum* subsp. *heckneri*는 젖혀진 새싹들이 손톱모양의 잎들이 줄기에 꽉 끼어서 달린다. 이 꽃들은 노란색 꽃밥(약)을 가지고 있고 비교해보면 전형적인 적색이다. 세덤 락숨 아종 래티폴리움 *S. laxum* subsp. *latifolium*은 활력이 가장 좋고 또한 더 크고 더 녹색의 잎이 둘 다 로제트형의 기부, 꽃줄기에 있다. 세덤 오레고넨세 *S. oregonense*와 세덤 옵투사툼 *S. obtusatum*은 더 큰 청색 잎이 고급스러운(choice) 형태를 가지고 있다.
육종과 도입원: 남부 오리건과 북부 캘리포니아에 서식하고 있다.
작물로서 이용: 다른 태평양 북서쪽 원산의 식물과 이 식물을 식재하는 것이 이상적이다. 레위시아 *Lewisia*와 다른 세덤류인 세덤 오레가눔 *S. oreganum*과 세덤 디버겐스 *S. divergens*와 같이 식재해 보라.

16. 세덤 란체올라툼 *Sedum lanceolatum*

창꼴 잎 스톤크롭(Lance-leaf stonecrop), 또 다른 학명은 페트로세덤 란체올라툼 *Petrosedum lanceolatum*

세덤 전문가인 레이 스티븐슨(Ray Stephenson)에 따르면 이 식물은 2년생이다. 그러나 이 식물은 미국에서 요즘 판매유통 시 젤리또 씨드(Jelito Seeds) 회사를 통해 다년생이 판매된다. 1년차에는 로제트이고 포복성의 줄기들은 가볍고 밝은 회록색에서 자두색의 갈색 뿌리를 쉽게 낸다. 바늘 같은 침엽의 회록색 잎이 햇빛이 강할 때 자색 컬러(색)로 된다. 겨울에는 적색이 된다. 잎들은 더 꽉 찬 밀집된 상층부를 갖고 있으나 줄기는 기부로 갈수록 더 드문드문한 모양이다. 만약 꽃이 피면 납작하고 평평한 클러스터 덩어리를 가진 새싹들이 10cm 정도 되는 줄기들에 붙어서 노란색 꽃을 피운다. 상록성이며 쉽게 삽목으로 번식시킨다.

재배 가능 최저온도: 지역 4(-32℃)~지역 9(-4℃)
식물체의 크기: 10cm 초장, 20cm 폭, 꽃줄기들 15~20cm까지 자란다.
최적 토양조건: 암석질의, 배수가 잘되는 토양에서 건조한 토양까지도 좋다.
최적 광도조건: 가볍고 약한 그늘상태를 견딘다. 충분히 강한 햇빛도 좋다.
유사한 품종들: 많은 형태의 유사종과 아종이 야생에 많다. 이 식물은 범위가 넓고 원산지에 이 식물이 많다. 형태를 보면 훨씬 더 단단하고 거의 덩어리 형태를 띤다. 세덤 란체올라툼 아종 알피눔 *Sedum lanceolatum* subsp. *alpinum*은 더 작은 형태의 고산지대에 서식하는 식물이다. 세덤 란체올라툼 변종 네지오티쿰 *S. lanceolatum* var. *nesioticum*은 더 큰 유사종으로 브리티시컬럼비아 주(캐나다)에서 해안선을 따라 미국 워싱턴(Washington) 주에까지 서식한다. 세덤 란체올라툼 변종 루피콜라 *S. lanceolatum* var. *rupicola*는 미국 워싱턴 주의 위냇치 산맥이다(캐스케이드(Cascades) 모양의 가시를 가짐), 작은 녹색의 잎과 적색의 줄기들을 가지고 있다. 종종 종묘상에서 이 식물을 세덤 스테나페탈룸 *S. stenopetalum*과 혼동하는데 이 후자의 식물은 또 다른 북아메리카 원산의 유사한 습성을 가지고 자라는 식물이다. 그러나 이 식물은 녹색 잎을 가진 적색 하이라이트가 있다. 이 식물은 더 단단하고 빽빽한 형태의 페트로세덤 루페스트레 *Petrosedum rupestre* '블루 스프루스'와 대부분 밀집한 모습을 닮았다.
육종과 도입원: 브리티시컬럼비아 주(캐나다)의 남부에서 로키 산맥, 동쪽에서 그레이트플레인스(북미 대평원)까지 서식한다.
작물로서 이용: 이 멋있는 동반식물은 다른 미국 자생 메밀과 봄맞이꽃(rock jasmine, 앵초과 봄맞이꽃속의 한해살이풀)처럼 촘촘히 자라는 식물들과 같이 심으면 좋다.

17. 세덤 루시둠
Sedum lucidum

두텁고 광택 있는 잎은 다양해서 기저부의 컬러(색)은 거의 올리브 녹색에서 연한 녹색-노란색까지 다양하고 상층부는 거의 항상 약한 적색에서 오렌지색에서 산호색까지 다양하다. 뭔가 유별난 사실은 줄기들이 길어져 있다는 것이다. 잎은 줄기들을 감싸고 있다. 초봄에 직립하는 상층부에 구부러진, 그리고 더 두터운 상태로 밀집되어진 새눈을 낸 작은 꽃자루(소화경)에 흰색 꽃들이 핀다. 둥근 덩어리(클러스터)를 형성하는 흰색 꽃들은 녹색에서 크림색을 띤 노란색 심피(종자)가 시기에 따라 컬러(색)이 변한다. 잎의 상층부는 산호색-오렌지색과 같은 색을 띤다. 상록성이며 번식은 분지나 분주, 삽목으로 번식시킨다.

재배 가능 최저온도: 지역 10(2℃)~지역 11(7℃)
식물체의 크기: 23cm 초장, 13~15cm의 폭을 가지고 있다.
최적 토양조건: 암석질의 건조토양에서 배수가 잘되는 토양이 좋다.
최적 광도조건: 충분히 강한 햇빛이 좋다.
유사한 품종들: 이 식물은 닭의 벼슬 모양의 형태를 하고 있으나 드물다. 세덤 루시둠 *Sedum lucidum* '오베숨'은 잎이 더 광택이 난다. ×그랍토세덤 ×*Graptosedum* (또 다른 학명은 세덤 *Sedum* '골든 글로우')와 세덤 클라바툼 *S. clavatum*은 서로 유사하다.
육종과 도입원: 멕시코가 원산이다.
작물로서 이용: 이 식물은 용기식물로 재배하기 좋고 서로서로 대비가 되면서 자체적으로 잘 어울린다. 그러나 저자는 이 식물을 다른 두텁고 로제트형 식물인 세덤 아돌피 *Sedum adolphii*, 세덤 클라바툼 *S. clavatum*, 세덤 트렐레아시 *S. treleasei*, 그리고 에케베리아류와 같이 심는 권을 권장한다.

18. 세덤 리가티 *Sedum wrightii*

라이트 스톤크롭(Wright's stonecrop)

꽃들이 특별히 깜찍하고 좋은 향을 낸다. 이들은 흰색에서 연한 분홍색까지 직립하는 꽃잎들과 뻗어가고 잔 모양의(chalice) 꽃이 피는 상층부가 서로 닮았다. 수술과 심피(종자)는 모두 직립하는 모양이다. 이 식물은 짧고 가지가 많은 줄기들이 자루가 없는(stalkless) 로제트형의 두터운 잎들이 생겨난다. 잎의 컬러(색)는 연하고 밝은 녹색이 은색을 띠는 모양이다. 뿌리는 포복성으로 단단한 군락으로 자라간다. 꽃줄기들은 봄에 형성되어 여름동안 더 길어지고 가을에 새싹이 나오고 겨울에 꽃이 핀다. 상록성으로 번식은 종자나 분지, 분주로 한다.

재배 가능 최저온도: 지역 10(2℃)~지역 11(7℃)
식물체의 크기: 10cm 정도의 초장과 폭을 갖는다.
최적 토양조건: 암석질의 토양이 좋다.

최적 광도조건: 중간정도의 햇빛이거나 가벼운 차광이 좋다.
유사한 품종들: 세덤 아우스트랄레 *Sedum australe*는 더 작고 더 가늘다. 세덤 멀티포룸 *S. multiflorum*은 더 크고 30cm까지 키가 큰다. 직선적인 기저부의 잎은 부서지기 쉽고 무른 적색의 줄기들과 많은 별모양의 흰색 꽃들이 적색 줄기에서 핀다.
육종과 도입원: 멕시코에서 미국의 텍사스 그리고 뉴멕시코가 원산지이다.
작물로서 이용: 이 식물은 자연상태에서 나무 밑이나 암석질의 북부 경사지 토양에서 자라고 이와 유사한 환경인 정원에서 잘 자란다. 토양이 너무 습하면 부패하기 쉽다. 나무 세덤인 세덤 파키필룸 *Sedum pachyphyllum*이나 세덤 팔메리 *S. palmeri*와 같이 식재해 보라.

19. 세덤 리네아레 '바리에가툼' *Sedum lineare* 'Variegatum'

좁은 잎 스톤크롭(Needle stonecrop)

이 식물의 잎은 정말로 우리의 관심을 끈다. 잎은 가볍고 밝은 녹색이고 직선이다. 얇은 흰색의 테두리가 있다. 이 식물은 납작하고 평평하며 나선형과 같은 윤생의 줄이 3줄로 나있다. 이 식물의 습성은 초기에는 직립하며 총생으로 자라다가 퍼져나가는 포복성이다. 꽃은 상당히 드물지만 종종 노란색 꽃들이 핀다. 가을에 줄기들은 물러서 깨지기 쉽다. 그러나 일반적으로 표토 부분의 지제부에서 재생장을 이듬해에 한다. 반상록성이나 추위에는 약하다. 쉽게 삽목으로 번식을 시킨다.

재배 가능 최저온도: 지역 9(-4℃)~지역 11(7℃)
식물체의 크기: 13~15cm 초장, 38cm 이상의 폭을 가지고 있다.
최적 토양조건: 암석질의, 건조하거나 배수가 잘되는 평균적 토양이면 좋다.
최적 광도조건: 충분히 강한 햇빛에서 가볍고 약한 그늘의 조건까지가 좋다.
유사한 품종들: 세덤 멕시카눔 *Sedum mexicanum*, 세덤 사르멘토숨 *Sedum sarmentosum*이 있다.
육종과 도입원: 일본의 혼슈(Honshu) 섬과 중국에도 서식하고 있다.
작물로서 이용: 퍼져나가는 습성은 이 식물을 행잉 바스켓이나 위로 매달리게 하는 장소나 위치, 벽과 같은 곳에 심기에는 완벽한 식물이다. 추운 기후지대나 겨울에는 실내로 가져다 둔다. 또 다른 방법은 지난해 가을에 서리가 온 후 맞이하는 봄에 다시 삽수를 잘라 심는다. 이 세덤 또한 실내용 화초로서도 재배한다.

20. 세덤 리디움 *Sedum lydium*

이끼 스톤크롭(Mossy stonecrop)

유별난 컬러(색) 항상 빼어나게 두드러져 보인다. 공 모양의 밝은 녹색의 잎들의 위쪽 끝은 약한 적색이고 적색의 줄기와 현저한(dramatic) 대비를 이룬다. 둥근 이 식물은 건조하고 봄과 가을에 추워지면 완전한 적색으로 바뀐다. 줄기들이 포복성으로 뻗어간다. 총생하는 형태의 상층부 대부분은 나출되어 있다. 아주 수줍은 상태로 꽃이 피어나오고 그 꽃들은 두 가지 색, 분홍색과 흰색으로 핀다. 상록성이며 삽목으로 번식한다.

재배 가능 최저온도: 지역 6(-23℃)~지역 8(-9℃)
식물체의 크기: 2.5~5cm 초장, 15~20cm의 폭을 가지고 있다.

최적 토양조건: 수분이 있으나 배수가 아주 양호한 토양이다.
최적 광도조건: 밝고 약한 부분적인 그늘이 좋다.
유사한 품종들: 이 식물은 아주 가까운 관련종이 없다. 비록 버튼과 같은 잎과 덩어리로 자라는 습성은 세덤 그리세바치 *Sedum grisebachii*를 생각나게 하는 유사종이다.
육종과 도입원: 터키에서 아르메니아까지가 고향이다.
작물로서 이용: 다른 유사한 가는 질감의 종인 세덤 히스패니쿰 *Sedum hispanicum*과 매치가 된다. 황금색 잎인 세덤 자포니쿰 *S. japonicum* '토교 선'이나 세덤 섹상굴라레 *S. sexangulare* '골드디그'와 유사하다. 징검다리 돌이나 다른 산책로 자재들 사이로 답압이 있는 지역에서도 자란다.

21. 세덤 마키노이 *Sedum makinoi*

마키노 스톤크롭(Makino stonecrop)

포복성으로 기어가는 이 종의 생장 습성은 계절에 따라 변한다. 겨울에는 상층부가 둥근 잎들로 밀집되고 여름에는 줄기들이 길어진다. 그리고 스푼(spoon) 모양의 잎들은 더 널은 공간을 갖는다. 개화는 초여름에 성글게 드문드문 핀다. 지그재그(zig-zagging)로 자라는 줄기에 단일 경으로 녹색-노란색 꽃은 잎이 많은 포의 뒤쪽에서 피고 인접한 꽃은 택정하여 돋보이게 한다. 상록성이나 내한성이 아주 강한 것은 아니다. 번식은 봄이나 가을에 분지나 분주로 번식시킨다.

재배 가능 최저온도: 지역 7(-15℃)~지역 9(-4℃).
식물체의 크기: 5cm 초장, 20~30cm의 폭을 가지고 있다.
최적 토양조건: 암석질의, 축축한 상태에서 습한 토양까지의 수분상태가 좋다.
최적 광도조건: 부분적인 일조와 그늘 상태가 좋다.
유사한 품종들: 세덤 마키노이 *Sedum makinoi* '라임라이트'는 더 밝은 녹색이고 시간이 지남에 따라 연두색으로 변한다. '오곤'은 황금색 잎을 가진 형태이다. '살사 베르데'는 더 작은 톱니 모양을 한 잎이 더 서늘한 기후가 되면 오렌지색-적색으로 바뀐다. '바리에가툼'은 얇은 흰색 줄무늬가 있고 세덤 테트락티눔 *Sedum tetractinum* 역시 유사한 품종 중 하나이다.
육종과 도입원: 일본의 도서(섬)들이 원산지이다.
작물로서 이용: 이 종들은 더 폭이 넓게 자라고 무늬종 형태와 모두 황금색 형태의 둘다 요즘 인기가 올라가고 있는 종이다. 습하고 더운 기후를 갖는 지방에서 좋은 지피식물이다.

22. 세덤 마키노이 '오곤' *Sedum makinoi* 'Ogon'

골든 마키노 세덤(Golden Makino stonecrop)

뛰어나고 멋진 식물로 잎의 색이 다양해서 재배기간동안 황금색에서 노란색까지 다양하다. 이 식물은 수줍은 듯하게 꽃이 핀다. 그러나 이 꽃들은 초여름에 잎이 많은 노란색 포의 바로 아래 노란색으로 핀다. 습성은 재배기간을 거치면서 변하는데 겨울이 추울 때 그러하다. 대부분은 둥글고 버터(butter) 색의 잎들이 빽빽하고 꽉 차게(crowded) 전개되는 반면에 여름에 이 식물의 잎은 더 스푼 모양이 되고 이 식물은 자라면서 뻗어나간다. 상록성이며 번식은 삽목으로 한다.

재배 가능 최저온도: 지역 7(-15℃)~지역 9(-4℃)
식물체의 크기: 5cm 초장, 20~30cm의 폭을 가지고 있다.
최적 토양조건: 암석질의, 축축한 상태에서 습한 토양까지의 수분상태가 좋다.
최적 광도조건: 부분적인 일조와 그늘 상태가 좋다.
유사한 품종들: 세덤 마키노이 *Sedum makinoi* '라임라이트' 그리고 '바리에가툼'이 있다. '오곤'과 '바리에가툼'은 식물애호가인 단 하임즈(Dan Heims)가 테라 노바 원예 육묘장으로 1989년도 미국에 도입하였다. 그는 일본에서 재배자로 근무하였다.

육종과 도입원: 정원이나 가든에서 재배하는 종으로 일본이 원산지이다.
작물로서 이용: 이 식물은 아주 우수한 조합 능력을 가진 식물로 어둡고 짙은 잎이 특별히 멋진 식물이다. 예를 들면, 블랙 몬도그래스(재배지역 6이거나 더 온화한 기후대)와 잘 어울린다. 청색 잎의 힐로텔레피움 시에볼디이 *Hylotelephium sieboldii*, 힐로텔레피움 카우티콜라 *H. cauticola*, 그리고 힐로텔레피움 에웨르시이 *H. ewersii*들과도 쉽게 조합이 잘 된다. 저자는 이 식물을 특별히 좋아하는데 이는 이 식물이 겨울의 생장 습성, 즉 더 꽉 차고 잎 컬러(색)도 부드럽고 아름답기 때문이다. 가을은 이 식물이 자라기에 좋은 계절이다. 번식은 봄이 좋다. 이 식물은 더 부서지기 쉽고 무른 특성이 있어 줄기들의 쉽게 분리되고 갈라진다.

23. 세덤 멀티셉 *Sedum multiceps*

미니어처 조슈아 트리 스톤크롭(Miniature Joshua tree stonecrop)

크기에서 이 식물은 많은 특징이 있는데 강하게 가지를 친 그리고 작은 조슈아 트리(Joshua tree)처럼 성숙해 간다. 이 완전한(entire) 식물은 윤기가 있으나 그럼에도 불구하고 보풀 같이 보이는 것 때문에 유두와 같은 모습이다. 이 잎의 표면에 붙어있는 소형의 융기(miniature bumps)를 가지고 있다. 각각의 잎들은 연한 기저부를 가지고 있고 밝고 연한 녹색으로 이 식물의 줄기에 붙어있다. 하위의 잎이 말라서 갈색이 되지만 자라는 상층부의 하단 줄기에 붙어있다. 꽃들은 호감이 가는 크림색 노란색으로 7개까지 꽃잎을 가지고 있다. 상록성이며 번식은 가을과 겨울에 삽목으로 한다.

재배 가능 최저온도: 지역 9(-4℃)~지역 11(7℃)
식물체의 크기: 15cm 초장, 5~7.5cm의 폭을 가지고 있다.

최적 토양조건: 보통 배수가 잘되는 토양이 좋다.
최적 광도조건: 충분히 강한 햇빛이 좋다.
유사한 품종들: 이 종과 식물학적으로 유사한 식물로 세덤 아크레 *Sedum acre*와 세덤 섹상굴라레 *S. sexangulare*가 있다. 그러나 형태나 습성은 다소 다르다.
육종과 도입원: 알제리가 원산지이나 전 지중해에서 볼 수 있다.
작물로서 이용: 직립하는 습성이 멋있는 용기식물을 만들어 준다. 많은 알파인(산악) 식물들과 대비가 되는데 이 식물은 눈에 띄게 두드러진다. 크기 때문에 다른 작은 식물들인 세덤 자포니쿰 *Sedum japonicum* '토교 선'과 세덤 자포니쿰 변종 푸밀룸 *S. japonicum* var. *pumilum*과 같이 심으면 가장 좋다.

24. 세덤 멕시카눔 *Sedum mexicanum*

골든 볼 스톤크롭(Golden ball stonecrop), 멕시코 스톤크롭(Mexican stonecrop)
또 다른 학명은 세덤 멕시카눔 *Sedum mexicanum* '골든 볼'

색깔이 선명하여 흥을 돋우는듯하게 보이는 이 식물은 신선한 녹색의 직선적인 잎들이 나선형으로 된 윤생으로 난다. 직립하고 퍼져나가는 줄기들을 따라서 대부분은 4개가 하나의 세트로 자라간다. 잎들은 발톱모양으로 기저부에서 나온다. 줄기의 컬러(색)은 가볍고 밝은 녹색에서 아주 엷은(palest) 핑크색(뭔가 유별난 특징은 단지 몇몇 관련된 종에서만 관찰됨)을 띤다. 꽃이 이 식물에서 피면 두텁고, 가지가 많은 줄기들에서 5개의 꽃잎과 오렌지색-적색의 꽃밥(약)을 가진 노란색으로 핀다. 이 식물은 가을부터 겨울까지 오래된 줄기들은 부서지기 쉽고 무른 그리고 분리되고 갈라지기 쉽다. 일반적으로 새로 나온 로제트는 지제부에서(ground level) 봄에 재생장을 시작한다. 겨울에 서리가 오지 않는 지역에서는 상록성이다. 봄이나 가을에 쉽게 삽목으로 번식시킨다.

재배 가능 최저온도: 지역 8(-12℃)~지역 11(7℃)
식물체의 크기: 15~20cm 초장, 38cm 이상의 폭을 가지고 있다.
최적 도양조건: 배수가 잘되는 습기가 있는 토양이 좋다.
최적 광도조건: 부분적인 그늘에서 그늘 조건(습기나 관수가 가능할 때), 강한 햇빛에도 내성이 있다.
유사한 품종들: 이 종은 페트로세덤 루페스트레 *Petrosedum rupestre* 과 변이의 특성이 유사하여 겨울에 강한 페트로세덤 루페스트레 *Petrosedum rupestre*. 세덤 리네아레 *Sedum lineare* 와 세덤 사르멘토숨 *S. sarmentosum* 들과 혼동을 일으키기 쉽다. 세덤 *Sedum* '로커리 챌린저'는 이 종과 세덤 사르멘토숨 *S. sarmentosum*과의 잡종으로 추정된다.
육종과 도입원: 분명하지는 않지만 미국의 종묘업자 토니 아벤트(Tony Avent)에 따르면 아마도 동남아시아에서 수입된 것으로 보인다.
작물로서 이용 이 식물은 직립성이고 그럼에도 불구하고 빨리 포복성으로 자라는 특성이 용기나 벽의 테두리 장식 식물로 적격이다. 또한 빨리 계절적인 전시나 디스플레이를 할 때에 이상적인 식물이다.

25. 세덤 멕시카눔 '레몬 볼' Sedum mexicanum 'Lemon Ball'

또 다른 학명은 세덤 Sedum '레몬 코랄'

여러분은 이 식물이 나선형으로 된 윤생으로 난다는 것을 관찰하지 못할 수 있다. 밝은 황금색의 직선적인 잎들과 그에 매칭되고 어울리는 줄기들, 형태가 관목과 같은 공 모양의 식물로 아주 확연히 구별된다. 줄기들은 직립하나 궁극적으로는 포복성이 된다. 이 식물은 빠르게 자라고 임의로 상황에 따라 꽃이 핀다. 이 식물이 꽃이 피면 노란색의 꽃들이 20cm까지의 크기로 줄기들에 달린다. 얼지 않도록(동결) 관리를 해주면 상록성을 유지한다. 쉽게 삽목으로 번식시킬 수 있다.

재배 가능 최저온도: 지역 8(-9℃)~지역 11(7℃)
식물체의 크기: 15~20cm 초장, 38cm 이상의 폭을 가지고 있다.
최적 토양조건: 배수가 잘되는 습기가 있는 토양이 좋다.
최적 광도조건: 부분적이거나 거의 그늘(이 때는 수분이 있거나 관수가 가능한 조건)에서도 자라고 강한 햇빛에서도 내성이 있다.
유사한 품종들: 인기가 있는 페트로세덤 루페스트레 Petrosedum rupestre '안젤리나' 역시 황금색 잎을 가지고 있으나 오렌지색과 구리색-적색으로 겨울에 하이라이트를 유지하고 있다. 다른 유사한 2가지 종으로 세덤 리네아레 Sedum lineare와 세덤 사르멘토숨 S. sarmentosum이 있다.
육종과 도입원: 정원이나 가든에서 육종되었다.
작물로서 이용: 독특한 걸이식물이고 서리가 내리지 않는 지역에서 정원이나 가든에서 잘 재배한다. 연중 같은 컬러(색)을 잘 유지하는 경향이 있다. 최근 인기가 높아지고 있고 프로빈 위너스 상을 수여받은 우수한 품종이다. 그러나 이 식물은 원래 추위에 강한(내한성) 종인 페트로세덤 루페스트레 Petrosedum rupestre로 등록되어 있다.

26. 세덤 모라넨세 *Sedum moranense*

적색 스톤크롭(Red stonecrop)

고도로 다양한 종을 가지고 있으나 이 식물의 일부분이 눈길을 끄는 아름다운 품종이다. 이 식물은 밝은 푸른빛을 띤 흰 가루(백분)의 잎을 가지고 있다. 이 식물의 복합적(multiple) 컬러(색)가 이 식물의 적색의 줄기들과 좋은 대비를 이룬다. 둥근 식물로 겨울에는 밤색에서 자색까지 나타나고 직립하는 습성이 있고 그 이후에 퍼져나가는 포복성도 있다. 두텁지만 작고 붉은 빛의 테두리를 가진 잎들은 상어의 이빨을 생각나게 한다. 이 식물의 잎은 나선 모양의 줄기를 따라 올라가며 거의 직각으로 달린다. 개화는 늦겨울이나 초봄에 작은 덩어리(클러스터)로 상층부에서 핀다. 꽃들이 5개의 꽃잎 그리고 적색의 꽃밥(약)을 가진 흰색으로 핀다. 이 식물은 활력이 있고 아주 적응을 잘하는 식물이다. 그리고 이용할 가치가 높으며 상록성으로 쉽게 삽목으로 번식시킨다.

재배 가능 최저온도: 지역 6(-23℃)~지역 9(-4℃)
식물체의 크기: 10~18cm 초장, 45cm의 폭을 가지고 있다.

최적 토양조건: 건조한 토양에서 배수가 잘되는 토양이 좋다.
최적 광도조건: 충분히 강한 햇빛이 좋다.
유사한 품종들: 세덤 모라넨세 아종 그랜디플로룸 *Sedum moranense* subsp. *grandiflorum*은 2배나 더 큰 잎과 꽃들을 가지고 있다. 이 아종은 밝은 녹색이고 광택이 있는데 이것으로 미루어 보면 이 식물이 교잡종으로 생각된다. 세덤 *Sedum* '스파이럴 스테어케이스(나선계단)'도 여전히 더 크다. 세덤 아크레 *Sedum acre*는 잎이 밀집한 형태로 줄기들의 낮은 부위나 나출된 것들을 제외하면 서로 닮았다.
육종과 도입원: 멕시코 원산이다.
작물로서 이용: 혼식하는 이 식물은 라벤더류의 은색 잎들과 멋있는 조화를 이룬다. 이 종은 이 식물의 원산지가 멕시코인 점을 감안하면 정말로 놀라운 내한성(hardy 즉, 추위를 잘 견딘다.

27. 세덤 모르가니아눔 *Sedum morganianum*

당나귀 꼬리(Burro's tail, donkey's tail) 세덤

이 식물의 뻗어가는 덩굴 습성은 1935년부터 재배가 시작된 이래 가장 일반적인 실내용 화초인 세덤을 만들었다고 생각된다. 손가락 모양(장상)의 잎은 끝이 뽀족한 상층부를 감싸고 나선형과 같은 윤생의 달려있는 줄기들은 궁극적으로 90cm 달하는 길이로 달려있다. 청색-녹색 푸른빛을 띤 흰 가루(백분)의 잎은 또한 특징적인데 이 품종과 관련된 종들을 보지 않으면 그렇다. 겨울에 하위 엽의 일부는 쉽게 줄기로부터 떨어져 나간다. 꽃들이 늦봄에 줄기들에 붙어서 피는데 그 크기는 30cm 정도의 길이를 갖는다. 짙은 적색 꽃 덩어리(클러스터)는 잎의 상층부로부터 분리되어 있고 완전히 개화되지 않는다. 상록성이고 번식은 줄기삽이나 엽삽으로 한다.

재배 가능 최저온도: 지역 10(2℃)~지역 11(7℃)
식물체의 크기: 30~90cm 초장, 30cm의 폭을 가지고 있다.
최적 토양조건: 건조한 토양에서 배수가 잘되는 토양이 좋다.
최적 광도조건: 충분히 강한 햇빛이 좋다.
유사한 품종들: 세덤 트렐레아시 *Sedum treleasii*는 더 두터운 잎을 가지고 있다. 세덤 부리토 *Sedum burrito*는 서로 연결되어 밀집되어 있다. 더 천천히 자라는 종으로 2.5cm까지 자라는 잎들은 더 두텁고 붙어있으며 뽀족하지 않다. ×세데베리아 ×*Sedeveria* '해리 버터필드'는 에케베리아 데런베르기 *Echeveria derenbergii*와 교잡종으로 슈퍼 뷰로 테일(당나귀 꼬리) 세덤으로 알려져 있다. 이것도 세덤 트렐레시아 *Sedum treleasei*와 교잡종으로 일반명 자이언트 부리토 테일 세덤으로 통용되고 종종 세덤 'E.O. 오르펫'이라는 이름으로 불리기도 한다.
육종과 도입원: 멕시코가 원산지이다.
작물로서 이용: 이 식물은 극도로 내건성(drought)이 강하고 오래 생존하는 식물이다. 그런데 문제는 놀랍게도 습윤지대(humid regions)의 그늘에서 살던 식물이라는 점이다. 다른 강하게 나선형과 같은 윤생의 식물로는 당나귀 꼬리(유포르비아 미르시니테스 *Euphorbia myrsinites*)와 특성이 유사하다.

28. 세덤 모시니아눔 *Sedum mocinianum*

노인의 수염 스톤크롭(Old man's beard stonecrop)

이 식물은 통통한 작은 로제트형으로 뻣뻣하고 딱딱한 흰색의 털이 있어서 이름도 노인의 수염으로 지어진 것 같다. 각각의 잎은 1cm 정도의 폭과 2.5cm 이상의 길이를 가진다. 꽃이 필 때 이 식물은 대부분 세덤류와 같이 다양하고 많은 단일의 흰색 꽃들이 아주 큰 적색의 꽃밥(약)을 가진 것으로 두드러지게 핀다. 상록성으로 번식은 삽목에 의한다.

재배 가능 최저온도: 지역 10(2℃)~지역 11(7℃)
식물체의 크기: 7.5~13cm 초장, 13~15 cm 이상의 폭을 가지고 있다.
최적 토양조건: 아주 건조한 조건이 좋다.
최적 광도조건: 충분히 강한 햇빛이 좋다.
유사한 품종들: 종종 세덤 힌토니 *Sedum hintonii*로 잘못 명명되어 판매한다. 이는 다른 털이 있는 멕시코 종이고 이 종은 더 작고 재배도 거의 되지 않는다.
육종과 도입원: 멕시코 원산이다.
작물로서 이용: 이 식물은 절대적으로 건조한 상황에서 잘 자라는 식물로 용기재배용으로(미국의 몇몇 곳에는 노지용으로 가능하다) 아주 좋다. 쉽게 부패하기 때문에 물을 아주 적게 주어야 하고 추울 때는 물을 전혀 주지 않아야 한다. 흰색의 외양 때문에 어두운 색의 잎을 가진 식물이나 중간에 짙은 색의 멀칭을 한 경우에 대비가 잘 된다. 이 식물은 얼지 않도록 보호를 해주어야 한다.

29. 세덤 보치이 *Sedum borschii*

흥을 돋우는 듯 한 노란색 꽃들이 회색 잎들과 상반하여 이 종을 구별되게 만든다. 식물의 형태는 밀집한 부드러운 질감의 마운드를 만든다. 직선의 잎(약하게 물결치거나 구부러진, 그리고 끝이 짧고 굵은 잎)을 가지고 있다. 상대적으로 생장하는 계절보다 빨리 밝은 노란색 꽃들이 적색의 줄기들에 나타나고 아름다운 대비를 이룬다. 각각의 꽃들은 5개의 꽃잎을 가지고 있고 9mm 정도의 폭을 가지고 있다. 상록성이며 종자나 분지, 분주로 번식시킨다.

재배 가능 최저온도: 지역 4(-32℃)~지역 9(-4℃)
식물체의 크기: 7.5~10cm 초장 그리고 동일한 크기의 폭을 가지고 있다.
최적 토양조건: 암석질의 건조토양에서 배수가 잘되는 토양이 좋다.
최적 광도조건: 충분히 강한 햇빛이 좋다.

유사한 품종들: 세덤 보치이 *Sedum borschii* '안나 스칼라크'가 있는데 이 식물의 유통과 판매는 주로 이 종의 돌연변이 품종이다. 광택 있는 잎 그리고 흰색 꽃, 그리고 닭의 벼슬 모양인 세덤 알붐 *Sedum album*이 있다. 세덤 디바일 *Sedum debile*은 재배가 드문 종이고 더 작은 유사종으로 연한 노란색 꽃을 피운다.
육종과 도입원: 북아메리카의 제한된 지역에서 자란다. 암석질 지역인 아이다호 주(Idaho), 몬태나 주(Montana), 오리건 주(Oregon), 그리고 워싱턴 주(Washington)가 원산이다.
작물로서 이용: 이 식물은 작은 용기재배가 최적이고 크레비스(crevice) 가든, 자갈 가든, 또는 암석 정원이나 가든에서 작은 쿠션모양의 식물인 *다이안서스*(패랭이 속)종과 잘 어울리게 재배한다. 미국의 북부 지역에서 더 많은 이용이 가능하고 태평양 북서쪽에도 식재가 가능하다.

30. 세덤 브레비폴리움 *Sedum brevifolium*

짧은 잎 스톤크롭(Short-leaved stonecrop)

이 특선(choice)의 품종은 다채색 잎을 가진 보물이다. 얇은 줄기들은 초기에는 직립하나 때가 되면 포복성으로 마운드를 만든다. 더 오래된 잎은 핑크색의 기저부로 바뀌고 식물체 전체가 삼색(three-colored), 회록색, 분필 같은 흰색, 그리고 분홍색의 효과를 낸다. 잎들은 뻣뻣해지고 강해진다. 그리고 귀엽게 작고 둥글며 4개(종종 5개)의 다른 독특한 특징으로 각주(column)를 가진다. 또 이 식물은 흰색으로 뒤덮는다(서리가 내린 것 같은 흰색으로 뒤덮인, pruinose). 상대적으로 몇몇 흰색 꽃들이 5개의 꽃잎을 가진다. 상록성 식물로 번식은 삽목이나 분지, 분주로 번식시킨다.

재배 가능 최저온도: 지역 6(-23℃)~지역 9(-4℃)

식물체의 크기: 2.5~5cm 초장, 7.5~10cm의 폭을 가지고 있다.

최적 토양조건: 암석질의 건조토양에서 배수가 잘되는 토양이 좋다.

최적 광도조건: 충분히 강한 햇빛이 좋다.

유사한 품종들: 종종 세덤 대시필름 *Sedum dasyphyllum*과 혼동을 할 때가 있다. 비록 후자는 결코 분필과 같은 잎이 없고 잎들도 윗부분이 납작하고 평평하다. 또한 세덤 브레비폴리움 *S. brevifolium*은 줄기에서 잎이 떨어지지 않기 때문에 만지기도 어렵다. 이름 없는 무명의 형태로 녹색 잎 그리고 적색 잎을 가지고 있다. 매혹적이고 더 위로 곧추서며 약간 더 큰 형태가 세덤 브레비폴리움 변종 퀸케파리움 *S. brevifolium* var. *quinquefarium*이다.

육종과 도입원: 코르시카, 프랑스, 이베리아, 사르디니아(이탈리아 서쪽에 있는 섬), 그리고 북아프리카가 원산이다.

작물로서 이용: 용기재배에서 이상적인 테두리와 같은 가장자리 식물이다.

전형적으로 느리게 자라는 식물이고 아직은 일반적으로 보급되지 않았으나 앞으로 이용할 가치가 충분히 있다.

31. 세덤 사르멘토숨 *Sedum sarmentosum*

실오라기 스톤크롭(Stringy stonecrop), 윤생 스톤크롭(Whorled stonecrop)

연하고 밝은 녹색이 거의 노란색인 특성 때문에 이 식물의 잎은 잊기 어려운(memorable) 면을 가지고 있다. 각각의 잎들은 창모양(lanceolate, 잎이 피침형(披針形))을 하고 있다. 복숭아 빛을 띠는 분홍색, 작은 반점의 줄기에 3개의 잎이 붙어있다. 보통 6개의 꽃받침 때문에 유사한 컬러(색)와 크기를 가진 노란색 꽃잎들을 가진 꽃들이 수줍은듯하나 차이가 명확하고 반쯤 중첩되게 보이고 노란색 난자와 심피(종자) 그리고 짙은 꽃밥(약)을 가진 중심부를 형성하고 있다. 겨울에 대부분의 잎은 상층부를 제외하고 떨어지며 줄기들이 나출된다. 상층부의 약간은 잎이 지지만 이 부분은 활력이 있고 이 식물이 빨리 봄에 잃어버린 부분을 메우며 다시 재생장을 한다. 작고 포복성인 녹색 로제트형 종을 제외하고는 이 식물은 대부분 겨울에 낙엽성이다. 번식은 삽목으로 한다.

재배 가능 최저온도: 지역 4(-32℃)~지역 9(-4℃)
식물체의 크기: 7.5~10cm 초장, 60cm의 폭을 가지고 있다.
최적 토양조건: 배수가 잘되는 습기가 있는 토양이 좋다.
최적 광도조건: 충분히 강한 햇빛이거나 약한 차광이 좋다.
유사한 품종들: 종종 육묘상에서 이 식물을 "황금 이끼 세덤"이라고 판매하고 있는데 이것의 일반명은 세덤 아크레 *Sedum acre*인데 잘못된 이름으로 혼동을 초래하고 있다. 세덤 리네아레 *S. lineare*는 유사한 종이다. 세덤 사르멘토숨 *S. sarmentosum* 줄기들은 세덤 멕시카눔 *S. mexicanum*으로 잘못 오인하는데 이것이 부본이나 모본일 수 있다. 이 식물은 임성이 없고(sterile) 실제적으로 교잡종이다.
육종과 도입원: 중국이 원산지이다.
작물로서 이용: 알맞은 적지에 심어놓으면 이 식물은 제거하기도 어려울 만큼 잘 자란다. 만약 여러분이 연하고 밝은 컬러(색)를 좋아하고 주변을 돌로 둘러싸는 것이 방법이고 그렇지 않으면 다른 식물을 심으면 된다. 미리 주의를 주자면 그늘에서 더 작고 약한 식물을 대체한다(저자는 이 공격적인 식물이 강한 일사의 조건에서는 본적이 없다고 한다). 긴 줄기들은 아래로 달려서 자라는 현수적인 장소에서는 이상적인 품종이다. 말하자면 행잉 바스켓, 윈도우 박스, 큰 용기들, 그리고 그늘진 경사지대 등에서 좋다.

32. 세덤 섹상굴라레
Sedum sexangulare

무미한 스톤크롭(Tasteless stonecrop)

과학적인 이름을 제안하자면 이 나선 모양이고 손가락 모양(장상)의 잎이 비록 이것은 가지각색의 5개에서 7개까지도 있지만 일반적으로 6면이 있다. 그늘이 많아지면 녹색이 짙어진다. 겨울에 충분히 강한 햇빛이 비취면 잎은 구리 빛 컬러(색)가 되고 그러나 새로운 생장을 하는 봄에는 녹색이 짙어진다. 더 오래되고 더 낮은 잎들은 말라 없어지고 더 낮은 부분은 줄기들만 남아있게 된다. 이 식물은 꽃은 초여름에 노란색으로 핀다. 상록성으로 쉽게 삽목이나 종자, 분지나 분주로 번식시킨다.

재배 가능 최저온도: 지역 4(-34℃)~지역 9(-4℃)
식물체의 크기: 10cm 초장, 38cm의 폭을 가지고 있다.
최적 토양조건: 보통 배수가 잘되는 토양이 좋다.
최적 광도조건: 충분히 강한 햇빛이거나 약한 차광이 좋다.
유사한 품종들: 이 종은 세덤 아크레 *Sedum acre*와 쉽게 혼동을 일으킨다. 주요한 차이는 잎의 모양으로 세덤 섹상굴라레 *S. sexangulare* 잎들은 양끝이 가늘어 지는데(terete, 끝이 가늘어진 원기둥형), 반면에 세덤 아크레 *S. acre* 전형적으로 넓은 잎의 기저를 가지고 있다. 또 다른 방법은 맛인데 세덤 아크레 *S. acre*는 더 쓴맛이 강히다. 세덤 아크레 *S. acre* '오레움'은 유사한 종이다. 세덤 섹상굴라레 *S. sexangulare* '골드디그'는 밝은 녹색, 연두색 형태로 꽃이 피기 전에 노란색이다. 이 품종은 저자가 2011년도에 도입하였다. 세덤 섹상굴라레 *S. sexangulare* '레드 힐'은 겨울에 오렌지색으로 바뀌고 '우타'는 짙은 녹색이며 '웨이제 타트라' 품종은 더 단단하고 빽빽한 형태이다. 세덤 섹상굴라레 아종 몬테네그리눔 *S. sexangulare* subsp. *montenegrinum*과 세덤 체노코레비이 *S. tschenokolevii*들은 둘 다 서로 거의 같다.
육종과 도입원: 중앙 유럽이 원산지이다.
작물로서 이용: 이 식물은 대부분 적응을 잘하는 식물이다. 이 세덤은 그린루프(옥상녹화)용으로 제격이다.

33. 세덤 수아베오렌스 *Sedum suaveolens*

스위트 스멜링 스톤크롭(Sweet-smelling stonecrop)
또 다른 학명은 그랍토페탈룸 수아베오렌스 *Graptopetalum suaveolens*

아주 이상하고 놀라운 이 식물은 여러분이 볼 수 없는 뭔가 있다. 지구상에 존재하는 식물 중 염색체 수가 가장 많고 로제트 상태에서 꽃이 피지 않는다. 이것은 *에케베리아 엘레강스*를 아주 많이 닮았다. 잎은 청색에서 분홍색-자색까지 피지만 때때로 푸른빛을 띤 흰 가루(백분)가 나타나 거의 흰색으로 보인다. 지상경(Stolons)으로 자라간다. 가운데서부터 잎들이 새로운 로제트형으로 나고 뿌리는 아래로 자라 모(원래)식물체의 형태를 형성하여 작은 덩어리(colony, 군체)를 만든다. 짧은 꽃줄기들은 또한 잎에서 나와 자라간다. 그러나 식물의 가장자리에 도달하지 못한다. 이 식물은 단(sweet) 흰색의 꽃덩어리(클러스터)에서 꽃을 피운다. 여름에는 직립하는 꽃잎들이 상층부 뒤로 말려들어간다. 상록성이며 번식은 모체의 새로운 지상부(싹)을 잘라서 식재하거나 종자를 파종한다.

재배 가능 최저온도: 지역 10(2℃)~지역 11(7℃)
식물체의 크기: 7.5cm 초장, 15cm 폭, 꽃줄기들은 15cm 이상의 크기로 자란다.
최적 토양조건: 건조한 토양에서 배수가 잘되는 토양이 좋다.
최적 광도조건: 아침의 햇빛에서부터 약한 그늘상태까지가 좋다.
유사한 품종들: 세덤 크레이기 *Sedum craigii*는 역시 은색 로제트를 갖고 있으나 더 작다. 에케베리아 엘레강스 *Echeveria elegans*는 잎은 같아 보이나 꽃은 아니다.
육종과 도입원: 멕시코의 서부 시에라 마드레가 원산이다.
작물로서 이용: 이 식물은 강한 은색의 로제트로 다른 유사한 식물인 에케베리아 *Echeveria*를 닮았다.

34. 세덤 스탈리
Sedum stahlii

산호빛 구슬(Coral beads)

이 멋진 식물은 시간이 지남에 따라 짙은 적색 컬러(색)로 되지만 색깔이 선명해져 산호색이나 녹색이 많아지는데 이는 한해의 계절에 의존한다. 구슬 같은 잎은 마주나는 대생으로 자라고 멋있는 복숭아 잔털과 같은 외양(pubescent)을 갖는다. 줄기들은 직립으로 자라가기 시작하나 곧 느려지면서 결국에는 포복성의 형태로 되어 느슨한 매트모양이 되거나 아래로 달린다. 연하고 밝은 노란색 꽃들이 5개의 꽃잎들이 각각 정말로 눈에 띄게 두드러지고 마주하는 잎은 대비를 잘 이룬다. 상록성이면서 번식은 줄기삽이나 엽삽으로 한다.

재배 가능 최저온도: 지역 10(2℃)~지역 11(7℃)
식물체의 크기: 15~20cm 초장, 30cm 이상의 꽃줄기들은 성숙하면 91cm 길이까지 자란다.
최적 토양조건: 배수가 잘되는 토양에서 건조한 토양까지가 좋다.
최적 광도조건: 충분히 강한 햇빛이 좋다.
유사한 품종들: 세덤 스탈리 *Sedum stahlii* '바리에가타'는 거의 재배가 되지 않는다.
육종과 도입원: 멕시코가 원산지이다.
작물로서 이용: 이 종은 대단한 동반식물로 둘 다 노란색 잎을 가지고 있으며 밝은 녹색의 기는 포복성 세덤류로 페트로세덤 루페스트레 *Petrosedum rupestre* '안젤리나'와 유사하다. 이 식물은 기초적인 저변의 식물로 좋은데 다른 우수한 다육식물로 직립하거나 로제트형 습성을 가진 세덤 클라바툼 *Sedum clavatum*, 세덤 루시둠 *S. lucidum*, 세덤 팔메리 *S. palmeri*, 그리고 세덤 트렐레아시 *S. treleasei*와 같은 식물의 하위식물로 심기에 좋다.

35. 세덤 스테나페탈룸 '더글라시이'
Sedum stenopetalum 'Douglasii'

웜잎 스톤크롭(Wormleaf stonecrop)
또 다른 학명은 *아메로세덤 스테노페탈룸*
Amerosedum stenopetalum '더글라시이'

이 품종은 안정성 때문에 선택되었고 다른 종과 비교하여 신뢰성이 있는 품종이다. 매혹적인 조합으로 적색과 녹색 잎의 매트를 형성한다. 성숙기에는 피라미드형(pyramidal)으로 직립하는 모양을 갖는다. 잎들은 좁고 나선형으로 된 윤생으로 난다. 줄기의 주변은 나선 모양의 패턴(pattern)을 보인다. 이 식물은 위가 납작하고 평평하고 아래가 둥근 모습이다. 여름에 상층부 잎은 오렌지색-적색의 컬러(색)를 갖는 반면에 오래되고 아래의 잎은 건조되어 계피(시나몬)색으로 되어 단지 줄기위에 남아있다. 이 품종은 다른 종들보다 더 적게 꽃이 핀다. 모든 꽃 부분은 노란색이고 꽃잎들은 강하게 물결치듯 한 모습이다. 대신 이 식물은 줄기를 따라 형성된 부정아(adventitious buds)로 퍼져나가는 것을 더 좋아한다. 그리고 이 식물의 뿌리가 자라고 생장이 되는 좋은 지점을 발견할 때까지 아래의 부분이 쉽게 떨어져 나간다. 상록성으로 번식은 분지나 분주로 한다.

재배 가능 최저온도: 지역 4(-34℃)~지역 9(-4℃).
식물체의 크기: 15+cm 초장, 13~15+cm의 폭을 가지고 있다.
최적 토양조건: 암석질의 건조토양에서 배수가 잘되는 토양이 좋다.
최적 광도조건: 충분히 강한 햇빛이 좋다.
유사한 품종들: 종종 페트로세덤 루페스트레 *Petrosedum rupestre*와 유사하게 보인다. 특별히 유묘기에 그러하나 잎들은 직선적이다. 세덤 란체올라툼 변종 루피콜룸 *Sedum lanceolatum* var. *rupicolum*은 또 하나의 북미(North America) 원산의 식물로 꽃들이 더 일찍 피고 납작한 잎을 가지고 있다.
육종과 도입원: 미국과 캐나다가 원산지이다.
작물로서 이용: 아주 우수한 품종으로 암석원이나 옥상녹화용으로 이용하는데 이는 뻗어가고 빈공간을 채우는 특성 때문이다. 감사하게도 이 작은 식물은 그 상태에서도 꽃대(화경)을 잘 형성한다. 특별히 태평양 북서부지역에서 잘 자란다.

36. 세덤 스파툴리폴리움 아종 푸르푸레움
Sedum spathulifolium subsp. *purpureum*

태평양 스톤크롭(Pacific stonecrop)

적색과 은색의 조합인 이 아종 식물은 보석을 생각나게 하는 아주 정말 멋있는 식물이다. 스푼 모양의 잎들이 상층부에 모이고 귀엽고 예쁜 적색과 분필 같은 은색의 로제트 형을 이룬다. 이 식물은 뻗어가는 포복성으로 지상부(싹)가 가냘프다. 노란색 꽃들이 가지각색으로 피나 꽃덩어리(클러스터)가 짧은 줄기들에 붙어있고 10cm 정도의 초장에 상록성이며 번식은 삽목으로 한다.

재배 가능 최저온도: 지역 5(-29℃)~지역 9(-4℃)
식물체의 크기: 5~10cm 초장, 20~25+cm의 폭을 가지고 있다.
최적 토양조건: 암석질의 건조토양에서 배수가 잘되는 토양이 좋다.
최적 광도조건: 충분히 강한 햇빛에서 가볍고 밝은 그늘의 조건까지가 좋다.
유사한 품종들: 이 식물은 이름이 잘못 부여된 품종명으로 아직도 이 '레드 초크'라는 이름으로 판매되기도 한다. 세덤 스파툴리폴리움 *Sedum spathulifolium* '카르네움'은 대부분 일반 적색 잎 형태의 하나이다. 세덤 스파툴리폴리움 *S. spathulifolium* '오레움'은 버터와 같은 노란색 잎들이 햇빛이 더 강할 때 적색으로 발전되어 하이라이트를 이루는 반면에 흰색으로 코팅된(pruinose, 흰 가루로 덮인) 효과를 내지만 내한성이 강하지는 않다. 세덤 스파툴리폴리움 *S. spathulifolium* '로그 리버'는 두텁고 청색 잎을 가지고 있고 세덤 스파툴리폴리움 아종 푸르디 *S. spathulifolium* subsp. *purdyi*는 더 작은 녹색 형태이나 일부는 흰색으로 뒤덮인 잎들을 가지고 있다. 세덤 요세미텐스 *S. yosemitense*는 아종으로 인식되곤 했었고 더 부드럽다. 비록 '시에라 네바다(Sierra Nevada)' 산맥에서 가져온 품종이지만 이것은 녹색의 잎에 부드러운 질감에 적색 하이라이트를 가지고 있다. 그리고 몇몇 서리에 뒤덮인 모습이 아닌(nonpruinose) 품종 중의 하나이다. 세덤 요세미텐스 *S. yosemitense* '레드 라브'는 화려한 적색의 줄기들과 올리브 녹색의 잎들을 가지고 있다.
육종과 도입원: 태평양 북서쪽(미국과 캐나다)이 원산지이다.
작물로서 이용: 이 식물은 일반적으로 낮은 담장이나 벽, 회사에서 다른 식물의 걸이용에서 테두리로 이용되는데 이런 것에는 '선로즈(sunrose)'나 '락 로즈'(헬리안시뭄 종들 *Helianthemum* spp.)이 있다.

37. 세덤 스파툴리폴리움 아종 프루이노숨 '케이프 블랑코'
Sedum spathulifolium subsp. *pruinosum* 'Cape Blanco'

광엽 스톤크롭(Broadleaf stonecrop), 태평양 스톤크롭(Pacific stonecrop), 또 다른 학명은 세덤 스파툴리폴리움 *Sedum spathulifolium* '케이프 블랑코'

이름이 복잡하게 섞였다는 논란에도 불구하고 이 식물은 인기가 있고 널리 판매되는 식물이다. 특별히 태평양 북서쪽에서 그러하다. 이 식물은 또한 많은 밀집한 관련된 식물(아래 참조)로 더 복잡하다. 비슷한 종들을 비교해보면 '케이프 블랑코'가 더 강인한 생장을 보인다. 어떤 이벤트에서도 이 포복성 품종이 상 받았는데 이는 은색이거나 은색-녹색의 컬러(색) 때문이다. 스푼 모양의 (spatulate, 주걱모양의) 잎들이 나선형으로 된 윤생으로 난다. 상층부 주위에 형태는 은색 로제트 형으로 포복성의 줄기를 가지고 있다. 초여름에 짧고 아주 두터운 줄기들이 노란색 꽃 덩어리(클러스터)를 지지하는데 이 꽃은 아주 매혹적으로 나비류를 유혹한다(사실 이 기주 식물은 두 종이 있다). 이 식물은 자가불임(self-sterile)이라서 이 식물은 교잡으로 종자를 생산한다. 상록성으로 번식은 삽목으로 한다.

재배 가능 최저온도: 지역 5(-29℃)~지역 9(-4℃)
식물체의 크기: 10cm 초장, 20~30cm의 폭을 가지고 있다.
최적 토양조건: 바람이 잘 통하고, 암석질의 건조토양에서 배수가 잘되는 토양이 좋다.
최적 광도조건: 충분히 강한 햇빛이거나 약한 차광이 좋다.
유사한 품종들: 여기에는 몇몇 관련된 교잡종이 헬렌 페인에 의해서 만들어지고 서로 유사성을 가지고 있다. 그리고 그만한 연구 가치가 있다. 세덤 *Sedum* '문 글루'는 아마도 세덤 락숨 아종 헤크네리 *S. laxum* subsp. *heckneri*와 세덤 스파툴리폴리움 아종 스파툴리폴리움 *S. spathulifolium* subsp. *spathulifolium*과 서로 교잡한 것으로 보인다(이 두 식물에서 공통되는 특성이 나타난다). 세덤 *Sedum* '실버 문'은 여교잡(backcross)을 한 것으로 생각되는데 같은 양친이 사용되었음을 의미하고 그러나 모본과 부본이 서로 바뀐 것으로 나타난다. 세덤 *Sedum* '하베스트 문'은 세덤 *Sedum* '실버 문'과 세덤 스파툴리폴리움 *S. spathulifolium* '카르네아'간에 교배가 이루어진 것으로 생각된다. 이 식물의 종류 중 '화이트 초크'는(이름이 웨인 파거룬드(Wayne Fagerlund)인데 에버그린 밸리 원예 육묘장에서 육종되었다. 미국 워싱턴 주) 아마 번식은 영양체로 계속하고 있는 것으로 보인다.

육종과 도입원: 정원이나 가든에서 육종되었다.
작물로서 이용: 이 종은 멋있는 지피식물로 특별히 태평양 북서쪽에서 잘 자란다. 약한 그늘조건에서 옥상녹화용으로 역시 이용성이 좋다. 적색의 잎을 가진 품종인 페디무스 스푸리우스 *Phedimus spurius* '풀다글루트'(fireglow)와 같은 아름다운 품종이 은색 잎을 가진 것과 잘 조합을 이룬다. 비록 이 식물은 겨울을 축축하고 동결온도 상태의 겨울은 내한성이 있으나 안전한 재배를 보장할 수 없다.

38. 세덤 아돌피 *Sedum adolphii*

또 다른 학명은 세덤 너스바우베리아눔 *Sedum nussbaumerianum*

독특하고 시선을 끌며 부드러운 식물이다. 두텁고 다육질이며, 가볍고 밝은 녹색에서 오렌지색의 잎은 눈에 띄게 두드러진다. 여름에 잎은 점점 엽연의 색이 짙어진다. 물결치는 이 잎들은 교호적이고 중앙이 가장 넓다. 이른 봄에 완전히 가득찬 둥근 꽃덩어리(clusters)로 된 흰색의 별과 같은 꽃들이 핑크색 꽃밥(약)으로 나타나며 그 아래 녹색 포를 가진다. 각각의 꽃들이 2cm의 폭을 가지고 핀다. 줄기들은 성숙해지면 목본성이 된다. 겨울 컬러(색)은 다육질의(fleshy) 녹색이 된다. 전형적으로 서리나 추위에 약하다. 삽목이 쉽다.

재배 가능 최저온도: 지역 10(2℃)~지역 11(7℃)
식물체의 크기: 15cm 초장, 45cm 폭을 가진다. 아래로 늘어진 행잉(hanging)의 줄기들은 36cm 정도의 길이를 갖는다.
최적 토양조건: 건조한 토양에서 배수가 잘되는 토양이 좋다.
최적 광도조건: 충분히 강한 햇빛이 좋다.
유사한 품종들: 세덤 아돌피 *Sedum adolphii* '쿠퍼톤'은 또한 여름에 오렌지색 잎을 가지고 있는데 같은 식물일 수도 있다. 때때로 ×그랍토세덤 ×*Graptosedum* '골든 글로우' (또 다른 학명은 세덤 *Sedum* '골든 글로우') 라는 이름으로 이 식물이 유통되고 판매된다. 비록 이 식물의 잎들은 연한 다육질의 녹색이나 세덤 아돌피 하위종 바리에가타 *Sedum adolphii* f. *variegata*는 드물게 무늬종인 형태이다.
육종과 도입원: 멕시코가 원산이다.
작물로서 이용: 많은 다른 다육식물들과 놀라운 어울림을 형성하는 멋있는 식물이다. 특별히 에케베리아류나 청색의 손가락 같은(팜상의 잎) 잎을 가진 블루 초크 스틱(세네시오 만드랄리스체 *Senecio mandraliscae*)와 회록색 열대성 로제트 형과 잘 어울린다. 이 식물은 또한 단독의 화분에서도 아름답고 멋있는 샘플식물이다.

39. 세덤 아크레 *Sedum acre*

황금 모스(Gold moss), 월 페퍼(Wall pepper)

상록성이고 포복성인 이 식물은 아주 쉽게 자라는 본성을 가지고 있는데 대부분 일반적인 세덤류이다. 밝은 녹색의 이 포복성 식물은 밀집한 삼각형의 잎이 나선형과 같은 윤생의 얇은 줄기들을 따라 배치되어 있다. 여름에 노란색 꽃들이 9mm 폭으로 피는데 충분히 커서 그 식물체를 다 덮는다. 종자를 가진 화서(seedheads)는 마르면(건조) 은색 그리고 목본성의나무색 즉 떠다니는 유목의 색을 나타낸다. 상록성이며 봄과 가을에 쉽게 종자나 삽목으로 번식되어 자란다.

재배 가능 최저온도: 지역 3(-40℃)~지역 8(-9℃)
식물체의 크기: 5~10cm 초장, 30cm의 폭을 가지고 있다.
최적 토양조건: 암석질의, 건조하거나 배수가 잘되는 평균적 토양이면 좋다.
최적 광도조건: 충분히 강한 햇빛이거나 약한 차광이 좋다.
유사한 품종들: 세덤 아크레 *Sedum acre* '옥토버페스트'는 흰색 꽃을 피운다. 세덤 아크레 *S. acre* '미누스'는 더 작은 형태이다. 단지 2.5~5cm 정도에 불과하다. 큰 형태의 종은 세덤 아크레 아종 마유스 *S. acre* subsp. *majus*와 관련이 있다. 세덤 우르빌레이 *S. urvillei*는 유사한 외양을 가지나 엽색이 회색을 띠는 경향이 있다. 이 식물은 많은 다양한 형태들이 있고 가볍고 밝은 노란색 꽃을 피운다. 세덤 나니폴리움 *S. nanifolium*은 내한성이 약하나 유사한 크기의 잎들을 가지며 줄기를 둘러싼(amplexicaule) 포복성이다. 그리고 부가하여 재미있는 오렌지의 가을색 그리고 겨울 컬러(색)을 가지고 있다.

육종과 도입원: 대부분 유럽과 북아프리카에서 리비아까지 분포한다.

작물로서 이용: 적응력이 매우 좋고 쉽게 잘 자란다. 이 식물은 길가나 동쪽이 노출된 곳의 납작하고 평평한 암반에 잘 자란다. 저자는 메일박스(mail box)에 5cm 토양을 넣고 심었는데 부분 그늘상태에서 아주 멋지게 자랐다. 단순히 세덤 아크레 *Sedum acre*를 흰색 자작나무(birch tree) 밑에 이 식물만 식재해도 정말로 서로 보완적으로 잘 어울렸다. 이 식물은 주요한(staple) 많은 그린루프(옥상녹화) 세덤이다. 이 식물은 쉽게 이용할 수 있다. 노란색 꽃을 피우는 종을 흰색 꽃을 피우는 종(사진에서 보는 '옥토버페스트')과 인접해서 심어보라.

40. 세덤 아크레 '오레움' *Sedum acre* 'Aureum'

황금색 이끼 스톤크롭(Gold moss stonecrop), 황금색 월 페퍼(Gold wall pepper)

진정한 승자인 황금색 상층부 잎은 활력이 있고 상록성이다. 이 상층부는 6mm 폭에 밀집한 짧고 굵은 잎으로 구성되어 있다. 이 컬러(색)는 대부분 봄에 최고에 이른다. 초여름에 꽃이 만개하는데 노란색 새싹들에서 많은 노란색 꽃을 피운다. 전체의 식물은 황금색 외양을 1~2달 나타낸다. 상록성이며 새로운 식물은 쉽게 봄이나 가을에 삽목으로 번식시킬 수 있다.

재배 가능 최저온도: 지역 4(-32℃)~지역 8(-9℃).
식물체의 크기: 5~10cm 초장, 30cm 이상의 폭을 가지고 있다.
최적 토양조건: 암석질의, 건조하거나 배수가 잘되는 평균적 토양이면 좋다.
최적 광도조건: 충분히 강한 햇빛이거나 약한 차광이 좋다.
유사한 품종들: 세덤 아크레 *Sedum acre* '엘레강스'는 유사한 형태로 더 은색이거나 흰색으로 새로운 잎을 봄에 낸다. 여름에 *세덤 섹상굴라레 Sedum sexangulare* '골드디그'는 연둣빛에서 황금색 나선형과 같은 윤생의 잎을 가지고 있다.
육종과 도입원: 정원이나 가든에서 육종되었다.
작물로서 이용: 아주 멋지게 빼어난 이 식물은 유사한 녹색 잎을 가진 세덤류이다. 반면에 이 식물은 여름이 너무 덥거나 습도가 높고(습한), 또는 토양이 너무 축축하면 생육이 나빠지나 약간의 그늘은 도움이 된다. 그러나 과도하게 축축한 토양은 여름이나 겨울에는 생육을 감소시킨다.

41. 세덤 알란토이데스 *Sedum allantoides*

아직 재배가 잘 되고 있지 않고 있는 멕시코 나무세덤이다. 독특하게 보이는 식물로 가볍고 밝은 녹색에서 은색까지 손가락 모양의 잎들이 이 식물의 위쪽을 향해 아치를 그리며 자란다. 더 작은 이 식물은 줄기의 위쪽까지 자란다. 학명은 모양이 소시지를 닮아서 유래되었고 전체적으로 특이하여 다른 식물과 혼동되지 않는다.
긴 화경을 가진 꽃은 꽃받침이 꽃잎의 2/3 크기로 길다. 꽃줄기들은 가지가 벌고 작은 흰색 꽃이 그룹으로 핀다. 꽃은 뭔가 유쾌하지 않는 냄새가 난다. 상록성이며 봄과 여름에 삽목으로 번식시킨다.

재배 가능 최저온도: 지역 10(2℃)~지역 11(7℃)로 저온에 약하다.

식물체의 크기: 10~15cm 키와 폭을 가지고 있다.
최적 토양조건: 배수가 잘되는 토양이 좋다.
최적 광도조건: 충분히 강한 햇빛이 좋다.
유사한 품종들: 세덤 알란토이데스 *Sedum allantoides* '골디'는 더 넓은 잎을 가지고 있고 세덤 파키필룸 *S. pachyhyllum*의 잎은 더 청색이며 녹색이다.
육종과 도입원: 멕시코가 원산지이다.
작물로서 이용: 아직 재배가 많이 되지않는 이 식물은 서늘한 기후와 축축한 토양에 취약하다. 확실히 이 식물은 덥고 건조 기후지대나 용기재배 시 겨울에는 시설이나 실내의 안쪽에 들여놓아야 한다. 이 식물을 에케베리아 *Echeveria*나 다른 부드럽고 넓은 잎을 가진 다육식물과 같이 심어보라.

42. 세덤 알붐 *Sedum album*

통통한 손가락(Chubby fingers), 화이트 스톤크롭(White stonecrop)

이 식물은 다양한 종에서 유혹적이다. 잎은 손가락 모양이고 적색에서 녹색을 띠는 식물이다. 수분(습도)의 양이 이 식물의 색발현에 영향을 끼친다. 건조한 기간에 이 식물은 짙은 적색이나 갈색을 나타내는 반면에 수분이 많아지면 이 식물은 녹색이 짙어진다. 흰색 꽃들이 여름에 피는데 상대적으로 납작하고 평평한 꽃덩어리를 만든다. 각각의 꽃들은 6mm 정도로 폭을 가지며 5개의 꽃잎으로 구성되어 있다. 상록성이며 쉽게 종자로 번식시키나 품종 중 일부는 그렇지 않다. 봄과 가을에 삽목이나 분지나 분주로 번식시킨다.

재배 가능 최저온도: 지역 3(-37℃)~지역 8(-9℃), 가능한한 서늘하게 재배한다.
식물체의 크기: 10cm 초장, 41cm의 폭을 가지고 있다.
최적 토양조건: 암석질의 건조토양에서 배수가 잘되는 토양이 좋다.
최적 광도조건: 충분히 강한 햇빛이 좋으나 부분적인 그늘에는 잘 견딘다.

유사한 품종들: 세덤 알붐 *Sedum album* '아토움' 그리고 세덤 알붐 *S. album* '프랑스'는 더 큰 형태로 더 둥근 잎을 가지고 있다. 세덤 세르펜티니 *S. serpentini*는 상대적으로 분홍색 꽃을 가지고 있는데 대부분의 잎들은 겨울을 나는 싱록성이다. 그리고 사실 아종인 세덤 알붐 *S. album*. 세덤 스테프코 *S. stefco*는 4개의 꽃잎(4판)을 가진 꽃들과 잎은 겨울과 봄에 밝은 적색을 띤다.
육종과 도입원: 전 유럽국가들(아일랜드 그리고 아이슬란드는 제외함), 북아프리카에도 분포하고 있다.
작물로서 이용: 녹색에서 적색까지 조수처럼 밀려왔다 밀려갔다 하는 잎의 컬러(색)는 이 식물을 이용하는 좋은 이유인데 전 계절을 통해 아름다움을 제공할 것이다. 물방울모양의 잎들에서 난 뿌리는 빠르게 뻗어가는 번식자가 된다. 시간이 지나 때가 되면 이들은 매트 형태를 이루는데 그 크기는 30cm 넓이가 된다. 용기에 심기도 아주 좋은데 이들은 용기를 가득 채우고 감싸듯이 위로 직립해가는 식물이다. 그린루프(옥상녹화)용으로도 인기가 있는 품종이다.

43. 세덤 알붐 '코랄 카펫' *Sedum album* 'Coral Carpet'

코랄 카펫 스톤크롭(Coral Carpet stonecrop)

이 식물은 빠르게 자라고 한결같이 짙은 녹색에서 적색-자색 컬러(색)를 가진 품종이다. 서늘한 기후에서는 보답이라도 하듯이 완전한 적색이 된다. 이 색은 여러 달 동안 지속된다. 이 식물의 생장습성은 다른 유사한 종보다 더 포복성이 강하고 기는 경향이 있다. 꽃이 필 때 식물은 구름 같은 흰색에서 연한 분홍색 꽃이 만개한다. 상록성이며 번식은 봄과 가을에 삽목으로 한다.

재배 가능 최저온도: 지역 4(-32℃)~지역 9(-4℃)
식물체의 크기: 10~15cm 초장, 68cm의 폭을 가지고 있다.
최적 토양조건: 암석질의 건조토양에서 배수가 잘되는 토양이 좋다.
최적 광도조건: 가벼운 차광에 견딜 수 있지만 충분히 강한 햇빛이 좋다.

유사한 품종들: 세덤 알붐 하위종 머랠리 *Sedum album* f. *murale*는 더 짙은 자색-적색의 잎 그리고 분홍색 꽃을 가지고 있다. 미국의 원예유통과정에서는 분홍색 꽃이 피지 않는 것 같아서 그 화색 형태가 소실된 것으로 생각되기도 한다.

육종과 도입원: 정원이나 가든에서 육종되었다.
작물로서 이용: 좋은 지피식물이고 아주 우수한 그린루프(옥상녹화) 품종이다. 고맙게도 빨리 생장하면서도 멋있는 외양을 가지고 있다. 거름기(양분)이 적거나 암석질의 토양에서 잘 자라고 꽃을 피우고 죽는다. 종자를 가진 헤드를 제거하면 꽃이 더 건강하고 오래간다. 과도한 습도나 수분조건에서는 꽃줄기(화경)들이 줄어든다.

44. 세덤 알붐 '파로' *Sedum album* 'Fårö'

작고 반하게 하는 이 식물은 *세덤 알붐*의 종류 중에서 가장 작은 품종일 것이다. 녹색 그리고 적색 잎들이 연중 많은 시간 동안 좋은 대비를 보인다. 봄 그리고 여름 컬러(색)은 1차적으로 원래 녹색이나 적색 하이라이트가 서늘한 기후가 되면 나타난다. 그 후에 잎이 대부분은 적색으로 겨울을 지낸다. 작은 잎들은 완전히 폭이 3mm이면 길이는 6mm로 반드시 일치하지는 않지만 폭과 길이가 대략 2배 정도 된다. 상록성이며 번식은 봄이나 가을에 분지나 분주로 번식시킨다.

재배 가능 최저온도: 지역 4(-32℃)~지역 9(-4℃)
식물체의 크기: 2.5~5cm 초장, 20cm의 폭을 가지고 있다.
최적 토양조건: 건조하거나 배수가 잘되는 평균적 토양이면 좋다.
최적 광도조건: 충분히 강한 햇빛이 좋다.
유시한 품종들: *세덤 세르펜티니* *Sedum serpentinii*는 비록 그것의 꽃들이 가볍고 밝은 분홍색이지 흰색이 아니다. 그리고 이 식물은 대부분 잎이 겨울이면 떨어진다. 때때로 *세덤 ×루브로틴크툼* *S. ×rubrotinctum* '미니 미(Mini Me)'가 사용되기도 하나 이는 잘못된 이름이다.
육종과 도입원: 일본에 있는 파로(Faro) 섬이다.
작물로서 이용: 알파인(산악)종인 다른 초미니(초왜생)식물인 사이프라제스, 셈퍼비붐류, 조비바르바(주피터의 수염)류, 플록스, 실레네, 그리고 타임(허브)과 같이 심으면 이상적이다. 암석원이나 용기재배, 테라리움(terrarium)용으로 알맞다. 분재(bonsai) 식물의 아래에 지피용으로도 적당하다.

45. 세덤 알붐 변종 마크란툼 '클로로티쿰'
Sedum album var. *micranthum* 'Chloroticum'

또 다른 학명은 세덤 알붐 *Sedum album*

아주 작은 이 식물은 완전한 가볍고 밝은 녹색 잎(여기에는 적색 하이라이트가 없음)으로 유명하다. 색의 농도는 다양한데 이는 토양의 비옥도(fertility)에 의존한다. 거름기가 많은 토양에서 자란 식물의 잎은 더 짙은 녹색인 반면에 척박한 토양에서 자란 식물의 잎은 노란색이 된다. 각각의 잎들은 거의 둥글고 상록성이다. 분지나 분주로 번식시킨다.

재배 가능 최저온도: 지역 4(-32℃)~지역 9(-4℃)
식물체의 크기: 초장은 2.5cm 보다 작으며 폭은 25cm 폭, 꽃줄기(화경)은 5~7.5cm 정도의 크기이다.
최적 토양조건: 암석질의 건조토양에서 배수가 잘되는 토양이 좋다.
최적 광도조건: 충분히 강한 햇빛에서 가볍고 밝은 그늘의 조건까지가 좋다.
유사한 품종들: 세덤 알붐 변종 마크란툼 *Sedum album* var. *micranthum*은 유사한 작은 잎을 가지고 있으나 연한 녹색은 아니다. 여기 이 식물은 3가지의 구별되는 형태를 가지고 있는데 '그린 아이스'는 올리브 녹색을 여름과 겨울에 유지하고 있고 '오렌지 아이스'는 겨울과 건조한 조건들에서 더 짙은 오렌지색으로 겨울을 나며, 그리고 '레드 아이스'는 안정된 적색 형태이나 봄부터 여름까지는 녹색을 가진다.
육종과 도입원: 정원이나 가든에서 육종되었다.
작물로서 이용: 아주 작은 크기 때문에 다른 종보다 더 가뭄에 견디는 내한성(drought)이 있는 것 같다. 생육이 어려운 테두리를 따라서 재배한다. 지피식물로 좁고 작은 공간에 알맞다. 아름다운 대비품종으로 다른 작은 세덤류와 같이 심는다. 세덤 알붐 *Sedum album*, 세덤 아크레 *S. acre*와 세덤 대시필름 *S. dasyphyllum*을 포함하는 다른 형태가 있다. 토피어리의 베이스로 잘 이용되고 큰 로제트형 다육식물인 셈퍼비붐 *Sempervivum*과도 잘 어울린다.

46. 세덤 앵글리쿰 *Sedum anglicum*

잉글리시 스톤크롭(English stonecrop)

세덤류 중에서 가장 작은 한 종으로 이 식물의 작은 모양의 잎들은 3mm 정도의 길이에 겨우 1mm의 폭이 불과하다. 대부분은 녹색이고 잎은 연중 대부분을 붉은 빛을 나타낸다. 이 식물은 뻗어가는 덩굴의 습성을 가지고 있고 가지를 가진 줄기들은 결과적으로 매트의 형태를 가진다. 초여름에 작은 흰색 꽃들이 작은 가지로 펼쳐져서 성글게 나타난다. 이 식물은 분홍색의 흔적을 나타낼 수도 있다. 상록성이며 종자나 삽목, 또는 분지나 분주로 번식시킨다. 번식에 가장 좋은 계절은 봄이다.

재배 가능 최저온도: 지역 5(-29℃)~지역 9(-4℃)
식물체의 크기: 2.5~7.5cm 초장, 폭은 30~45cm이다.
최적 토양조건: 다습한 토양에서 평균적인 토양이 알맞다.
최적 광도조건: 가볍고 약한 그늘조건(특별히 여름이 아주 더울 때)이 좋다.
유사한 품종들: 세덤 앵글리쿰 *Sedum anglicum* '하트랜드'는 더 강인한 생장과 개화를 나타낸다. '미누스'는 더 작은 형태이고 '수지 큐'는 '하트랜드'(다채색의 잎에 박하 맛이 나는(minty) 녹색, 크림색의 흰색, 그리고 장밋빛 핑크색으로 더 산호 빛을 띠고 그리고 겨울에는 청색-녹색이 됨) 무늬종인 돌연변이 품종이다. 또한 유사한 세덤 이크레 *S. acre* '미누스' 그리고 세덤 자포니쿰 변종 푸밀룸 *S. japonicum* var. *pumilum*이 있다.

육종과 도입원: 서부 유럽의 품종으로 원래는 바다연안이 원산인 이 식물은 비가 많이 오는 포르투갈에서 영국, 아일랜드, 그리고 스칸디나비아에 자생한다.

작물로서 이용: 작은 크기 때문에 이 이상적인 고산식물은 암석원이나 가든 식물로 심는다. 또한 대단한 동반식물로 다른 작은 크기의 식물들과 같이 홈통이나 다른 용기에 심는다. 이 식물은 다른 낮게 자라는 티무스 프래콕스 *Thymus praecox*와 같은 식물과 혼식하면 좋다. 저자는 세덤 앵글리쿰 *Sedum anglicum* '하트랜드'를 추천한다. 만약 여러분이 이 식물을 발견하면 그 식물의 크기와 활력을 체크해 보라.

47. 세덤 에마르지나툼 '에코 어메이산'
Sedum emarginatum 'Eco-Mt. Emei'

어메이산 스톤크롭(Mt. Emei stonecrop)
또 다른 학명은 세덤 마키노이 변종 에마르지나툼 *Sedum makinoi* var. *emarginatum* '에코 어메이산'

이 쾌활하고 작은 중국의 지피식물을 식별하는 최선의 방법은 짙은 녹색 잎과 숨길 수 없도록 상층부를 둥글게 파내는(notch) 것이다. 이 잎들은 엽병을 가진 대생이다. 여름에 황금색 꽃들이 그 식물체 위로 뻗어나가며 자란다. 종종 서로 얽히며 중첩되게 자란다. 겨울 잎은 적색이다. 상록성이며 쉽게 삽목으로 번식한다.

재배 가능 최저온도: 지역 6(-23℃)~지역 9(2℃)
식물체의 크기: 10~15cm 초장, 60cm의 폭을 가지고 있다.
최적 토양조건: 건조하거나 배수가 잘되는 평균적 토양이면 좋다.
최적 광도조건: 충분히 강한 햇빛이거나 약한 차광이 좋다.
유사한 품종들: 세덤 에마르지나툼 *Sedum emarginatum*은 밝은 녹색이고 활력이 떨어진다. 세덤 마키노이 *S. makinoi*와 아주 많이 닮았다. 주요한 차이는 톱니 모양을 한 거치형 잎이다. 세덤 마키노이 *S. makinoi* '살사 베르데'는 더 작고 짙은 녹색에 톱니 모양을 한 잎을 가지고 있다.

육종과 도입원: 돈 제이콥스(Don Jacobs)에 의해 중국에서 수집되고 도입된 품종으로 지금은 없어진 미국 조지아주의 에코-가든 원예 육묘장에서 도입하였다.

작물로서 이용: 빨리 자라는 이상적인 지피식물로 부분적으로 그늘이거나 수분이 충분한 지역이 좋다. 덥고 습도가 높은 기후지대에서 이 식물은 약간의 그늘이 있으면 옥상녹화용으로 좋다. 다른 세덤류로 유사한 생장 습성 그리고 외양을 가진 세덤 마키노이 *Sedum makinoi* 그리고 관련 품종들과 세덤 테트락티눔 *S. tetractinum*과 잘 어울린다.

48. 세덤 오레가눔 *Sedum oreganum*

오리건 스톤크롭(Oregon stonecrop)

잎의 윤기와 대비되는 컬러(색)는 완전히 매혹적인 조합을 만든다. 잎의 모양은 곤봉을 연상하게 하고 오래된 잎들은 상층부가 적색으로 된다. 습성은 포복성이고 나선 모양의 잎이 로제트형이다. 노란색 꽃들이 녹색 그리고 적색 잎들과 잘 맞는다. 상록성이며 번식은 삽목이나 종자로 가을이나 봄에 증식시킨다.

재배 가능 최저온도: 지역 5(-29℃)~지역 9(-4℃)
식물체의 크기: 7.5~10cm 초장, 15cm 이상의 폭을 가지고 있다.
최적 토양조건: 습기가 있는 서늘한 토양이 좋다.
최적 광도조건: 충분히 강한 햇빛이거나 약한 차광이 좋다.

유사한 품종들: 세덤 오레가눔 아종 테누 *Sedum oreganum* subsp. *tenue*는 더 작은 형태로 대부분의 기간 동안 적색을 유지하는 품종이다. 세덤 디버겐스 *Sedum divergens*는 유사한 품종이고 세덤 *Sedum* '헬렌 페인'은 세덤 디버겐스 *S. divergens*나 세덤 스파툴리폴리움 *S. spathulifolium*을 교배한 품종으로 보인다.
육종과 도입원: 태평양 북서쪽(미국 오리건 주와 캐나다)이 원산지이다.
작물로서 이용: 이 식물은 여름의 더위에 약해지므로 그늘 그리고 충분한 수분공급이 필요하다. 태평양 북서쪽 지역에서는 이상적인 옥상녹화 품종으로 알맞다.

49. 세덤 오레고넨세 *Sedum oregonense*

크림 스톤크롭(Cream stonecrop)
또 다른 학명은 세덤 루브로글라우쿰 *Sedum rubroglaucum*, 세덤 와소니 *S. watsoni*

이 식물의 가장 독특한 특징은 청색-녹색 잎들이 상층부에서 톱니 모양을 하고 있다는 것이다. 이 잎은 또한 푸른빛을 띤 흰 가루(백분)의 대생이고 잎들이 짝을 이루며 90 각도로 서로 교호적으로 나온다(열십자로 교차함, 직각으로 교차하는 십자 대생(十字對生)). 두터운 줄기들은 수평적으로 자라가고 약간의 오래된 잎은 들러붙는다.

꽃줄기(화경)은 초봄(잎이 톱니 모양을 하고 있지 않다는 것을 관심 있게 살펴보라)에 피어오른다. 꽃들이 완전히 독특하게 보인다. 각각은 5개의 두건모양의 노란색 꽃잎들이 녹색의 기부에 붙어있고 녹색의 심피(종자)가 있다. 그리고 수술은 상층부가 노란색이나 기저부는 녹색이다. 밀집한 모양이 구별되는 특성인데 꽃받침들은 기저부에서 서로 붙어있다. 상록성이며 번식은 분지나 분주로 번식시킨다.

재배 가능 최저온도: 지역 5(-29℃)~지역 9(-4℃)
식물체의 크기: 7.5cm 초장, 13cm 이상의 폭을 가지고 있다.
최적 토양조건: 암석질, 자갈밭, 건조한 토양에서 배수가 잘되는 토양이 좋다.
최적 광도조건: 충분히 강한 햇빛이 좋다.
유사한 품종들: 세덤 락숨 *Sedum laxum*은 유일한 품종으로 다른 북아메리카 종은 자국이 있는(notched) 잎을 가지고 있으나 이 식물의 꽃들은 핑크색이거나 흰색이다.
육종과 도입원: 미국 오리건의 캐스케이드 산맥(워싱턴주)이 원산이다.
작물로서 이용: 원래 이 종은 작은 경쟁이 (정원이나 가든에서) 일어나는 상황에서 좋은 활력을 보인다. 적색 잎을 가진 페디무스 스푸리우스 *Phedimus spurius*나 다른 녹색 태평양 북서쪽 원산인 세덤 디버겐스 *Sedum divergens*와 세덤 오레가눔 *S. oreganum*과 잘 어울린다.

50. 세덤 오악사카눔 *Sedum oaxacanum*

보기가 좋은 덩굴식물로 용기재배에 알맞고 좀 더 따뜻한 기후지대가 좋다. 싱싱한 적색의 줄기들은 녹색 잎이 안감을 대듯이 존재하는데 상층부는 바뀌어 직립하고 있는 잎이 더 밀집하고 더 강하게 푸른빛을 띤 흰 가루(백분)의 모양이다.

긴 줄기에 교호적으로 난 각각의 잎들은 납작하고 평평한 정단부를 형성하나 반면에 하단부는 둥글고 약 2배의 폭을 가지고 있다. 여름에는 쾌활한 노란색 꽃들이 하나의 단일이나 작은 클러스터(덩어리) 상태로 핀다. 상록성이며 번식은 삽목에 의한다.

재배 가능 최저온도: 지역 9(-4℃)~지역 11(7℃)

식물체의 크기: 7.5cm 초장, 15cm 이상의 폭을 가지고 있다.
최적 토양조건: 건조하거나 배수가 잘되는 평균적 토양이면 좋다.
최적 광도조건: 충분히 강한 햇빛이 좋다.
유사한 품종들: 세덤 아우스트랄레 *Sedum australe*, 세덤 리가티 *Sedum wrightii*가 있다.
육종과 도입원: 멕시코 오악사카 주가 원산이다.
작물로서 이용: 이 성근 줄기들은 테두리나 용기식물로 이상적인데 위에 걸치기(overhanging)가 좋다. 퍼지는 습성으로 인해 페디무스 스푸리우스 *Phedimus spurius*와 같은 식물을 보완하듯이 심는다.

51. 세덤 자포니쿰 '토교 선' *Sedum japonicum* 'Tokyo Sun'

골든 일본 스톤크롭(Golden Japanese stonecrop)

가는 질감을 가진 느슨한 마운드는 황금색 세덤류의 색깔이 아주 선명한 잎을 가진다. 완전한 내한성을 갖지 않음에도 불구하고 빨리 넓게 잘 자란다. 온도가 내려감에 따라 이 식물의 컬러(색)은 희미해지고 누그러져 오렌지색-갈색 하이라이트를 갖는 녹색이 된다. 궁극적으로 겨울동안에 갈색으로 된다. 생장 습성은 포복성이고 잎은 양면이 납작하고 평평하다. 이 식물은 드물게 꽃이 피나 노란색 꽃이 핀다고들 한다. 상록성이며 번식은 삽목이나 분지, 분주로 번식시킨다.

재배 가능 최저온도: 지역 7(-15℃)~지역 11(7℃)
식물체의 크기: 5cm 초장, 10~13cm의 폭을 가지고 있다.
최적 토양조건: 배수가 잘되는 평균에서 다소 습한 토양이 좋다.
최적 광도조건: 충분히 강한 햇빛이거나 약한 차광이 좋다.
유사한 품종들: 이 식물은 세덤 자포니쿰 하위종 루칸시움 *Sedum japonicum* f. *leucanthemum*으로 이름이 붙여져 있는데 출원인명(식물)은 2007년도 명명되었다. 반면에 저자는 이름에서 '토교 선'이라는 이름을 본적이 없는데 확실한 품종명은 "가는 노란색 형태" 대신에 붙여진 것이 아닌가 한다. 일본에서 붙여진 이름이다. 세덤 자포니쿰 변종 푸밀룸 *Sedum japonicum* var. *pumilum*은 관련된 미니품종으로 더 내한성(Zone 5) 강하다.
육종과 도입원: 정원이나 가든에서 육종되었다.
작물로서 이용: 방심하지 말라. 황금색이 회귀하여 녹색(그러나 이 녹색의 종은 일반적으로 잘 팔리지 않는다)으로 바뀐다. 이것은 적응을 잘하는 식물이다. 약한 그늘에 심으면 얼어 죽지 않는다. 여러 혼식 용기들에 잘 어울리고 다른 식물의 컬러(색)과 질감에도 잘 조화된다. 세덤 리디움 *Sedum lydium*이나 세덤 대시필름 *S. dasyphyllum*과 같이 심어보라.

52. 세덤 자포니쿰 변종 세나네세 *Sedum japonicum* var. *senanese*

일본 스톤크롭(Japanese stonecrop)

얼마나 매혹적인가! 느슨하게 퍼져나가는 이 식물은 깊은 녹색 잎에서 연중 대부분 동안 적색 하이라이트로 품질이 높아진다. 잎은 끝이 둔하고 납작하며 평평한 양쪽을 가지고 있다. 이 꽃은 적은 수의 생장점을 가지고 있고 노란색이다. 상록성이며 번식은 삽목으로 한다.

재배 가능 최저온도: 지역 6(-23℃)~지역 9(-4℃)
식물체의 크기: 5~7.5cm 초장, 10~13cm의 폭을 가지고 있다.
최적 토양조건: 수분이 있으나 배수가 잘되는 토양이 좋다.
최적 광도조건: 부분적인 그늘이 좋다.

유사한 품종들: 세덤 자포니쿰 *Sedum japonicum*은 더 작고 밝은 녹색의 잎에 더 키가 작다. 로디올라 트롤리이 *Rhodiola trollii* (또 다른 학명은 세덤 트롤리이 *Sedum trollii*)가 서로 닮았다. 그리고 이 식물의 상당수는 다른 세덤류와 같은 지역에서 유래되었다.
육종과 도입원: 일본의 혼슈 섬(Honshu Island), 대만이 원산이다.
작물로서 이용: 오렌지색-적색의 겨울 하이라이트를 만드는 이 식물은 땅을 기는 포복성으로 눈에 띄게 두드러진다. 세덤 노코엔세 *Sedum nokoense*와 잘 어울린다.

53. 세덤 자포니쿰 변종 푸밀룸
Sedum japonicum var. *pumilum*

또 다른 학명은 세덤 오리지폴리움 *Sedum oryzifolium* '타이니 폼'

이 식물은 아주 작은 세덤류로 재배된다. 잎의 컬러(색)는 독특한데 겨울에는 오렌지색에서 갈색으로, 그리고 여름에는 녹색인 반면에 여전히 오렌지색이나 갈색의 하이라이트나 얼룩, 반문을 가지고 있다. 포복성의 줄기들은 토양에 포복한다. 이 식물은 내한성이 아주 강한 놀라운 식물이다. 상록성으로 번식은 분지, 분주로 한다.

재배 가능 최저온도: 지역 5(-29℃)~지역 9(-4℃)
식물체의 크기: 2.5cm 초장, 10cm의 폭을 가지고 있다.
최적 토양조건: 배수가 잘되는 토양이 좋다.
최적 광도조건: 충분히 강한 햇빛이 좋다.

유사한 품종들: 세덤 오리지폴리움 *Sedum oryzifolium*은 더 직립하는 습성이 있고 미국에서는 거의 재배하지 않는다.
육종과 도입원: 일본의 해안도서나 다른 태평양 섬들이 원산지이다.
작물로서 이용: 기어 가는 포복성 습성이 이 식물을 이상적인 식재식물로 만드는데 작은 암석들이나 포장된 보도의 틈새(cracks)들 사이에서도 잘 자란다. 비록 아직은 일반적이지는 않지만 더 많이 이용할 가치는 있다. 저자는 세덤 대시필름 *Sedum dasyphyllum*과 혼식하였고 세덤 그라실 *S. gracile* 그리고 작은 형태인 세덤 알붐 *S. album*과도 같이 식재하고 있다.

54. 세덤 집시콜라 *Sedum gypsicola*

또 다른 학명은 오레오세덤 집시콜라 *Oreosedum gypsicola*

세덤 알붐 *Sedum album*과 밀접하게 관련되어 있으나 잎들이 뭔가 납작하고 평평한 상층부를 가지고 있다. 밀집된 중첩의 상층부를 만들어가는 습성이 있다. 또한 잎은 때때로 솜털이 있거나 일반적으로 짙은 표면에 작은 융기(bumps)가 돋아 있다. 잎은 나선형으로 약하게 줄기들을 감고 올라간다. 이 식물의 꽃은 열린 취산화서(산형꽃차례)이다. 초여름에 크고 위로 곧추서는 줄기들을 갖고 있다. 깜찍한 꽃들이 밤색의 꽃가루를 가진 흰색이다. 상록성이며 쉽게 삽목이나 종자로 번식한다.

재배 가능 최저온도: 지역 6(-23℃)~지역 9(-4℃)
식물체의 크기: 5~7.5cm 초장, 15~20cm 폭, 꽃줄기들은 15~20cm 높이로 자란다.
최적 토양조건: 암석질의 건조토양에서 배수가 잘되는 토양이 좋다.
최적 광도조건: 충분히 강한 햇빛이 좋다.
유사한 품종들: 세덤 알붐 *Sedum album*
육종과 도입원: 스페인, 북아프리카의 산악지대이다.
작물로서 이용: 이 형태는 미국에서 일반적이고 과도하거나 지나치지 않다. 남부 유럽이 기원지이기 때문에 그린루프(옥상녹화)용으로 덥고 습한 지역에 좋은 후보 식물이다. 이것은 멋있는 동반식물로 사시프라가 *Saxifraga*와 탈리눔 칼리치눔 *Talinum calycinum*이 있고 이들은 꽃이 줄기를 철사같이 타고 올라간다.

55. 세덤 콘푸섬
Sedum confusum

오랫동안 인기를 누리는 이 식물은 1900년대 초에 널리 보급되었다. 이 식물은 기본적으로 가지를 많이 치는 작은 관목(sub-shrub)이다. 대부분 잎이 이 식물의 상층부에 존재한다. 잎들은 윤기가 나는 녹색이고 전형적으로 두 배 정도의 폭을 가지고 있다. 짧은 엽병(잎자루)을 가지고 있다. 이 식물은 생장함에 따라 상층부가 뒤로 말려들어간다. 늦겨울에 느슨한 원추화서(원추꽃차례)가 노란색의 꽃을 피운다. 각각의 꽃들은 6~7개의 꽃잎들을 가지고 있다. 통일되고 일정한 컬러(색)는 꽃잎부터 수술, 심피(암술)까지 전 식물체에 나타난다. 수술은 유별나게 길다. 상록성이며 쉽게 삽목 번식이 된다.

재배 가능 최저온도: 지역 8(-12℃)~지역 11(7℃)
식물체의 크기: 13cm 초장, 30cm의 폭을 가지고 있다.
최적 토양조건: 건조한 토양에서 배수가 잘되는 토양이 좋다.
최적 광도조건: 충분히 강한 햇빛이 좋다.
유사한 품종들: 세덤 디쿰벤스 *Sedum decumbens*로 멕시코 원산으로 더 작고 더 두터운 잎들이 더 넓은 기저부를 형성한다. 세덤 킴나키 *S. kimnachii* 또한 유사한 품종이다.
육종과 도입원: 멕시코 원산으로 특별히 북부 푸에블라 주(Puebla)의 화산지대이다.
작물로서 이용: 비록 이 종은 멕시코 원산이나 반내한성(semihardy) 식물이다. 실제적으로 약간 동결이 되어도 다시 회복한다. 그러나 축축한 토양이나 반복되는 저온으로 인한 동결과 해동조건에서는 재배에 주의해야 한다. 밝은 녹색 잎이 멋있는 포인트를 만드는 샘플식물이다. 이 식물은 겨울동안 실내에 들여놓으면 쉽게 잘 자라는 하우스 식물이다.

56. 세덤 클라바툼 *Sedum clavatum*

약간 유별난 세덤으로 뭔가 에케베리아를 생각나게 하는 식물이다. 이 식물의 형태는 납작한 잎이 푸른빛을 띤 흰 가루(백분)의 로제트로, 적색의 끝자락을 가진 잎들이 더 녹색보다 더 푸르다. 시간이 지남에 따라 이 식물은 더 위로 곧추서서 자라며, 나출된 갈색의 줄기들은 궁극적으로 포복성이 된다. 두텁고 꽃줄기들은 단단하게 묶여진 로제트 모양으로 자라간다. 줄기들이 5~7.5cm 높이까지 자랐을때 둥근 꽃 덩어리(클러스터)가 개화한다. 꽃받침들은 다육질의 핑크색을 띠고 적색의 점들이 생긴다. 몇몇 잎이 많은 포는 아래로 자란다. 각각의 꽃들이 흰색이고 5개의 꽃잎을 가진다. 크림색의 흰색 심피(종자)와 짙은 적색의 수술이 전면적으로 분포한다. 이 식물은 연해져서 분홍색이 된다. 꽃잎들의 기저부에서부터 넓은데 물결치듯이 그리고 접혀서 기저부로 들어간다. 상록성이며 번식은 종자나 분지, 분주로 번식시킨다.

재배 가능 최저온도: 지역 10(2℃)~지역 11(7℃)
식물체의 크기: 초장은 10cm이고 폭은 20cm 정도이다.
최적 토양조건: 건조하거나 배수가 잘되는 평균적 토양이면 좋다.
최적 광도조건: 충분히 강한 햇빛이 좋다.
유사한 품종들: 세덤 클라바툼 *Sedum clavatum* '라임 드롭'은 일반적인 밝은 녹색 형태이고 세덤 루시둠 *Sedum lucidum*은 유사한 크기와 습성을 가지고 있으나 녹색이다. 세덤 트렐레아시 *Sedum treleasei*는 약하고 더 얇은 잎들과 노란색 꽃을 피운다.
육종과 도입원: 멕시코 원산으로 특별히 티스칼라텐고 강의 계곡을 따라서 자생한다.
작물로서 이용: 온화한 기후지대(밤에 얼음이 거의 얼지 않아야 함)에서 지피식물로 이용되는데 다른 로제트형 다육식물인 에케베리아와 같이 심거나 아주 배수가 잘되는 벽의 테두리에 심는다. 다른 이용의 경우로 저자가 생각하기에 행잉 바스켓과 같은 아름다운 용기식물에 알맞다. 물론 특별히 축축하고 젖은 토양에서는 얼지 않도록 보호를 해주는 노력이 반드시 필요하다.

57. 세덤 킴나키
Sedum kimnachii

이 관목 같은 세덤은 기본적으로 다년생이나 목본성의 줄기를 가지고 있다. 윤기가 있는 밝은 녹색이고 스푼 모양의 잎은 이 식물의 상층부에서 더 밀집한다. 겨울에 컬러(색)가 오렌지색으로 변하는 경향이 있다. 반면에 짙은 노란색에서 황금색, 노란색 꽃들은 원래 드문드문 성글게 핀다. 가지를 많이 친 헤드(head)는 늦겨울에서 이른 봄까지 가지를 친다. 이 식물이 개화할 때 여러분은 크고 불규칙적인 녹색의 꽃받침을 볼 수 있을 것이다. 이 꽃받침들은 더 늦게 꽃들이 완전히 피었을 때 들여다보듯이 5개의 큰 꽃잎들의 옆에 있다. 상록성으로 번식은 삽목으로 한다.

재배 가능 최저온도: 지역 8(-12℃)~지역 11(7℃)

식물체의 크기: 10cm 초장, 25cm의 폭을 가지고 있다.

최적 토양조건: 건조한 토양에서 배수가 잘되는 토양이 좋다.

최적 광도조건: 충분히 강한 햇빛이 좋다.

유사한 품종들: 세덤 콘푸숨 *Sedum confusum*, 세덤 디쿰벤스 *S. decumbens*가 있다.

육종과 도입원: 멕시코가 원산이다.

작물로서 이용: 아직도 널리 이용되고 있지는 못하지만 상황이 변하면 가능성이 높은 식물이다. 반면에 이 식물은 집에 속한 실내식물처럼 보일지 몰라도 놀랍게도 바깥에 잘 자라고 어울리는 식물이다. 토양이 너무 습하지만 않는다면 동결점 온도에서까지도 견디는 식물이다. 옛날부터 추위에 잘 견디는 다육식물인 아가베류, 에오니움류, 또는 알로에류와 같이 강조하는 포인트로 이용해 왔다.

58. 세덤 테르나툼 *Sedum ternatum*

우드랜드 스톤크롭(Woodland stonecrop), 삼엽 스톤크롭(Three-leaved stonecrop),
윤생 스톤크롭(Whorled stonecrop)

이 스톤크롭(stonecrop)은 쉽게 식별할 수 있는데 이는 봄에 꽃이 풍성하게 피기 때문이다. 가지를 친 그리고 아치형으로 전개된 취산화서(산형꽃차례)에 4개의 꽃잎(4판)을 가진 흰색의 꽃이 핀다. 꽃잎들은 얇은데 이는 많은 꽃받침들이 크고 짙은 적색 수술들이 대비되는 것과 비교하여 보면 그러하다. 잎은 스푼 모양이고 3개의 그룹이 줄기들 주위에 있으며 혼잡스러운 로제트형의 상층부에 있다. 잎은 일반적으로 녹색이고 때때로 줄기들은 오렌지색-적색의 색조를 띤(tinge) 것으로 오래된 잎들을 흘리듯이 존재한다. 상록성이며 번식은 삽목이나 종자, 분지나 분주로 번식시킨다.

재배 가능 최저온도: 지역 4(-32℃)~지역 8(-9℃)
식물체의 크기: 7.5~15cm 초장, 15~23cm 이상의 폭을 가지고 있다.
최적 토양조건: 보통 배수가 잘되는 토양에서 수분이 제법 많은(moist) 촉촉한 토양이 좋다.

최적 광도조건: 충분히 강한 햇빛이거나 약한 차광이 좋다.
유사한 품종들: 세덤 테르나툼 *Sedum ternatum* '라리넴 파크'는 더 크고 더 강인한 형태로 흰색의 형태인 페디무스 스푸리우스 *Phedimus spurius*와 유사한 종이나 여름에 꽃이 핀다.
육종과 도입원: 미국 동부가 원산지이다.
작물로서 이용: 이 멋있는 지피식물은 특별히 촉촉하고, 부분적으로 그늘이 있는 환경이 좋다. 강한 햇빛에 노출되는 것을 좋아하지 않고 여름의 열기에는 품질이 떨어진다. 서던 일리노이(Illinois) 대학교에서 시험해본 결과 그늘이 있는 옥상녹화로 아주 믿을만한 결과를 확인하였다. 저자가 좋아하는 재식조합으로 자발적인 것인데 비올라 래브라도리카 *Viola labradoric*는 짙은 녹색 잎과 자색의 봄꽃, 종자로 파종하여 얻은 세덤 테르나툼 *Sedum ternatum*의 꽃이 핀 흰색이 동시에 어울린다. 단순한 짝이지만 잊을 수 없는 혼식하는 질감과 컬러(색)를 가지고 있다.

59. 세덤 테트락티눔 '코랄 리프'
Sedum tetractinum 'Coral Reef'

중국 스톤크롭(Chinese stonecrop)

적절하게 이름이 부여된 이 식물을 보라! 짙은 녹색 잎들은 직선으로 길이로 뻗어가는 덩굴줄기들이 핑크색에서 산호색을 띤다. 이 식물은 적절한 산호빛이 하이라이트인데 여기에는 충분히 강한 햇빛이 좋다. 그리고 가을에 전 식물체가 산호색으로 변한다. 잎은 거의 둥글고 대생이다. 꽃들이 드문드문 피고 현란하지(showy) 않다. 이 식물은 여름에 노란색으로 피는데 4개나 5개의 꽃잎들을 가지고 있다. 상록성이며 번식은 삽목으로 한다.

재배 최저온도: 지역 6(-21℃)~지역 8(-9℃)
식물체의 크기: 7.5~10cm 초장, 30cm 이상의 폭을 가지고 있다.
최적 토양조건: 건조하거나 배수가 잘되는 평균적 토양이면 좋다.
최적 광도조건: 부분적인 그늘에서 충분히 강한 햇빛에 내성이 있다.

유사한 품종들: 세덤 테트락티눔 *Sedum tetractinum*의 잎은 겨울에 녹색으로 남아있다. 세덤 마키노이 *Sedum makinoi*는 유사한 외양을 가지고 있다. 이 식물은 작은 형태로 '리틀 차이나'라고 부르기도 한다. 이는 미국 테네시 주에 있는 폴 리틀(Paul Little)이라는 사람이 리틀 힐 원예 육묘장에서 붙인 이름이다.

육종과 도입원: 중국이 원산지이다.
작물로서 이용: 좋은 지피식물로 고맙게도 빨리 생장하는 식물이다. 뻗어가는 덩굴줄기들은 또한 걸이식물(hanging plant)로 좋다. 온화한 기후지대인 태평양 북서쪽에서 잘 자라고 그린루프(옥상녹화) 식물로 재배하기도 한다. 이 식물의 잎들 겨울에도 녹색으로 남아있고 따라서 아주 멋있는 대비를 보이는데 이 품종은 적색의 접시 모양의 색을 지니고 있다.

60. 세덤 트렐레아시 *Sedum treleasei*

실버 세덤(Silver sedum)

이 식물은 오동통한 외양을 가지고 있고 아주 두텁고, 거의 쐐기 모양의 잎들은 푸른빛을 띤 흰 가루(백분)의 청색–녹색을 지니고 있다. 줄기들은 궁극적으로 위로 곧추서게 자라며 노란색 꽃들이 둥근 덩어리(클러스터)로 이른 봄에 핀다. 이 식물은 6개의 꽃잎들과 울퉁불퉁한 녹색의 꽃받침을 가지고 있다. 상록성이며 번식은 종자나 분지, 분주로 한다.

재배 가능 최저온도: 지역 10(2℃)∼지역 11(7℃)
식물체의 크기: 15cm 초장과 30cm 폭, 꽃줄기들은 50+cm 크기로 자란다.
최적 토양조건: 건조한 토양이 좋다.
최적 광도조건: 무덥고 건조한 여름을 제외하고는 충분히 강한 햇빛이 좋다.

유사한 품종들: 이 식물은 종종 세덤 *Sedum* '라임 굼 드롭'이라고 소개된다. 두 가지가 서로 유사한 식물로 세덤 코믹툼 *S. commixtum*과 세덤 맥도갈리 *S. macdougallii*가 있다. 세덤 *Sedum* '하렌'은 세덤 트렐레아시 *S. treleasei*와 세덤 파키필룸 *S. pachyphyllum*과의 교잡종이다.
육종과 도입원: 멕시코 원산이다.
작물로서 이용: 이 식물은 아주 우수한 용기재배 식물이나 직립하는 습성 때문에 여러분은 실제 포트(pot)에서는 성숙할 때까지 상층부를 두면 안 된다. 두터운 잎은 다른 두텁고 다육식물인 세덤류와 대단한 대비를 컬러(색)에서 이룬다. 두 가지의 조합용 소재로 세덤 아돌피 *Sedum adolphii*와 세덤 루시둠 *S. lucidum*이 있다.

61. 세덤 파키필룸 *Sedum pachyphyllum*

나무 세덤(Tree sedum), 실버 젤리빈(Silver jelly bean)

이 대담한 모습을 보라! 두텁고 손가락 모양(장상)의 잎이 전형적으로 약 6mm 두께이다. 상층부가 넓고 줄기로부터 아치형태로 뻗어있다. 그리고 약간 적색이다. 컬러(색)도 다양해서 청색-녹색부터 연한 녹색까지 푸른빛을 띤 흰 가루(백분)의 색을 연출한다. 긴 줄기들은 노란색 꽃들을 납작하고 평평한 클러스터(덩어리)를 달고 있다. 꽃받침은 상층부가 더 두텁고 아주 울퉁불퉁한 모양이다. 상록성이며 쉽게 엽삽과 줄기삽으로 번식을 시킨다.

재배 가능 최저온도: 지역 10(2℃)~지역 11(7℃)
식물체의 크기: 50cm 초장, 15cm의 폭을 가지고 있다.
최적 토양조건: 건조하거나 배수가 잘되는 평균적 토양이면 좋다.
최적 광도조건: 충분히 강한 햇빛이 좋다.

유사한 품종들: 세덤 *Sedum* '론 에반스'는 세덤 파키필룸 *Sedum pachyphyllum*과 양친 중 하나로 교잡종이다. 더 두텁고 더 밀집한 모양이다. ×세데베리아 험멜리 ×*Sedeveria hummellii*는 세덤 파키필룸 *Sedum pachyphyllum*이 에케베리아 데런베르기 *Echeveria derenbergii*의 교잡종으로 더 크고 노란색 꽃들이 연한 적색이다.
육종과 도입원: 멕시코가 원산이다.
작물로서 이용: 부리토 테일(110페이지) 다음으로 가장 일반적인 실내용 세덤 중의 하나이다. 쉽게 관리가 가능하고 안정적인 다육식물이다. 토양이 건조하면 내한성이 강해서 서리에도 잘 견딘다. 멋진 짝을 이루는 식물로 적색 형태의 세덤 ×루브로틴크툼 *Sedum* ×*rubrotinctum*과 세덤 스탈리 *Sedum stahlii*가 있다.

62. 세덤 팔메리 *Sedum palmeri*

손바닥 스톤크롭(Palm stonecrop)

매력적인 이 식물은 목본성이고 갈색에서 회색의 줄기들이 로제트형의 회록색의 상층부를 가지고 있다. 어떤 형태들은 적색으로 붉게 빛난다. 다양한 잎은 타원형 모양으로 폭이 안전히 2배가 되지는 않는다. 어떤 것들은 전밀하게 톱니모양의 거치가 있는 테두리가 상층부를 이룬다. 꽃들이 늦은 겨울에 피고 측면인 옆으로 생겨나온다. 노란색에서 황금 노란색의 꽃 덩어리(클러스터)들이 끝이 뾰족한 꽃잎들을 가지고 있다. 상록성이며 번식은 삽목으로 한다.

재배 가능 최저온도: 지역 9(-7℃)~지역 11(7℃), 아마 좀 더 추위도 견딜 것이다.
식물체의 크기: 20~30cm 초장, 38cm 이상의 폭을 가지고 있다.
최적 토양조건: 건조하거나 배수가 잘되는 평균적 토양이면 좋다.
최적 광도조건: 충분히 강한 햇빛이 좋다.
유사한 품종들: 이 종은 상당히 다양한데 작은 세덤은 단지 10cm의 정도의 초장을 가진다. 세덤 팔메리 아종 에마르지나툼 *Sedum palmeri* subsp. *emarginatum*과 세덤 팔메리 아종 루브로마르지나툼 *S. palmeri* subsp. *rubromarginatum*은 우수한 2가지 종이다. 세덤 컴프레숨 *S. compressum*은 또 다른 작은 형태로 학명은 세덤 옵코다툼 *S. obcordatum*으로 대생이고 십자 대생(十字對生, X자 꼴로 교차하는) 잎이 더 둥근 모습이다.
육종과 도입원: 멕시코 그리고 미국 텍사스가 원산지이다.
작물로서 이용: 이 식물은 많은 특징을 가지고 있어서 이용할 가치가 높다. 야외나 실내 모두 재배가 잘 되는 식물이다. 줄기가 위로 곧추서기 때문에 낮게 자라는 하위 식물로 세덤 디퓨섬과 같이 심는 것을 추천한다. 재미있는 이 식물은 이탈리아에서 인기가 있는 것 같다. 저자가 본 많은 사진들은 파티오(스페인식 집의 안뜰) 식물로서 많이 이용되어오고 있는 것을 보여준다.

63. 세덤 폴리트리초이데스 '초콜릿 볼'
Sedum polytrichoides 'Chocolate Ball'

초콜릿 볼 스톤크롭(Chocolate Ball stonecrop)

가는 잎과 짙은 녹색에서 초콜릿 갈색으로 진하고 옅은 농담이 있는 색을 가진 이 식물은 많은 특징들이 있다. 갈색을 띠는 색은 여름철 내내 몇 달간 지속된다. 저자는 이 식물이 거의 짙은 녹색으로 서늘한 겨울을 나는 것(일반 식물과 반대로 색이 바뀌는 사실)을 보고 적잖이 놀랐다. 잎들은 직선적이고 나선모양의 윤생이며 많은 페트로세덤 루페스트레 *Petrosedum rupestre* 식물과 유사하다. 꽉 찬 지상부의 크라운(crowns)은 직립하며 줄기들을 퍼져 나간다. 이 식물의 특징은 털이 텁수룩한 오래된 잎이 줄기들의 기저부에서 지지하고 있다. 수줍은 꽃들이 가볍고 밝은 노란색이고 짧을 꽃잎들을 가지고 있다. 상록성이며 봄과 가을에 분지나 분주로 쉽게 번식시킨다.

재배 가능 최저온도: 지역 7(-18℃)~지역 9(-4℃)
식물체의 크기: 13cm 초장과 7.5cm 이상의 폭을 가지고 있다.

최적 토양조건: 습기가 있고 배수가 잘되는 토양이 좋다.
최적 광도조건: 충분히 강한 햇빛이 좋다.
유사한 품종들: 종종 세덤 하코넨세 *Sedum hakonense*라는 이름으로 사용되나 잘못된 이름이다. 때로는 이 식물은 페트로세덤 루페스트레 *Petrosedum rupestre*를 닮았다. 아마 이것은 실제보다 더 추위에 강하기 때문이 아닌가 생각된다.
육종과 도입원: 규슈(일본), 일본과 한국이 원산이다.
작물로서 이용: 짙은 잎이 아주 좋은 대비를 많은 다른 세덤류와 만들어 내는데 아주 이상적이다. 아주 멋지게 보이고 빼어난 세덤 멕시카눔 *Sedum mexicanum* '레몬 볼'이나 세덤 자포니쿰 *S. japonicum* '토교 선'과도 좋은 대비를 보인다. 비록 추위에 강하지 못해서(Zone 5), 정원사들이 작은 집을 지어 겨울을 나게 해야 하지만 이듬해 봄이 되면 다시 자라기 시작한다.

64. 세덤 푸르푸라시움 *Sedum furfuraceum*

이 식물은 독특하여 다른 식물과 혼동이 일어나지 않는다. 흥미를 자아내는 놀라운 잎! 컬러(색)는 짙은 녹색이나 자색 빛을 띠고 금이 간 조개 같은 표면을 하고 있다. 햇빛이 강하면 거의 검은색으로 된다. 잎들은 계란 모양이고 줄기들은 직선적으로 자라지 않는다. 전체적인 식물은 가지가 많은 외양을 갖는다.

적은 꽃들이 흰색의 계열이나 비치는 듯 한 핑크색이 햇빛에 노출되는 정도에 따라 변한다. 꽃받침이 다육질이고 꽃잎과 수술의 길이가 거의 같다. 상대적으로 느리게 자라는 식물이다. 건조한 곳에 두면 콤팩트하고 밀집한 모습이 된다. 상록성이며 번식은 삽목으로 한다.

재배 가능 최저온도: 지역 10(2℃)~지역 11(7℃)
식물체의 크기: 25~30cm 초장, 30cm의 폭을 가지고 있다.
최적 토양조건: 건조하고 배수가 잘되는 토양이 좋다.
최적 광도조건: 충분히 강한 햇빛이 좋다.
유사한 품종들: 세덤 헤르난데지이 *Sedum hernandezii*는 색깔이 더 선명한 녹색이다. 세덤 *Sedum* '크로코다일'은 짙은 녹색으로 광택이 있으며 기다란 모습이다. 젤리빈 (jellybean) 같은 잎을 가지고 있다.
육종과 도입원: 멕시코 원산이다.
작물로서 이용: 이 식물은 용기식물로 이용하면 아주 좋다. 생장이 느리기 때문에 단단하고 콤팩트하며 가지가 많은 생육습성을 보인다. 대비효과가 좋은 세덤 헤르난데지이 *Sedum hernandezii*나 세덤 파키필룸 *S. pachyphyllum*과 같이 식재해 보라.

65. 세덤 풀첼룸 *Sedum pulchellum*

과부의 십자가(Widow's cross), 불가사리(Sea star)

저자가 좋아하는 이 식물은 잎의 모양이 두 개씩 짝을 이루게 되어 있고 2년생 식물의 본성을 가지고 있으나 겨울에는 1년생 식물처럼 보인다. 여름에 꽃들이 독특한 아치형의 핑크색으로 펼쳐지고 어릿광대의 모자와 같은 모습이다. 그 이후에 종자가 맺히고 이 식물이 천천히 건조되어 가면 계피(시나몬)와 같은 갈색으로 변한다. 늦여름부터 초가을까지 유묘가 나타나 자라기 시작한다. 로제트형으로 자라는 이 식물에 스푼 모양인 잎의 짧은 자루(엽병)이 느슨하게 나선형과 같은 윤생으로 상층부주위에 붙어있다. 봄까지는 로제트가 확장하며 자라가고 직선적인 잎이 더해가며, 나선모양인 윤생의 밝은 녹색 잎이 위에 있고 일반적으로 적색의 오래된 잎이 아래에 달려있다. 새로운 식물에 꽃이 초여름에 핀다. 그리고 전 과정이 끝난다. 일단 꽃줄기들은 곧추서고 여러분은 강하게 걸쇠모양의(amplexicaule) 잎들을 관심 있게 보게 될 것이다. 상록성이며 번식은 종자에 의한다.

재배 가능 최저온도: 지역 4(-34℃)~지역 9(-4℃)
식물체의 크기: 15cm 초장, 20~25cm에 달하는 식물체의 폭을 가지고 있다.
최적 토양조건: 습기가 있는 토양에서 평균적 토양까지가 적당하다. 그리고 원산지의 토양은 다소 척박하다.
최적 광도조건: 충분히 강한 햇빛이거나 약한 차광이 좋다.
유사한 품종들: 이 종은 때때로 세덤 풀첼룸 *Sedum pulchellum* '시 스타'로 판매 유통된다.
육종과 도입원: 미국의 동부의 서쪽에서 미시시피 강 유역까지가 원산지이다.
작물로서 이용: 여러분은 이 식물을 가든의 이곳저곳 주위로 옮기고 비어진 곳에 다시 파종함으로 채울 수 있는 방법이 가능하다면 좋아할 것이다. 일단 여러분은 항상 그렇게 해야만 할 때가 많다(만약 원하지 않는 식물이 나타나면 이 식물은 쉽게 문제가 생길 수 있다). 이 식물은 미국 원산이고 약간의 그늘에서 견딜 수 있다는 것이 또 하나의 추천이유이다. 페디무스 캄차티쿠스 변종 플로리페루스 *Phedimus kamtschaticus* var. *floriferus* '바이엔슈테파너 골드'와의 조합은 아주 매혹적이다. 저자는 이 식물에 물을 주는 것을 즐기고 있는데 이는 충분히 강한 햇빛이 비치는 정원이나 가든에서이고 다음으로는 페디무스 옵투시폴리우스 변종 리스토니아 *Phedimus obtusifolius* var. *listoniae*이다. 두 식물 모두 분홍색 꽃이 여름에 피고 여기에다 아름다운 잎의 대비가 봄에 나타난다. 이 식물은 페트로세덤 루페스트레 *Petrosedum rupestre*와 때때로 카멜레온과 같이 다양하게 색의 변화를 보이기도 한다.

66. 세덤 프레알툼
Sedum praealtum

비버테일 스톤크롭(Beavertail stonecrop), 나무 세덤(Tree sedum)

또 다른 멋있는 멕시코 나무 세덤이다. *세덤 덴드로이디움류의 가까운 유연종으로부터 이들을 구분하는 최선의 방법은 잎을 이용하는 것이다. 세덤 덴드로이디움 Sedum dendroideum*의 잎은 창문과 같은 선(glands)이 잎의 가장자리를 따라 존재한다. 반면에 *세덤 프레알툼 Sedum praealtum*의 잎들은 가볍고 밝은 녹색으로 길고, 납작하며 평평하다. 그리고 부드러운 테두리를 가지고 있다. 이들은 줄기에 거의 직각으로 부착되어 있으나 상층부로 아치형태를 하고 있다.

꽃들이 큰 덩어리(클러스터)로 길고 작은 꽃자루(소화경)을 가지고 있다. 이 꽃은 노란색이고 얇은 꽃잎들을 가지고 있다. 상록성이며 번식은 삽목에 의한다.

재배 가능 최저온도: 지역 10(-1℃)~지역 11(7℃)
식물체의 크기: 크기가 90cm에 달하고 30~38cm의 폭을 가지고 있다.
최적 토양조건: 건조한 토양에서 배수가 잘되는 토양이 좋다.
최적 광도조건: 충분히 강한 햇빛이 좋다.
유사한 품종들: 세덤 프레알툼 아종 파르비폴리움 *Sedum praealtum* subsp. *parvifolium*의 잎들은 더 작고 더 둥근 모습이다. 세덤 덴드로이디움 *S. dendroideum*과 아주 유사한 모양이다.
육종과 도입원: 멕시코 원산이다.
작물로서 이용: 이 반내한성 목본성 종은 오래 생존하고 문제가 적은 용기식물로 작은 미니어처 트리를 닮았다. 따뜻한 기후지대에서는 실외에서 재배할 수 있다. 한 줄기로 자라는 습성이 있기 때문에 그 공간에 다른 다육식물을 기저부에 심어도 된다. 멋있는 동반식물로는 에오니움류. 크라슐라류, 그랍토페탈룸류, 그리고 파키피툼류가 가능하다. 이 나무 세덤은 동결온도에 도달하면 죽기 때문에 이 식물을 식재할 때에는 겨울에 재배할 장소를 잘 결정하여야 한다.

67. 세덤 헤르난데지이
Sedum hernandezii

젤리빈 식물(Jellybean plant)

이 당연히 인기가 있는 두텁고 손가락 모양(장상)의 잎이 밝은 녹색으로 자라 나오다 점점 짙어진다. 특별히 더 오래 된 잎들에서 까칠까칠하게 비늘이 있 는 형태의 질감(인편, 즉 비늘(scaly)이 있는 모양) 때문에 분류하는데 실수할 수 없이 확실하다.
직립하며 털이 있는 줄기(4개의 기둥 들)들은 2.5cm 정도의 잎을 유지하 며 지탱한다. 늦겨울에서 봄까지 노란 색 꽃들이 작은 덩어리(클러스터)로 짧 고 조직화된 상층부에서 핀다. 이 식 물이 성숙해감에 따라 관목과 같은 모 습이 된다. 상록성이며 쉽게 엽삽(leaf cuttings)으로 번식시킨다.

재배 가능 최저온도: 지역 10(2℃)~ 지역 11(7℃)
식물체의 크기: 10cm 초장, 30cm의 폭을 가지고 있다.
최적 토양조건: 배수가 잘되는 토양이 좋다.
최적 광도조건: 충분히 강한 햇빛이거 나 약한 차광이 좋다.
유사한 품종들: 세덤 푸르푸라시움 *Sedum furfuraceum*, 세덤 ×루브로틴크툼 *Sedum ×rubrotinctum*이 있다.
육종과 도입원: 멕시코 원산이다.
작물로서 이용: 이 식물은 독특한 실내 용 화초이고 다른 젤리빈 타입(형태)의 세덤 스탈리 *Sedum stahlii*와 세덤 ×루브 로틴크툼 *Sedum ×rubrotinctum*과 잘 조화 가 잘 되니 같이 식재해보라.

68. 세덤 히스패니쿰 변종 미누스
Sedum hispanicum var. *minus*

작은 버튼(Tiny buttons), 또 다른 학명은 세덤 히스패니쿰 아종 글라우쿰 *Sedum hispanicum* subsp. *glaucum*

다양한 종을 가진 이 식물은 비록 가는 질감(fine-textured) 모양을 가진 청색-녹색 잎이 포복성으로 쿠션(cushion)을 만드는 식물이다. 꽃들이 핑크색이나 실제적으로는 크림색의 흰색으로 핑크색 줄무늬가 중앙으로 내려간다. 후면부에도 또한 핑크색 줄무늬를 가지고 있다. 작은 털이 섞어 분홍색 꽃줄기(화경)가 된다. 꽃잎을 세어보면 4개에서 10개까지 다양하다. 상록성으로 봄과 가을에 쉽게 번식이 가능한데 분지, 분주로 번식시킨다. 종묘상(종묘장)에서 서늘하게 겨울을 나게 하지만 온실에는 가온을 해준다.

재배 가능 최저온도: 지역 5(-29℃)~지역 9(-4℃)
식물체의 크기: 10~13cm 초장, 50cm의 폭을 가지고 있다.
최적 토양조건: 자갈이 있는 건조하거나 배수가 잘되는 평균적 토양이면 좋다.
최적 광도조건: 충분히 강한 햇빛이 좋다.
유사한 품종들: 세덤 히스패니쿰 변종 히스패니쿰 *Sedum hispanicum* var. *hispanicum*과 세덤 히스패니쿰 변종 미누스 *S. hispanicum* var. *minus* '오레움'이 있는데 비록 활력도 떨어지고 내한성도 약하다. 세덤 팔리둠 변종 비시니쿰 *S. pallidum* var. *bithynicum*과 혼동이 되는 것 같다. 그러나 전자인 앞에 것은 흰색 꽃을 피우고 둘 다 더 내한성이 강하고 수명이 짧다.

육종과 도입원: 이탈리아의 시실리(Italy)섬에서 그리스, 터키, 중동까지 자생한다.

작물로서 이용: 축축한 겨울을 가진 기후지대나 축축한 토양에서 이 식물은 겨울을 잘 나게 할 자신이 없다. 그러나 배수가 잘되는 적지인 재배지역 5(Zone 5)에서는 다년생이다. 가느다란 질감이 섞여서 멋있는 특별히 다른 질감을 갖는 품종인 세덤 아크레 *Sedum acre*, 세덤 알붐 *S. album*, 세덤 대시필름 *S. dasyphyllum*, 그리고 세덤 섹상굴라레 *S. sexangulare*와 멋있는 조화를 이룬다. 이 식물들은 대단히 좋은 용기식물들이고 넓은 잎을 가진 다른 식물들과 좋은 대비를 이룬다.

69. 세덤 히스패니쿰 변종 히스패니쿰 Sedum hispanicum var. hispanicum

스페인 스톤크롭(Spanish stonecrop)

이 멋있는 작은 포복성 쿠션(cushion) 식물은 잎이 더 자색이고 습성은 은색보다 단단하게 자란다. 그러나 다른 유사한 종인 세덤 히스패니쿰 변종 미누스 Sedum hispanicum var. minus가 있다. 불행하게도 이 식물은 완전히 다년생이거나 내한성이 강하지 않다. 꽃들은 핑크색 줄무늬를 가진 흰색이다. 상록성이며 번식은 분지, 분주로 한다.

재배 가능 최저온도: 지역 6(-23°C)~지역 9(-4°C)
식물체의 크기: 10~13cm 초장, 30cm 이상의 폭을 가지고 있다.
최적 토양조건: 건조하거나 배수가 잘되는 평균적 토양이면 좋다.
최적 광도조건: 충분히 강한 햇빛이 좋다.

유사한 품종들: 더 일반적인 이름으로 재배종인 세덤 히스패니쿰 Sedum hispanicum '퍼플 폼'이나 '푸르퓨레움'이 있다. 이 식물은 세덤 팔리둠 Sedum pallidum과 혼동을 일으키는데 이것은 거의 재배하지 않고 더 일년생이다. 이 식물은 아주 큰 흰색 화서가 아치형 줄기들에 달린다. 세덤 팔리둠 변종 비시니쿰 Sedum pallidum var. bithynicum은 수명은 짧으나 내한성(내한성)은 강하다.
육종과 도입원: 이탈리아의 시실리(Italy)섬에서 그리스, 터키, 중동까지 자생한다.
작물로서 이용: 항상 즐겁게 잘 자라는 이 식물은 더 은색의 세덤 히스패니쿰 변종 미누스 Sedum hispanicum var. minus와 잎의 컬러(색)에서 좋은 대비를 보인다.

70. 시노크라슐라 유나넨세 *Sinocrassula yunnanense*

중국 크라슐라(Chinese crassula)
또 다른 학명은 세덤 인디쿰 변종 유나넨시스 *Sedum indicum var. yunnanensis*

작고 예쁘며 흥미와 호기심을 자아내는 단단한 로제트 형으로 크기가 단지 2.5cm에 불과하고 폭도 비슷하다. 그러나 때에 따라서는 7.5~10cm의 폭까지 자라기도 한다. 얇고 끝이 뾰족한 잎은 짙은 녹색에서 갈색까지 분포한다. 그리고 일반적으로 작은 반점과 짙은 점을 가지기도 한다. 꽃들이 여름에 피는데 크림색의 흰색이 수술에서 하나의 줄(row)은 세덤에서 정상적인 두 줄과 대비가 된다. 수술은 꽃잎들 사이에서 교호적으로 존재한다. 상록성이며 번식은 종자나 분지, 분주로 한다.

재배 가능 최저온도: 지역 7(-18℃)~지역 9(-4℃)
식물체의 크기: 2.5cm 초장과 5~10cm 폭, 꽃줄기들은 7.5~10cm 높이로 자란다.
최적 토양조건: 배수가 잘되는 토양에서 건조한 토양까지가 좋다.

최적 광도조건: 충분히 강한 햇빛이 좋다.
유사한 품종들: 시노크라슐라 인디카 *Sinocrassula indica*는 더 넓은 잎을 가지고 있다. 프로메튬 필로숨 *Prometheum pilosum*은 또한 작은 녹색의 로제트로 얇고 털이 많은 잎이 있으나 아주 작고 깜찍한 분홍색, 관모양의 꽃이 핀다.
육종과 도입원: 네팔, 중국의 서부 고원지대가 원산이다.
작물로서 이용: 이 식물은 대부분은 작은 용기들과 자갈가든(암석원)에서 재배한다. 이상적으로 갈리진 암반의 틈인 크레비스(crevice)에 식재한다. 이 식물은 겨울에 습하면 반점병이 생길 수 있다. 밝은 색의 자갈 멀칭은 낮은 잎을 건조하게 유지시키는데 도움이 되고 대비를 만드는데 짙은 잎(유기질 토양에서는 이 색이 없어진다)이 좋다. 작은 로제트를 형성하는 이 식물은 조비바르바(주피터의 수염)와, 로술라리아류, 그리고 셈퍼비붐류와 완전한 조화를 이룬다.

71. 오로스타키스 보에메리 Orostachys boehmeri

또 다른 학명은 세덤 보에메리 Sedum boehmeri, 오로스타키스 아그레가투스 Orostachys aggregatus

광택이 있는 녹색 로제트로 2.5cm 폭에 둥근 상층부의 잎들로 구성되어 있다. 많은 얇은 지상경(지상부의 줄기들)은 잎 사이로부터 나온다. 이것은 이 식물의 특징을 분류하는 핵심 요소이다. 아주 늦게 개화하는 수상(穗狀) 꽃차례는 두텁고 흰색 꽃들이 중간에서 늦가을까지 나온다. 상록성으로 번식은 삽목으로 하며 "꼬마들(pups)"이라고 불리는 작은 소식물체들을 다시 심는다.

재배 가능 최저온도: 지역 6(-23℃)~지역 9(-4℃)
식물체의 크기: 5~7.5cm 초장, 60cm 폭, 꽃줄기(화경)의 길이가 15~20cm 정도이다.
최적 토양조건: 아주 우수한 배수성을 가진 건조토양이 좋다.
최적 광도조건: 충분히 강한 햇빛이 좋다.

유사한 품종들: 만약 여러분의 식물이 회록색 잎을 가지고 있는 '케이코' 품종과 같다고 한다면 아마 잘못된 이름으로 팔리고 있는 것일 것이다. 유사한 오로스타키스 푸루세이 Orostachys furusei는 푸른빛을 띤 흰 가루(백분)의 잎이 더 크고 더 풍부한 식물이다. 이 식물은 녹색을 띤 흰색 꽃들을 포함하는 많은 포를 가지고 있다.
육종과 도입원: 일본의 홋가이도 혼슈 섬들(Hokkaido, Honshu Islands)이 원산이다.
작물로서 이용: 이 식물은 홈통이나 물통 같은 용기는 물론 다른 용기들에 잘 어울리며 암석원에 심기에도 알맞다. 이 식물은 멋진 다른 던스 캡스(바보모자로 바위솔과 유사한 식물을 지칭한다, dunce caps), 다른 오로스타키스 Orostachys 종과 헨앤칙스(암탉과 병아리) 세덤인 셈퍼비붐 Sempervivum 품종과도 잘 어울린다.

72. 페디무스 미덴도피아누스 *Phedimus middendorffianus*

또 다른 학명은 세덤 미덴드로피아눔 *Sedum middendorfianum*

상(prized)을 받을 만큼 우수한 소질을 가진 이 식물은 선명한 적색의 가을 컬러(색)가 여러분이 상상할 수 있는 가장 선명한 색깔 중의 하나이다. 봄과 여름에는 잎이 풍성한 녹색을 띤다. 이것은 상대적으로 얇은 6mm 정도의 넓이와 거치형 정단부를 가지고 있다. 꽃과 형태에서 *페디무스 캄차티쿠스 변종 플로리페루스 Phedimus kamtschaticus* var. *floriferus* '바이엔슈테파너 골드'와 닮았다. 그러나 꽃이 피었을 때는 여러분이 보면 빽빽하게 밀집해 보이지만 듬성듬성 성근 생육 습성을 보인다. 심피(종자)는 아주 짧은 부리 모양(beak)을 하고 있다. 황금색 꽃이 여름에 피고 낙엽성이다. 봄에 삽목이나 분지, 분주로 번식시킨다.

재배 가능 최저온도: 지역 4(-32℃)~지역 9(-4℃)

식물체의 크기: 13~15cm 초장, 30cm의 폭을 가지고 있다.
최적 토양조건: 배수가 잘되는 건조한 토양부터, 돌이 많거나 평균적인 토양까지 재배할 수 있다.
최적 광도조건: 충분히 강한 햇빛이 좋다.
유사한 품종들: 페디무스 미덴도피아누스 변종 디퓨서스 *Phedimus middendorffianus* var. *diffusus*로 잘못 명명되어 거래된다. 그러나 이 형태는 중간의 잎이 더 얇은 *페디무스 미덴도피아누스 P. middendorffianus* '스트리아투스'와 더 비슷하다. 다른 품종들과 상당히 유사한 페디무스 하이브리더스 *P. hybridus* '차르(황제) 골드'와 페디무스 캄차티쿠스 변종 플로리페루스 *P. kamtschaticus* var. *floriferus* '바이엔슈테파너 골드', 그리고 페디무스 시초텐시스 *P. sichotensis*를 포함하고 있다.

육종과 도입원: 시베리아, 중국, 그리고 일본이다.
작물로서 이용: 이 식물에서 가을의 컬러(색)은 가히 환상적이다. 그래서 저자는 가을에만 이 식물을 재배하겠다고까지 말하고 다닌다.

이 식물은 지피식물로도 대단히 이용가치가 높은데 비록 이 식물이 상록성이 아닐지라도 그러나 이 식물은 겨울을 나면서 땅에서 녹색의 아름다운 로제트를 보여준다. 식물을 심는 지역의 선택은 상록성이기 때문에 캔디터프트(이베리스 셈페르비렌스 *Iberis sempervirens*)나 락크레스(아라비스 카우카시카 *Arabis caucasica*)와 같이 심으면 좋다.

73. 페디무스 미덴도피아누스 '스트리아투스'
Phedimus middendorffianus 'Striatus'

또 다른 학명은 세덤 미덴드로피아눔 *Sedum middendorffianum* '스트리아툼'

좋은 질감 그리고 대단한 가을 컬러(색)는 저자를 비롯해 많은 애호가들에게 총애를 받는 매혹적인 식물이다. 홀쭉하고 가느다란 잎들이 짙은 녹색으로 항상 초콜릿 갈색을 가지고 있고 적색의 테두리는 하이라이트인데 이 종에서 아주 독특하게 보인다. 황금빛의 노란색 꽃들이 믿을 수 없을 만큼 매우 아름답다. 식물들은 강하게 덩어리를 형성하고 있으며 낙엽성이다. 번식은 분지나 분주로 한다.

재배 가능 최저온도: 지역 4(-32℃)~지역 9(-4℃)
식물체의 크기: 10cm 초장과 동일한 넓이를 가지고 있다.
최적 토양조건: 돌이 많고 그리고 건조하거나 배수가 잘되는 평균적 토양이면 좋다.
최적 광도조건: 충분히 강한 햇빛이 좋다.

유사한 품종들: 페디무스 하이브리더스 *Phedimus hybridus* '차르(황제) 골드', 페디무스 미덴도피아누스 *P. middendorffianus* 그리고 페디무스 미덴도피아누스 변종 디퓨서스 *P. middendorffianus* var. *diffusus*, 그리고 페디무스 캄차티쿠스 변종 플로리페루스 *P. kamtschaticus* var. *floriferus* '바이엔슈테파너 골드'가 있다.
육종과 도입원: 정원이나 가든에서 육종되었다.
작물로서 이용: 이 식물은 작아서 암석원이나 가든에서 다른 작은 모둠을 형성해야 하는 식물로 적당하다. 이 식물은 때에 따라 짙은 색을 띠므로 하얗게 표토를 처리하면 대비를 극대화시킬 수 있다. 그래서 밝은 색의 자갈을 이용해 멀칭을 함으로써 대비효과를 만들어 내기도 한다

74. 페디무스 셀스키아누스 *Phedimus selskianus*

또 다른 학명은 *세덤 셀스키아눔* Sedum selskianum

인상적으로 멋있는 건축구조적인 이 식물은 개방되고 아치형이며 가지를 적게 치는 습성이 있다. 다 생장한 식물체의 모습은 마치 낙지를 닮았다. 또 다른 독특한 특징은 전체적으로 털이 많은 이 식물의 기관들은 비록 줄기가 은색의 털을 가지고 있는 것을 제외하고는 확인을 위해서 확대경이 필요할지도 모른다.

줄기들은 스푼모양의 중첩된 잎으로 덮여있고 이 잎들의 위쪽 면에는 조약돌(shingle)과 같은 모습으로 덮여 있다. 자세히 조사해보면 잎은 위쪽의 절반이 거치형이라는 것을 알 수 있다. 정상적이고 광택이 약한 (matte) 녹색의 잎은 때때로 한여름에 갈색으로 변한다.

늦여름이 오면 실제의 꽃은 덩어리로 클러스터를 이룬다. 이것은 작고 깜찍한 5개의 꽃잎으로 구성되어 있는 꽃으로 돌연변이성 포엽 바로 밑에 줄기들 방사상으로 내뿜는 습성을 나타낸다. 낙엽성이고 번식은 봄에 분지나 분주, 삽목과 종자로 번식시킨다.

재배 가능 최저온도: 지역 4(-32℃)~지역 9(-4℃)
식물체의 크기: 20cm 초장, 38cm 이상의 폭을 가지고 있다.
최적 토양조건: 건조하거나 배수가 잘되는 평균적 토양이면 좋다.
최적 광도조건: 충분히 강한 햇빛이 좋다.
유사한 품종들: 페디무스 셀스키아누스 *Phedimus selskianus* '골디락'은 더 작은 형태를 가지고 있는데 종자로부터 번식시키고 자라간다. 페디무스 캄차티쿠스 *Phedimus kamtschaticus*, 페디무스 시초텐시스 *Phedimus sichotensis*와 유사한 품종이다.
육종과 도입원: 경계식물로 중국에서 가져왔고 그 이전에는 소비에트연방이었다.

작물로서 이용: 극도로 강한 내건성이 있는 작물로 용기재배, 락가든(암석원), 그리고 자갈 정원용으로 알맞다. 이 식물은 다른 유포르비아 미르시니테스 *Euphorbia myrsinites*처럼 건축구조적인 요소가 강한 식물이다.

75. 페디무스 스톨로니페러스 *Phedimus stoloniferus*

포복경 스톤크롭(Stolon stonecrop), 좁은 꽃잎 스톤크롭(Narrow petal stonecrop)
또 다른 학명은 세덤 스톨로니페룸 *Sedum stoloniferum*

이 종은 낮게 땅을 기는 포복성 식물로 근경이 바깥쪽으로 뻗어가며 자란다. 잎이 작고 마주나며, 일 년 내내 녹색으로 존재한다. 지그재그(zigzagging)로 자라는 줄기들은 붉은 색이다. 가볍고 밝은 분홍색 꽃은 별모양이고 상록성이다. 이전에 이 식물은 재배하기가 어려웠으나 최근에는 종자로 재배가 가능하다. 번식은 삽목이나 종자, 또는 분지나 분주로 번식시킨다.

재배 가능 최저온도: 지역 6(-23℃)~지역 9(-4℃)
식물체의 크기: 5~7.5cm 초장, 30cm 이상의 폭을 가지고 있다.

최적 토양조건: 보통 배수가 잘되는 토양이 좋다.
최적 광도조건: 충분히 강한 햇빛이거나 부분적인 차광은 가능하다.
유사한 품종들: 이 식물은 종종 페디무스 스푸리우스 *Phedimus spurius*와 혼동하기 쉬운데 둘 다 작은 품종이나 내한성이 완전히 다르다.
육종과 도입원: 이란에서 코카서스 산맥까지가 원산지이다.
작물로서 이용: 이 식물은 단단하고 땅을 기는 포복성을 가진 품종으로 매력적이고 쉽게 걸어 다니면서 작업하기가 편하다.

76. 페디무스 스푸리우스 '닥터 존 크리치'
Phedimus spurius 'Dr. John Creech'

또 다른 학명은 세덤 스푸리움 *Sedum spurium* '닥터 존 크리치'

일단 여러분이 이 세덤을 한번 보고나면 잊을 수가 없을 정도이다. 밀집한 포복성의 완전한 녹색 잎이 매트(mat)로 형성되므로 구별이 잘 되는 이 식물은 최고의 특성(attribute)을 보게 된다. 여러분이 자세히 들여다보면 어떻게 저렇게 잎들이 서로 껴않고(hug) 있는지 그리고 스푼 같은 그 자체의 아름다운 모습, 어떤 다른 것을 포용하는 뜻한 약간의 공간, 잡초의 침입도 포함하는 것까지도 말이다. 여름에는 밝은 분홍색 꽃을 피우는데 그 크기는 7.5~10-cm 정도이다. 상록성이면서 봄에 쉽게 번식시키거나 여름에 삽목을 한다.

재배 가능 최저온도: 지역 3(-37℃)~지역 9(-4℃)
식물체의 크기: 7.5~10cm 초장, 60cm 이상의 폭을 가지고 있다.
최적 토양조건: 건조하거나 배수가 잘되는 평균적 토양이면 좋다.
최적 광도조건: 충분히 강한 햇빛이거나 약한 차광이 좋다.
유사한 품종들: 자주 '존 그리치'와 페디무스 스푸리우스 *Phedimus spurius* '로열 핑크'가 서로 완전히 유사하여 같은 이름으로 판매되기도 한다. 비록 약하고 더 성근 잎을 가지고 있음에도 페디무스 스푸리우스 *P. spurius* '로제움'의 잎과 유사한 종이다. 이는 이 종의 습성이 그렇기 때문이다. 이 식물은 분홍색 꽃을 피우고 녹색 잎을 가지며 적색일 때 하이라이트를 이룬다. 페디무스 스푸리우스 *P. spurius* '헤론스우드 핑크 스타'는 강하게 끝이 뾰족한 가볍고 밝은 핑크색 꽃잎들 그리고 더 짙은 핑크색 심피(종자)를 가지고 있다. 페디무스 스푸리우스 *P. spurius* '썸머 글로리'는 종자에 줄무늬가 있고 짙은 분홍색 꽃을 피우고 활력이 있어 보이지만 실제로는 그렇게 보이는 습성이 약하다.

육종과 도입원: 정원이나 가든에서 육종되었다.
작물로서 이용: 상록성 지피식물로 가장 많이 이용하기 때문에 이 식물은 극도로 단단한 매트(mat)를 만들고 빠른 생장을 한다. 이 식물은 그린루프(옥상녹화)에서도 잘 견딘다. 단단한 습성은 또한 완벽한 테두리 식물로 정원의 길이나 도로가에 심는다.

77. 페디무스 스푸리우스 '레닌그라드 화이트'
Phedimus spurius 'Leningrad White'

또 다른 학명은 세덤 스푸리움 *Sedum spurius* '레닌그라드 화이트'

이 흰색 형태의 식물은 활력이 있게 지표면을 타고 자란다. 다른 흰색의 꽃을 가진 품종과 대비를 잘 이루고 풍성하게 가득 채우는 습성이 있다. 이 식물은 전체가 녹색의 잎을 지니고 있으나 척박한 토양에서는 엽색이 연해진다. 흰색 꽃이 여름에 피는데 일반적으로 많이 피지는 않는다. 꽃밥(약)은 꽃이 피기 전에 오렌지색으로 인상적이다. 상록성이고 번식은 분지나 분주로 번식시킨다.

재배 가능 최저온도: 지역 4(-32℃)~지역 9(-4℃)
식물체의 크기: 10cm 초장, 45~60cm 이상의 폭을 가지고 있다.
최적 토양조건: 건조하거나 배수가 잘되는 평균적 토양이면 좋다.

최적 광도조건: 충분히 강한 햇빛이 좋으나 가벼운 그늘은 괜찮다.
유사한 품종들: 페디무스 스톨로니페러스 *Phedimus stoloniferus*, 그리고 다른 흰색 페디무스 스푸리우스 변종 *P. spurius* var. '알붐'은 확실한 녹색 잎과 흰색 꽃들이 수줍게 피운다. 활력이 좀 떨어지는 '그린 맨틀'(또 다른 학명은 '알붐 슈퍼붐')은 연약한 잎과 흰색 꽃들이 드문드문 핀다.
육종과 도입원: 정원이나 가든에서 육종되었다.
작물로서 이용: 옥상녹화, 덩어리로 심기(massed)에 알맞고, 지피식물에는 이 품종은 대단한 선택이 될 것이다 많은 분홍색, 적색 그리고 노란색의 페디무스 스푸리우스 *Phedimus spurius*가 여러분을 압도한다. 이 식물은 유사한 품종을 대체시켜도 거의 비슷하게 보일 것이다.

78. 페디무스 스푸리우스 '레드 카펫'
Phedimus spurius 'Red Carpet'

또 다른 학명은 세덤 스푸리움 *Sedum spurium* '레드 카펫', '아트로푸르푸리움', '코시네움', '엘리자베스'

여름에 중간적인 분홍색 꽃을 가진 비트(beet)빛 적색 잎이 다른 아름다운 유사한 품종과 구별이 되게 한다. 저자는 이 식물이 더 갈색으로 변하는 것을 보아왔다(돌연변이로 추정됨) 이것은 정원에서 전체적인 경관에는 크게 영향을 미치지 않는다. 비록 갈색으로 된 부분은 약간 더 활력이 있다. 또한 추운계절에 줄기들은 단지 몇몇 잎들이 상층부에 남아서 견딘다. 반상록성이며 번식은 삽목이나 분지, 분주로 번식시킨다.

재배 가능 최저온도: 지역 4(-32℃)~지역 9(-4℃)
식물체의 크기: 10+cm 초장, 45~60cm 이상의 폭을 가지고 있다.
최적 토양조건: 건조하거나 배수가 잘되는 평균적 토양이면 좋다.
최적 광도조건: 충분히 강한 햇빛이거나 약한 차광이 좋다.

유사한 품종들: 연한 분홍색 꽃이 다른 유사한 페디무스 스푸리우스 *Phedimus spurius* '래스베리 레드'가 놀라게 한다. 잎이 짙은 녹색에서 적색 하이라이트를 가진 갈색으로 바뀌기 때문에 멋있는 효과를 준다. 페디무스 스푸리우스 *Phedimus spurius* '루비 맨틀'은 더 큰 잎과 루비색 꽃을 가지고 있다. 변이종자 페디무스 스푸리우스 *Phedimus spurius* '부두'는 인기가 있는 그린루프(옥상녹화)로 좋은데 아마도 이것이 짙은 적색 잎과 이 식물명과 관계가 있는 것 같다. 저자는 짙은 색을 가진 변종이 활력이 있거나 일정한 형태를 가진 것을 본적이 없다고 한다.
육종과 도입원: 정원이나 가든에서 육종되었다.
작물로서 이용: 적색 잎과 짝을 이루는 배치는 단연최고이다. 이 식물과 황금색 잎의 세덤인 세덤 마키노이 *Sedum makinoi* '오곤'을 이기기 어렵다. 꽃보다 더 유사한 적색 잎의 형태를 관심 있게 살펴보라.

79. 페디무스 스푸리우스 '트리컬러' *Phedimus spurius* 'Tricolor'

삼색 스톤크롭(Tricolor stonecrop)
또 다른 학명은 세덤 스푸리움 *Sedum spurium* '트리컬러', 페디무스 스푸리우스 *Phedimus spurius* '바리에가툼'

이름이 적절하게 붙여진 이 식물은 일 년 내내 멋있다. 이 식물은 쉽게 구별이 되는데 즉 흰색-테두리를 가진 잎이 녹색의 중심부에 핑크색 색조를 테두리로 띠고 있다. 시간이 지나면서 핑크색이 없어지거나 강해지지는 않는다. 흰색의 테두리는 다양한 모양인데 완전히 얇아져 3mm 이내가 된다. 꽃들이 중간 분홍색을 띠는 반상록성이며 번식은 삽목에 의한다.

재배 가능 최저온도: 지역 5(-29℃)~지역 9(-4℃)
식물체의 크기: 10cm 초장, 30~38cm 이상의 폭을 가지고 있다.
최적 토양조건: 건조하거나 배수가 잘되는 평균적 토양이면 좋다.
최적 광도조건: 충분히 강한 햇빛이 좋다.
유사한 품종들: 페디무스 스푸리우스 *Phedimus spurius* '풀골드'는 유사하여 아마도 같은 품종으로 생각된다. 또 다른 학명은 페디무스 캄차티쿠스 *Phedimus kamtschaticus* '바리에가투스'로 황금색 노란색 꽃들과 잎이 크림색의 노란색 무늬의 테두리를 가진 종이다.
육종과 도입원: 정원이나 가든에서 육종되었다.
작물로서 이용: 미리 주의를 주는데 이 식물은 회귀하거나 원하지 않는 녹색의 지상부(싹)가 무늬 부분을 압도할지 모른다. 또 늦은 봄에 서리의 피해에 약한 것 같다. 이 식물은 또한 새로운 가지가 원래의 좋지 않은 모습으로 되돌아가는 성질이 있다. '트리컬러'는 대단한 색의 대비를 보여주는데 어떤 적색의 잎을 가진 세덤, 즉 페디무스 스푸리우스 *Phedimus spurius* '풀다글루트'(파이어글로우)와 같은 종과 잘 어울린다. 이 식물은 혼합으로 용기에 심으면 아주 인기가 있다.

80. 페디무스 스푸리우스 '풀다글루트' *Phedimus spurius* 'Fuldaglut'

파이어글로우 두 줄 스톤크롭(Fireglow two-row stonecrop), 또 다른 학명은 세덤 스푸리움 *Sedum spurius* '풀다글루트'

아주 우수한 이 식물은 기본적으로 더 발전된 페디무스 스푸리우스 *Phedimus spurius* '스코루즈 블루트'(용의 피) 이다. 관련 식물과 비교하여 보면 이것의 잎은 실제로 훨씬 더 많다. 납작하고 평평한 둥근 잎들은 밝은 거치형이 교호적으로 짝을 이루며 두 줄로 넓게 서로가 배치되어 있기 때문에 여기서 말하는 두 줄 스톤크롭(two-row stonecrop)이라는 이름이 붙었다. 잎은 적색보다 갈색으로 나타나고 녹색의 중심을 가지고 있다. 그리고 만약 이 식물이 충분히 강한 햇빛이 받으면 적색 테두리가 생긴다. 여름에 컬러(색)이 점점 깊어져 더 적색이 되면 녹색은 점점 옅어진다. 이 식물은 진홍색(루비)꽃들이 실제로 많고 개화하며 그 크기는 12cm 정도까지 된다. 줄기들은 개회된 원추화서(원추꽃차례)나 취산화서(산형꽃차례) 7.5~10cm 정도의 폭을 가진 이 화두를 지지한다. 가을과 겨울에 오래된 잎들은 가을부터 떨어지기 시작하고 회색-갈색의 줄기들이 남는다. 잎의 상층부는 로제트이다. 반상록성이며 쉽게 삽목으로 번식한다.

재배 가능 최저온도: 지역 3(-37℃)~지역 9(-4℃)
식물체의 크기: 10~13cm 초장, 60cm까지 자라는 식물체의 폭을 가지고 있다.
최적 토양조건: 건조하거나 배수가 잘되는 평균적 토양이면 좋다.
최적 광노조건: 충분히 강한 햇빛이거나 약한 차광이 좋다.
유사한 품종들: 이 종은 때때로 영어이름인 '파이어글로우(Fireglow)'로 사용되는데 그렇지 않으면 이와 유사한 이름으로 통용된다. 이 식물의 이전 이름인 페디무스 스푸리우스 *Phedimus spurius* '스코루즈 블루트'(용의 피)는 루비색의 꽃들이 피지만 잎의 크기는 더 작다. 이 식물은 생장을 하는 시기에는(계절) 더 짙은 녹색을 띤다. 여름에는 갈색을 띤 적색으로 되고 그리고 이 식물들의 줄기들은 더 얇아져 3mm 폭이 된다. 영국원예학회 AGM 상을 1993년도에 수상한 품종이다. '레드 락'은 항상 적색의 돌연변이체인데 2013년 저자에 의하여 도입되었다. 또 다른 유사한 식물은 페디무스 스푸리우스 *P. spurius* '브론즈 카펫'으로 이것은 약간 다른데 그것은 잎이 더 짙은 갈색이라는 것과 대부분의 재배기간 동안 그 색을 유지한

다는 점이 다르다. 또한 이 식물의 꽃 컬러(색)은 더 밝고 더 암적색이다.
육종과 도입원: 정원이나 가든에서 유래된 것으로 동유럽에서 아르메니아 그리고 북부 이란이 원산이다.
작물로서 이용: 이 식물은 오래 견디고 오래 사는 식물이다. 그래서 여러분은 어디에서든 이 아름다운 식물을 감상할 수 있다. 이 식물은 은색 잎을 가진 환상적인 식물로 람스이어(허브식물, 스타키스 비잔티나 *Stachys byzantina*)와 세라스티움 토멘토숨 *Cerastium tomentosum*과 잘 어울린다.

81. 페디무스 시초텐시스 *Phedimus sichotensis*

또 다른 학명은 세덤 시초텐시스 *Sedum sichotense*

이 식물은 페디무스 캄차티쿠스 *Phedimus kamtschaticus* 의 꼭 같은 소형(miniature)의 형태로 보인다. 이들은 구별하는 최선의 방법은 작다는 소형의 요소를 제외하고 보면 약간 더 위로 곧추서며, 덩어리를 형성하는 습성이 있다. 상대적으로 얇은 잎들은 중앙에 홈이 파져있다. 톱니 모양을 한 정단부, 그리고 전형적인 크기로 약 6mm 넓이를 가진다. 여름이 지나감에 따라 잎들은 자색-적색으로 바뀐다. 가을의 컬러(색)는 밝은 적색이다. 줄기들은 항상 짙은 적색이다. 늦여름에는 끝에 달린 꽃들이 나타나고 황금색 노란색이 된다. 낙엽성이고 번식은 삽목으로 한다.

재배 가능 최저온도: 지역 4(-32℃)~지역 9(-4℃)
식물체의 크기: 10cm 초장, 20~25cm 이상의 폭을 가지고 있다.
최적 토양조건: 건조하거나 배수가 잘되는 평균적 토양이면 좋다.
최적 광도조건: 충분히 강한 햇빛이 좋다.
유사한 품종들: 페디무스 하이브리더스 *Phedimus hybri-dus* '차르(황제) 골드', 페디무스 미덴도피아누스 *P. middendorffianus*, 그리고 페디무스 캄차티쿠스 변종 플로리페루스 *P. kamtschaticus* var. *floriferus* '바이엔슈테파너 골드'가 있다.
육종과 도입원: 우크라이나 동부지역이다.
작물로서 이용: 이 식물의 더 크기가 작기 때문에 더 배수가 잘되는 토양과 건조한 곳을 요구한다. 특히 건조에 잘 견디고 정원의 남쪽에 재배하는 품종들은 대부분 상록성을 가지고 있고 북쪽에서는 죽은 이후에 녹색의 로제트를 형성한다. 몇십년전에는 상대적으로 이용이 저조했으나 이제는 인기가 있는 식재용으로 그린루프(옥상녹화)에 사용하고 있다. 저자는 은색 잎을 가진 미조우리 달맞이꽃(오에노테라 마크로카르파 *Oenothera macrocarpa*)과 함께 자랄 정원에서 재배하고 있다.

82. 페디무스 아이조온 *Phedimus aizoon*

또 다른 학명은 *세덤 아이조온* Sedum aizoon

이 품종의 잎은 봄에 가장 싱싱하게 보인다. 잎들은 비교적 커서 5cm 길이에 2.5cm가 넘는 넓이를 가지고 있다. 질감은 광택이 있고, 엽색은 연한 녹색부터 짙은 녹색까지 다양하다. 봄에 위로 곧추서는 줄기들이 나오고 빨리 30cm 이상으로 초여름까지 크게 자란다. 이 식물의 상층부에 평평한 노란색 꽃 덩어리(클러스터)가 7.5~10cm 넓이의 크기로 달린다. 줄기의 컬러(색)이 또한 다양한데, 비록 가장 멋있는 형태는 적색의 줄기를 가진 것이다. 줄기들은 겨울이 되면 죽어서 토양으로 돌아가고 이듬해가 되면 새싹들이 겨울에 죽었던 뿌리의 지표면에서 로제트형을 보이면서 자란다. 낙엽성이며 분지나 분주로 번식시키는 것이 가장 좋다. 이른 봄에 다시 파종하면 쉽게 번식하고 자라간다.

재배 가능 최저온도: 지역 4(-32℃)~지역 9(-4℃)
식물체의 크기: 38~73cm 초장, 50~60cm의 폭을 가지고 있다.
최적 토양조건: 습기가 있는 토양에서 평균적 토양까지가 적당하다.
최적 광도조건: 충분히 강한 햇빛이거나 약한 차광이 좋다.
유사한 품종들: 여기에는 많은 유사하게 보이는 관련종이 있는데 이 품종들 중 페디무스 아이조온 변종 래티폴리움 *Phedimus aizoon* var. *latifolium*은 넓은 잎들을 가지고 있고, 페디무스 아이조온 아종 안구스티폴리움 *P. aizoon* subsp. *angustifolium*은 좁은 침엽의 형태이고 페디무스 아이조온 *P. aizoon* '아우란티아쿰' (동의어로 유포르비오이데스), 이 식물의 형태로 적색의 줄기들과 오렌지색-노란색 꽃을 가지고 있다. 밀집한 형태와 관련된 페디무스 맥시모위지이 *P. maximowiczii*는 더 짙은 잎과 더 작은 걸쇠모양의 잎들을 가지고 있다. 이 식물은 페디무스 리토랄리스 *Phedimus litoralis*와 혼동되기 쉬운데 페디무스 아이조온 *Phedimus aizoon*과 페디무스 캄차티쿠스 *P. kamtschaticus*는 중간적인 형태이고 30cm 까지 키가 크다.

육종과 도입원: 시베리아에서 동부해안, 몽고에서 일본까지 분포한다.

작물로서 이용: 이 식물은 생장하는 계절에 일찍 최고조에 이른다는 것을 관심있게 살펴보라. 그래서 늦게 개화하는 식물과 혼식하는 것이 이 식물의 퇴색한 외양을 커버할 수 있는 방법이다. 색깔이 선명한 잎 때문에 대단한 것으로 보이고 이는 다른 컬러(색)를 가진 관련종, 예를 들면 페디무스 아이조온 *P. kamtschaticus* '아우란티아쿰'(또 다른 이름은 '유포르비오데스(Euphorbiodes), 길가를 따라 짙은 잎들과 적색의 줄기들이 어울릴 수 있다. 이것은 낮게 자라는 멋있는 동반식물 암소니아 *Amsonia* '블루 아이스'와 잘 어울리는 동반식물이다. 이 식물은 많은 다른 노란색 꽃들이 같은 시기에 한꺼번에 피므로 압도당하고 과대하게 보일지 모른다. 그러나 이 좋은 식물은 건조에 내성이 있고 크기나 다른 면을 고려하면 이용할 가치가 충분히 크다.

83. 페디무스 엘라콤비아누스 *Phedimus ellacombeanus*

또 다른 학명은 세덤 캄차티쿰 변종 엘라콤비아눔 *Sedum kamtschaticum* var. *ellacombianum*

이 강한 생장을 보이는 식물은 아주 우수한 건조 내성을 보이고 추위에도 강하며 그리고 아름답게 보이는 지피식물로 전 계절에 걸쳐서 생장한다. 광택이 있는 잎들은 상층부 1/3이 톱니와 같은 거치형이다. 봄과 여름에 잎이 가볍게 밝은 녹색으로 나오고 연결되어 여름에는 실제 노란색 꽃 덩어리(클러스터)가 7+cm 넓이로 달린다. 가을 잎은 아주 좋은 오렌지색과 같은 분위기를 느끼게 하며 점점 적색으로 변해가는 반면에 종자를 가진 꼬투리는 독특한 오렌지색이고 성숙하면 적색이 된다. 이 식물은 겨울을 나면서 단단한 쿠션(cushion)모양의 녹색 지제부가 로제트형 줄기들을 가진다. 낙엽성이고 분지나 분주로 이 식물을 쉽게 번식시킨다.

재배 가능 최저온도: 지역 4(-32°C)~지역 9(-4°C), 아마 더 내한성(추위)이 강할 것이다.
식물체의 크기: 20cm 초장, 30cm의 폭을 가지고 있다.

최적 토양조건: 건조하거나 다소 습할지라도 배수가 잘 되는 평균적 토양이면 좋다.
최적 광도조건: 거의 그늘상태부터 충분히 강한 상태까지 햇빛에 비교적 자유롭다.
유사한 품종들: 페디무스 셀스키아누스 *Phedimus selskianus*는 때때로 잘못된 이름으로 유통되기도 한다. 유사한 근연종은 전 식물체에 털이 많다. 페디무스 캄차티쿠스 *P. kamtschaticus*, 페디무스 하이브리더스 *P. hybridus* '임머그룬첸', 그리고 페디무스 타케시멘시스 *P. takesimensis* '골든 카펫'은 다른 유사한 식물로 분류된다.
육종과 도입원: 추운 아일랜드와 아이슬란드를 제외하고는 전 유럽의 여러 나라들이다. 원산지를 북아프리카까지 확대해도 된다.
작물로서 이용: 이 식물은 아주 우수한 지피식물이다. 적응을 잘하며 거의 그늘인 상태에서도 놀랍게 적응을 잘 한다.

84. 페디무스 엘라콤비아누스 '더 엣지'
Phedimus ellacombeanus 'The Edge'

또 다른 학명은 세덤 캄차티쿰 변종 엘라콤비아눔 *Sedum kamtschaticum* var. *ellacombianum* '더 엣지', 세덤 캄차티쿰 *Sedum kamtschaticum* '더 엣지'

이 얼마나 아름다운 무늬종인 식물인가! 이 식물은 봄에 피크를 이루는 노란색 테두리가 연둣빛(chartreuse) 녹색 잎과 상대적으로 나오는데 대담한 그리고 색깔이 선명해 대비가 되는 경향이 있다. 계절이 진행됨에 따라 대비가 줄어들고 가을이 되면 종간에 컬러(색)가 서로 잘 구별되지 않는다. 비록 이것은 항상 녹색의 형태만큼 활기가 있지는 않지만 여전히 강인한 식물이다. 황금빛 노란색 꽃들이 여름에 작은 다발형태로 꽃이 핀다. 낙엽성이 강하고 번식은 삽목으로 하는데 상대적으로 쉽다. 그러나 분지나 분주로도 번식시킨다.

재배 가능 최저온도: 지역 4(-32℃)~지역 9(-4℃)
식물체의 크기: 15~20cm 초장, 25cm의 폭을 가지고 있다.
최적 토양조건: 건조하거나 배수가 잘되는 평균적 토양이면 좋다.
최적 광도조건: 충분히 강한 햇빛이거나 약한 차광상태도 좋다.
유사한 품종들: 페디무스 캄차티쿠스 *Phedimus kamtschaticus* '바리에가투스'는 다소 유사한 식물이다. 이 식물은 세덤 셀스키아눔 *Sedum selskianum* '바리에가툼'으로 때때로 리스트에 오르지만 이것은 두 측면에서 오류이다. 즉 이 식물의 대부분 기관은 털이 많지 않다. 그리고 이 잘못된 이름은 페디무스 셀스키아누스 *Phedimus selskianu*로 수정해야 한다. 솔직히 지금도 이름이 혼동스럽다. 저자는 오리지널(original) 식물체를 에드워드 스크로키(Ed Scrocki)가 보내주어서 확보했다. 이 무늬종 형태인 페디무스 캄차티쿠스 *P. kamtschaticus*는 밀접한 관련이 있다(사실, 이 종은 아종으로 분류되기도 했었다). 무늬종인 페디무스 캄차티쿠스 *P. kamtschaticus*와 다른 형태로 추가해서 구분해볼 때 저자는 이름에서 '더 엣지'라고 하였는데 이것도 혼란스럽다. 일반적으로 유통과 판매에서 지금도 '더 엣지'가 이용되고 있다.

육종과 도입원: 정원이나 가든에서 육종되었다.
작물로서 이용: 이 식물은 아주 강한 내건성이 있는 식물이고 다른 식물과 아주 잘 동반식물로 어울린다. 노란색 꽃을 가진 유사한 크기의 식물은 코리달리스 루테아 *Corydalis lutea* 그리고 유포르비아 미르시니테스 *Euphorbia myrsinites*가 있다. 이 무늬종 중의 하나인 어떤 세덤은 그 특성이 되돌아갈(회귀) 가능성이 있다. 그러므로 만약 여러분이 어떤 돌연변이체 반점이 발견했을 때 그 부분을 (모든 녹색체) 가능한 한 밀착된 근부나 관부에서 잘라내면 된다.

85. 페디무스 옵투시폴리우스 변종 리스토니아
Phedimus obtusifolius var. *listoniae*

또 다른 학명은 세덤 옵투시폴리움 변종 리스토니아 Sedum obtusifolium var. listoniae

저자의 총애를 받는 세덤류! 이 식물의 잎들은 밝은 사과 녹색이다. 이 식물은 겨울을 나고 로제트 7.5~10cm의 넓이로 자란다. 더 오래된 잎은 갈색을 띤 적색으로 때에 따라 하이라이트를 만든다. 여름에 짧고 가지를 친 꽃줄기(화경)의 끝에서 돌연히 깜찍한 꽃을 피운다. 깊은 자색-핑크색을 가진 밝은 컵 모양의 꽃잎들은 쪼개지는 열상(裂狀)의 모습이 흰색 기저부에 나타난다. 종자를 머금은 헤드는 건조해지면 계피(시나몬) 갈색과 같은 색으로 변하고 잎은 여름의 열기에 사라져간다. 가을에 약간의 구덩이를 파고(digging) 관찰해보면 독특하게 휴면하는 흰색의 새싹들을 볼 수 있는데 이 새싹들은 새로운 생장을 하려고 로제트(rosette)를 싹틔우고 있다. 상록성이며 번식은 분지나 분주, 또는 종자로 번식시킨다.

재배 가능 최저온도: 지역 5(-29℃)~지역 9(-4℃)

식물체의 크기: 7.5~10cm 초장, 20~25cm의 폭을 가지고 있다.
최적 토양조건: 보통 배수가 잘되는 토양이 좋다.
최적 광도조건: 충분히 강한 햇빛이 좋다.
유사한 품종들: 일년생 페디무스 스텔라투스 *Phedimus stellatus*는 더 주름(장식)이 있는 테두리를 가진 잎을 가지고 있다.
육종과 도입원: 터키의 아나톨리아 지방이 원산지이다.
작물로서 이용: 문제가 없는 완벽할 정도의 내한성 품종이나 아직까지 재배가 많이 되고 있지 않은 품종이다. 종자를 이용하여 번식이 가능하다. 저자는 도로나 길의 테두리 식물로 이것을 심는데 다른 분홍색 식물과 조화를 이루는 것으로는 세덤 풀첼룸 *Sedum pulchellum*, 아가스타체 *Agastache* '코튼 캔디'가 있다. 그리고 자색 꽃을 가진 식물인 달레아 푸르푸리아 *Dalea purpurea*와도 조화가 잘 된다.

86. 페디무스 캄차티쿠스
Phedimus kamtschaticus

오렌지 스톤크롭(Orange stonecrop), 러시아 스톤크롬(Russian stonecrop) 또 다른 학명은 세덤 캄차티쿰 *Sedum kamtschaticum*

이 형태의 세덤은 대부분의 일반종 중의 하나이다. 서로 구별하는 최선의 방법은 관련 종을 비교해 보는 것이다. 이 식물의 잎은 중간 녹색 컬러를 가지고 있고 광택이 없는 질감과 비교하여 페디무스 엘라콤비아누스 *Phedimus ellacombeanus*는 밝은 녹색에 광택이 있고 잎의 크기는 일반적으로 2~3배나 넓이가 더 넓다. 잎의 상층부 절반은 초여름에 거치형이다. 반면에 이 식물의 습성은 성글게 열려있으나 여러분은 여전히 강한 덩어리를 얻을 수 있을 것이다. 각 정단부위는 새싹으로 자라나와 황금색 노란색으로 5~7.5cm의 반경(폭)으로 꽃덩이리(cluster)를 만든다. 가을에 컬러(색)이 단정해지나 반면에 멋진 오렌지 적색이 되므로 이 식물의 이름에 사용되었다. 낙엽성이며 번식은 분지나 분주로 하고 종자, 삽목으로도 한다.

재배 가능 최저온도: 지역 4(-32℃)~지역 9(-4℃)
식물체의 크기: 15~18cm 초장, 30cm의 폭을 가지고 있다.
최적 토양조건: 돌이 많고 건조하거나 배수가 잘되는 평균적 토양이면 좋다.
최적 광도조건: 충분히 강한 햇빛이 좋다.
유사한 품종들: 페디무스 하이브리더스 *Phedimus hybridus* '임머그룬첸'과 상당히 유사한 페디무스 캄차티쿠스 *P. kamtschaticus* '바리에가투스'는 잎이 크림색의 노란색 테두리를 가지고 있고 더 느리게 생장한다.
육종과 도입원: 시베리아에서 중국의 중앙지역에 자생한다.
작물로서 이용: 이 식물은 적응력이 아주 좋아서 지피식물이나 그린루프(옥상녹화)용 식물로 널리 이용된다. 이것은 또한 좋은 정원이나 가든에서 시민들이 이용하기도 좋다. 저자는 붉은 빛을 가진 블라디 크레인스빌(bloody cranesbill, 제라늄 상귀네움 *Geranium sanguineum*)과 같이 심어두었더니 적색-자색의 꽃들이 거의 동시에 피었다.

87. 페디무스 캄차티쿠스 변종 플로리페루스 '바이엔슈테파너 골드'
Phedimus kamtschaticus var. *floriferus* 'Weihenstephaner Gold'

러시아 스톤크롭(Russian stonecrop), 또 다른 학명은 세덤 캄차티쿰 변종 플로리페룸 *Sedum kamtschaticum* var. *floriferum* '바이엔슈테파너 골드', 세덤 플로리페루스 *Sedum floriferus* '바이엔슈테파너 골드'

세덤류 중에서 가장 아름다운 것 중 하나로 많은 찬사를 받는 품종이다! 홀쭉하고 가느다란 짙은 녹색 잎과 강한 톱니 모양을 한 정단부들은 첫 번째로 이 식물을 식별하는 단서가 된다. 꽃이 많은 이 식물은 아주 가지가 많은 적색의 줄기들이 황금색 노란색 꽃들로 초여름이 시작할 때부터 장관을 이룬다. 꽃들이 시들어가면서 종자를 품은 헤드는 적색의 톤으로 물들고 이것은 아주 매력적인 적색으로 변한다. 동시에 적색과 노란색 두 가지 색의 효과도 나타난다. 그리고 마지막으로 비트와 같은 적색 잎은 겨울에 생기는데 이 식물은 꼭 속임수(imposters)를 쓰는 것 같다. 쉽게 삽목으로 번식시킨다.

재배 가능 최저온도: 지역 3(-37℃)~지역 9(-4℃)
식물체의 크기: 13~20cm 초장, 13~15cm의 폭을 가지고 있다.
최적 토양조건: 건조하거나 배수가 잘되는 평균적 토양이면 좋다. 여름에는 수분을 좋아한다.
최적 광도조건: 충분히 강한 햇빛이거나 약한 차광이 좋다.
유사한 품종들: 페디무스 하이브리더스 *Phedimus hybridus*

'차르(황제) 골드'는 종자, 즉 실생으로 번식시켜 재배하고 겨울의 아름다운 적색에 비기지는 못하지만, 그러나 다른 한편으로 거의 동등한 품질을 보여주는 유사한 식물이다. 잎들은 약간 더 넓고 더 페디무스 캄차티쿠스 *P. kamtschaticus*와 닮았다. 페디무스 미덴도피아누스 변종 디퓨서스 *P. middendorffianus* var. *diffusus*를 또한 닮았다. 이 식물은 상록성이 아니나 페디무스 시초텐시스 *P. sichotensis*와 역시 상당히 유사한 생장속도를 가지고 있다.

육종과 도입원: 정원이나 가든에서 육종되었다.
작물로서 이용: 확연히 눈에 띠는 식물로 지피식물에 알맞고 그린루프(옥상녹화)용으로도 사용되며 그리고 용기재배에도 알맞은 식물이다. 만약에 누군가가 하위식물(low growing)로 재배하기를 원하는 지피식물을 찾는다면 이 식물을 항상 저자가 첫 번째로 추천한다. 진정한 상록성의 본성을 가지고 있는 이 식물은 아무라도 위험부담 없이 잘 키울 수 있는 우수한 세덤 식물이다(foolproof). 이 식물은 잡초를 몰아내는데 우수하고 겨울에 적색의 컬러(색)는 더 장관이다.

88. 페디무스 타케시멘시스 '골든 카펫'
Phedimus takesimensis 'Golden Carpet'

또 다른 학명은 세덤 타케시멘시스 *Sedum takesimensis* '골든 카펫'

항상 깊고 광택 있는 녹색 컬러(색)에 거의 놀라울 정도의 선명한 색, 범상하지 않은 강인함이 이 중간크기 식물의 특징이다. 잎은 아주 두텁고, 그리고 거치형이며 특이하다. 포복성 줄기들은 계피(시나몬) 갈색으로 위쪽으로 자라간다. 실제 덩어리(클러스터)인 노란색 꽃들이 여름에 핀다. 페디무스 캄차티쿠스와 같은 시기에 핀다. 상록성인 이 식물은 자가불화합성인 것 같다. 쉽게 삽목으로 번식한다.

재배 가능 최저온도: 지역 4(-32℃)~지역 9(-4℃)
식물체의 크기: 15~20cm 초장, 20~25cm 이상의 폭을 가지고 있다.
최적 토양조건: 건조하거나 배수가 잘되는 평균적 토양이면 좋다.
최적 광도조건: 충분히 강한 햇빛이 좋다.
유사한 품종들: 페디무스 타케시멘시스 *Phedimus takesimensis*는 밝은 녹색이고 더 얇고 약간 더 긴 잎을 가지고 있다. 다른 유사한 식물로 페디무스 아이조온 *Phedimus aizoon*, 페디무스 엘라콤비아누스 *P. ellacombeanus*, 그리고 페디무스 하이브리둠 *P. hybridum*이 있다.
육종과 도입원: 정원이나 가든에서 유래되었고 한국과 일본의 도서지역에 분포하고 있다.
작물로서 이용: 이 식물은 상록성 잎 때문에 재배하는데 용기에 심으면 아주 멋있는 샘플식물이 된다. 그리고 옥상녹화에도 좋은 식물이다. 관심있게 살펴보면 잎 컬러(색)가 가지각색으로 짙은 녹색에서 연한 색이 토양의 비옥도에 따라 달라진다.

89. 페디무스 하이브리더스 '임머그륀첸'
Phedimus hybridus 'Immergrünchen'

또 다른 학명은 세덤 하이브리둠 *Sedum hybridum* '임머그륀첸'

이 식물은 실제 빨리 자라고 형태도 멋있으며, 포복성 덩어리를 가지고 있다. 이 식물의 잎들은 관련 종보다 비교적 더 넓다. 즉, 이 식물들은 완전한 상록성인 또 하나로 보면 금세 그것임을 알 수 있다. 잎의 상층부를 잘라내면(노칭, Notching) 또한 더 돋보이는 것(강해지는) 같다. 시간이 지나면 줄기들의 낮은 부분은 나출된다. 노란색 꽃 덩어리(클러스터)들은 초여름에 자라나오고 많지는 않지만 꽤 크고 무겁다. 상록성이며 삽목이나 분지, 분주로 쉽게 번식이 잘 된다.

재배 가능 최저온도: 지역 4(-32℃)~지역 9(-4℃)
식물체의 크기: 15~20cm 초장, 38~50cm의 폭을 가지고 있다.

최적 토양조건: 암석질의 보통 배수가 잘되는 토양이 좋다.
최적 광도조건: 충분히 강한 햇빛이 좋다.
유사한 품종들: 페디무스 캄차티쿠스 *Phedimus kamtschaticus*, 페디무스 엘라콤비아누스 *P. ellacombeanus*, 그리고 페디무스 타케시멘시스 *P. takesimensis* '골든 카펫'이 있다.
육종과 도입원: 정원이나 가든에서 육종되었다.
작물로서 이용: 고맙게도 이 식물은 생장이 빠른 이상적인 지피식물이다. 저자는 첫 번째로 이 식물의 삽수를 '세덤 학회' 연례행사 중 '삽수교환'으로 얻었다. 기쁘게도 1년 동안 수백 개를 이 식물체에서 얻었다! 이 식물은 더 실제적인 다년생 식물로 아킬레아 *Achillea* 그리고 제라늄 상귀네움 *Geranium sanguineum*과 유사한 면이 있다.

90. 페트로세덤 루페스트레
Petrosedum rupestre

제니스 스톤크롭(Jenny's stonecrop),
구부러진 스톤크롭(Crooked stonecrop)
또 다른 학명은 페트로세덤 레플렉숨 *Petrosedum reflexum*, 세덤 레플렉숨 *Sedum reflexum*,
세덤 루페스트레 *S. rupestre*

이 멋있는 식물은 사시사철 아름답다! 겨울에는 나선모양으로 윤생의 바늘 같은 침엽 잎이 붉게 물든 상층부가 하이라이트이다. 녹색이 여름에 지속된다. 활력 있게 자라는 습성을 가진 기는 포복성으로 그리고 퍼져나가는 모습이고 줄기들은 적색을 띠는 갈색이다. 직립하는 꽃줄기들은 30cm 크기까지 자랄 수 있다. 새싹들은 젖혀진 상태이고 밝은 노란색 꽃들이 6~7개의 꽃잎을 가진 상태로 7.5cm 넓이로 스프레이로 핀다. 봄과 가을에 삽목으로 쉽게 번식이 가능하다.

재배 가능 최저온도: 지역 4(-32℃)~지역 9(-4℃).
식물체의 크기: 10~15cm 초장, 45~60cm 폭, 꽃줄기들은 30cm까지 자란다.
최적 토양조건: 건조하거나 배수가 잘되는 평균적 토양이면 좋다.
최적 광도조건: 충분히 강한 햇빛이거나 약한 차광이 좋다.
유사한 품종들: 페트로세덤 루페스트레 *Petrosedum rupestre* '안젤리나'는 황금색 잎을 가지고 있는 반면에 '블루 스프루스'는 청색 잎을 가지고 있다. 페트로세덤 루페스트레 *P. rupestre* '그린 스프루스'는 밝은 녹색이고 더 활력 있는 생장을 한다. 페트로세덤 루페스트레 하위종 크리스타툼 *Petrosedum rupestre* f. *cristatum*은 닭벼슬 모양의 형태이나 불행하게도 쉽게 회귀하는 경향이 있다. 이때는 닭벼슬 모양의 돌연변이가 아닌 부분을 제거하면 원래의 모습이 다시 나타난다. 세덤 ×루테오룸 *Sedum ×luteolum*는 페트로세덤 루페스트레 *Petrosedum rupestre*와 세덤 세디포르메 *S. sediforme*, 세덤 ×로렌조이 *Sedum ×lorenzoi* 사이에 교잡종이다. 페트로세덤 루페스트레 *Petrosedum rupestre* 그리고 페트로세덤 오크롤레우쿰 *P. ochroleucum*, 페트로세덤 루페스트레 아종 비리데 *P. rupestre* subsp. *viride*의 교잡종은 더 작은 품종인데 이것은 밀집하는 습성과 더 짧은 꽃줄기들을 가지고 있다. 이 식물은 밝은 노란색 꽃들을 분필 같

은 녹색 잎과 함께 지니고 있다.
육종과 도입원: 중앙 유럽과 서부 유럽이 원산지이다.
작물로서 이용: 세덤의 다른 컬러(색)로 도전해보라. 또한 침엽의 잎을 가진 것들로 디스플레이를 하면 매혹적인 대비가 이루어질 것이다. 이 식물은 또한 손바닥선인장(오푼티아 휴미푸사 *Opuntia humifusa*)과 좋은 동반식물이다. 둘 다 녹색이고 같은 질감을 가지고 있다.

91. 페트로세덤 루페스트레 '블루 스프루스'
Petrosedum rupestre 'Blue Spruce'

블루 스프루스 스톤크롭(Blue Spruce stonecrop), 또 다른 학명은 세덤 루페스트레 *Sedum rupestre* '블루 스프루스'

이 식물은 인기가 높고 적응성도 높은 품종으로 모양은 청색의 바늘 같은 침엽의 잎들이 활기가 있고 포복성 줄기는 상록성이다. 겨울에는 상층부의 아래에 있는 오래된 잎의 일부가 자색 컬러(색)으로 바뀐다. 새싹들은 젖혀진 모습이고 곧바로 위로 자란다. 이 식물은 밝은 노란색 꽃을 드러내며 개화하고 꽃잎이 6~7개를 가진다. 이러한 꽃잎들은 끝이 둥글다(꽃들은 세덤 세디포르메와 유사하다). 줄기들은 퍼져나가는 적색-갈색의 경향이 있다. 기저부가 나출되고 상록성이다. 봄과 가을에 삽목으로 쉽게 번식이 가능하다.

재배 가능 최저온도: 지역 4(-32℃)~지역 9(-4℃).
식물체의 크기: 10~15cm 초장, 45~60cm의 폭을 가지고 있다.
최적 토양조건: 건조하거나 배수가 잘되는 평균적 토양이면 좋다. 저자는 이 식물이 스톤마운틴(미국 조지아)에서 자생하는 것을 보았는데, 토양이 거의 없는 돌 위에서 자라고 있었다고 한다.
최적 광도조건: 충분히 강한 햇빛이거나 약한 차광이 좋다.
유사한 품종들: 페트로세덤 몬타눔 아종 오리엔탈 *Petrosedum montanum* subsp. *orientale*은 더 작은 잎들을 가지고 있다. 페트로세덤 세디포르메 *P. sediforme*는 더 큰 잎, 그리고 가볍고 밝은 노란색 꽃을 가지고 있다. 페트로세덤 루페스트레 *P. rupestre* '나눔'은 더 작은 청색 형태를 가진 품종이다. 이것은 더 단단하고 빽빽한 생장을 한다. 저자가 이 식물에 대해 관심을 갖게 된 것은 식물학자인 스캇 오그던(Scott Ogden)에 의해서였다. 이 꽃들은 두 품종들의 중간적 특성이 있는 것 같다. 페트로세덤 루페스트레 *P. rupestre*와 페트로세덤 세디포르메 *P. sediforme*, 그래서 아마 교잡종일 것이라고 추정한다.
육종과 도입원: 정원이나 가든에서 육종되었다.

작물로서 이용: 이것은 아주 일반적인 형태로 청색-녹색 컬러(색)가 쉽게 재배할 수 있으며 자유자재로 다양한 변화를 줄 수 있는 식물이다. 그린루프(옥상녹화)용이나 지피식물, 또는 혼합용으로 식재하기가 좋고 용기용, 행잉 바스켓용으로도 좋다. 그리고 암석원에도 알맞다. 여름이 아주 더우면 생장이 느려지므로 약간의 그늘이 좋다.

92. 페트로세덤 루페스트레 '안젤리나' *Petrosedum rupestre* 'Angelina'

안젤리나 스톤크롭(Angelina stonecrop), 또 다른 학명은 세덤 루페스트레 *Sedum rupestre* '안젤리나'

이 세덤은 인기가 폭발하고 있는 종으로 미국에 2000년도에 도입하였다. 이것은 대단한 용기식물로 대부분의 모든 것들과 멋있는 대비를 이룬다. 몇몇 노란색 잎을 가진 이 식물들은 활력이 좋고 가능성이 높은 품종들이다. 황금색의 노란색 잎들은 구리색-오렌지색으로 겨울에 바뀌고 쉽게 알아볼 수 있게 변한다. 전체적으로 이 식물은 포복성과 퍼셔나가는 생장습성을 가지고 있다. 잎은 직선이고 침엽이며, 나선형과 같은 윤생으로 줄기들에서 나온다. 식물은 부끄러운 듯 꽃이 피는데 노란색 덩어리(클러스터)가 한여름에 나타나기 시작해서 20cm까지 줄기들에서 자란다. 상록성이며 봄과 가을에 삽목으로 쉽게 번식이 가능하다.

재배 가능 최저온도: 지역 4(-32℃)~지역 9(-4℃)
식물체의 크기: 10~15cm 초장, 45~60cm 폭, 꽃줄기들 20cm 크기로 자란다.
최적 토양조건: 암석질의, 건조하거나 배수가 잘되는 평균적 토양이면 좋다.
최적 광도조건: 충분히 강한 햇빛이 좋다.
유사한 품종들: 페트로세덤 루페스트레 *Petrosedum rupestre* '시 골드' 그리고 세덤 멕시카눔 *Sedum mexicanum* '레몬 볼'(또 다른 학명은 '레몬 코랄')이 있다. 이 식물은 추위에 잘 견디는 내한성 식물은 아니다. 이 식물도 역시 이름 없는 무명의 닭벼슬 모양의 형태이다.

육종과 도입원: 크로아티아의 크리스티안 크레스(Cristian Kress)가 개인 정원이자 가든인 '사라스트로' 원예 육묘장에서 발견한 품종으로 그는 삽목을 요청하였고 2000년도에 로버트 헤르만(Herman)이라는 사람이 그것을 미국의 코네티컷 주(Connecticut)로 도입하였다.

작물로서 이용: 이 식물은 효과적으로 테두리와 같은 가장자리 식물로 이용이 가능한데 포장된 공간 그리고 정원이나 가든에서 베드에 재배할 수 있다. 이것은 또 일반적인 그린루프(옥상녹화)의 작물로 좋다. 아주 멋지게 빼어난 풍경을 만들려면 짧은 샤스타데이지인 루칸시뭄 슈퍼붐 *Leucanthemum superbum* '데이지 듀크'와 같이 심으면 아주 잘 어울린다. 또한 적색 잎 식물로 아주가(ajugas, 꿀풀과), 휴케라, 그리고 셈퍼비붐류와 잘 어울린다. 이것의 황금색 잎은 노란색 꽃과 보완이 잘 되는데 역시 쉽게 코레옵시스 버티실라타 *Coreopsis verticillata* '문빔'과 같은 식물과 배합하여 조합시킬 수 있다.

93. 페트로세덤 몬타눔 아종 오리엔탈 *Petrosedum montanum* subsp. *orientale*

또 다른 학명은 *세덤 몬타눔 아종 오리엔탈 Sedum montanum* subsp. *orientale*

형태들을 보면 더 실제 덩어리를 가진 마운드(mound)를 가지고 있고 이는 페트로세덤 루페스트레 *Petrosedum rupestre* '블루 스프루스' 더 발전된 형태로 간주된다. 내열성 그리고 내습성도 높다. 두껍고, 강하게 강조되는 회록색 잎이 밀집한 줄기들의 끝에 붙어있다. 반면에 줄기의 다른 나머지 부분은 나출되어 있다. 겨울에 잎은 자줏빛을 띠게 되고 더 푸른빛을 띤 흰 가루(백분)를 가진다. 이 식물은 이 종에서 많은 관련 종을 제외하고 말하기 어렵다. 그러나 하나의 방법은 항상 꽃의 새싹이 직립하는 발달을 한다. 꽃이 새싹 눈, 반면에 뒤로 젖혀지거나 달려있는 새싹들은 페트로세덤 루페스트레 *Petrosedum rupestre*가 있다. 각각의 꽃들은 6개의 꽃잎들 그리고 노란색을 띤다. 상록성이며 번식은 삽목으로 한다.

재배 가능 최저온도: 지역 4(-32℃)~지역 9(-4℃)
식물체의 크기: 초장은 20cm 정도이고 폭은 30cm 정도된다.
최적 토양조건: 암석질의, 건조하거나 배수가 잘되는 평균적 토양이면 좋다.
최적 광도조건: 충분히 강한 햇빛이 좋다.
유사한 품종들: 세덤 란체올라툼 *Sedum lanceolatum*는 일반적으로 더 가늘고 더 작은 그리고 밝은 회록색이다. 페트로세덤 몬타눔 *Petrosedum montanum*(이 식물은 재배되는 품종이 아님)은 비록 잎 컬러(색)이 가지각색, 즉 녹색에서 회색까지 다양하지만 이것 역시 유사한 종이다. 페트로세덤 오크롤레우쿰 *P. ochroleucum*은 약하고 더 작은 식물이나 같이 직립하는 꽃눈들을 가지고 있다. 페트로세덤 루페스트레 *P. rupestre* '블루 스프루스' 그리고 페트로세덤 세디포르메 *P. sediforme*들은 서로 간에 서로 비슷하지만 더 큰 잎들을 가지고 있다.
육종과 도입원: 프랑스, 스위스, 이탈리아라고 보지만 그 이전에 유고슬라비아가 원산지로 보인다.
작물로서 이용: 이 식물은 녹색의 식재 프로젝트에서 사용하기에 이상적이다. 이것은 또한 정원에서 대단한 지피식물로 펼쳐져 뻗어나가는 상록성 관목이다.

94. 페트로세덤 세디포르메 Petrosedum sediforme

또 다른 학명은 세덤 세디포르메 Sedum sediforme, 페트로세덤 니카엔세 Petrosedum nicaeense

실제로 이 식물은 다른 침엽을 가진 어떤 품종보다 키가 더 크다. 또한 유사종인 페트로세덤 루페스트레 Petrosedum rupestre와 달리 이것의 잎은 위부분이 납작하다. 두텁고 일직선의 잎들은 녹색에서 청색-녹색까지 가지각색의 컬러(색)를 나타낸다. 그리고 줄기들은 두텁고 직경이 3mm 이상이다. 꼭대기에 있는 꽃의 줄기(화경)는 비율적으로 더 큰데 둥근 덩어리(클러스터)가 부드러운 크림색의 노란색이다. 상록성이며 번식은 삽목으로 한다.

재배 가능 최저온도: 지역 5(-26℃)~지역 10(2℃)
식물체의 크기: 20~25cm 초장, 60cm 폭, 꽃줄기(화경)는 50cm 정도이다.
최적 토양조건: 건조하거나 배수가 잘되는 평균적 토양이면 좋다.
최적 광도조건: 충분히 강한 햇빛이 좋다.
유사한 품종들: 이 식물은 페트로세덤 루페스트레 Petrosedum rupestre를 아주 많이 닮았으나 황금색 꽃들을 가지고 있고 더 작은 모습이다. 유사한 관련 종에는 페트로세덤 몬타눔 P. montanum 그리고 페트로세덤 ×다르티 P. × thartii(페트로세덤 세디포르메 P. sediforme 그리고 페트로세덤 몬타눔 P. montanum의 교잡종)이 있다. 영양체 형태로 미국에서 판매한다. '터콰이즈 테일스'는 크고 분필 같은 청색 품종으로 컬러(색)은 일반적으로 청색이고 더 작은 형태의 브리토 테일 세덤, 세덤 모르가니아눔 Sedum morganianum이 있다.

육종과 도입원: 남부 유럽, 북아프리카이고 터키, 시리아, 그리고 이스라엘, 지중해 연안지역에까지 분포한다.
작물로서 이용: 실제 잎이 다양한 이 종은 작은 형태에서 중간 단계의 더 긴 잎의 세덤류로 그리고 다른 더 크게 식물이다. 비록 아직까지는 미국을 비롯한 북아메리카에 많이 보급되지는 않았지만 저자가 생각하기에는 대단한 잠재력이 있는 식물로 보인다. 특별히 극한 열기와 내건성(drought)이 강해서 남부지역에 잘 적응할 것으로 생각된다. 더 큰 식물은 혼합 용기들의 동반식물로 이상적이다.

95. 페트로세덤 오크롤레우쿰
Petrosedum ochroleucum

또 다른 학명은 세덤 오크롤레우쿰 Sedum ochroleucum, 세덤 아노페탈룸 S. anopetalum

이 식물은 페트로세덤 루페스트레 Petrosedum rupestre 와 거의 같은데 완전히 새싹이나 꽃이 피는 단계에서 구분이 된다. 이 식물은 새싹들과 꽃잎들이 곧추 선다. 저자가 재배한 이 식물의 형태를 보면 활력이 적었고, 추위에 견디는 성질도 낮았으며 페트로세덤 루페스트레 P. rupestre보다 더 짧다. 잎 또한 상층부에서처럼 밀집한 형태가 아니다. 상록성이며 번식은 삽목으로 한다.

재배 가능 최저온도: 지역 5(-26℃)~지역 10(2℃).
식물체의 크기: 5~7.5cm 초장, 15cm 이상의 폭, 꽃줄기들의 길이는 10cm 정도이다.
최적 토양조건: 암석질의 건조한 토양에서부터 평균적인 토양까지 잘 자란다.
최적 광도조건: 충분히 강한 햇빛이 좋다.
유사한 품종들: 페트로세덤 루페스트레 P. rupestre 와는 거의 동일한 식물이다. 페트로세덤 오크롤레우쿰 Petrosedum ochroleucum '센타오레우스'는 적색의 하이라이트를 가진 녹색이다. 반면에 사진에서 보듯이 '레드 위글(Red wiggle)'은 짙은 녹색 잎을 가지고 있는데 이 잎은 대부분은 겨울에 적색으로 변한다.
육종과 도입원: 스페인, 프랑스, 이탈리아이고 그 이전에 유고슬라비아, 알바니아, 그리스, 불가리아, 터키에 자생한 것으로 추정된다.
작물로서 이용: 저자는 더 작은 형태의 것을 좋아하는데 이는 저자가 지금까지 재배했던 것들이 강하고 적색이 압권이기 때문이다. 그러나 이 식물은 재배지역 5(Zone 5, 부록 참조)에서 내한성이 보장되지 않거나 활력이 떨어진다. 이 식물은 안정된 암석질이나 배수가 잘 되며 비교적 따뜻한 재배지역 6(Zone 6)에서 재배해야 한다. 타고난 습성 때문에 이 식물은 아주 더운 여름을 견디고 겨울에는 더 붉게 된 잎이 페트로세덤 루페스트레 Petrosedum rupestre '안젤리나' 식물과 대비되면서 장관을 이룬다.

96. 페트로세덤 포스테리아눔 아종 엘레강스
Petrosedum forsterianum subsp. *elegans*

또 다른 학명은 세덤 포스테리아눔 아종 엘레강스 *Sedum forsterianum* subsp. *elegans*

이 식물은 질감이 눈에 띄게 두드러진다. 극도로 얇은 회록색(사실은 거의 청색)에 푸른빛을 띤 흰 가루(백분)의 잎이 만지면 아주 부드럽다. 노란색 꽃들이 피기 전에 새싹들이 젖혀진다. 줄기들보다 더 낮은 부위의 잎은 말라 죽기 시작한다. 상록성이며 번식은 분지나 분주로 하고 삽목이나 종자번식도 한다.

재배 가능 최저온도: 지역 6(-23℃)~지역 9(-4℃)
식물체의 크기: 25cm 초장, 30cm 이상의 폭을 가지고 있다.
최적 토양조건: 축축한 토양에서 암반토양까지 재배가 가능하다.
최적 광도조건: 가볍고 약한 그늘 조건이 좋다.
유사한 품종들: 페트로세덤 포스테리아눔 *Petrosedum forsterianum* '블루 라군' 그리고 '오라클'은 서로 유사하다. 페트로세덤 포스테리아눔 아종 엘레강스 *P. forsterianum* subsp. *elegans* '실버 스톤'은 종자 변이종인데 자색줄기가 기저부를 형성하고 형태는 더 둥근 로제트(사실이든 아니든 간에 이것은 서로간의 종의 차이가 확실하다)이다. 페트로세덤 포스테리아눔 아종 엘레강스 하위종 푸르푸레움 *P. forsterianum* subsp. *elegans* f. *purpureum*은 북아프리카 원산이다. 이 품종의 푸른빛을 띤 흰 가루(백분)의 잎은 매혹적인 자색이 백미(highlight)이다.

육종과 도입원: 잉글랜드, 프랑스, 벨기에, (서)독일, 스페인, 포르투갈, 그리고 모로코가 원산지이다.
작물로서 이용: 이것은 아주 우수한 질감을 나타내고, 자색의 잎은 상호 시너지를 낸다. 그리고 쉽게 다른 식물, 캄파눌라 포스키아나 *Campanula poscharskyana*나 겐티아나 *Gentiana*와 어울린다. 재배지역 6(Zone 6)이나 더 따뜻한 경우, 이 품종은 빨리 퍼져서 번식되는 지피식물이다. 그러나 재배지역 5(Zone 5)처럼 정말 추위에 강한 품종은 아니다.

97. 프로메튬 셈퍼비보이데스 Prometheum sempervivoides

또 다른 학명은 세덤 셈퍼비보이데스 Sedum sempervivoides,
로술라리아 셈퍼비보이데스 Rosularia sempervivoides

이국적이고 매력적인 이 종은 아주 배수가 잘 되는 조건에서 잘 자란다. 털이 있는 덩어리(클러스터) 모양의 짙은 적색 꽃들이 노란색 꽃밥(약)과 함께 핀다. 솔직히 이 식물의 베이스(base)는 너무 크다. 이 식물은 초여름과 한여름에 피는 꽃이 장관이다. 전형적으로 이 식물은 크기 때문에 가을까지 포인트로 적당하다. 이 식물은 매우 많은 양의 종자를 생산한다. 밀집한 로제트에 한편 뾰족한 잎이 특징이다. 잎의 색은 다양해서 녹색부터 거의 모든 적색까지 나타난다. 식물이 꽃이 피고 나면 약한 털이 헨앤칙스(암탉과 병아리) 세덤인 셈퍼비붐 Sempervivum과 닮았다. 상록성이며 종자로 번식시킨다.

재배 가능 최저온도: 지역 3(-37℃)~지역 9(-4℃)
식물체의 크기: 5~7.5cm 이상의 초장과 폭을 가지고 있고 꽃줄기(화경)는 15+cm 정도까지 자란다.
최적 토양조건: 암석질의 건조토양에서 배수가 잘되는 토양이 좋다.
최적 광도조건: 충분히 강한 햇빛이 좋다.
유사한 품종들: 프로메튬 필로숨 Prometheum pilosum(또 다른 학명은 세덤 필로숨 Sedum pilosum)은 훨씬 더 작고 얇으며 또한 털이 있는 잎과 분홍색 꽃이 핀다(저자는 시노크라슐라 Sinocrassula와 유사하다고 말함).
육종과 도입원: 원래 아르메니아에 있는 코카서스 산맥 원산지이다.
작물로서 이용: 꽃이 핀 후에 죽기 때문에 이 작은 산악형 식물은 배수가 아주 잘 되는 곳에 심어야 한다. 특별히 축축한 겨울의 환경에서는 죽기 쉽다. 이상적인 장소는 가는 자갈로 멀칭이 되어 있는 곳이다. 이런 장소에서는 이 식물은 재 파종되고 시간이 지나면 집단적으로 돋아 온다. 여러분이 지혜롭게 이 종자를 어느 정도는 올해 파종하고 나머지는 보존했다가 이듬해에 그 종자를 파종할 경우 여러분은 개화하는 이 식물을 격년이 아닌 매년 볼 수 있다. 자연적인 동반식물로 다른 로제트형을 갖는 것으로 조비바르바(주피터의 수염)류, 로술라리아류, 그리고 셈퍼비붐류가 있다.

98. 힐로텔레피움 '다즐베리' *Hylotelephium* 'Dazzleberry'

또 다른 학명은 *세덤 Sedum* '다즐베리'

퍼져나가는 자색잎과 적색의 줄기들로 장식되어 있다. 잎들은 거의 둥근 색이고 시간이 지남에 따라 약한 기치 형으로 바뀐다.

이 식물체의 중앙에서 뿜어나오듯이 늦여름에 화경이 자라 나온다. 핑크색과 회색의 띠를 가진 새싹들은 곧 무겁고 큰 그 꽃잎들의 기부가 흰색을 띠는 양홍색(암적색) 핑크색의 헤드를 가진다. 아주 활력이 있다. 낙엽성인 이 식물은 특허가 걸려있어 번식에 제한이 따르는 품종이다.

재배 가능 최저온도: 지역 4(-32℃)~지역 9(-4℃)
식물체의 크기: 20~25cm 초장, 45cm 이상의 폭을 가지고 있다.
최적 토양조건: 건조하거나 배수가 잘되는 평균적 토양이면 좋다.
최적 광도조건: 충분히 강한 햇빛이 좋다.
유사한 품종들: 힐로텔레피움 *Hylotelephium* '선셋 클라우드'와 힐로텔레피움 *Hylotelephium* '베르트램 앤드슨'은 더 작은 잎과 느슨한 습성을 가지고 있다.
육종과 도입원: 크리스 한센이 이끄는 그레이트 가든 식물원에서 육종하였고 2012에 도입하였다.
작물로서 이용: 이 식물들은 퍼져나가는 이상적인 모습으로 인해 테두리가 달려있는 높은 베드에서 재배하기에 알맞다. 만약 식물체가 충분히 자라나면 낮은데서 인근의 중간정도로 직물을 짜듯이 자라게 하면 된다. 동반 식재는 짧은 그래스류인 스포로볼루스 헤테로렙시스 *Sporobolus heterolepsis* '타라'와 같이 심으면 좋다.

99. 힐로텔레피움 '라요스'
Hylotelephium 'Lajos'

오텀 참 스톤그롭(Autumn Charm stonecrop)
또 다른 학명은 세덤 *Sedum* '라요스'

무늬종인 세덤, 이 식물은 인상적으로 안정적인 품종으로 변함없이 주의 깊게 회귀하는 것을 살펴볼 필요가 없다. 항상 녹색의 잎들을 가지고 있는 노란색 테두리는 보통 6mm의 폭과 회록색의 중심부를 가지고 있다. 부드러운 노란색 테두리는 크림색의 흰색으로 연해진다. 톱니 모양을 한 테두리는 상층부가 더 현저하다. 크림색 희색의 새싹들이 새로 나온다(데뷔). 늦여름에는 더 아름답게 점진적으로 변화하는데 핑크색에서 적색으로 화두가 초가을까지 계속된다. 낙엽성이며 특허가 걸려있는 식물로 번식이 자유롭지 않은 품종이다.

재배 가능 최저온도: 지역 4(-32℃)~지역 9(-4℃)
식물체의 크기: 38~50cm 초장, 45cm 이상의 폭을 가지고 있다.
최적 토양조건: 건조하거나 배수가 잘되는 평균적 토양이면 좋다.
최적 광도조건: 충분히 강한 햇빛이 좋다. 약한 차광(어쩌면 조금 광을 줄이면 오히려 더 좋은 것 같기도 하다)이면 좋다.

유사한 품종들: '오텀 참' 품종은 상품명이다. 대부분 원예 육묘장(종묘상)은 이 '오텀 참'이라는 이름으로 판매한다. 거의 회귀하는 무늬(반엽) 패턴(pattern)을 보인다. 노란색을 띤 중심의 잎은 테두리가 녹색이다. 힐로텔레피움 *Hylotelephium* '베카'를 재배해 보라. 단지 노란색의 측면에서 유사한 무늬(반엽)의 패턴인 힐로텔레피움 '엘시 골드'가 있는데 이 종 역시 시간이 지날수록 노란색 컬러의 엽색을 가지게 된다. 마지막으로 잎에 단지 더 단단하고 콤팩트한 습성과 생장을 힐로텔레피움 '프로스테드 파이어'와 유사한 생장을 보인다.

육종과 도입원: 이 책의 저자가 자신의 농장에서 2006년에 육종한 종이다. '라요스'는 저자의 아버지 이름을 딴 것이다.

작물로서 이용: 이것들은 멋있는 무늬(반엽)를 가진 돌연변이종 힐로텔레피움 *Hylotelephium* '헙스트프로드' 제외하고 가장 많이 팔린 식물이다. 이 종은 그 자신 자체로도 볼만하고 밀집한 모습을 가지고 있지만 세덤류 페디무스 스푸리우스 *Phedimus spurius* '트리컬러'와 같은 식물과 잘 어울린다. 적색 잎을 가진 휴케라와 휴케라 *Heuchera* '플럼 푸딩' 등은 다육식물이 아닌 다른 작물과도 잘 맞는다.

100. 힐로텔레피움 '루비 글로우'
Hylotelephium 'Ruby Glow'

또 다른 학명은 세덤 *Sedum* '루비 글로우', 세덤 *Sedum* '로지 글로우', 세덤 *Sedum* '로부스툼'

문제가 없는 이 포복성 식물은 색깔이 선명하고 깜찍한 꽃을 피운다. 이것은 호감이 가는, 푸른빛을 띤 흰 가루(백분)의 잎이 회색과 둥글기보다 더 길고 강한 녹색이다. 잎은 일조가 강하면 더 짙어진다. 드물고 성근 줄기들은 포복성이라기 보다는 직립하는 형태로 시작한다. 줄기의 컬러(색)는 일반적으로 자색과 푸른빛을 띤 흰 가루(백분)를 잎처럼 가지고 있다. 새싹들은 담자색의 상층부와 회색의 기저부를 가지고 있다. 그리고 약간의 포가 있는데 양친인 힐로텔레피움 카우티콜라 *Hylotelephium cauticola*와 비슷하다.

늦여름에 개화하며 꽃들이 완전히 같은 선명한 핑크색 꽃잎에서 심피(암술), 수술까지 이 식물은 성글게 덩어리(클러스터)가 상층부에 달리고 충분히 커서 만져보기도 좋다. 거의 전 식물체를 뒤덮는다. 낙엽성이며 번식은 봄에 분지나 분주로 번식시킨다.

재배 가능 최저온도: 지역 4(-32℃)~지역 9(-4℃)
식물체의 크기: 25cm 초장, 30~38cm 이상의 폭을 가지고 있다.
최적 토양조건: 건조하거나 배수가 잘되는 평균적 토양이면 좋다.
최적 광도조건: 충분히 강한 햇빛이 좋다.
유사한 품종들: 힐로텔레피움 *Hylotelephium* '앰버'는 유사한 컬러(색)를 갖고 있고 덤불성이며, 직립하는 습성이 있다. 힐로텔레피움 '베르트램 앤드슨'은 더 짙은 잎의 색을 가지고 있다. 힐로텔레피움 카우티콜라는 유사한 컬러(색)과 단단한 마운딩(올림)을 하는 습성이 있다. 힐로텔레피움 카우티콜라 *Hylotelephium cauticola* '리다켄스'와 힐로텔레피움 '다즐베리'는 가득 채우는 듯이 많이 자라는 습성이 있고 잎의 색이 더 짙다. 반면에 힐로텔레피움 *Hylotelephium* '베라 제임슨'는 완전히 유사한, 그러나 좁고 가는 잎을 가지고 있다.
육종과 도입원: 독일의 교잡육종학자 게오르그 아렌즈(Georg Arends)에 의해 육성되었고 잉글랜드로 1952년에 보내졌다. 영국의 알란 블룸(Alan Bloom) 식물원에서 입수하였다.

중간적인 유전자를 가진 것으로 그 양친은 힐로텔레피움 카우티콜라 *H. cauticola*와 힐로텔레피움 텔레피움 *H. telephium*이다.

작물로서 이용: 이 식물은 결코 공격적이지 않고 항상 이웃하는 식물과 정말 잘 어울린다. 이 식물은 단지 다른 식물을 어렵게 하지 않고 보충하고 보완역할을 한다. 밝은 노란색 미주리(Missouri) 달맞이꽃(오에노테라 마크로카르파 *Oenothera macrocarpa*)과 같이 심어보라.

101. 힐로텔레피움 '마에스트로'
Hylotelephium 'Maestro'

또 다른 학명은 세덤 *Sedum* '마에스트로'

직립하는 습성을 가진 튼튼한 줄기들로 주로 구성된 이 돌연변이 종 힐로텔레피움 *Hylotelephium* '마트로나'가 있다. 이 식물들은 나팔꽃처럼 위쪽으로 벌어지지 않고 꽃까지도 중앙 쪽에서 핀다. 얼마나 재미있는 사실인가! 이러므로 종묘상의 성취가 믿을만 하다. 또한, '마에스트로'는 더 실제적으로 화두가 10cm 크기이거나 좀 더 넓은 데 짙은 핑크색 컬러(색)가 '마트로나'와의 차별점이다. 꽃은 여름에 피고 잎이 두텁고 거무스름한 회색과 녹색으로 변하며 햇빛에 노출되는 정도에 따라 더 짙은 녹색이거나 자색으로까지 변한다. 줄기는 컬러(색)가 장미색으로 시작해서, 계절의 대부분을 밤색의 상태로 지난다. 낙엽성이며 특허가 걸려있어 번식이 자유롭지 못한 품종이다.

재배 가능 최저온도: 지역 4(-32℃)~지역 9(-4℃)
식물체의 크기: 60~76cm 초장, 60cm 이상의 폭을 가지고 있다.
최적 토양조건: 건조하거나 배수가 잘되는 평균적 토양이면 좋다.
최적 광도조건: 충분히 강한 햇빛이 좋다.
유사한 품종들: 힐로텔레피움 *Hylotelephium* '크레이지 러플'과 힐로텔레피움 '마트로나'는 더 밝은 잎과 화색(꽃의 색)을 가진다.
육종과 도입원: 힐로텔레피움 *Hylotelephium* '마트로나'의 돌연변이 종으로 개리 트럭(Gary Trucks)이 앰버 웨이브 가든에서 육종하였다.
작물로서 이용: 아주 아름다운 외양을 가졌기 때문에 벌과 나비류를 강하게 유혹하는 식물이다. 관엽용 그래스류를 재배하는 회사에서 왜생 파운테인 그래스인, 펜니세툼 알로페쿠로이데스 *Pennisetum alopecuroides* '전저 러브'와 같이 키운다.

102. 힐로텔레피움 '마트로나' *Hylotelephium* 'Matrona'

또 다른 학명은 *세덤Sedum* '마트로나'

실제로 강인한 이 식물의 대부분은 회록색이고 넓은 잎이 자색인 것이 하이라이트다. 중간크기의 화형 덩어리(클러스터)는 늘 겹쳐 피지는 않는다. 새싹은 전형적으로 여름에 전개되고 크림색의 흰색을 띈다. 꽃들은 가볍고 밝은 핑크색을 가졌고 위가 붉은 흰색의 꽃잎들을 가지고 있다. 줄기들은 두껍고, 위로 곧추서며, 자색이다. 잎은 아주 두껍고 크기는 7.5cm 정도이며 5cm 정도의 폭을 가지고 있다. 낙엽성이며 번식은 봄에 분지나 분주로 한다. 이 식물은 2000년도에 국제 스타우덴(육묘) 연합회 상(International Stauden Union, ISU, 유럽에 있는 다년생 관상식물 재배협회)을 수여받았다. 그리고 영국왕립원예협회에서 수여하는 왕립원예학회상(The Award of Garden Merit, AGM)을 1993년도에 받은 우수한 품종이다.

재배 가능 최저온도: 지역 3(−37℃)~지역 9(−4℃)
식물체의 크기: 60~80cm 초장, 45cm 이상의 폭을 가지고 있다.
최적 토양조건: 건조하거나 배수가 잘되는 평균적 토양이면 좋다.
최적 광도조건: 충분히 강한 햇빛이 좋다.

유사한 품종들: 힐로텔레피움 *Hylotelephium* '아쿠아렐' 과 힐로텔레피움 *Hylotelephium* '조이스 헨더슨' 둘 다 거의 같아 보인다. 회록색보다 적색이 좀 적어보이는 잎에 병충해 저항성은 더 강하다. 힐로텔레피움 *Hylotelephium* '블랙 잭'(유럽 학회에서 또 다른 학명은 '다크 잭'), 월터 정원(미국, 미시건 주)에서 도입하였고 더 짙은 색의 돌연변이 종으로 상대적으로 불안정하다. 따라서 불행히도 이것은 녹색으로 회귀한다. 힐로텔레피움 *Hylotelephium* '크레이지 러플'은 주름장식을 한 테두리를 그것의 잎에 가지고 있다. 이것은 더 발전된 형태로 간주되는 짙은 잎과 끝색(화색)을 가지고 있다.

육종과 도입원: 1986년에 독일의 에왈드 후긴에 의해 육종되었는데 힐로텔레피움 텔레피움 아종 맥시멈 *Hylotelephium telephium* subsp. *maximum* '아트로푸르푸리움'의 유묘로 부터 유래한다. 힐로텔레피움 *Hylotelephium* '헙스트프루드'는 화분친이라고 알려졌으나 실제로는 화분이 생성되지 않는 종이다.

작물로서 이용: 억센 크기와 풍만함 덕분에 더 크고 대단해 보인다. 가을의 식물로서 주목할 만한 관상용 그래스와 아스타류들과 잘 조화되는 식물이다.

103. 힐로텔레피움 '미스터 굳버드'
Hylotelephium 'Mr. Goodbud'

또 다른 학명은 세덤 *Sedum* '미스터 굳버드'

이름에서 암시되었듯이 이 식물은 인상적인 새싹들을 낸다. 이들은 대부분의 식물보다 밀집된 형태이고 회색을 띤다. 꽃들이 보통 10cm 이상의 직경을 가지고 있다. 꽃이 필 때 중복으로 겹꽃처럼 피는 경향이 있다. 이 식물은 일반적으로 두 가지 색의 핑크색, 밝고 끝이 뾰족한 꽃잎들은 늦여름과 초가을에 피기 시작한다. 그러나 심피(종자)의 색이 깊어지고 빨간(나무딸기) 핑크색을 띤다. 건강한 식물체는 잎이 많고 녹색이다. 비록 위쪽에 있는 잎들이 테두리가 시간이 지나고 꽃이 핌에 따라 적색의 테두리로 변하는데 이것이 아주 멋있는 대비(낮은 쪽의 잎 대부분은 녹색으로 그대로 남았음)를 보인다. 줄기들은 밝은 푸른빛을 띤 흰 가루(백분)의 장미색이다. 낙엽성이며 특허가 걸려있는 식물로 번식이 자유롭지 않다. 왕립원예학회상(영국, The Award of Garden Merit, AGM)을 2006년도에 수상하였다.

재배 가능 최저온도: 지역 4(-32℃)~지역 10(2℃)
식물체의 크기: 38~45cm의 초장과 38cm 이상의 폭을 가지고 있다.
최적 토양조건: 건조하거나 배수가 잘되는 평균적 토양이면 좋다.
최적 광도조건: 충분히 강한 햇빛이 좋다.
유사한 품종들: 힐로텔레피움 *Hylotelephium* '클래스 액트'와 로텔레피움 '선더헤드'가 유사한 컬러(색)을 가지고 있으나 약 2배의 크기이다.
육종과 도입원: 테라 노바 원예 육묘장에서 2006년에 도입하였는데 힐로텔레피움 스펙타빌 *Hylotelephium spectabile* '브릴리안트'와 이름 없는 힐로텔레피움 텔레피움 *H. telephium* 종을 교배하여 나온 품종이다.
작물로서 이용: 제대로 된 녹색 잎을 가진 이 식물은 회록색의 여러 품종형태 중에서 참신한 종이다. 이러므로 이 식물은 다른 키가 큰 가을 스톤그롭들(stonecrops) 가운데서 아주 대비가 잘되는 좋은 종이다. 미스칸투스 시넨시스 *Miscanthus sinensis* '말레파르투스'와 같은 그래스류와 아주 완벽한 조화를 이룬다.

104. 힐로텔레피움 '베라 제임슨' *Hylotelephium* 'Vera Jameson'

또 다른 학명은 세덤 *Sedum* '베라 제임슨'

이 사랑스러운 중간크기 식물은 적색-자색의 특성을 가지고 있다. 회록색 잎은 자색으로 매우 구별되는 특징을 가진다. 줄기들은 거의 항상 적색-자색이다. 새싹들은 자색의 그림자를 가진 회색이다. 그러나 깜찍한 짙은 분홍색 꽃을 피운다.

재배 가능 최저온도: 지역 4(-32℃)~지역 9(-4℃)
식물체의 크기: 20~30cm 초장, 25~30cm 이상의 폭을 가지고 있다.
최적 토양조건: 건조하거나 배수가 잘되는 평균적 토양이면 좋다.
최적 광도조건: 충분히 강한 햇빛이 좋다.
유사한 품종들: 힐로텔레피움 *Hylotelephium* 교잡종으로 '다즐베리', '플럼 퍼펙션', '레드 카울리', 그리고 '선셋 클라우드' 등이 있다.

육종과 도입원: 1970년대에 육종된 이 종은 아마도 힐로텔레피움 텔레피움 아종 맥시쿰 *Hylotelephium telephium* subsp. *maximum* '아트로푸르푸리움'과 힐로텔레피움 *Hylotelephium* '레드 카울리'와 교잡종이다.
작물로서 이용: 이 식물은 지피식물을 디스플레이하는 특징과 관련분야에 기여한 것으로 패치워크 스타일(작은 조각이나 큰 조각천을 이어 붙이듯 빈곳을 채우는 방식, patchwork style)의 지피식물이다. 그리고 다른 보완적인 것으로 중간크기의 관련 종으로 힐로텔레피움 *Hylotelephium* '베르트램 앤드슨', '체리 타르트', '다즐베리', 또는 '루비 글로우' 등이 있다. 분홍색 꽃을 가진 다이안서스 *Dianthus* '포이어헥세'(Firewitch)가 있다. 그래서 강렬한 컬러(색)을 이른 여름에 얼룩얼룩한 무늬로 나타난다.

105. 힐로텔레피움 '베르트램 앤드슨' *Hylotelephium* 'Bertram Anderson'

또 다른 학명은 세덤 *Sedum* '베르트램 앤드슨'

일정한 회색 잎의 새싹이 중간크기로 나온다. 약 2.5cm 정도의 초장 폭을 가진 이 식물은 계절이 변해감에 따라 잎의 색이 자두 색으로 변해간다. 줄기는 처음부터 곧추 서고 불규칙하게(질서 없이) 퍼져나간다. 그리고 담자색(淡紫色)-장미색에서 적포도주(부르고뉴)색으로 변한다. 늦여름 끝에서 성긴 덩어리(클러스터)로 꽃이 핀다. 진홍색(루비)의 심피(종자)와 분홍빛 꽃잎들과 진한 색의 잎은 멋있는 분지를 만든다. 이 식물의 양친은 힐로텔레피움 카우티콜라 *Hylotelephium cauticola*이며 낙엽성이다. 분주와 삽목으로 번식을 시킨다. 왕립원예학회상(영국)을 영국원예학회에서 1993년도에 받았다.

재배 가능 최저온도: 지역 4(-32℃)~지역 9(-4℃)
식물체의 크기: 15~20cm초장, 30~38cm 폭을 가지고 있다.

최적 토양조건: 건조하거나 배수가 잘되는 평균적 토양이면 좋다.
최적 광도조건: 충분히 강한 햇빛이 좋다.
유사한 품종들: 많은 힐로텔레피움 카우티콜라과 힐로텔레피움 카우티콜라 *Hylotelephium cauticola* '리다켄스', 힐로텔레피움 *Hylotelephium* '다즐베리', 그리고 힐로텔레피움 *Hylotelephium* '레드 카울리', 힐로텔레피움 *Hylotelephium* '베라 제임슨'는 매우 비슷하지만 컬러(색)은 자두색보다 더 회색이다.
육종과 도입원: 일반 가든에서 유래되었다.
작물로서 이용: 이 식물들은 아주 인기가 높은 품종이다. 더 강한 햇빛과 더 척박한 토양이 이 식물들은 더 단단하고 더 깔끔하고 예쁘게 자라게 한다. 베로니카 인카나 *Veronica incana* '퓨어 실버'와 같은 품종은 다소 연한 은색 잎을 가지고 있다.

106. 힐로텔레피움 '베카' *Hylotelephium* 'Beka'

오텀 딜라이트 세덤(Autumn Delight stonecrop), 또 다른 학명은 세덤 *Sedum* '베카'

중앙부분이 버터색-노란색으로 되어있고 가는 청색-녹색의 톱니와 같은 거치를 가진 엽연의 모습이 이 품종의 특별한 특징이다.

무늬(빈엽)종임에도 불구하고 활력이 좋아 잘 자라고 늦은 봄과 이른 여름에 무늬가 절정에 달한다. 계절이 진행됨에 따라 그 색의 차이가 연해진다. 그래도 힐로텔레피움 *Hylotelephium* '헙스트프루드' 보다는 더 밝다. 무늬종이라 초장도 작고 새순은 녹색이며 꽃의 색도 다소 느리다. 종자의 꼬투리는 적갈색이고 겨울 내내 붙어있다. 낙엽성으로 특허가 걸려있어 번식이 제한된 품종이다.

재배 가능 최저온도: 지역 3(-37℃)~지역 9(-4℃)
식물체의 크기: 38~45cm 초장, 45cm 폭을 갖는다.
최적 토양조건: 건조하거나 배수가 잘되는 평균적 토양이면 좋다.
최적 광도조건: 충분히 강한 햇빛이거나 약한 차광이 좋다.
유사한 품종들: 오텀 딜라이트 세덤은 이 품종의 잘 알려진 트레이드 마크이다. 시중에서도 이 이름으로 주로 거래된다. 힐로텔레피움 *Hylotelephium* '헙스트프루드'와 아주 유사하고 힐로텔레피움 *Hylotelephium* '라요스'는 노란색-테두리가 무늬(반엽)가 있는 품종이다. 힐로텔레피움 에리드로스티쿰 *H. erythrostictum* '메디오바리에가툼'도 비슷한 품종이나 잎이 다시 녹색으로 돌아가는 회귀성이 있는 것이 다르다.

육종과 도입원: 이 것은 힐로텔레피움 *Hylotelephium* '라요스'(크림색, 노란색의 테두리를 가짐)의 돌연변이 종이다. 2007년 입수하였다.

작물로서 이용: 조경과 디자인용으로 밝은 노란색으로 봄에 잎이 경계용 식물로 잘 어울린다. 무늬종 세덤과 같이 이 종은 대부분의 식물과 쉽게 잘 어울린다. 이것은 싹이 모두 녹색으로 되돌아가는데 원종보다 더 크게 잘 자란다. 추가적으로 이것은 다른 노란색 잎을 가진 식물인 세덤 마키노이 *Sedum makinoi* '오곤'이나 카렉스 에라타 *Carex elata* '보울스 골든' 곁들이면 잘 어울린다.

107. 힐로텔레피움 '블루 펄' *Hylotelephium* 'Blue Pearl'

또 다른 학명은 *세덤* Sedum '블루 펄'

이 식물은 녹색에서 청색까지 다양한 잎의 색을 가지며 플라스틱과 같은 느낌의 두꺼운 질감을 나타낸다. 시간이 지남에 따라 컬러(색)가 더 거무스름한 청색으로 진전된다. 적색을 가진 줄기들은 거의 둥근 잎과 밀집해서 자라므로 덤불과 같은 효과를 나타낸다. 짙은 분홍색 꽃들은 늦여름부터 피기 시작하는 낙엽성 식물이다.

재배 가능 최저온도: 지역 4(-32℃)~지역 9(-4℃)
식물체의 크기: 50cm 초장, 45cm의 폭을 가지고 있다.
최적 토양조건: 배수가 잘되는 토양이 좋다.
최적 광도조건: 충분히 강한 햇빛이 좋다.
유사한 품종들: 힐로텔레피움 *Hylotelephium* '선셋 클라우드'와 아주 유사하나 잎이 좀 더 회색을 띤다. 힐로텔레피움 '선더헤드'는 실제로는 더 짙은 잎의 색과 자색-분홍색 꽃을 피운다.
육종과 도입원: 그레이트 가든 식물원의 크리스 한센에 의해 육종되었다.
작물로서 이용: 짙은 청색 잎은 거의 대부분의 식물과 잘 어울리고 특별히 노란색 잎은 황홀하게 한다. 세덤 마키노이 *Sedum makinoi* '오곤'이나 노란색 꽃을 피우는 코옵시스 버티실라타 *Coreopsis verticillata* '문빔'과 아킬레아 *Achillea* '문샤인'은 자색이나 청색의 꽃을 피운다. 샐비어 네모로사 *Salvia nemorosa* '위수베'와 유사하게 봄부터 가을까지 계속 아름다운 조화를 이룬다.

108. 힐로텔레피움 '비치 파티'
Hylotelephium 'Beach Party'

또 다른 학명은 세덤 *Sedum* '비치 파티'

적색, 그것도 거의 와인색의 이 식물은 끝 테두리가 밝은 올리브 그린 색깔의 잎을 가지고 있다. 이 식물은 봄부터 가을까지 지속적으로 매력을 유지한다. 밀집되고 콤팩트한 생장습성도 인기를 끄는 또 하나 위 이유이다.

넓고 밀집된 녹색의 눈은 초가을에 전개되면서 서로가 부딪히듯이 밀집된 모양을 만든다.

물결 모양으로 완전히 차서 구름처럼 보이게 한다. 가을에 피는 꽃의 색은 감미롭고 깊은 분홍색으로 양홍색의 심피(종자)를 가진다. 꽃이 핀 화두는 10cm 정도의 크기이다. 낙엽성이며 특허가 걸려있는 식물로 허가 없는 번식이 금지된 품종이다.

재배 가능 최저온도: 지역 4(-32℃)~지역 9(-4℃)
식물체의 크기: 45cm 초장, 48cm 폭을 갖는다.
최적 토양조건: 건조하거나 배수가 잘되는 평균적 토양이면 좋다.
최적 광도조건: 충분히 강한 햇빛이 좋다.
유사한 품종들: 힐로텔레피움 *Hylotelephium* '다이노마이트'는 2013년 테라 노바(Terra Nova) 원예 육묘장에서 구입하였다. 식물체가 작으며 힐로텔레피움 *Hylotelephium* '퓨어 조이'와 유사한 색을 가지나 더 녹색이고 약간 더 작으며 30cm 초장에 밝은 분홍색 꽃을 피운다.
육종과 도입원: 테라 노바 원예 육묘장에서 2011년도에 도입하였다.
작물로서 이용: 이 식물은 아주 가득 찬 느낌을 주는 식물로 여러 개를 군집상태로 심으면 정말로 아름답다. 넓은 잎과 구름같이 자라는 속성이 좋은 대비를 이룬다. 더 가는 잎을 가진 프레리 드롭시드인 스포로볼루스 헤테로렙시스 *Sporobolus heterolepsis*나 다른 가늘고 얇은 잎을 가진 식물과 같이 심으면 좋다.

109. 힐로텔레피움 '생일 파티' *Hylotelephium* 'Birthday Party'

또 다른 학명은 세덤 *Sedum* '생일 파티'

봄에 새롭게 돋아나는 신선한 녹색의 광택 있는 잎이 얼마나 아름다운지! 은은한 적색의 테두리가 계절이 바뀜에 따라 깊어지고 아주 크고 가득찬 새싹들은 회록색에서 거의 흰색을 띠며 일단 꽃이 피면 겹꽃처럼 핀다. 화색은 중간에서 짙은 자색이고 꽃잎들은 심피(종자)보다 더 밝은 색을 띠고 시간이 지날수록 더 깊은 색으로 변해간다. 낙엽성이며 특허가 걸려있어 번식이 제한된 품종이다. 이 책의 표지에 사용된 품종이다.

재배 가능 최저온도: 지역 4(-32℃)~지역 9(-4℃)
식물체의 크기: 28cm 초장, 50cm 이상의 폭을 가지고 있다.
최적 토양조건: 건조하거나 배수가 잘되는 평균적 토양이면 좋다.

최적 광도조건: 충분히 강한 햇빛이 좋다.
유사한 품종들: 힐로텔레피움 *Hylotelephium* '비치 파티'는 밝은 분홍색을 꽃을 피우고 잎은 힐로텔레피움 '클래스 액트(Class Act)'와 비슷하며 꽃은 거의 같은 색이나 초장은 더 크고 잎은 더 진하다. 힐로텔레피움 '다이노마이트'와 비슷한 컬러(색)이나 더 짧고 키가 작다.
육종과 도입원: 테라 노바(Terra Nova) 원예 육묘장에서 2010년도에 도입하였다.
작물로서 이용: 식물체의 크기가 작기 때문에 울타리나 경계선의 앞쪽에 심기가 좋고 용기식물로 알맞다. 밝은 녹색의 잎이 다른 중간크기 세덤류와 멋지게 대비가 된다. 가을에 키가 작은 화본과의 그래스 식물, 즉 오텀 무어그래스(autumn moor grass)인 셀스레리아 아우툼날리스 *Sesleria autumnalis*와 좋은 어울림을 만든다.

110. 힐로텔레피움 '선더클라우드' Hylotelephium 'Thundercloud'

또 다른 학명은 세덤 Sedum '선더클라우드'

이 교잡종은 세덤 중에서 상당히 새로운 습성, 잎, 그리고 질감을 가지고 있다. 이것의 형태는 가득 찬, 돔(dome)형의 극도의 거치형 잎들이 돋아있다. 이 식물들은 일반적으로 은색-녹색, 그러나 이것은 비옥한 토양에서 청색을 띤다. 이것은 새싹 그리고 꽃들이 흰색에서 가볍고 밝은 분홍색이 한여름이나 늦여름에 재배하는 위치와 광도에 따라 상당히 달라지며 소용돌이친다. 이 식물은 일반적으로 밝은 핑크색 특징으로 새싹들의 상층부이거나 흰색 심피(종자)의 모두에서 그러하다. 꽃잎들은 물결이 일듯이 이랑이 진다. 그리고 꽃밥(약)은 짙은 밤색의 적색이다. 낙엽성이며 특허가 걸려있어 번식 시에 주의해야 하는 품종이다.

재배 가능 최저온도: 지역 4(-32℃)~지역 9(-4℃)
식물체의 크기: 30cm 초장, 30~38cm 이상의 폭을 가지고 있다.
최적 토양조건: 건조하거나 배수가 잘되는 평균적 토양이면 좋다.
최적 광도조건: 충분히 강한 햇빛이 좋다.
유사한 품종들: 힐로텔레피움 타타리노위 Hylotelephium tatarinowii는 유사하게 보이나 더 작은 힐로텔레피움 Hylotelephium '퓨어 조이'는 큰 꽃이 핑크색 돔형을 이루는 두 가지 색의 꽃을 가지고 있다.

육종과 도입원: 이 책의 저자가 2009년도에 개발한 품종이다.
작물로서 이용: 공 모양의 마운드들이 규칙적이고 일정한 외양을 갖는 이 식물은 이용성이 높다. 정형적이고 아주 구조화된 디자인을 가지고 있다. 이 식물은 짧고 작은 그래스인 셀스레리아 아우툼날리스 Sesleria autumnalis나 셀스레리아 Sesleria '그린리스 하이브리드', 이것은 같은 시기에 크림색의 흰색, 솔 같은 깃털을 가지는 식물로 멋있는 조화를 이룬다. 양묘장에서, 저자는 세덤 알붐 변종 마크란툼 Sedum album var. micranthum '클로로티쿰'의 하위 작물(underplant)로 도로의 포장길을 따라 심었다. 길의 폭은 또 다른 멋들어진 조합을 만들어낸다. 여기에 '선더클라우드'는 오랫동안 개화하는 칼라민사 네페타 아종 네페타 Calamintha nepeta subsp. nepeta의 가볍고 밝은 청색, 실제로는 흰색 꽃임, 이 부드러운 컬러(색)는 흰색 그리고 연한 핑크색 예쁜 모습을 연출한다.

111. 힐로텔레피움 '선더헤드' *Hylotelephium* 'Thunderhead'

또 다른 학명은 세덤 *Sedum* '선더헤드'

회색-녹색의 실제적인 잎은 줄기들이 증가함에 따라 점점 더 짙은 녹색으로 바뀐다. 늦여름이 되면 줄기들 짙은 적색으로 되어가고 아주 큰 모습을 만들어 낸다. 가볍고 밝은 녹색의 새싹들은 자라 와인색 자색 꽃을 피운다. 화두는 커지고 15cm의 폭을 가지고 있다. 낙엽성이며 특허가 걸려있어 번식 시에 주의해야 하는 품종이다.

재배 가능 최저온도: 지역 4(-32℃)~지역 9(-4℃)
식물체의 크기: 76cm 초장, 60cm의 폭을 가지고 있다.
최적 토양조건: 배수가 잘되는 평균적 토양이면 좋다.
최적 광도조건: 충분히 강한 햇빛이 좋다.

유사한 품종들: 힐로텔레피움 *Hylotelephium* '클래스 액트', '다이노마이트', 그리고 '미스터 굿버드'가 있다.
육종과 도입원: '테라 노바' 원예 육묘장에서 2012년도에 도입하였다.
작물로서 이용: 이 식물은 가을에 경계용 식물로 아주 알맞다. 청색 그리고 자색의 아스타류와 러시아 세이지, 노란색 가을 잎의 암소니아, 그리고 관상용 그래스 식물들과 잘 조화를 이룬다. 이 깊은 꽃의 컬러(색)은 또한 세밀한 보완관계를 이루는데 이 식물은 자두색 잎의 휴케라 *Heuchera* '오시디언'이다.

112. 힐로텔레피움 '선셋 클라우드' *Hylotelephium* 'Sunset Cloud'

또 다른 학명은 세덤 *Sedum* '선셋 클라우드'

정말로 선명한 꽃잎들이 핑크색으로 피지만 크고 화려한 심피(종자)가 장미 적색으로 되면 빨리 빛을 잃게 된다. 꽃이 필 때 이 화두는 풍부하고 많이 생겨나서 이 식물체를 완전히 덮는다. 반면에 많은 잎은 청색-녹색, 그리고 둥근형을 나타내고 2.5cm 폭에 좀 더 길게 자란다. 줄기들은 밤색에서 적색이고 초기에는 위로 곧추서나 그 이후에는 아치형으로 퍼져나간다. 낙엽성이고 분지나 분주로 번식시킨다.

재배 가능 최저온도: 지역 4(-32℃)~지역 9(-4℃)
식물체의 크기: 25~30cm 초장, 30~36cm 이상의 폭을 가지고 있다.
최적 토양조건: 건조하거나 배수가 잘되는 평균적 토양이면 좋다.
최적 광도조건: 충분히 강한 햇빛이 좋다.
유사한 품종들: 완전히 유사한 종으로 힐로텔레피움 *Hylotelephium* '베르트램 앤드슨'이 있는 데 이것은 더 크게 자란다. 그리고 불행하게도 곰팡이성 진균병에 잘 걸린다. 힐로텔레피움 *Hylotelephium* '앰버'는 유사한 컬러(색)을 가지고 있고 덤불성이다. '다즐베리'는 가득 채우며 퍼져나가는 습성이 있고 '루비 글로우'는 유사한 컬러(색)를 가지고 있으나 식물체가 더 짧다.
육종과 도입원: 잉글랜드의 짐 아키발드(Jim Archibald)에 의해 육성되었다.
작물로서 이용: 이 식물은 중간 크기이고 더 작거나 크든지 간에 완벽한 조화를 이루는데 가을에 아스타류와 아주 우수한 조화를 이룬다.

113. 힐로텔레피움 '소프트 클라우드'
Hylotelephium 'Soft Cloud'

또 다른 학명은 세덤 *Sedum* '소프트 클라우드'

이 식물들은 아주 활력 있고 수백 개의 가지를 가진 성숙한 덩어리로 자란다! 봄에 생장이 시작되면 이 식물은 둥근 돔을 만드는데 천천히 팽창되고 열리면서 새싹들이 초가을까지 자라간다. 잎은 가볍고 밝은 회록색이며 강한 거치형이고 푸른빛을 띤 흰 가루(백분)의 줄기들과 거의 나선으로 된 윤생의 잎을 가지고 있다. 화서들은 7.5~10cm의 폭을 가지며 약간의 여유 공간이 있는 경향이 있다. 꽃의 컬러(색)은 두 가지 색이고 붉은 핑크색과 중간 정도의 핑크색인데 가을이 되어 날씨가 추워지면 단지 조금 더 짙어진다. 낙엽성 다육식물이다.

재배 가능 최저온도: 지역 4(-32℃)~지역 9(-4℃)
식물체의 크기: 38cm 초장, 60cm 이상의 폭을 가지고 있다.
최적 토양조건: 건조하거나 배수가 잘되는 평균적 토양이면 좋다.
최적 광도조건: 충분히 강한 햇빛이 좋다.
유사한 품종들: 힐로텔레피움 스펙타빌 *Hylotelephium spectabile* '크리스탈 핑크'는 41cm 정도의 초장과 폭을 가지고 있고 힐로텔레피움 *Hylotelephium* '퓨어 조이'는 단지 30cm 정도의 초장으로 서로 유사하다. 또한 유사하지만 초장과 폭이 더 짧은 힐로텔레피움 *Hylotelephium* '선더클라우드'가 있다. 이것은 점점 시간이 지나면 핑크색으로 바뀌는 흰색 꽃들을 가지고 있다. 힐로텔레피움 스펙타빌 *H. spectabile* 'K의 리틀 조이'는 새로운 종으로 더 짧은 것으로 더 작은 잎(아마도 교잡종이기 때문일 것임)을 가지고 있다.
육종과 도입원: 이 책의 저자가 2012년도에 육성한 품종이다.
작물로서 이용: 봄에 둥근 덩어리들이 완전히 눈길을 끈다. 이 식물들은 구조적으로 우수해서 여러분은 엄정하거나 정형적인 디자인인 낙엽성 울타리, 장식 매듭, 또는 정형적인 경계용으로 사용한다. 작은 청색줄기를 가진 스키자크리움 스코파리움 *Schyzachrium scoparium*이나 오텀 무어그래스인 모리니아 오텀날리스 *Molinia autumnalis*와 같은 아주 우수한 짧고–중간크기 관상용 그래스 식물들과 같이 심으면 아주 우수한 관상 가치를 제공해 준다.

114. 힐로텔레피움 '앰버' *Hylotelephium* 'Amber'

앰버 스톤크롭(Amber stonecrop)이라고도 하며, 또 다른 학명은 세덤 *Sedum* '앰버'

대부분의 힐로텔레피움 *Hylotelephium*과 달리, 이 교잡종은 곧추선다. 그리고 아치형 줄기가 20~25cm 정도 크기이다. 이 식물의 줄기는 거치형 잎보다 색이 다소 진하다. 처음에는 장미색으로 출발하여 날씨가 추워질수록 색이 깊어진다. 잎은 대부분은 자두처럼 백분으로 덮인 회청색과 회록색이 가을까지 아름답다. 꽃은 초가을에 피고 둥글며 5cm로 분홍 꽃잎과 더 짙은 분홍색의 심피들이 덩어리로 달린다. 저자가 보기에는 이 식물의 꽃과 습성은 힐로텔레피움 우수리엔세 *Hylotelephium ussuriense* 이 교잡종의 모본이 아닐가 한다.

꽃은 더 일찍 약간 더 짙은 색을 띠거나 아주 회기하는 듯(reminiscent)하다. 2011년 미국의 스카짓 정원(미국, 워싱턴 주)에 구했는데 낙엽성에다 특허가 걸려있어서 임의로 번식시키는 것이 금지되어 있다.

재배 가능 최저온도: 지역4(-32℃)~지역 9(-4℃)
식물체의 크기: 초장은 20~25cm이고 폭은 30cm이다.
최적 토양조건: 건조하거나 배수가 잘되는 평균적 토양이면 좋다.
최적 광도조건: 충분히 강한 햇빛이 좋다.
유사한 품종들: 힐로텔레피움 시에볼디이 *H. sieboldii*, 힐로텔레피움 우수리엔세 *H. ussuriense* '터키시 딜라이트', 힐로텔레피움 *Hylotelephium* '다즐베리'가 있다.
육종과 도입원: 종은 네덜란드에 있는 플로렌시스에 의해 육종되었다.
작물로서 이용: 원예적 이용으로 저자는 2가지 형태가 있다고 한다. 하나는 짙은 잎에다 더 짙은 진홍색(루비색)의 꽃을 가진 것과 또 하나는 더 회록색 잎이고 분홍색(핑크색) 꽃을 가진 식물이다. 이것은 화분재배에 알맞다. 람스이어(허브식물)와 같이 은색 잎을 가진 이 식물과 혼식 재배에 도전해 보라.

115. 힐로텔레피움 '체리 타르트' *Hylotelephium* 'Cherry Tart'

또 다른 학명은 세덤 *Sedum* '체리 타르트'

이 식물은 고유하고 독특하게 아름다운 세덤이다. 두텁고 붉은 자두색의 잎들은 밀집한 형태로 덩어리를 만든다. 한여름에 퍼져나가는 줄기들에서 꽃이 5~7.5cm 폭으로 클러스터(덩어리)로 달린다. 밝은 컵 모양의 꽃잎들은 분홍색으로 피고 더 짙은 줄무늬가 각각의 수술과 암술을 따라 아래로 내려오는데 진홍의 적색이다. 낙엽성이며 특허가 걸려있는 식물로 자유로운 번식이 금지된 품종이다.

재배 가능 최저온도: 지역 4(-32℃)~지역 9(-4℃)
식물체의 크기: 15cm 초장, 30~38cm 이상의 폭을 가지고 있다.
최적 토양조건: 건조하거나 배수가 잘되는 평균적 토양이면 좋다.
최적 광도조건: 충분히 강한 햇빛이 좋다.
유사한 품종들: 힐로텔레피움 우수리엔세 *Hylotelephium ussuriense* '터키시 딜라이트'와 같은 잎 컬러(색)이나 초장이 더 크다. 힐로텔레피움 '베르트램 앤드슨'과 힐로텔레피움 '루비 글로우'들과 버금가는 좋은 품종이다.
육종과 도입원: 2012년도에 육종가 크리스 한센이 그레이트 가든 식물원에서 도입하였다.
작물로서 이용: 이 중간-작은 크기의 세덤은 아주 단단한데 지피식물보다 낮은 테두리와 같은 가장자리 식물로 알맞다. 짙은 잎 때문에 좋은 대비를 이루는 밝은 색 잎을 가진 식물들과 좋은 대조를 이룬다. 블루페스큐(페스투카 오비나 *Festuca ovina*)와 같이 식재해 보라.

116. 힐로텔레피움 '초콜릿 드롭' *Hylotelephium* 'Chocolate Drop'

초콜릿 스톤크롭(Chocolate stonecrop), 또 다른 학명은 세덤 *Sedum* '초콜릿 드롭'

이 식물은 아주 단단하고 빽빽한 적색 잎, 오텀 스톤크롭들 중의 하나이다. 생장은 짙은 녹색의 잎에서 시작하나 바로 짙은 직포도주(부르고뉴)색으로 변한다. 기부에 부채 모양의 스캘럽 장식의 광택 있는 잎들이 밀집한 형태이므로 아주 이상한 모습이다. 더 짙은 적색의 줄기들이 길어지고 눈이 자라기 시작한다. 꽃은 늦여름에 피고 밝은 핑크색 꽃잎들과 진홍색(루비) 암술을 가지고 있다. 낙엽성이며 특허가 걸려있는 식물이기 때문에 번식 시에 허기를 받아야 하는 품종이다.

재배 가능 최저온도: 지역 4(-32℃)~지역 10(2℃)
식물체의 크기: 25cm에 이르는 초장과 36cm에 이르는 식물의 폭을 가지고 있다.
최적 토양조건: 건조하거나 배수가 잘되는 평균적 토양이면 좋다.
최적 광도조건: 충분히 강한 햇빛이 좋다.

유사한 품종들: 힐로텔레피움 *Hylotelephium* '블랙 뷰티'와 아주 유사하고, 힐로텔레피움 '포스트맨스 프라이드'와 힐로텔레피움 '퍼플 엠페러'는 밝은 자색 잎을 가지고 있다. 힐로텔레피움 '래스베리 트러플'은 더 밝은 컬러(색)의 꽃과 더 진한 자색 잎을 가진다. 전체적으로 볼 때 저자는 힐로텔레피움 '포스트맨스 프라이드'보다 더 개량된 품종으로 생각한다.
육종과 도입원: 테라 노바 원예 육묘장에서 2010년에 도입하였다.
작물로서 이용: 더 짧고 키가 작아서 용기재배의 동반식물로 좋다. 재배 시에 아주 빠른 수분제거가 중요한데 그렇지 않으면 부패하기 쉽다. 적색 잎의 이 식물을 돌부채(베르게니아 코르디폴리아 *Bergenia cordifolia*)와 같이 길을 따라 심으면 좋다. 크고 수줍은 듯 한 녹색 잎이 가을이 되면 갈색으로 변한다.

117. 힐로텔레피움 '칼'
Hylotelephium 'Carl'

또 다른 학명은 세덤 *Sedum* '칼'

활력 있고, 견실한 이 식물들은 푸른빛을 띤 흰 가루(백분)의 회록색의 멋있는 거치형 잎을 가지고 있다. 직립하는 줄기들은 전형적으로 장미색–자색 컬러(색)을 띠나 더 짙어지거나 흰색으로 퇴색되지는 않으므로 꽃의 가치가 떨어지지 않는다. 둥근 색의 화두는 힐로텔레피움 *Hylotelephium* '헙스트프루드'를 생각하게 하는 크기와 모양을 가지고 있다. 그러나 컬러(색)은 더 멋있다. 밝은 핑크색의 짙은 심피(종자)와 수술들은 꽃잎들보다 단지 조금 더 수명이 길다. 또한 이 식물의 꽃은 좀 이른 한여름에 피고 낙엽성이며 분지나 분주로 번식시킨다.

재배 가능 최저온도: 지역 4(-32℃)~지역 9(-4℃)
식물체의 크기: 식물체가 45~60cm의 초장과 폭을 가진다.
최적 토양조건: 건조하거나 배수가 잘되는 평균적 토양이면 좋다.
최적 광도조건: 충분히 강한 햇빛이 좋다.
유사한 품종들: 힐로텔레피움 *Hylotelephium* '아베이도레'와 힐로텔레피움 텔레피움 아종 텔레피움 *H. telephium* subsp. *telephium* '문스테드 다크 레드'는 둘 다 모두 유사한 잎과 식물체 크기를 가지고 있으나 꽃은 적색이다. 다른 것들은 힐로텔레피움 '헙스트프루드', 힐로텔레피움 '클래스 액트'와 힐로텔레피움 '미스터 굳버드'들을 포함하여 모두 유사하다.
육종과 도입원: 힐로텔레피움 스펙타빌 *H. spectabile* '미티어(유성)' 계통으로 영국의 몽크 실버 원예 육묘장에서 유묘가 발견된 종이다.
작물로서 이용: 이용성이나 보유하며 감상할 때 보면 볼수록 더 진가가 인정되는 대단한 식물이다. 큰 청색의 잎을 가진 파니쿰 비르가툼 *Panicum virgatum* '노스와인드'와 같은 그래스와 잘 조화되도록 심어보면 좋다.

118. 힐로텔레피움 '클라우드 워크' *Hylotelephium* 'Cloud Walker'

또 다른 학명은 *세덤 Sedum* '클라우드 워크'

힐로텔레피움 *Hylotelephium* '클라우드 워크'는 아주 컬러(섹) 쇼를 보여준다. 봄에 새싹이 나오면서 자색-적색의 하이라이트를 보여주다가 곧 바로 반 자색과 짙은 녹색이 된다. 잎의 테두리는 평평하지 않다. 거치형의 줄기들의 대부분은 자색이고 크림색의 녹색을 띤 희색의 새싹들이 위치하고 있다. 꽃이 컬러(색)는 독특하고, 핑크색의 갖는 암술(petals)보다 궁극적으로 더 진한 와인 자색이다. 반면 자색 심피(종자)는 자색을 꽃잎들에게도 흘려서 줄기는 더 진한 자색이다. 가지를 친 화두들은 아주 커서 15cm 이상이다. 낙엽성이고 특허가 걸려있는 경우라서 번식이 제한된 품종이다.

재배 가능 최저온도: 지역 4(-32℃)~지역 9(-4℃)
식물체의 크기: 45~60cm 이상의 초장과 폭을 가지고 있다.

최적 토양조건: 건조하거나 배수가 잘되는 평균적 토양이면 좋다.
최적 광도조건: 충분히 강한 햇빛이 좋다.
유사한 품종들: 힐로텔레피움 *Hylotelephium* '마에스트로'는 꽃의 색깔이 중요한 차이인데 분홍색의 두 가지 색을 띤다. 힐로텔레피움 *Hylotelephium* '마트로나'와 유사하다.
육종과 도입원: 테라 노바 원예 육묘장에서 2005년도에 도입하였다.
작물로서 이용: 아주 배수가 잘되는 지역이나 매우 경사지 토양에 심지 않으면 이 식물은 병에 약해서 수명이 짧다. 자색은 다행스럽게도 적색과 잘 어울리기 때문에 서로 조합하기가 좋다. 예를 들면 버노니아 레터마니 *Vernonia lettermanii*이거나 오리가눔 래비가툼 *Origanum laevigatum* '헤렌하우젠'과 같은 품종이다. 이것들의 컬러는 다른 가을 다육식물들의 색과 자연적으로 잘 어울린다.

119. 힐로텔레피움 '클래스 액트' *Hylotelephium* 'Class Act'

또 다른 학명은 세덤 *Sedum* '클래스 액트'

이 잘생기고 단단하며 콤팩트한 식물의 이름은 아주 적절하다. 이 식물의 대부분은 중간 녹색이나 최적의 광도 조건에서는 푸른빛을 띤 흰 가루(백분)가 생긴다. 현저한 밝은 녹색에서 장미색의 줄기들. 밝은 녹색 새싹은 대부분 힐로텔레피움 *Hylotelephium* 보다 다 빠르게 나온다. 꽃잎들과 심피(종자)는 그 꽃들이 거의 진홍색(루비) 핑크이고 한결같이 꽃의 컬러가 금방 알아볼 수 있는 색이다. 큰 화두들은 10cm 이상의 폭을 가지고 겹쳐진 모양이고 이 식물은 전체적으로 가을에 붉고 호화롭게 보인다. 낙엽성 식물로 특허가 걸려있어 임의로 번식하기가 곤란한 품종이다. 2006년도에 왕립원예학회(영국)에서 상을 받은 품종이다.

재배 가능 최저온도: 지역 4(-32℃)~지역 10(2℃)
식물체의 크기: 45cm 초장, 60cm 이상의 폭을 가지고 있다.
최적 토양조건: 건조하거나 배수가 잘되는 평균적 토양이면 좋다.
최적 광도조건: 충분히 강한 햇빛이 좋다.
유사한 품종들: 힐로텔레피움 *Hylotelephium* '미스터 굳버드'와는 크기가 같으나 더 짙은 자색 꽃을 피운다. 힐로텔레피움 텔레피움 아종 텔레피움 *H. telephium* subsp. *telephium* '문스테드 다크 레드'는 꽃과 습성이 비슷하다.
육종과 도입원: 테라 노바 원예 육묘장에서 2005년도에 도입하였다.
작물로서 이용: 이 식물은 경계용 식물로 만족할만하고 중간에서 큰 것까지 크기가 다양하며 직립하는 세덤이다. 저자는 예를 들면 에키나세아 *Echinacea* '사틴 나이트'와 같은 더 짧고 핑크색의 콘플라워 식물들 가운데 심는 것을 추천한다.

120. 힐로텔레피움 '퓨어 조이' *Hylotelephium* 'Pure Joy'

또 다른 학명은 세덤 *Sedum* '퓨어 조이'

이 식물은 꽃으로 가득차고 풍성한 습성 때문에 항상 땅을 멋지게 가꾸는 효과를 낸다. 은색에서 회색까지 잎 색을 가진 이 식물이 단단한 돔(domes)처럼 나온다. 결국 더 짙은 녹색으로 되고 잎은 거치형이며 5cm 정도의 길이로 2.5cm의 폭을 가진다. 여름 중반 정도까지 이 식물은 기지를 많이 치다가 녹색을 띤 흰색의 새싹들이 나오고 초가을이 되었을 때 진하고 연한 분홍색의 두 가지 색을 갖는 꽃을 피운다.

다 자란 식물은 하나의 큰 공과 같은 덩어리로 보이고 꽃들이 여기에 피어 있다(77페이지 사진 참조). 각각의 가볍고 밝은 꽃들이 시간이 지남에 따라 짙어지기 시작한다. 상층부의 꽃잎들은 핑크색에서 점점 연해져서 기저부 부분에서 흰색으로 된다. 심피(종자)와 수술은 궁극적으로 변해 적색을 나타낸다. 낙엽성이며 특허가 걸려있어서 임의로 번식시키는 것이 금지된 품종이다.

재배 가능 최저온도: 지역 4(-32℃)~지역 9(-4℃)
식물체의 크기: 30cm 이상의 초장, 41~50cm 이상의 폭을 가지고 있다.
최적 토양조건: 건조하거나 배수가 잘되는 평균적 토양이면 좋다.
최적 광도조건: 충분히 강한 햇빛이 좋다.
유사한 품종들: 힐로텔레피움 *Hylotelephium* '소프트 클라우드'로 약간 키가 더 크게 자라고 가볍고 밝은 분홍색 꽃을 덩어리(클러스터)로 피우는데 이것이 다른 식물과 구별되는 요소이다(대부분 힐로텔레피움들과 같은 식물들과 구별), 힐로텔레피움 '선더클라우드' 역시 꽃의 덩어리인 클러스터로 구별되는데 이것은 흰색의 꽃을 피운다. 이 식물의 잎은 힐로텔레피움 시에볼디이 *H. sieboldii*를 생각나게 하는 데, 이는 이것이 다른 관련종과 구분되게 하는 것이기 때문이다.
육종과 도입원: 이 책의 저자가 2011년도에 개발한 품종이다.
작물로서 이용: 이 식물은 용기재배에 알맞는 견본식물이다. 마치 가을국화처럼 이용하는데 저자는 스키자크리움 스코파리움 *Schyzachrium scoparium* '재즈'와 펜스테몬(북미, 현삼과) 디기탈리스 *Penstemon digitalis* '포카혼타스'가 성공적으로 잘 어울린다고 말한다.

121. 힐로텔레피움 '플럼 퍼펙션'
Hylotelephium 'Plum Perfection'

플럼 스톤크롭(Plum stonecrop), 또 다른 학명은 세덤 *Sedum* '플럼 퍼펙션'

이 식물의 상층부는 녹색을 띤 상태로 자라기 시작한다. 그러나 곧 회색으로 바뀌는데 잎의 기저부를 제외하고 대부분은 자두색으로 변한다. 좁은 거치형 잎은 6~9mm 정도의 폭에 2.5cm 이상의 길이를 가지고 있다. 강한 덩어리로 된 식물체는 아치형으로 느슨하게 줄기들이 자라기 시작한다. 늦여름에 꽃이 피고 새싹은 크림색의 흰색이며 상층부는 핑크색인데 크기는 7.5cm 정도의 폭을 가지고 있다. 일단 꽃이 피기 시작하면 이 꽃도 역시 크림색의 흰색인데 상층부는 핑크색이다. 낙엽성이며 특허가 걸려있는 품종이다.

재배 가능 최저온도: 지역 4(-32℃)~지역 9(-4℃)

식물체의 크기: 5~20cm 초장, 20~30cm 이상의 폭을 가지고 있다.

최적 토양조건: 건조하거나 배수가 잘되는 평균적 토양이면 좋다.

최적 광도조건: 충분히 강한 햇빛이거나 약한 차광이 좋다.

유사한 품종들: 힐로텔레피움 *Hylotelephium* '베르트램 앤드슨'과 유사한 엽색을 가지고 있지만 더 성글고 열려있는 습성과 더 큰 잎들을 가지고 있다.

육종과 도입원: 이 책의 저자가 2010년도에 도입되어 발전시킨 품종이다.

작물로서 이용: 이 세덤은 내건성이 아주 강해서 자갈이나 암석질 토양에 잘 견디는 정원식물이다. 이 식물을 심을 때는 짙은 잎을 가진 경우 밝은 색의 돌들을 위에 깔아 놓는다. 황금색 잎의 세덤 섹상굴라레 *Sedum sexangulare* '골드디그'을 옆에 심으면 아주 환상적인 조화를 만들어 낸다. 여러분이 원하면 포트에 심기도 하는데 이 식물의 퍼져나가는 줄기들은 좋은 충전용(filler) 가운데 다른 크기의 식물을 심는 반면 자두색과 다른 색을 가진 동반식물로 잘 조화를 시킨다.

122. 힐로텔레피움 '헙스트프루드'
Hylotelephium 'Herbstfreude'

오텀 조이(Autumn Joy), 또 다른 학명은
세덤 Sedum '오텀 조이', *세덤 Sedum* '헙스트프루드'

관련종과 비교해 볼 때 더 크고 더 회록색이며 더한 거치형 잎을 가지고 있다. 그래서 이 식물은 조경용에서 빠트릴 수 없다. 봄에 빨리 자라나오는 식물이고 둥근 모양의 마운드에 회록색의 활력 있는 이 식물은 한여름에 새싹을 내는데 밝은 녹색에 적침임을 알 수 없는 크림색의 녹색 컬러(색)의 줄기들은 브로콜리를 닮았다.

계절이 지나감에 따라 실제 헤드는 보통 10cm 정도이거나 조금 더 큰 폭을 가진 헤드는 붉은 핑크색이 비치다가 야간에 온도가 더 내려가면 벽돌 같은 붉은 색이 된다. 생식력이 없는 꽃들은 꽃밥(약)과 수술대가 없는 약한 수술 기관 때문이다. 겨울이 되면 잎은 결과적으로 떨어지고 시나몬(계피)색의 줄기들을 남긴다. 종자를 가진 헤드는 몇 달 동안 그대로 서 있고 낙엽이 진다. 번식은 삽목이나 분지나 분주로 쉽게 가능하다. 왕립원예학회상(영국)을 1993에 수상한 품종이다.

재배 가능 최저온도: 지역 3(-37℃)~지역 9(-4℃)
식물체의 크기: 60cm 초장과 적어도 60cm가 넘는 폭을 가진 식물이다.
최적 토양조건: 건조하거나 배수가 잘되는 평균적 토양이면 좋다.
최적 광도조건: 충분히 강한 햇빛이거나 약한 차광이 좋다.
유사한 품종들: 힐로텔레피움 *Hylotelephium* '오텀 파이어'와 아주 유사하게 보이는데 더 단단하고 빽빽하며 적심이나 줄치기(staking) 작업이 필요하지 않다. 저자는 차이를 발견하지 못했다고 하지만 나란히 재배해 보면 힐로텔레피움 '인디안 추장'은 2주 정도 더 일찍 꽃이 핀다. 헤드도 더 크고 또 다른 학명인 힐로텔레피움 'T-렉스'는 이것의 돌연변이인데 현저한 차이가 있는 거치형 잎을 가지고 있다. 힐로텔레피움 '베카'는 황금색-중심의 잎을, 힐로텔레피움 '라요스'는 테두리가 크림 노란색을, 힐로텔레피움 '엘시 골드'는 돌연변이로 노란색 무늬의 테두리가 있다. 힐로텔레피움 '조스'는 물결모양의 거치형 엽연을 가진 돌연변이종으로 알려져 있다. 힐로텔레피움 '화이트 투스 샤크'는 얇고 흰색의 테두리를 가지고 있으나 원래의 형태로 쉽게 회귀하는 특성이 있다.
육종과 도입원: 힐로텔레피움 텔레피움 *Hylotelephium telephium*과 힐로텔레피움 스펙타빌 *H. spectabile*은 생식능력이 없는 교잡종으로 1952년 아렌즈(Arends) 원예 육묘장에서 도입하였다.
작물로서 이용: 이 품종은 가장 일반적이고 인기 있는 세덤류인데 그 이유로 1년 내내 아름답게 정원을 빛낸다. 이 식물은 매혹적으로 벌, 나비 그리고 다른 수분을 하는 곤충을 이 식물이 가진 꿀(nectar)로 유인한다. 향이 좋은 방향식물로 향을 맡을 때 꿀벌에 주의하라. 새싹들은 녹색을 띤 흰색이고 이 식물은 여름에 꽃을 피우는 흰색의 수국 하이드란지아 *Hydrangea* '애나벨'과 서로 보완하며 어울린다. 가을에 여러분의 정원을 가꾸어줄 가장 환상적인 조합 중의 하나는 힐로텔레피움 *Hylotelephium* '헙스트프루드'에 에라그로스티스 스펙타빌리스 *Eragrostis spectabilis* 식물을 같이 곁들여 심는 것이다.

123. 힐로텔레피움 스펙타빌 '네온'
Hylotelephium spectabile 'Neon'

또 다른 학명은 세덤 스펙타빌 *Sedum spectabile* '네온'

키가 작고 풍부하며 핑크색, 암적색의 이 꽃들은 아주 두드러진 모양의 좋은 품종이다. 이 품종은 더 짧게 자라는 생장 습성 때문에 잎이 아마 약하고 더 밀집한 형태를 가지는데 각각(개별)은 더 작은 모습이다. 낙엽성이며 초봄에 분지나 분주로 쉽게 번식시킨다.

재배 가능 최저온도: 지역 4(-32℃)~지역 9(-4℃)
식물체의 크기: 38~45cm 초장, 45cm 이상의 폭을 가지고 있다.
최적 토양조건: 건조하거나 배수가 잘되는 평균적 토양이면 좋다.
최적 광도조건: 충분히 강한 햇빛이 좋다.
유사한 품종들: 여기에는 많은 유사한 품종이 있는데, 상대적으로 더 짧고 선택된 힐로텔레피움 스펙타빌 *Hylotelephium spectabil* '핫 스트프'는 41cm 초장에 동일한 넓이의 폭을 가지고 있다. '미니 조이'는 또 하나의 짧은 형태로 가볍고 밝은 분홍색 꽃을 피운다. '핑크 봄브'는 큰 화두들을 가지고 있는데 더 깊은 분홍색을 띤다. 흥미를 자아내는 품종은 '피핀 퍼플'인데 더 얇은 꽃잎들을 가진 크림색의 흰색 뒷면에 전체적인 화두가 은색으로 보인다. 약 38cm의 초장을 가지고 있다. 가장 짧은 '피재즈(활기)'는 새롭게 육성된 품종으로 플랜트 헤이븐(Plant Haven)이 모본인데 단지 30cm 초장과 폭을 가지고 있다. 그러나 돌연변이체인 아주 큰 돔(dome)형의 화두는 짙은 분홍색을 띤다. 마지막으로 저자가 들어서 알고 있는 또 다른 좋은 품종은 미국에서 팔리는 것을 본적이 없다. '스티븐 와드'(이것은 잉글랜드에서 이용하고 있음)와 '아벤트롯(저녁노을)'로 후자는 30cm 초장에 자색-분홍색 꽃을 가지고 있다.
육종과 도입원: 정원이나 가든에서 육종되었다.
작물로서 이용: 더 짧은 종의 특성 때문에 이것은 유사한 식물로 간주된다. 즉 짧고 관상용 그래스 식물들인 스포로볼루스 헤테로렙시스 *Sporobolus heterolepsis* '타라'와 유사하고 거의 완벽한 조화를 이룬다.

124. 힐로텔레피움 스펙타빌 '브릴리안트'
Hylotelephium spectabile 'Brilliant"

또 다른 학명은 세덤 스펙타빌 *Sedum spectabile* '브릴리안트'

이 식물은 대부분 오래 견디는데 별 문제가 없는 경계 식물이다. 이 속(genus)은 인기가 높은데 잎들은 가볍고 밝은 녹색이며 푸른빛을 띤 흰 가루(백분)가 뒷면의 잎에 있고 줄기들은 거의 같은 컬러(색)이다. 잎은 크기가 일반적으로 2.5cm 이상이고 폭은 5cm에 달하는 데 약한 거치형 테두리를 가지고 있다. 이 식물의 줄기에 붙은 잎들은 특별한 패턴이 없으나 다양하게 마주나는 대생에서 부터 나선형과 같은 윤생에 이르기까지 다양하다. 꽃들이 환상적이며 전형적으로 모든 부분들이 같은 컬러(색)를 갖는데 가볍고 밝은 분홍색이다. 지나치게 이상 비대한 수술은 빠르게 꽃잎들의 끝에 도달하게 자란다. 덩어리(클러스터)형태의 납작한 둥근 돔형이고 초가을까지 컬러가 진전되며 크기는 7.5~10cm의 폭을 갖는다. 이 식물은 특별히 곰팡이성 진균병, *리족토니아*에 진정 저항성이 있다. 낙엽성이며 번식은 분지나 분주로 번식시킨다. 왕립원예학회상(영국)을 1993년도에 수상하였다.

재배 가능 최저온도: 지역 4(-32℃)~지역 9(-4℃)
식물체의 크기: 45~60cm의 초장과 적어도 그 이상의 큰 폭을 가지고 있다.
최적 토양조건: 보통 배수가 잘되는 토양이 좋다.
최적 광도조건: 충분히 강한 햇빛이거나 약한 차광이 좋다.
유사한 품종들: 힐로텔레피움 스펙타빌 *Hylotelephium spectabile* '크리스탈 핑크'와 힐로텔레피움 '소프트 클라우드'는 둘 다 더 짧다. 힐로텔레피움 스펙타빌 *Hylotelephium spectabile* '로젠텔러'는 중간정도의 가볍고 밝은 분홍색 꽃을 피운다.
육종과 도입원: 중국 북부와 한국이 원산지이다.
작물로서 이용: 힐로텔레피움 스펙타빌 *H. spectabile* '브릴리안트'는 다비성 작물로 전형적인 가볍고 밝은 녹색을 가지고 있다. 이 식물은 꿀이 많아 수분을 매개하는 벌과 나비류가 많이 몰려든다. 유통되고 있는 것을 보면 꽃 컬러(색)이 다양한데 가볍고 밝은 핑크색에서 중간 분홍색이 많이 팔린다. 이 식물의 꽃색은 토양비옥도에 의해 영향을 받은 것 같다. 더 짙은 핑크색을 가진 힐로텔레피움 *Hylotelephium* '헙스트프로이드'를 보완해 주는 품종이다.

125. 힐로텔레피움 스펙타빌 '스타더스트'
Hylotelephium spectabile 'Stardust'

또 다른 학명은 *세덤 스펙타빌 Sedum spectabile* '스타더스트'

문제가 없이 오래 생존하는 아주 가늘고 흰색의 꽃을 가진 이 식물은 단단한 실제 꽃덩어리(클러스터)가 7.5~10cm 길이이고 이를 포함하는 수백 개의 각각의 꽃을 피운다. 이 식물의 새싹들은 밝은 녹색을 띠고 있고 일단 완전히 전개되면 꽃들이 완전한 흰색이고 이를 포함하는 암술(난자)와 아주 긴 수술, 즉 확장되어 꽃잎보다 크게 자란다. 낙엽성으로 번식은 분지나 분주로 번식시킨다.

재배 가능 최저온도: 지역 4(-32℃)~지역 9(-4℃)
식물체의 크기: 초장은 45~60cm이고 적어도 그 이상의 폭을 가지고 있다.
최적 토양조건: 건조하거나 배수가 잘되는 평균적 토양이면 좋다.
최적 광도조건: 충분히 강한 햇빛이거나 약한 차광이 좋다.

유사한 품종들: 힐로텔레피움 스펙타빌 *Hylotelephium spectabile* '스노우 퀸'이 있고 다른 것은 일반적으로 흰색의 형태로 팔린다. '아이스베르그(Iceberg)' 품종의 꽃들은 더 크림색의 흰색을 띤다.
육종과 도입원: 정원이나 가든에서 육종되었다.
작물로서 이용: 유사한 크기와 관련이 있는 경계식재용 세덤류를 재배한다. 이 식물은 대비가 잘 되는데 쉽게 눈에 띤다. 흰색 꽃들이 또한 가을에 잘 어울리는 데 특히 그래스류 중에서 파니쿰 비르가툼 *Panicum virgatum* '쉐난도'이다. 흰색의 꽃을 가진 형태를 좋아하는 경향이 있다는 것을 기억해 두는 것이 좋다. 어떤 것들은 유전적 특성의 불안정성 때문에 분홍색으로 되돌아가는 회기성 부분은 간단히 제거한다. 토양에 밀착된 원하지 않는 줄기들은 가능한 한 제거한다.

126. 힐로텔레피움 스펙타빌 '카르멘'
Hylotelephium spectabile 'Carmen'

또 다른 학명은 세덤 스펙타빌 *Sedum spectabile* '카르멘'

이 품종들은 더 짙은 암적색의 분홍색 꽃들을 갖는 것에서 선발된 최고의 식물 중 하나이다. 푸른빛을 띤 흰 가루(백분)의 회록색 잎은 밝은 색을 가진 여러분은 정원을 좋게 하고 토양을 비옥하게 할 것이다.

고무같이 질긴 탄성의 잎이 교호적으로 전개되며 유사한 컬러(색)의 줄기들을 갖는다. 실제 화두는 10cm에 이르고 반경(폭)은 그 이상이며 수백 개의 각각 짙은 분홍색 꽃들로 이루어져 있다. 이 식물을 보면 금세 그것임을 알 수 있게 특징적이고 꽃잎보다 빨리 전개되는 수술들을 가지고 있다. 낙엽성이며 번식은 분지나 분주로 번식시킨다.

재배 가능 최저온도: 지역 4(-32℃)~지역 9(-4℃)
식물체의 크기: 45~60cm 초장과 적어도 그보다 더 넓은 폭을 갖고 있다.
최적 토양조건: 건조하거나 배수가 잘되는 평균적 토양이면 좋다.
최적 광도조건: 충분히 강한 햇빛이거나 약한 차광이 좋다.
유사한 품종들: 다른 짙은 핑크색 형태의 아마 모두가 상당히 유사하고 주목할 만한 힐로텔레피움 스펙타빌 *Hylotelephium spectabil* '리자'와 '미티어(유성)' 상당히 닮았다. 둘 다 60cm 초장을 갖고 있고 '핑크 페어리'와 '셉템버글루'는 모두 68cm 초장을 갖고 있다.
육종과 도입원: 정원이나 일반 가든에서 육종되었다.
작물로서 이용: 저자는 이 식물의 짙은 컬러(색)와 실제 크기를 좋아한다. 몇몇 식물은 가을에 멋있는 영향을 끼친다. 특별히 아름다운 것은 가을에 개화하는 아스타류들과 어울릴 때이고 주요한 결점으로 종자를 머금은 고투리가 겨울 기후를 견디지 못한다는 것이고 눈과 같은 힐로텔레피움 *Hylotelephium* '헙스트프루드'를 닮았다.

127. 힐로텔레피움 스펙타빌 '핑크 샤블리'
Hylotelephium spectabile 'Pink Chablis'

또 다른 학명은 세덤 스펙타빌 *Sedum spectabile* '핑크 샤블리'

얼마나 흥미 있고 멋있는 식물인지! 반면에 이것은 무늬 잎을 가진 다른 품종, 지금까지는 이 품종이 힐로텔레피움 스펙타빌 *Hylotelephium spectabile*에서 유래된 유일한 하나의 식물이었다. 이 멋있는 식물은 회록색 푸른빛을 띤 흰 가루(백분)의 잎에 상대적으로 얇은 크림색의 흰색 테두리 무늬를 가지고 있다.

새싹이 나올 때 '핑크 샤블리' 품종에서는 완전한 흰색이 되어서 나오는데 이는 거의 꽃과 같은 색이다. 그러나 일단 꽃들이 피면 두 가지 색을 가지는데 흰색 꽃잎들(밀집한, 아주 긴 수술들이 흰색임)을 나타낸다. 낙엽성이며 특허가 걸려있는 식물로 임의로 번식이 금지된 품종이다.

재배 가능 최저온도: 지역 4(-32℃)~지역 8(-9℃).
식물체의 크기: 45~50cm 초장, 45~60cm의 폭을 가지고 있다.
최적 토양조건: 건조하거나 배수가 잘되는 평균적 토양이면 좋다.
최적 광도조건: 충분히 강한 햇빛이 좋다.
유사한 품종들: 힐로텔레피움 에리드로스티쿰 *Hylotelephium erythrostictum* '프로스티 모른'은 유사한 흰색의 테두리를 가진 잎이고 좀 더 큰 초장과 꽃 컬러(색)은 대부분은 분홍색이 비치는 흰색을 가지고 있다.
육종과 도입원: 크리스토퍼 하우(Christopher Howe)가 세운 정원에서 유래되었는데 1995년 호르텍(Hortech) 원예 육묘장(미국 미시건 주)에서 입수하였다.
작물로서 이용: 얇은 흰색 무늬(반엽)에 색깔이 선명한 이 식물은 쉽게 혼식하는 품종으로 정원이나 가든에서 베드에 재배하기가 좋다. 저자는 다른 흰색의 무늬종이거나 은색 잎을 가진 페디무스 스푸리우스 *Phedimus spurius* '트리컬러'를 닮은 이 품종을 좋아하는데 기저부분, 또는 은색 잎을 가진 차이브인 알리움 스코에노프라섬 *Allium schoenoprasum* '포어케이트'와 잘 어울린다.

이 세덤식물이 활력 있고 모두 녹색의 지상부 싹을 내는 식물로 회귀할 수 있다는 것을 미리 주지시켜 주어야 한다. 토양에 밀착해서 자라는 부분을 제거시켜 주어야 하는데 이는 이 것을 남겨두면 이 식물은 다른 무늬종이 자라지 못할 정도로 커지기 때문이다. 이 식물은 또한 돌연변이를 일으킬 수 있는데 모두 흰색의 지상부(싹)가 완전히 발달하지 못하거나 꽃이 영향을 받는다. 이러므로 이 부분도 역시 제거해야 한다. 만약 여러분이 하지 않으면 상층부는 결국 갈색으로 변하고 썩게 될 것이다.

128. 힐로텔레피움 시에볼디이 *Hylotelephium sieboldii*

옥토버 다프네(October daphne), 또 다른 학명은 세덤 시에볼디이 *Sedum sieboldii*

이 품종의 대단한 엽색은 새싹이 나올 때부터 다르다. 아주 우수한 내건성을 여름철 내내 보여준다. 그리고 가을에는 활기있는 밝은 잎들을 내고 늦게 피는 꽃은, 대부분 다른 다년생들, 그 한 해 동안 완성된다. 이 세덤은 다른 품종들과 혼돈스러워 구별하기가 어렵다. 이것은 구별이 되는 세 가지 요소로 위쪽 테두리의 잎가가 옅게 째진(로브) 잎이 있다. 이 식물은 푸른빛을 띤 흰 가루(백분)의 천색-녹색, 사실상 거의 은색이다. 늦은 계절에, 그 잎의 테두리는 전형적으로 적색으로 변하고, 특별히 강한 햇빛에 완전히 노출되었을 때 그렇다. 그 결과 실제적으로 새로운 전체의 식물체를 닮았다.

가을이 되면 잎은 다시 변해 밝은 오렌지색-적색으로 된다. 이 식물은 실제적으로 가을에 꽃이 핀다는 이름처럼 가을의 중반에 꽃이 핀다. 이 식물은 두 가지 색감, 중간 정도의 분홍색과 더 짙은 색의 심피(종자)가 있다. 낙엽성이며 분지나 분주로 번식시킨다. 그렇지 않으면 봄에 삽목을 하는 것이 최선의 번식방법이다.

재배 가능 최저온도: 지역 4(-32℃)~지역 9(-4℃)
식물체의 크기: 25cm 초장, 30cm 이상의 폭을 가지고 있다.
최적 토양조건: 건조하거나 배수가 잘되는 평균적 토양이면 좋다.
최적 광도조건: 충분히 강한 햇빛이거나 약한 차광이 좋다.
유사한 품종들: 힐로텔레피움 시에볼디이 *Hylotelephium sieboldii* '옥토버 다프네'는 진정한 선발로 생각될 수 있다. 더 얇은 녹색 잎과 봄이 지니면 현지한 적색의 테두리를 가지고 있다. 힐로텔레피움 *Hylotelephium* '라임 진저'는 단지 15cm 초장과 45cm 폭을 가지고 있으나 잎은 서로 유사한 적색의 테두리를 가지고 있는데 이것의 잎은 힐로텔레피움 에웨르시이 *H. ewersii*를 닮았다.
육종과 도입원: 일본이 원산지이다.
작물로서 이용: 이 식물은 가볍고 밝은 그늘에서 재배할 때 오히려 더 품질이 좋아지는 경향이 있다. 철저한 배수는 아주 중요하다. 저자는 이 식물을 테두리용, 암벽 걸이용으로 아치형 줄기들로 돋보이게 심었다. 이 종은 포트의 안쪽에서 까지도 재배할 수 있다. 겨울동안 휴면이 계속된다. 예를 들면, 은색 잎을 가진 휴케라 *Heuchera* '실버 스크롤'과 같은 식물과 같이 식재해보라.

129. 힐로텔레피움 시에볼디이 하위종 바리에가툼
Hylotelephium sieboldii f. *variegatum*

무늬종 옥토버 다프네(Variegated October daphne)
또 다른 학명은 세덤 시에볼디이 하위종 바리에가툼 *Sedum sieboldii* f. *variegatum*

재배계절의 중간까지 이 무늬 종은 놀라운 삼색의 외양을 보여준다. 이 종은 전형적으로 더 작은 농담이 없이 한결같은 청색-녹색 종이고 아주 활력이 높은 것은 아니다. 이 무늬 종은 봄에 자라나오는 잎을 보기 어렵고 항상 규칙적인 모양을 갖지 않는다. 사실, 대부분 무늬종인 세덤류와 달리 크림색의 노란색 중심과 청록색의 측면에서 구별되는 선을 가지고 있다.

일단 식물이 성숙해지면 그 잎은 자주색-적색의 테두리를 가지기 시작하고 그 줄기들이 같이 짙어진다. 가을의 중턱에 이 식물은 같은 종들과 비교해볼 때 분홍색 꽃들이 더 밝은 색의 꽃을 피운다. 이 종도 낙엽성이고 분지나 분주, 삽목으로 번식시킨다.

재배 가능 최저온도: 지역4(-32℃)~지역 9(-4℃)

식물체의 크기: 15~20cm 초장과 그보다 더 넓은 폭을 가진다.
최적 토양조건: 건조하거나 배수가 잘되는 평균적 토양이면 좋다.
최적 광도조건: 충분히 강한 햇빛이거나 약한 차광이 좋다.
유사한 품종들: 유사한 품종이 없다.
육종과 도입원: 정원이나 가든에서 육종되었다.
작물로서 이용: 이런 형태를 견본식물로서 추천한다. 암석정원이나 가든에서 테두리를 따라서 벽이나 베드를 높여서 재배한다. 이 식물은 단식(alone)이나 군식으로 다른 식물과 조화를 이루는 용기식물로 아주 적절하다.

진하거나 연한 농담이 없이 한결같은 청색-녹색의 새싹은 상대적으로 일반적이며 무늬종인 식물의 것보다 빨리 자란다.

130. 힐로텔레피움 아나캄프세로스 *Hylotelephium anacampseros*

에버그린 오르핀(Evergreen orpine)이라고도 하며, 또 다른 학명은 세덤 아나캄프세로스 *Sedum anacampseros*

이 종은 과서에는 **오로스타키스** *Orostachys*나 바보의 모자 (dunce cap, 던스 캡) 오인될 수 있었으나 꽃이 완전히 다르다. 지난해 나온 줄기의 꽃눈에서 꽃이 핀다. 잎은 끝으로 갈수록 작아지고 로제트 형태로 된다. 나출된 줄기의 끝에서 덩어리로 달린다. 밝은 자두색-핑크색 빛을 띠는 회색의 둥글고 가득 찬 새눈으로 시작한다.
일반명은 연인이 돌아오다(lover come back)이다. 그을린 듯한 붉은색의 꽃잎들은 꽃받침보다 더 짧고 오렌지색-노란색 심피(종자)의 주위에 둘러싸여 있다. 수줍은 듯한 꽃은 오래동안 지속된다. 반상록성이고 번식은 삽목이나 분주로 한다.

재배 가능 최저온도: 지역 5(-29℃)~지역 9(-4℃), 아마도 좀 더 강하다.

식물체의 크기: 13cm 정도의 초장과 25cm 정도의 폭을 가진 이 식물은 화경이 7.5~10cm 정도 된다.
최적 토양조건: 산성을 좋아하고 적당한 수분에서 잘 자라나 알칼리성인 석회석 토양은 아주 싫어한다.
최적 광도조건: 충분히 강한 햇빛이거나 약한 차광이 좋다.
유사한 품종들: 힐로텔레피움 아나캄프세로스 하위종 마유스 *Hylotelephium anacampseros* f. *majus*는 둥근 잎을 가진 큰 형태이다.
육종과 도입원: 스페인, 프랑스, 이탈리아가 원산지이다.
작물로서 이용: 이 식물은 암석원에 알맞다. 이 식물은 벽이나 바퀴, 화분의 테두리에 특별히 잘 어울린다. 저자는 이 식물로 암석의 동쪽 노출면을 멋있게 장식한 패널을 본적이 있다. 이 식물은 다른 황금색의 오리니아 사사틸리스 *Aurinia saxatilis*와 행잉 바스켓으로 잘 어울린다.

131. 힐로텔레피움 에리드로스티쿰 '메디오바리에가툼'
Hylotelephium erythrostictum 'Mediovariegatum'

크로운 스톤크롭(Clown stonecrop), 또 다른 학명은 힐로텔레피움 알보로세움 *Hylotelephium alboroseum*, 세덤 에리드로스티쿰 하위종 메디오바리에가툼 *Sedum erythrostictum* f. *mediovariegatum*

윤기가 있고 활력이 있는 두 가지 색을 가지고 있는 품종으로 녹색의 테두리와 황금색 중심의 푸른빛을 띤 흰 가루(백분)의 잎으로 꽉 찬 로제트의 순이 이른 봄에 자라나오고 이어서 거의 수직으로 직립하는 줄기를 마주나는 대생의 잎들이 둘러싸고 있다. 늦여름에 이 식물들의 새눈이 나오고 잎새 같은 포들은 거의 그 잎들을 숨막히게 하듯이 자라는데 실제적으로는 꽃을 가진 화아이다. 반면 전체적으로 볼때 구별되는 꽃은 부드러운 분홍색이고 이 꽃 역시 두 가지 색의 톤을 가지고 있다. 크림색의 흰 꽃잎들은 부드러운 핑크색 심피(종자)로 둘러싸여 있다. 낙엽성이고 번식은 분주에 의한다.

재배 가능 최저온도: 지역 4(-32℃)~지역 9(-4℃)
식물체의 크기: 60cm 초장, 38~45cm의 폭을 가지고 있다.
최적 토양조건: 보통 배수가 잘되는 토양이 좋다.
최적 광도조건: 충분히 강한 햇빛이거나 약한 차광이 좋다.
유사한 품종들: 종종 '크로운'이나 '더 크로운'이라는 이름으로 판매된다. 그럼에도 불구하고 매우 오래된 전통적인 품종이고 일반적인 품종은 아니다. 이 식물은 세덤류 중에서 봄에 가장 화려하나 약점(drawback)은 여러분은 끊임없이 적색이 녹색으로 회귀하는 것을 막아야 할지 모른다. 힐로텔레피움 에리드로스티쿰 *Hylotelephium erythrostictum* '레모네이드'는 항상 황금색을 띠는 형태이고 녹색을 띠는 형은 저자가 한 번도 팔아 보지 못한 아름다움이 덜한 식물이다. 힐로텔레피움 텔레피오이데스 *H. telephioides*는 아마 양친이 힐로텔레피움 비리데센스 *H. viridescens*일 것이고 북아메리카 원산의 희거나 분홍빛의 꽃을 피운다.
육종과 도입원: 정원에서 유래된 종이다.
작물로서 이용: 부드러운 노란색 컬러(색)의 잎을 가지고 있기 때문에 봄철에 많이 쉽게 재배한다. 경계용 식물로 가장 좋고 칼라마그로스티스 *Calamagrostis* '칼 포스터'나 '엘도라도'와 같은 빨리 자라고 웅장한 그래스 식물과 잘 어울린다. 이후에는 화아(flower bud)가 노란색 잎을 완전히 감싸듯이 자라나온다.

132. 힐로텔레피움 에리드로스티쿰 '프로스티 모른'
Hylotelephium erythrostictum 'Frosty Morn'

또 다른 학명은 *세덤 에리드로스티쿰* Sedum erythrostictum '프로스티 모른'

눈에 띠는 무늬종인 세덤은 많은 사람들에게 사랑을 받는다. 얇지만 넓은 잎이 힐로텔레피움 스펙타빌 Hylotelephium spectabile을 생각나게 하는 데 무늬가 화려하다. 밝은 녹색의 중심 테두리가 흰색의 띠에서 무언가 불규칙하고 전형적으로 3mm 보다 작은 넓이를 가진다. 늦여름까지는 화형의 주변에 포가 덩어리를 이룬 직립하는 생장이 정지한다. 이러한 포가 실제적인 꽃보다 더 화려하다. 즉 난자와 같은 형태의 그 꽃들이 밝은 핑크색이나 흰색의 꽃잎들이 주변에 밝은 핑크색 심피(종자)를 감싸 안고 있다. 낙엽성이며 번식은 분주로 한다.

재배 가능 최저온도: 지역 4(-32℃)~지역 9(-4℃)

식물체의 크기: 70cm 초장에 45~60cm의 폭을 가지고 있다.

최적 토양조건: 보통 배수가 잘 되는 토양이 좋다.

최적 광도조건: 충분히 강한 햇빛이 좋다.

유사한 품종들: 힐로텔레피움 스펙타빌 Hylotelephium spectabile '핑크 샤블리'와 잎이 유사하다.

육종과 도입원: 고텐바(일본 시즈오카 현) 원예 육묘장, 일본의 정원에서 육성된 것으로 미국의 배리 잉거(Yinger, Barry)에 의해 하인즈 원예 육묘장에 도입되었다.

작물로서 이용: 이 식물은 관상용으로 재배하는데 그래스류인 흰색의 무늬(반엽)종인 칼라마그로스티스 ×아쿠티플로라 Calamagrostis ×acutiflora '오버댐'이나 미스칸투스 시넨시스 Miscanthus sinensis '모닝라이트'와 같은 식물과 잘 조화를 이룬다. 완전히 녹색인 새싹을 땅바닥(지제부)까지 제거하면 남아 있는 식물에서 이 무늬 부분이 더 잘 자란다.

133. 힐로텔레피움 에웨르시이 아종 호모필룸 '로젠테피크'
Hylotelephium ewersii subsp. *homophyllum* 'Rosenteppich'

로즈 카펫 스톤그롭(Rose carpet stonecrop)
또 다른 학명은 세덤 에웨르시이 아종 호모필룸 *Sedum ewersii* subsp. *homophyllum* '로젠테피크'

바닥을 기면서 퍼져나가는 영구적인 수목의 줄기들은 은색-녹색을 띠고 있다. 걸쇠모양의 기부를 가진 푸른빛을 띤 흰 가루(백분)의 손톱과 같은 잎을 가지고 있다. 밝은 핑크색으로 된 2~5cm 되는 꽃의 덩어리(클러스터)는 늦은 계절에 짧은 줄기들로 단지 7.5~10cm 정도의 초장을 갖는다. 겨울철에 이 식물은 위쪽으로 자라려는 버튼 같은 잎과 갈색 줄기들의 많은 양으로 얽힌다. 반상록성이며 분지나 분주로 번식시킨다. 삽목도 가능하다. 저자는 이 식물을 종자로부터 파종하여 키우고 있다.

재배 가능 최저온도: 지역 4(-32℃)~지역 9(-4℃)
식물체의 크기: 10cm 초장, 15cm의 폭을 가지고 있다.
최적 토양조건: 암석질의 건조하거나 배수가 잘되는 평균적 토양이면 좋다.
최적 광도조건: 충분히 강한 햇빛이 좋다.
유사한 품종들: 크기와 습성이 힐로텔레피움 플루리코울레 *Hylotelephium pluricaule*과 유사하다. 더 큰 돌연변이 식물체는 잎도 더 큰데 여기에는 힐로텔레피움 에웨르시이 *H. ewersii*(종종 힐로텔레피움 시에볼디이 변종 미노르 *H. sieboldii* var. *minor*로 잘못 표기되기도 함), 힐로텔레피움 카우티콜라, 그리고 힐로텔레피움 시에볼디이 *H. sieboldii*, 힐로텔레피움 에웨르시이 변종 시클로필룸 *H. ewersii* var. *cyclophyllum* 또한 더 큰 잎을 가진 대단한 장미 핑크색이 가을에 압권이다. 힐로텔레피움 에웨르시이 변종 호모필룸 *H. ewersii* var. *homophyllum*은 또한 형태적으로 더 작으나 아주 유사하다. 힐로텔레피움 '라임 진저'는 15cm의 초장과 45cm 정도의 폭을 가진 싱싱한 회록색의 잎이 사계절 내내 아름답게 보인다. 잎의 크기는 유사하나 좀 더 큰 종이다.
육종과 도입원: 정원에서 유래된 종이다.
작물로서 이용: 더 큰 종인 정원이나 용기재배에 적합한 힐로텔레피움 에웨르시이 *H. ewersii*와 서로 곁들이면 대비가 잘된다. 어떤 전시회나 이벤트에도 퍼져나가는 본성 때문에 용기의 테두리나 암석의 테두리에 장식하기 알맞고 걸이화분용으로도 적합하다.

134. 힐로텔레피움 우수리엔세 '터키시 딜라이트'
Hylotelephium ussuriense 'Turkish Delight'

터키시 딜라이트 스톤크롭(Turkish Delight stonecrop),
또 다른 학명은 *세덤 우수리엔세* Sedum ussuriense '터키시 딜라이트'

붉은 색의 장엄한 그늘을 가진 이 식물의 꽃들이 풍성하고 포화되어 있으며 진홍색(루비)인데 밀집한 덩어리(클러스터)에 최고의 관심을 끈다. 중간크기의 이 식물은 회색의 잎에서 빨리 깊어지는 적포도주(부르고뉴)색을 가지고 있다. 잎들은 대부분 둥글고 약 2.5cm의 폭을 가지고 있다. 더 오래된 잎에서 자색 테두리가 발달되고 대부분은 시간이 지날수록 짙은 색이 된다. 밝은 꽃들이 늦여름부터 초가을까지 핀다. 분필 같은 푸른빛을 띤 흰 가루(백분)의 새싹들과 꽃잎들은 자색-적색 심피(종자)에 둘러싸여 있다. 줄기들 까지도 아름다움에 기여하는데 가을이 되면 적포도주(부르고뉴)색으로 바뀌어 간다. 낙엽성이며 번식은 종자나 분지, 분주로 한다.

재배 가능 최저온도: 지역3(-37℃)~지역 10(2℃)
식물체의 크기: 30~40cm 초장 그리고 적어도 그 이상의 폭을 가지고 있다.
최적 토양조건: 건조한 암석질에 배수가 잘되는 평균적 토양이면 좋다.
최적 광도조건: 충분히 강한 햇빛이 좋다.
유사한 품종들: 힐로텔레피움 Hylotelephium '앰버'는 완전히 교잡종으로 추정되고 이 식물의 잎과 모양, 습성이 닮았다.
육종과 도입원: 동부 시베리아 그리고 한국원산으로 1994년도에 레이 스티븐슨이 쓴 세덤류 책에 기록되어 있다. 이 식물은 당시에 재배되지도 않았고 이것은 당시 한국에서 멸종 위기에 있는 종이었다. 톰슨과 모르간은 이 종자를 대략 2000년도에 팔기 시작했고 때문에 조금씩 유통과 판매가 시작되어 오늘에 이르게 되었다.
작물로서 이용: 이 식물의 크기 때문에 지피식물 세덤류와 더 크게 직립하는 힐로텔레피움와 쉽게 잘 어울린다. 이 식물은 블루페스큐와 완벽하게 조화를 이룬다.

135. 힐로텔레피움 카우티콜라 '리다켄스'
Hylotelephium cauticola 'Lidakense'

또 다른 학명은 *세덤 카우티콜라 Sedum cauticola* '리다켄스'

이 짧고, 단단한 식물은 지하경으로 번식하며 느리게 매트(뗏장)을 형성한다. 직립하며 아치형을 만드는 줄기들과 푸른빛을 띤 흰 가루(백분)의 회색 잎에는 작은 반점들이 있고 엽연은 둥근 잎을 가지고 있다. 이 마주나는 대생의 잎은 상대적으로 두텁고 크기는 3mm 정도로 깊으며 2.5cm 길이와 폭을 가지고 있다. 식물의 눈은 여름이 끝나갈 즈음에 끝에서 나온다. 꽃이 피어나기 전, 발달하고 있는 새싹 바로 밑에 작은 포들로 둘러싸인 꽃이 흥미를 자아내는 매혹적인 모습으로 핀다. 초가을 꽃들이 진홍색(루비)컬러(색)으로 피는데 이 식물이 가진 회색 잎과 함께 아름답게 보인다. 낙엽성 식물로 봄에 분주로 쉽게 번식이 가능하다. 왕립원예학회상(영국)을 2006년에 수상한 품종이다.

재배 가능 최저온도: 지역 4(-32℃)~지역 9(-4℃)
식물체의 크기: 10~15cm 초장, 28~30cm의 폭을 가지고 있다.
최적 토양조건: 건조하거나 배수가 잘되는 평균적 토양이면 좋다.
최적 광도조건: 충분히 강한 햇빛이 좋다.
유사한 품종들: 힐로텔레피움 카우티콜은 유일하고 대단한 종으로 진정한 순종은 발견하기가 쉽지 않다. 힐로텔레피움 카우티콜라 *Hylotelephium cauticola* '콜라 콜라'는 단단하고 빽빽한 종으로 인기가 높다. 힐로텔레피움 카우티콜라 *H. cauticola* '리다켄스'와 '로부스툼'은 둘 다 힐로텔레피움 텔레피움 아종 맥시쿰 *H. telephium subsp. maximum*의 교잡종으로 추론된다.
육종과 도입원: 일본원산의 자생종이다.
작물로서 이용: 이 식물은 특별히 건조에 잘 견디므로 몇몇 다른 유사종 즉 관련종보다 여름이 끝나갈 즈음에도 항상 신선해 보인다. 용기에서 재배하기에 알맞은 최고의 세덤류이다. 재배계절 내내 아름답기에 짧은 크기의 네페타 *Nepeta* '어얼리 버드'와 같이 재배를 시도해보라. 이 네페타 종의 그을린 청색 꽃들이 그을린 청색 잎의 세덤류와 대비를 잘 이룰 것이다. 여러분은 여기에다 약간의 기어가는 모습의 크리핑 플록스 즉, 플록스 수부라타 *Phlox subulata* '블루 에머럴드'를 함께 추가해보라.

136. 힐로텔레피움 타타리노위 *Hylotelephium tatarinowii*

또 다른 학명은 *세덤 타타리노위* Sedum tatarinowii

작지만 매력적인 아시아종으로 은색에서 회색, 작고 강한 거치형 잎 때문에 쉽게 구별하여 인지가 가능하다. 여름에 잎은 그 테두리가 자색으로 변해가고 가을에는 노란색이 된다. 이 잎은 상대적으로 얇으며 전형적으로 6mm 폭에 2.5cm 길이를 갖는다. 강한 덩어리의 이 식물은 아치형 줄기들을 가지고 있는데 낮은 부위의 잎, 늦여름에 꽃을 피우는 습성이 있다. 깜찍한 흰색의 꽃들이 현저한 밤색 꽃밥(약)을 가진 얇은 작은 꽃자루(소화경)와 함께 달린다. 비치는 듯 한 핑크색이 시간이 지남에 따라 진전된다. 종자를 가진 화두는 녹색에서 계피(시나몬) 갈색이고 이 특정한 세덤은 실제 뿌리, 특별히 그 크기가 다르다. 낙엽성이며 번식은 종자나 분지, 분주로 번식시킨다.

재배 가능 최저온도: 지역 4(-32℃)~지역 9(-4℃)
식물체의 크기: 13~15cm 초장, 20cm의 폭을 가지고 있다.
최적 토양조건: 암석질의 건조토양에서 배수가 잘되는 토양이 좋다.
최적 광도조건: 충분히 강한 햇빛이 좋다.

유사한 품종들: 힐로텔레피움 타타리노위 *Hylotelephium tatarinowii* '몽골리안 스노우플레이크'는 영양체로 번식시키며 한결같이 동일한 장점을 가진 종인 것 같다. 실제 교잡종들을 조사해보면 대략 비슷한 종으로 힐로텔레피움 *Hylotelephium* '퓨어 조이', 힐로텔레피움 *Hylotelephium* '소프트 클라우드', 그리고 힐로텔레피움 *Hylotelephium* '선더클라우드'가 있다.

육종과 도입원: 북부 중국 그리고 중앙 몽골에서 1990년대 후반에 이 식물을 할런 하메닉(Harlan Hamernik)이 도입하였다. 네브래스카(Nebraska)에 있는 블루버드 원예 육묘장에서 도입하여 종자나 영양체 형태로 유통과 판매를 하고 있다.

작물로서 이용: 이 식물의 작은 크기 때문에 경계식물로서 이상적이지는 않다. 조금 높인 베드, 암석원, 또는 돌무더기, 자갈정원 등에서 재배하기에 아주 좋다. 벽의 테두리에 심으면 멋있게 보인다. 캄파놀라 포스키아나 *Campanula poscharskyana* 그리고 사포나리아 오시모이데스 *Saponaria ocymoides*와 잘 어울리는 견본식물이다. 용기에서 유사한 크기의 동반식물들의 유무에 상관없이 잘 어울린다.

137. 힐로텔레피움 텔레피움 '래스베리 트러플'
Hylotelephium telephium 'Raspberry Truffle'

또 다른 학명은 *세덤 텔레피움* *Sedum telephium* '래스베리 트러플'

실제로 단단하고 빽빽하며 강한 품종이다. 봄부터 아름다움이 시작하는데 이 식물의 잎들이 나오면서 적색의 엽연을 가진 중간에서 진한 녹색의 잎이 된다. 이들은 곧 완전한 자색-적색으로 바뀐다. 이 식물들의 잎 출현은 마주나는 대생이고 멋있는 거치형을 가진다. 새싹들과 꽃들이 둘 다 후면에서 크림색이 비치는 빨간(나무딸기) 핑크색이다. 이 식물의 오렌지색-노란색 심피(종자)는 접촉하면 염증을 일으키기도 한다. 화두는 늦여름에 개화하기 시작한다. 그리고 하나의 큰 돔 대신에 몇몇 개의 더 작은 덩어리(클러스터)를 만들고 서로 밀착한다. 낙엽성이고 특허가 걸려있는 식물로 번식 시에 허가가 필요하다.

재배 가능 최저온도: 지역 4(-32℃)~지역 10(2℃)
식물체의 크기: 25cm 이상의 초장과 30cm 이상의 폭을 가지고 있다.
최적 토양조건: 건조하거나 배수가 잘되는 평균적 토양이면 좋다(저자는 두 가지 식물 중 하나를 병과 습한 토양때문에 잃었다. 만약에 배수가 잘 되었다면 문제가 없었을 것이다).
최적 광도조건: 충분히 강한 햇빛이 좋다.
유사한 품종들: 힐로텔레피움 텔레피움 *Hylotelephium telephium* '블랙 뷰티'는 더 키가 크지만 유사한 잎 컬러(색)을 가지고 있다. '체리 트러플'은 더 단단하고 빽빽하나 유사한 모습이다. '디저트 블랙'은 더 짧으나 유사한 컬러(색)를 가지고 있어서 조합이 잘 된다.
육종과 도입원: 테라 노바 원예 육묘장에서 2011년도에 도입하였다.
작물로서 이용: 적색 잎, 그리고 빨간(나무딸기)색의 꽃들이 멋진 조합을 이룬다. 그러나 이 품종은 또한 많은 사람들의 총애를 받는 경계 식물이다. 허브식물인 캣민트의 은색 잎과 잘 배치시켜보라.

138. 힐로텔레피움 텔레피움 '레드 카울리'
Hylotelephium telephium 'Red Cauli'

또 다른 학명은 세덤 텔레피움 *Sedum telephium* '레드 카울리'

이 새로운 종은 저자가 보기에 대단한 인기가 있지 않을 수 없는 것으로 컬러(색)이 아주 아름답다. 아치형 자색-적색의 줄기들과 대비되는 밝은 회록색 타원형의 잎으로 구성된 독특한 모습은 정원에 아주 돋보이는 존재이다. 새싹들은 녹색이고 늦여름에 빨간(나무딸기)의 적색보다 깊어지며 모든 부분들이 같은 색(그러나 수술은 제외)이 된다. 각 화서는 약 10cm의 폭을 갖는다. 낙엽성이며 번식은 분지나 분주로 번식시킨다. 그렇지 않으면 삽목으로 한다. 왕립원예학회상(영국)을 2006년에 수상하였다.

재배 가능 최저온도: 지역 4(-32℃)~지역 9(-4℃)
식물체의 크기: 60~70cm 초장, 90cm 이상의 폭을 가지고 있다.
최적 토양조건: 건조하거나 배수가 잘되는 평균적 토양이면 좋다.
최적 광도조건: 충분히 강한 햇빛이 좋다.

유사한 품종들: 힐로텔레피움 텔레피움 *Hylotelephium telephium* '디저트 레드'는 힐로텔레피움 텔레피움 *H. telephium* '마르찬트 베스트 레드'보다 더 짧다. 유사한 아치형 줄기들을 가지고 있으나 잎은 더 붉은 색이다. 양친의 하나는 힐로텔레피움 텔레피움 아종 텔레피움 *H. telephium* subsp. *telephium* '문스테드 다크 레드'이다. 저자는 힐로텔레피움 텔레피움 아종 루프레티 *H. telephium* subsp. *ruprechti* 부계 양친이 이 품종일 것이라고 추론한다. 그리고 여기에서 아치형 습성의 유전자가 추론된 것으로 보고 있다.

육종과 도입원: 그레이엄 고프(Graham Gough)에 의해 영국에서 육성된 품종으로 내한성 세덤을 판매하는 곳에서 구입할 수 있다.

작물로서 이용: 자색의 러브그래스(lovegrass), 에라그로스티스 스펙타빌리스 *Eragrostis spectabilis*의 바닥식물로 주변에 심으면 멋진 모습을 보여준다.

139. 힐로텔레피움 텔레피움 '문라이트 세레나데'
Hylotelephium telephium 'Moonlight Serenade'

또 다른 학명은 세덤 텔레피움 *Sedum telephium* '문라이트 세레나데'

빼어나게 아름다운 밝은 색의 꽃들이 더 짙은 배경을 가진 그을린 모습의 자색 잎과 함께 아주 아름답다. 더 단단하고 빽빽한 콤팩트한 습성은 또 하나의 구별되는 속성이다. 잎은 녹색으로 자라고 후에는 약간 더 짙은 포인트를 가진 더 짙은 회색을 띤다. 밤색의 줄기들은 담자색-분홍색 새싹들을 지지하고 있고 꽃들이 크림색의 흰색으로 개화한다.
크림색의 노란색 심피(종자)를 가진 이 식물은 결국 더 짙어져 황홀케 하는 장미 빛을 띤 자색으로 바뀐다. 낙엽성이고 특허가 걸려있는 식물로 자유로운 번식이 금지된 품종이다.

재배 가능 최저온도: 지역 3(-37℃)~지역 9(-4℃)
식물체의 크기: 46~45cm 초장, 50cm 이상의 폭을 가지고 있다.
최적 토양조건: 건조하거나 배수가 잘되는 평균적 토양이면 좋다.
최적 광도조건: 충분히 강한 햇빛이 좋다.
유사한 품종들: 다른 힐로텔레피움 텔레피움 *Hylotelephium telephium*은 두 가지 색의 꽃들, 즉 '레인보우 제녹스'로 크림색의 흰색의 꽃을 피우나 시간이 지남에 따라 담자색으로 바뀌는데 자색 잎 위에서 아름답게 피어있다. 그리고 '스트로베리 앤 크림'은 짙은 녹색 잎을 가진 적색 그리고 흰색의 품종으로 여기서 유래되었다. 힐로텔레피움 텔레피움 *H. telephium* '스튜드 루바브 마운틴'은 버금가는 품종이다.
육종과 도입원: 네덜란드의 미래식물로 개발한 것을 2010년에 도입하였다.
작물로서 이용: 또 다른 오래 견디는 자색이면서 아름다운 식물인, 자색 엉겅퀴(버노니아 레터마니 *Vernonia lettermanii*)를 같이 심어보라.
이것은 또한 길가를 따라 대단히 아름다울 것이다.

가을에 왜생 파운테인 그래스인 펜니세툼 알로페쿠로이데스 *Pennisetum alopecuroides* '피그렛'은 아름답게 보인다.

140. 힐로텔레피움 텔레피움 '블랙 뷰티'
Hylotelephium telephium 'Black Beauty'

블랙 뷰티 스톤크롭(Black Beauty stonecrop), 또 다른 학명은 세덤 텔레피움 *Sedum telephium* '블랙 뷰티'

많은 자색의 잎을 가진 식물들의 형태와 비교해 볼 때 이 식물은 단단하고 빽빽한 측면이 있다. 그리고 확실히 개량된 품종이다. 새로운 생장은 혼식하는 즉 자색-분홍색 그리고 청색-회색의 광택 있는 질감을 가지고 있다. 잎이 시간이 지남에 따라 녹색으로 변해가고 가을이 되면 매우 (상당히) 더 진한 자색-적색으로 바뀐다.

한편, 줄기들은 밤색-적색이고 핑크색에서 적색의 새싹들, 그리고 초가을에 넓은 컵과 같은 모양의 꽃잎들이 크림색의 흰색으로 가득 차게 된다. 핑크색이나 적색의 꽃은 와인-적색의 심피와 아주 짧은 수술들은 좁고 답답하게 씨방(난자)에 붙어있다. 화두의 스케일은 5~7.5cm정도로 넓이를 갖고, 잎은 그때 최고가 된다. 낙엽성이며 특허가 걸려있어 번식 시에 주의하여야 한다.

재배 가능 최저온도: 지역 3(-37℃)~지역 9(-4℃)
식물체의 크기: 45cm 그리고 적어도 그 이상의 폭을 가지고 있다.
최적 토양조건: 건조하거나 배수가 잘되는 평균적 토양이면 좋다.
최적 광도조건: 충분히 강한 햇빛이거나 약한 차광이 좋다.
유사한 품종들: 힐로텔레피움 텔레피움 *Hylotelephium telephium* '디저트 레드' 그리고 '피콜레트'가 있다.
육종과 도입원: 네덜란드에 있는 플로렌시스(육묘회사)에서 육종하였다.
작물로서 이용: 가을에 경계식물로 아스타류 그리고 관상용 그래스 식물들과 잘 어울린다.

141. 힐로텔레피움 텔레피움 '제녹스'
Hylotelephium telephium 'Xenox'

또 다른 학명은 세덤 텔레피움 *Sedum telephium* '제녹스', 힐로텔레피움 텔레피움 *Hylotelephium telephium* '카를펀켈스테인'

혹자는 이 식물을 힐로텔레피움 텔레피움 *Hylotelephium telephium* '퍼플 엠페러'보다 더 발전된 형태로 생각한다. 그리고 이 식물은 정말 더 크다. 그리고 더 활력 있고 올리브 녹색 잎이 일찍 자두색으로 변한다(뒷면 백그라운드에 녹색이 스치는 식물이다). 잎은 실제로 가벼운 거치형이고 거의 걸쇠모양의 밤색과 적색의 줄기들을 가지고 있다. 이 꽃의 꽃잎들은 아주 멋있을 수 있게 짧고 넓으며 대부분은 크림색의 흰색으로 약간의 분홍색을 띠기도 한다. 이 식물은 대비가 강하게 되며 빨간(나무딸기) 장미색 컬러의 심피(종자)를 가지고 있다. 낙엽성이고 특허가 걸려있어 번식 시에 주의해야 하는 품종이다.

재배 가능 최저온도: 지역 3(-37℃)~지역 9(-4℃)
식물체의 크기: 45cm 초장과 적어도 그 이상 크기의 폭을 가지고 있다.
최적 토양조건: 건조하거나 배수가 잘되는 평균적 토양이면 좋다.
최적 광도조건: 충분히 강한 햇빛이 좋다.
유사한 품종들: 대부분의 힐로텔레피움 텔레피움 *H. telephium* '퍼플 엠페러'나 '래스베리 트러플', '블랙 뷰티'는 더 단단하고 빽빽한 것이 서로 유사하다. 힐로텔레피움 텔레피움 *H. telephium* '레인보우 제녹스'는 더 새로운 형태는 혼식하는 크림색의 흰색 꽃들을 가지고 있다. 그리고 약간 적색의 심피(종자)는 적색의 줄기에서 불그스레한 새싹들 사이에서 자라 나온다.

이 식물의 습성은 모습이나 이 식물은 건조하고 거름기가 없는 토양에서 최고의 품질을 보인다. 힐로텔레피움 텔레피움 '오렌지 제녹스'는 짙은 녹색의 잎, 적색의 줄기들, 그리고 꽃들이 오렌지색에서 적색을 가진 크림색 꽃잎들로 가득 차 있다.

육종과 도입원: 2002년 네덜란드의 휴버트 오드손(Hubert Oudshorn)이 육종한 품종이다.

작물로서 이용: 이 식물은 완벽한 가을 경계용 품종이다. 이것은 아주 우수한 품종 가운데서 관상용 그래스 식물들로 칼라마그로스티스 ×아쿠티플로라 *Calamagrostis × acutiflora* '칼 포스터'나 파니쿰 비르가툼 *Panicum virgatum* '노스와인드'가 아주 우수하다. 그리고 선명한 자색 다년생들인 심피오트리쿰 노바-앙그리아 *Symphyotrichum* (Aster) *novae-angliae* '퍼플 돔'(예전에는 아스트(Aster) 속이었음) 등과 잘 어울린다.

142. 힐로텔레피움 텔레피움 '체리 트러플'
Hylotelephium telephium 'Cherry Truffle'

또 다른 학명은 세덤 텔레피움 *Sedum telephium* '체리 트러플'

아름다운 컬러(색) 그리고 더 단단하고 빽빽한 생장 습성은 상대적으로 이 식물을 아주 매혹적으로 만든다. 잎은 두껍고, 짙은 적색이며 약한 톱니 모양을 하고 있다. 초기에는 갈색-녹색이고 빨리 적색으로 바뀐다. 중간 크기의 짙은 핑크색에서 진홍색(루비)인 화두들은 스케일, 즉 식물체의 크기나 잎도 중간 정도이다. 이 식물은 바람이 잘 통하는 측면을 가지고 있어서 잎이 깨끗하고 건강하도록 돕는다. 낙엽성이며 특허가 걸려있는 식물로 자유로운 번식이 금지된 품종이다.

재배 가능 최저온도: 지역 4(-32℃)~지역 9(-4℃)
식물체의 크기: 45cm 초장, 60cm의 폭을 가지고 있다.

최적 토양조건: 배수가 잘되는 토양이 가장 좋다.
최적 광도조건: 충분히 강한 햇빛이 좋다.
유사한 품종들: 힐로텔레피움 텔레피움 *Hylotelephium telephium* '블랙 뷰티'와 '래스베리 트러플'이 유사하나 후자가 좀 더 짧은 품종이다.
육종과 도입원: '테라 노바' 원예 육묘장에서 2013년도에 도입된 품종이다.
작물로서 이용: 짙은 잎 때문에 여러분은 이 식물을 밝은 컬러(색)를 가진 스키자크리움 스코파리움 *Schyzachrium scoparium* 그래스와 같이 식재되기를 원할지도 모른다. 이것은 작으며 청색줄기를 가지고 있다.

143. 힐로텔레피움 텔레피움 '퍼플 엠페러'
Hylotelephium telephium 'Purple Emperor'

또 다른 학명은 세덤 텔레피움 *Sedum telephium* '퍼플 엠페러', 세덤 '와시필드 퍼플', 세덤 '와시필드 루비'

이 오래된 고전적인 품종은 가능한 자색-적색 잎과 분홍색-자색 꽃 타입들로 인해 대부분 널리 이용된다. 이것은 여전히 좋은 식물의 선택에서 비교하여 많은 적색 잎의 다양성과 그것을 가능하게 하는 것에서 나왔다. 직립하고 뭔가 열린 생장 습성이 특성이다. 생장의 초기에는 회색을 띠게 될 수도 있으나 성숙해감에 따라 적포도주 자색 또는 광택이 나는 식물체가 된다. 잎들의 대부분은 대생이고 전형적으로 2.5cm 이상의 폭과 5cm 이상의 길이를 갖는다. 화두들은 크지 않은데 5cm 정도의 폭을 갖는다. 일반적으로 화두의 덩어리(클러스터)는 4이상이고 이것은 그들의 부딪침에 따라 증가한다. 새싹들 그리고 꽃의 모두에서 컬러(색)는 다양한데 위치, 광도 그리고 온도에 따라 달라진다. 핑크색 새싹들은 거의 흰색 꽃을 피우나 두 가지 색의 꽃 서늘한 기후에서는 장미색의 대부분을 이룬다. 이 식물은 빨리 와인 적색으로 색이 짙어진다. 수술들은 꽃잎들처럼 수명이 길다. 낙엽성이고 번식은 삽목으로 하나 봄에 분지나 분주로 번식시킨다.

재배 가능 최저온도: 지역 3(-37℃)∼지역 9(-4℃)

식물체의 크기: 45∼60cm 초장, 60cm 이상의 폭을 가지고 있다.

최적 토양조건: 건조하거나 배수가 잘되는 평균적 토양이면 좋다.

최적 광도조건: 충분히 강한 햇빛이거나 약한 차광이 좋다.

유사한 품종들: 힐로텔레피움 텔레피움 *Hylotelephium telephium* '블랙 뷰티' 그리고 '디저트 블랙' 모두 더 단단하고 빽빽한 힐로텔레피움 텔레피움 *H. telephium* '체리 트러플' 그리고 '래스베리 트러플'들과 유사한 식물이다. 그러나 더 발전된 형태와 습성을 가지고 있다.

육종과 도입원: 정원이나 가든에서 재배하는 도입종으로 지금은 없어진 잉글랜드 와시필드(Washfield) 원예 육묘장에서 육성하였다.

작물로서 이용: 힐로텔레피움 텔레피움 *H. telephium* 품종들의 모두는 배수가 잘 되어야 최상의 상태를 유지한다. 그리고 이 품종도 예외가 아니다. 자색의 잎은 아주 독특하게도 은색 잎을 가진 아르테미시아 *Artemisia*, 또는 노란색 꽃을 가진 것들과 잘 어울린다.

144. 힐로텔레피움 텔레피움 '포스트맨스 프라이드'
Hylotelephium telephium 'Postman's Pride'

또 다른 학명은 *세덤 텔레피움 Sedum telephium* '포스트맨스 프라이드'

이 식물의 짙은 잎들은 거의 독보적이다. 초콜릿 적색과 광택 있는 잎은 물결모양이고 상층부가 말려 내려간다. 짙은 새싹들은 잎의 컬러(색)와 매치되어 어울리고 또 다른 유별나고 바람직한, 특징을 갖는다. 처음에는 꽃들이 어떤 크림색의 흰색을 가지고 있다. 그러나 나중에는 붉은 색을 띠는 종자를 가진 더 핑크색으로 바뀐다. 이 식물은 색이 바래져감에 따라, 화두는 더 짙어지고 벽돌 같은 적색으로 바뀐다. 낙엽성이며 특허가 걸려있어 번식이 제한된 품종이다. 이 식물은 유럽원예무역박람회에서 2005년 플라네타륨 상을 받은 품종이다.

재배 가능 최저온도: 지역 3(-37℃)~지역 9(-4℃)
식물체의 크기: 60cm 초장 그리고 적어도 그 이상의 폭을 가지고 있다.
최적 토양조건: 건조하거나 배수가 잘되는 평균적 토양이면 좋다.
최적 광도조건: 충분히 강한 햇빛이 좋다.

유사한 품종들: 힐로텔레피움 텔레피움 *Hylotelephium telephium* '조세 오베르진(가지)'은 자매종으로 2006년에 개발되었다. 이것은 정원이나 가든에서 더 잘 어울리는 식물이다. 그러나 아마도 이름 때문에 아직은 더 많이 보급되지 않는 것 같다. 다른 유사한 것들로 힐로텔레피움 텔레피움 *H. telephium* '디저트 블랙', '체리 트러플', 그리고 '퍼플 엠페러'가 있다.

육종과 도입원: 정원이나 가든에서 재배하는 것으로 1999년에 벨기에 우체국 직원인 호세 벅(Jose Buck)에 의해 육성되었다. 그는 힐로텔레피움 텔레피움 *H. telephium* '린다와 로더니' 그리고 '퍼플 엠페러'을 교배하여 얻었다.

작물로서 이용: 이 품종은 재배하는 초기에 적심(pinching)을 하면 가지를 많이 쳐서 좋다. 그리고 더 단단하고 빽빽한 생장과 척박한 토양은 이 식물을 위로 계속자라거나 쓰러짐을 방지한다. 직립하는 습성은 멋있는 가을작물로 오텀 무어그래스(모리니아 아우툼날리스 *Molinia autumnalis*)와 잘 어울리게 한다.

145. 힐로텔레피움 텔레피움 '피콜레트'
Hylotelephium telephium 'Picolette'

또 다른 학명은 세덤 *Sedum* '피콜레트'

여러분은 아주 아름다운 색을 가진 이 식물에 매료될 것이다. 초콜릿의 적색 잎에 돌연변이의 갈색 하이라이트가 장관이다. 꽃들이 늦여름에 피어나오면 감미로운 짙은 올리브 녹색이 된다. 밤색과 적색의 줄기들은 짧은 면을 따라 경계용 세덤이 식재된다. 회색 새싹들은 더 작게 펼쳐지고 둥근 꽃은 덩어리(클러스터)로 핀다. 5~7.5cm의 폭과 마주나는 대생의 잎들을 가진다. 크림색의 흰색 꽃잎들은 시간이 지남에 따라 가볍고 밝은 핑크색 그리고 주변이 장미 핑크색 심피(종자)가 이 꽃들의 대부분을 같은 색으로 만든다. 갈색 종자를 가진 헤드는 좋은 구성물질이고 겨울까지 지지를 한다. 낙엽성이며 특허가 걸려있는 식물로 번식이 제한된 품종이다.

재배 가능 최저온도: 지역 4(-32℃)~지역 9(-4℃)

식물체의 크기: 30~38cm 초장, 45cm 이상의 폭을 가지고 있다.

최적 토양조건: 건조한 토양에서 배수가 잘되는 토양이 좋다.

최적 광도조건: 충분히 강한 햇빛이 좋다.

유사한 품종들: 힐로텔레피움 텔레피움 *Hylotelephium telephium* '체리 트러플' 그리고 '디저트 레드' 가 있다.

육종과 도입원: 네델란드에서 미래식물로 정원에 도입된 품종이다.

작물로서 이용: 중간의 크기의 이 형태는 지피식물 세덤류로 잘 어울리기 때문에 유사한 컬러(색)를 가진 식물과도 기본적으로 잘 어울린다. 세덤 알붐 *Sedum album* '코랄 카펫'은 멋진 조화를 거의 비슷하게 보이는 자식성 식물(self-seeded)과 보인다. 또 다른 것은, 블루페스큐(페스투카 오비나 *Festuca ovina*)와 같이 짧은 그래스류로 쉽게 보완이 되고 짙은 잎을 가지게 된다.

146. 힐로텔레피움 텔레피움 아종 루프레티 '합 그레이'
Hylotelephium telephium subsp. *ruprechtii* 'Hab Gray'

또 다른 학명은 세덤 텔레피움 아종 루프레티 *Sedum telephium* subsp. *ruprechtii* '합 그레이'

비록 이 식물의 이름에서 회색이 나타나 있지만 푸른빛을 띤 흰 가루(백분)의 잎들과 위로 곧추서며, 아치형 줄기들은 이 식물이 은색에서 청색까지 다양한데 이는 토양 그리고 광도에 따라 다양하게 나타난다. 잎은 거치형 테두리를 갖고 있고 대생이며 그리고 줄기들을 휘감고 있다. 줄기들 상층부에 있는 꽃 클러스터는 작은 부분이 5cm의 폭을 가지고 있다. 꽃잎들은 크림색이고 반면 난자는 노란색이고 꽃들의 색이 연해져서 전체적으로 크림색의 흰색을 띤다. 낙엽성이고 번식은 분지나 분주로 번식시킨다.

재배 가능 최저온도: 지역 3(-37℃)~지역 9(-4℃)
식물체의 크기: 50~70cm 초장, 50cm 이상의 폭을 가지고 있다.
최적 토양조건: 건조하거나 배수가 잘되는 평균적 토양이면 좋다.
최적 광도조건: 가볍고 밝은 그늘이나 충분히 강한 햇빛이 좋다.

유사한 품종들: 힐로텔레피움 텔레피움 *Hylotelephium telephium* '디저트 블론드'은 더 단단하고 빽빽한 것을 빼면 유사한 특성을 가지고 있다. 세덤 카우카시쿰 *Sedum caucasicum*은 짧고 청색-녹색 종은 또한 회색 잎 그리고 흰색 꽃을 가지고 있다. 불행하게도 재배가 거의 되지 않는다는 것이다. '합 그레이'는 아마 유사한 종인데 일반적으로 많이 판매되지는 않는다.

육종과 도입원: 정원이나 가든에서 육종되었다.

작물로서 이용: 이 식물은 적절한 위치에 심으면 초장 그리고 직립하는 키가 큰 대단한 식물이다. 저자는 아주 배수가 잘되는 건조하고 척박한 토양에 재배하면 재배가 잘 되기에 추천한다. 이렇게 하면 초장이 더 짧아지고 생육도 좋다(더 나아가 수분이 많은 토양보다 부패가 줄어든다). 흥미 있는 이 두 식물은 붉은 빛을 띠는 식물로 청색의 잎 품종들로 작은 블루 스템(청색줄기)을 가진 스키자크리움 스코파리움 *Schizachyrium scoparium*와 잘 어울린다.

147. 힐로텔레피움 텔레피움 아종 맥시멈 '선키스트'
Hylotelephium telephium subsp. *maximum* 'Sunkissed'

또 다른 학명은 세덤 텔레피움 아종 맥시쿰 *Sedum telephium* subsp. *maximum* '선키스트'

올리브와 같은 녹색 잎 그리고 흰색 화두는 이 식물을 아주 특별하게 만든다. 잎은 숟가락 모양이고 그리고 반쯤 광택이 있는 질감을 갖고 있다. 줄기들은 밝은 녹색이고 늦여름에 가볍고 밝은 녹색의 새싹들을 내며 크림색의 노란색 심피(종자)흰색이 강조된 꽃을 피운다. 낙엽성이며 특허가 걸려있어 번식이 제한된 품종이다.

재배 가능 최저온도: 지역 3(-37℃)~지역 9(-4℃)
식물체의 크기: 60cm 초장 그리고 적어도 그 이상의 폭을 가지고 있다.
최적 토양조건: 건조한 토양에서 배수가 잘되는 토양이 좋다.
최적 광도조건: 충분히 강한 햇빛이 좋다.
유사한 품종들: 힐로텔레피움 텔레피움 아종 맥시멈 *Hylotelephium telephium* subsp. *maximum* '브론코'는 크림색의 장미와 같은 핑크색의 불그스레한 흰색의 이 '구즈베리 풀'은 오텀 스톤크롭 가운데서 가장 흰색이다(비록 나중에는 적색으로 줄기들이 바뀌지만). 힐로텔레피움 텔레피움 *H. telephium* '디저트 블론드'은 2013년도에 테라 노바 원예 육묘장으로부터 입수했는데 아주 단단하고 빽빽한 식물로 다 자라도 초장이 23cm 정도이다. 유통과 판매로는 힐로텔레피움 팔레센스 *H. pallescens*가 흰색 꽃을 가지는 종으로 러시아로부터 수입되었다. 더 작은 녹색 잎 그리고 직립하는 이 식물은 키가 작은 편이다.
육종과 도입원: 허버트 아우츠혼(Herbert Oudshoorn)에서 미래식물로 육성하였다.
작물로서 이용: 저자는 항상 크림색의 흰색 오텀 스톤크롭이 적색으로 바뀌는 것을 좋아한다. 그리고 핑크색 형태는 여러분이 진보된 식물로 찾고 있는 식물처럼 구별된다. 이 식물 종은 멋있고 더 좋은 형태의 경계식물로 흰색, 은색, 또는 자연색 컬러(색)들이 강점이고 형태와 색은 반복시킨다. 그렇지 않으면 여러분은 좀 더 밝은 늦여름의 컬러(색)인 짧고 노란색 데이릴리(헤메로칼리스 *Hemerocallis*) 또는 오렌지색 버터플라이 잡초인 아스클레피아스 투베로사 *Asclepias tuberosa*와 같이 식재해 보라.

148. 힐로텔레피움 텔레피움 아종 텔레피움 '문스테드 다크 레드'
Hylotelephium telephium subsp. *telephium* 'Munstead Dark Red'

또 다른 학명은 세덤 텔레피움 아종 텔레피움 *Sedum telephium* subsp. *telephium* '문스테드 다크 레드'

흥미 있고 보기 좋은 식물로 회록색 잎은 전형적으로 약간 자색에서 적색이 하이라이트인데 테두리와 그리고 시간이 지나 꽃이 피면 줄기들이 일반적으로 단지 항상 그 색이 더 깊어진다. 꽃들이 약간 기묘하다. 꽃잎들은 분홍색으로 시작해서 적색이 풍부해지고 더 깊어짐에 따라 동반된다. 아주 큰 심피(종자)는 꽃잎들의 색이 연해진 이후로 계속해서 더 깊어진다. 수술은 없거나 완전히 짧고, 이것들은 이 식물은 불임으로 만드는 이유일 수도 있다. 그리고 이것은 아마도 교잡만 가능하다. 적색의 종자 꼬투리는 겨울 몇 달 동안은 상당히 보기가 좋다. 낙엽성이고 번식은 분지나 분주로 번식시킨다.

재배 가능 최저온도: 지역 3(-37℃)~지역 9(-4℃)
식물체의 크기: 45cm 초장, 60cm 이상의 폭을 가지고 있다.
최적 토양조건: 보통 배수가 잘되는 토양이 좋다.
최적 광도조건: 충분히 강한 햇빛이 좋다.
유사한 품종들: 힐로텔레피움 텔레피움 *Hylotelephium telephium* '스튜드 루바브 마운틴'은 더 새롭게 더 발전된 형태의 잉글랜드 품종이다. 힐로텔레피움 텔레피움 *H. telephium* '아베이도레' 그리고 '헙스트프루드'들은 힐로텔레피움 텔레피움 '디저트 레드'에 비슷하게 더 짧다.
육종과 도입원: 잉글랜드의 거트루드 지킬(Gertrude Jekyll)의 이름을 땄다.
작물로서 이용: 이 믿을 만한 식물은 혼재된 다년생 경계 식물로 사용될 수 있다. 겨울은 물론 늦여름 컬러(색)까지 재미있는 식물이다. 관상용 그래스 식물들과 잘 어울리고 다른 식물, 아스타류와 같은 식물과 가을에 최고조로 조화를 이룬다.

149. 힐로텔레피움 포풀리폴리움 *Hylotelephium populifolium*

또 다른 학명은 세덤 포풀리폴리움 *Sedum populifolium*

이 식물은 쉽게 식별이 가능한 독특한 세덤이다. 계피(시나몬) 갈색과 목본성의 줄기들, 그리고 납작한 거치형 잎은 가운데로 구부러져 있다(또한, 각 잎은 줄기에서 생겨나는데 이것은 단지 이 종에서만 볼 수 있는 특성이다). 이는 직립하는 것부터 아치형의 줄기들까지 강한 덩어리를 만드는 습성이 있다. 늦여름에 꽃들이 상층부 끝부분에 덩어리로 피어난다. 보통 크기는 5~7.5cm의 폭이고 이 식물은 전체적으로 핑크색을 띠는데 아주 인상적이다. 비록 밀집된 모양으로 보이는 꽃잎들은 흰색이고 심피(종자)는 핑크색이다. 낙엽성이고 번식은 봄에 종자나 삽목으로 한다.

재배 가능 최저온도: 지역 3(-37℃)~지역 9(-4℃)
식물체의 크기: 25~33cm의 초장과 58cm의 식물체의 폭을 가지고 있다.
최적 토양조건: 건조하거나 배수가 잘되는 평균적 토양이면 좋다.
최적 광도조건: 충분히 강한 햇빛이거나 약한 차광이 좋다.
유사한 품종들: 힐로텔레피움 포풀리폴리움 *Hylotelephium populifolium* '마우리 폼'은 끝이 더 뾰족한 잎을 가지고 있다.
육종과 도입원: 시베리아 근처 바이칼호수(Lake Baikal)가 원산지이다.
작물로서 이용: 이 발랄하고 오래 사는 낙엽성 종은 더 많이 이용할 가치가 있다. 첫 번째로 이것은 주요한 내음성(shadetolerant) 식물이다. 그리고 두 번째로 이것은 아주 강한 저온성 식물이다. 이와 관련한 종이 정말 많지 않다. 이 책의 저자는 이것이 이상적인 용기에 재배하는 식물로 단식이나 혼식으로 조합시켜 재배해도 된다고 한다. 그러나 이것 역시 정원의 바깥에 나가도 아무 문제가 없이 완벽하다. 톱니 모양을 한 잎 때문에 이것은 힐로텔레피움 *Hylotelephium* '선더클라우드'와 잘 조화될 것으로 보인다.

150. 힐로텔레피움 플루리코울레 변종 에자웨
Hylotelephium pluricaule var. *ezawe*

또 다른 학명은 세덤 플루리코울레 변종 에자웨 *Sedum pluricaule* var. *ezawe*

비록 가장 작은 힐로텔레피움 Hylotelephium 중의 하나이지만 이 식물은 감사하게도 지방질을 많이 가지고 있다. 작고 깜찍하게 마주나는 대생의 잎들은 짧고 줄기의 절간은 (internodes) 드문드문하게 줄기들을 형성하고 있다. 청색-회색 둥근 잎이 푸른빛을 띤 흰 가루(백분)의 핑크색으로 계절이 진전됨에 따라 나온다. 수줍은 꽃이 가끔씩 드물게 핀다. 상록성(그러나 겨울에 낮은 잎은 떨어진다)이며 분지나 분주로 번식시키는 것이 최선의 방법이다.

재배 가능 최저온도: 지역 4(-32℃)~지역 9(-4℃)
식물체의 크기: 2.5~5cm 초장, 30~38cm의 폭을 가지고 있다.
최적 토양조건: 암석질의 건조토양에서 배수가 잘되는 토양이 좋다.
최적 광도조건: 충분히 강한 햇빛이 좋다.
유사한 품종들: 힐로텔레피움 에웨르시이 아종 호모필룸 *Hylotelephium ewersii* subsp. *homophyllum* '로젠테피크'(로즈카펫)은 색이 다르나 유사한 잎의 크기와 질감을 가지고 있다.
육종과 도입원: 동부 시베리아가 원산지이다.
작물로서 이용: 이 식물은 낮게 퍼져나가는 속성이 있고 청색에서 핑크색까지의 작은 잎은 이상적이며 부드러운데 길가 보도와 벽면의 테두리를 만드는데 좋은 품종이다. 저자는 높이재배를 한 베드(raised bed)의 암벽 테두리를 만든 곳에서 잘 재배하고 있다. 크레비스(crevice) 가든(암석 틈새)에서 효과적으로 이용할 수 있다.

제3장 부록

1. **다육식물 세덤 판매처**
   (WHERE TO BUY)

2. **다육식물 세덤을 볼 수 있는 곳**
   (WHERE TO SEE)

3. **다육식물 세덤의 추가적인 정보들**
   (FOR MORE INFORMATION)

4. **감사의 글**
   (ACKNOWLEDGMENTS)

5. **사진 제공자들**
   (PHOTO CREDITS)

6. **한글색인**
   (KOREAN INDEX)

7. **영문색인**
   (ENGLISH INDEX)

8. **작물의 재배지역도**
   (ZONE MAP)

1. 다육식물 세덤 판매처
(WHERE TO BUY)

〈미국(United States)〉

Alplains
P.O. Box 489
Kiowa, Colorado 80117
www.alplains.com
Mail-order seed only.

American Meadows
223 Avenue D, Suite 30
Williston, Vermont 05495
www.americanmeadows.com

Annie's Annuals and Perennials
801 Chesley Avenue
Richmond, California 94801
www.anniesannuals.com

Arrowhead Alpines
1310 North Gregory Road
P.O. Box 857
Fowlerville, Michigan 48836
www.arrowheadalpines.com

Avant Gardens
710 High Hill Road
Dartmouth, Massachusetts 02747
www.avantgardensne.com

Busse Gardens
17160 245th Avenue
Big Lake, Minnesota 55309
www.bussegardens.com

Canyon's Edge Plants
11691 West Country Club Road
Canyon, Texas 79015
www.canyonsedgeplants.com

Cistus Nursery
22711 NW Gillihan Road
Portland, Oregon 97231
www.cistus.com

The Flower Factory
4062 County Road A
Stoughton, Wisconsin 53589
www.theflowerfactorynursery.com

Garden Crossings
4902 96th Avenue
Zeeland, Michigan 49464
www.gardencrossings.com

Great Garden Plants
P.O. Box 1511
Holland, Michigan 49424
www.greatgardenplants.com
Mail order only.

Gulley Greenhouse and Garden Center
6029 South Shields
Fort Collins, Colorado 80526
www.gulleygreenhouse.com

High Country Gardens
P.O. Box 22398
Santa Fe, New Mexico 87502
www.highcountrygardens.com
Mail order only.

Intrinsic Perenial Gardens
10702 Seaman Rd Hebron, IL 60034-9535
www.intrinsicperenialgardens.com
T.815-648-2788, F.815-648-2072

Jelitto Perennial Seeds
125 Chenoweth Lane, Suite 301
Louisville, Kentucky 40207
www.jelitto.com
Mail order seed only.

Jost Greenhouses
12348 Ecklemann Lane
St Louis, Missouri 63131
www.jostgreenhouses.com

Joy Creek Nursery
20300 NW Watson Road
Scappoose, Oregon 97056
www.joycreek.com

J. W. Jung Seed Company
335 S. High Street
Randolph, Wisconsin 53956
www.jungseed.com

Klehm's Song Sparrow Perennial Farm
13101 E. Rye Road
Avalon, WI 53505
www.songsparrow.com
Mail order only.

Laporte Avenue Nursery
1950 Laporte Avenue
Fort Collins, Colorado 80521
www.laporteavenuenursery.com

Lazy S'S Farm Nursery
2360 Spotswood Trail
Barboursville, Virginia 22923
www.lazyssfarm.com

Mary's Plant Farm
2410 Lanes Mill Road
Hamilton, Ohio 45013
www.marysplantfarm.com

Mesa Garden
P.O. Box 72
Belen, New Mexico 87002
www.mesagarden.com

Millcreek Gardens
3500 South 900 East
Salt Lake City, Utah 84106
www.millcreekgardens.com

Mountain Crest Gardens
P.O. Box 1023
Fort Jones, California 96032
www.mountaincrestgardens.com
Mail order only.

Plant Delights Nursery
9241 Sauls Road
Raleigh, North Carolina 27603
www.plantdelights.com

Simply Succulents Nursery
43785 Highway 63
Cable, Wisconsin 54821
www.simplysucculents.com

SMG Succulents
P.O. Box 148
Eagle Creek, Oregon 97022
www.smgsucculents.com
Mail order only.

Spring Hill Nurseries
110 West Elm Street
Tipp City, Ohio 45371
www.springhillnursery.com

Terra Nova Nursery
10051 South Macksburg Road
Canby Oregon 97013
www.terranovanurseries.com
T.800-215-9450, F.503-263-3152

Walnut Hill Greenhouse
217 Wheeler Road
Litchfield, Connecticut 06759
www.walnuthillgreenhouse.com
Mail order only.

White Flower Farm
P.O. Box 50, Route 63
Litchfield, Connecticut 06759
www.whiteflowerfarm.com

Wild Ginger Farm
24000 S. Schuebel School Road
Beavercreek, Oregon 97004
www.wildgingerfarm.com

Wyoming Plant Company
358 South Ash Street
Casper, Wyoming 82601
www.wyomingplantcompany.com

Yucca Do Nursery
P.O. Box 1039
Giddings, Texas 78942
www.yuccado.com

〈영국(United Kingdom)〉

Alpine and Grass Nursery
Northgade
West Pinchbeck
Spalding
Lincolnshire
England PE11 3TB
www.alpinesandgrasses.co.uk

Barnsdale Gardens
The Avenue
Exton
Oakham
Rutland
England LE15 8AH
www.barnsdalegardens.co.uk

Beth Chatto Gardens
Elmstead Market
Colchester
Essex
England CO7 7DB
www.bethchatto.co.uk

Burncoose Nurseries
Gwennap
Redruth
Cornwall
England TR16 6BJ
www.burncoose.co.uk

Cally Gardens
Gatehouse of Fleet
Castle Douglas
Kirkcudbrightshire
England DG7 2DJ
www.callygardens.co.uk

Cotswold Garden Flowers
Sands Lane
Badsey, Evesham
Worcestershire
England WR11 7EZ
www.cgf.net

Inshriach Nursery
Aviemore
Inverness-shire PH22 1QS
www.inshriachnursery.co.uk

Knoll Gardens
Hampreston Wimborne
England BH21 7ND
www.knollgardens.co.uk

Marchants Hardy Plants
2 Marchants Cottages
Mill Lane
Laughton
East Sussex
England BN8 6AJ
www.marchantshardyplants.co.uk
No mail order.

Sedum Supply
Severn Business Centre
15 Severn Farm Enterprise Park
Welshpool
England SY21 7DF
www.sedumsupply.co.uk
Green roof plant specialist.

Slack Top Nurseries
1 Waterloo House
Slack Top
Hebden Bridge
England HX7 7HA
www.slacktopnurseries.co.uk

〈캐나다(Canada)〉

Pacific Rim Native Plant Nursery
P.O. Box 413
Chilliwack, British Columbia V2P 6J7
www.hillkeep.ca

〈호주(Australia)〉

The Succulent Garden
20 Pinus Avenue
Glenorie, NSW 2157
www.thesucculentgarden.com.au

〈한국(Korea)〉

노원삼육 에코팜센터
서울시 노원구 화랑로 786 (우)01796
Tel: 02-948-8514
Fax: 02-3399-1741
E-mail: ecofarm@syu.ac.kr
www.에코팜센터.com

2. 다육식물 세덤을 볼 수 있는 곳
(WHERE TO SEE)

⟨미국(United States)⟩

Allen Centennial Gardens
620 Babcock Drive
Madison, Wisconsin 53706
www.allencentennialgardens.org

Atlanta Botanic Garden
1345 Piedmont Avenue NE
Atlanta, Georgia 30309
www.atlantabotanicalgarden.org

Betty Ford Alpine Gardens
500 South Frontage Road
Vail, Colorado 81657
www.bettyfordalpinegardens.org

Boerner Botanic Gardens
9400 Boerner Drive
Hales Corners, Wisconsin 53130
www.boernerbotanicalgardens.org

Brooklyn Botanic Garden
1000 Washington Avenue
Brooklyn, New York 11225
www.bbg.org

Cheekwood Botanical Garden
1200 Forrest Park Drive
Nashville, Tennessee 37205
www.cheekwood.org

Chicago Botanic Garden
1000 Lake Cook Road
Glencoe, Illinois 60022
www.chicagobotanic.org

Denver Botanic Gardens
1007 York Street
Denver, Colorado 80206
www.botanicgardens.org

Huntington Botanical Gardens
1151 Oxford Road
San Marino, California 91108
www.huntington.org

Idaho Botanical Garden
2355 Old Penitentiary Road
Boise, Idaho 83712
www.idahobotanicalgarden.org

Lady Bird Johnson Wildflower Center
4801 La Crosse Avenue
Austin, Texas 78739
www.wildflower.org

Lake Harriet Peace Garden
4125 E. Lake Harriet Parkway
Minneapolis, Minnesota 55409
www.minneapolisparks.org/default.asp?PageID=4&parkid=349

Longwood Gardens
1001 Longwood Road
Kennett Square, Pennsylvania 19348
www.longwoodgardens.org

Memphis Botanic Garden
750 Cherry Road
Memphis, Tennessee 38117
www.memphisbotanicgarden.com

Minnesota Landscape Arboretum
3675 Arboretum Drive
Chanhassen, Minnesota 55318
www.arboretum.umn.edu

Missouri Botanical Garden
4344 Shaw Boulevard
St. Louis, Missouri 63110
www.missouribotanicalgarden.org

New York Botanical Garden
2900 Southern Boulevard
Bronx, New York 10458
www.nybg.org

Olbrich Botanical Gardens
3330 Atwood Avenue
Madison, Wisconsin 53704
www.olbrich.org

Oregon Garden
879 West Main Street
Silverton, Oregon 97381
www.oregongarden.org

Rotary Botanical Gardens
1455 Palmer Drive
Janesville, Wisconsin 53545
www.rotarybotanicalgardens.org

Tizer Botanic Gardens
38 Tizer Lake Road
Jefferson City, Montana 59638
www.tizergardens.com

University of California
Botanical Garden at Berkeley
200 Centennial Drive
Berkeley, California 94720
www.botanicalgarden.berkeley.edu

⟨영국(United Kingdom)⟩

The Alpine Garden Society AGS Centre
Avon Bank
Pershore
Worcestershire
England WR10 3JP
www.alpinegardensociety.net

National Collection of Sedum/Sedum Society
Mr. and Mrs. Ray Stephenson
8 Percy Gardens
Choppington
Northumberland
England NE62 5YH
www.cactus-mail.com/sedum

Phoenix Perennial Plants
Paice Lane, Medstead
Alton
Hampshire
England GU34 5PR
+44 (0) 1420 560695

Scottish Rock Garden Society
P.O. Box 14063
Edinburgh EH10 YE
Scotland
www.srgc.net

⟨캐나다(Canada)⟩

Devonian Botanic Garden
University of Alberta
Highway 60
Edmonton, Alberta T6G 2E1
www.devonian.ualberta.ca

Montreal Botanical Garden
4101, rue Sherbrooke Est
Montreal, Quebec H1X 2B2
www.espacepourlavie.ca/en/botanical-garden

Nova Scotia Agricultural College Rock Garden
Dalhousie University
Halifax, Nova Scotia B3H 4R2
www.dal.ca/about-dal/agricultural-campus/about/gardens/rock-garden.html

Rock Wall Gardens
995 Code Road
Perth, Ontario K7H 3C8
www.rockwallgardens.com

Toronto Botanical Garden
777 Lawrence Avenue East
Toronto, Ontario M3C 1P2
www.torontobotanicalgarden.ca

University of British Columbia Botanical Garden and Centre for Plant Research
6804 SW Marine Drive
Vancouver, British Columbia V6T 1Z4
www.botanicalgarden.ubc.ca

3. 다육식물 세덤의 추가적인 정보들
(FOR MORE INFORMATION)

《웹사이트(Websites)》

All Things Plants database:
www.allthingsplants.com

Avani Plants:
www.avaniplants.com

Drought Smart Plants:
www.droughtsmart-plants.com

Future Plants:
www.futureplants.com

GardenWebcommunity:
www.gardenweb.com

Great Plant Picks:
www.greatplantpicks.org

Green Roofs:
www.greenroofs.com

International Crassulaceae Network:
www.crassulaceae.net

Wayne Fagerlund:
www.sedumphotos.net

《조직과 기관(Organizations)》

Cactus and Succulent Society of America:
www.cssainc.org

North American Rock Garden Society:
www.nargs.org

Royal Horticultural Society:
www.rhs.org.uk

Sedum Society:
www.cactus-mall.com/sedum

(사)한국선인장과 다육식물협회
www.다육식물협회.com

《관련서적(Books)》

영문서적(English books)

Baldwin, Debra Lee. 2007. Designing With Succulents. Portland, Oregon: Timber Press.

Cave, Yvonne. 2004. Succulents for the Contemporary Garden. Portland, Oregon: Timber Press.

Clausen, Robert Theodore. 1911. Sedums of North America, North of the Mexican Plateau.

Dunnett, Nigel and Kingsbury, Noel. 2004. Planting Greenroofs and Living Walls. Portland, Oregon: Timber Press.

Evans, Ronald L. 1983. Handbook of Cultivated Sedums. Middlesex, United Kingdom: Science Reviews Ltd.

Froderstrom, H. A. 1936. The Genus Sedum L. Goteborg

Payne, Helen E. 1972. Plant Jewels of the High Country. Medford, Oregon: Pine Cone Publishers.

Praeger, Lloyd Robert. 1967. An account of the Genus Sedum as found in Cultivation. New York: Stechert-Hafner Service Agency, Inc.

Snodgrass, Edmond C. and Snodgrass, Lucie L. 2006. Greenroof Plants. Portland, Oregon: Timber Press.

Stephenson, Ray. 1994. Sedum: Cultivated Stonecrops. Portland, Oregon: Timber Press.

Whitehouse, Christopher. 2007. Herbaceous Sedums. Surrey, United Kingdom: Royal Horticultural Society.

영문서적(한글번역)

아틸라 카피타니, 루돌프 슐츠(남상용, 소창호 공역). 2011. 다육식물의 관리와 번식. 서울. RGB 출판사. E-mail: 36cactus@naver.com

던네트 나이젤과 킹스베리, 노엘. 2004. 그린루프(옥상녹화) 식재와 살아있는 식물로 꾸민 벽들. 포틀랜드, 오리건: 팀버 출판사.

볼드윈, 더보라 리. 2007. 다육식물을 이용한 디자인. 포틀랜드, 오리건: 팀버 출판사.

스노그래스, 에드먼드 C.와 스노그래스, 루시에 L. 2006. 옥상녹화 식물. 포틀랜드, 오리건: 팀버 출판사.

스티븐슨, 레이. 1994. 세덤: 재배종 스톤크롭. 포틀랜드, 오리건: 팀버 출판사.

에반스, 로널드 L. 1983. 재배품종 세덤류 핸드북. 미들섹스, 영국: 과학 리뷰.

케이브, 이본. 2004. 최신 가든을 위한 다육식물. 포틀랜드, 오리건: 팀버 출판사.

클로센, 로버트 시어도어. 1911. 북아메리카와 북부 메시코 고원의 세덤류들.

페인, 헬렌 E. 1972. 고지대의 보석식물. 메드퍼드, 오리건: 파인 콘 출판사.

프레이저, 로이드 로버트. 1967. 세덤 류의 재배와 경영. 뉴욕: 스테체르트-하프너 대행 서비스 회사.

프로데르스트롬, H. A. 1936. 세덤 속 식물들 L. 예테보리

화이트하우스, 크리스토퍼. 2007. 초본성 세덤류. 서리, 영국: 영국왕립 원예협회(RHS).

4. 감사의 글
(ACKNOWLEDGMENTS)

먼저 하나님이 없었다면 세상에 세덤류도 없었을 것이기에 이 아름다운 세덤 식물을 주신 하나님께 감사드립니다.

이 책을 만드는데 기여하신 많은 분들께도 감사를 드립니다. 첫 번째로 감사할 분은 레이 스티븐슨(Ray Stephenson)입니다. 그는 그가 저술한 '세덤: 재배종 스톤크롭' 이라는 책에서 거의 모든 부분에 도움을 주었고 세덤 학회를 이끌며 이 대단한 식물을 많은 분들에게 알리고 교육하는데 큰 업적을 남겼습니다.

다음으로 저의 집사람인 테레즈(Therese)에게 감사를 표하고 나의 가족과 많은 지원을 해준 회사에 감사를 표합니다. 저자의 형제인 컬트(Kurt), 소냐(Sonja), 그리고 어머니 트루디(Trudy)에게도 감사를 표합니다. 저는 종묘장에서 집사람을 만났고 아버지와 동료 한 명과 항상 같이 일했다.

추가적으로 감사를 표하고 싶은 분들은 다음과 같다.

Darrel Probst, Wayne Fagerlund, Dave McKenzie, Ed Snodgrass, Galen Gates, Karl Batschke, Margit Bischofberger, Lauren Springer Ogden, John Greenlee, Paul Little, Pierre Bennerup, Marc Laviana, Harlan Hamernick, Chris Hansen, Roy Diblik, Roy Klehm, George Radtke, Panayoti Kelaidis, Ozzie Johnson, 그리고 Barry Yinger, Lois Hoveke, Renee Jaeger, William Rupert, Dagmar Petrlikova와 같은 분들이다.

그리고 타이핑을 해준 마리아 켈리(Maria Kelly)이다. 특별히 더 감사를 표하고 싶은 테리 던 체이스(Teri Dunn Chase)로 그녀는 편집과 저술과정에서 정교한 실력으로 도움을 주었다. 이 책의 출판으로 그녀에게 다시 한 번 기쁜 마음으로 감사를 표한다. 나는 특별히 세덤 학회 구성원들을 포함한 세도필(sedophiles, 세덤 식물과 관련이 있는 연구를 하는 분들) 큰 빚을 졌다. 이 그룹의 멤버들은 매년 나와 세덤 삽수(cutting)를 교환하였고 많은 새로운 세덤 식물을 나에게 소개하고 공급해 주었다.

이들은 매 분기(quarterly) 마다 뉴스레터를 나에게 보내주어 나를 공부하게 하였고 확장일로에 있는 세덤류 세계에 대한 나의 열정이 식지 않게 에너지를 충전시켜 주었다. 비록 일일이 열거하지는 못하더라도 저자가 이 길을 찾고 노력하도록 만들어 주신 분들은 한두 분이 아니다. 2012년도에 세덤은 '베트 홈스 앤드 가든스'(the Better Homes and Gardens, 유명한 원예잡지) 웹사이트(website)에서 5번째로 검색이 많이 되는 작물이 되었다. 이 잡지는 일반인(전문가나 취미 애호가가 아닌)이 이 세덤 식물을 찾고 있고 정보를 검색한다. 저는 이 책 저술을 통해 그동안 배워왔던 세덤류를 연구하는 또 한 번의 도약의 계기를 갖게 되었다.

5. 사진 제공자들
(PHOTO CREDITS)

사진은 모두 저자가 촬영하였고 그렇지 않은 경우에 아래와 같이 촬영자와 페이지를 동시에 명기하여 나타내었다.

표지(Cover)는 Chris Hansen, iStockphoto/zorani이 촬영하였다. 역자 주: 원본 파일과 책자는 체제와 구성이 한국실정에 맞지않아(크기와 판형 등) 전면과 후면의 사진을 바꾸고 일부를 재편집 하였다.

Wayne Fagerlund/sedumphotos.net, pages 89, 116, 222 and 230.
Chris Hansen, page 190.
Teresa Horvath, 앞 페이지 커버 저자사진.
Dagmar Petrlikova, pages 87, 95, 117, 177, 124, 213 and 224.
Scott Sellers/BRT Aerials, page 36 좌측 하단.
Terra Nova Nurseries, pages 192 and 225.
istockphoto/aimintang, pages 63.
iStockphoto/zorani, pages 4-5.
Shutterstock/Annavee, 표지 하단.
Shutterstock/Ugu, pages 82-83.
Shutterstock/USBFCO, pages 11.

6. 한글색인
(Korean Index)

DNA 연구(DNA research) 52
ISU 국제 스타우덴, 육묘연합회상(ISU Award, See International Stauden Union Award) 185

(ㄱ)

가을철 관리(fall maintenance) 70-71
건조지대에 알맞은 세덤류들(lists of sedums for very dry conditions) 42
건조한 조건들(dry conditions) 42
게움 트리플로룸(*Geum triflorum*) 32
겐티아나(*Gentiana*) 179
겨울철 관리(winter maintenance) 71
경계식재용 세덤류(border sedums) 7, 8, 13-18, 52, 54, 64, 75
경계용 세덤과 어울리는 관상용 그래스류(ornamental grasses with border sedums) 185, 194, 231
경량형 옥상녹화에 알맞은 세덤류들(lists of sedums for shade) 38
계절에 따른 관리(seasonal maintenance) 70-71
고텐바 너서리, 일본 시즈오카 현(Gotemba Nursery) 215
고프, 그레이엄(Gough, Graham) 221
곤충들(insects) 76
골든 마키노 스톤크롭(golden Makino stonecrop) 105
골든 볼 스톤크롭(golden ball stonecrop) 107
골든 재패니스 스톤크롭(golden Japanese stonecrop) 134
과부의 십자가(widow's cross) 148
과테말라(Guatemala) 95
관목같은 세덤류(shrublike sedums) 29
관상용 골든로드(ornamental goldenrods) 8
관상용 그래스 식물들(ornamental grasses) 196, 206, 215
광엽 스톤크롭(broadleaf stonecrop) 120
교잡종(hybrids) 59
구유 정원(trough gardens) 10
국제 스타우덴 육묘 연합회상(International Stauden Union Award, ISU Award) 185
귀리(oat grass) 15
규슈 섬(Kyushu Island) 일본 146
그늘(shade) 44, 67
그늘에 잘 자라는 세덤류들(lists of sedums favorites for containers) 67
그랍토페탈룸(*Graptopetalum*) 16, 30
그랍토페탈룸 수아베오렌스(*Graptopetalum suaveolens*) 116
그랍토페탈룸 수아베오렌스 × 그랍토세덤(*Graptopetalum suaveolens* × *Graptosedum*) 100
그랍토페탈룸 수아베오렌스 × 그랍토세덤 '골든 글로우'(*Graptopetalum suaveolens* × *Graptosedum* 'Golden Glow') 121
그랍토페탈룸류(graptopetalums) 149
그레이트 가든 식물원(Great Garden Plants) 181, 190, 198
그룬펠드 어린이 재배정원(Grunsfeld Children's Growing Garden) 39
그리스(Greece) 153-154, 180
그린랜드(Greenland) 84
그린루프, 옥상녹화(greenroofs) 10, 35-38, 176
글래시 메도우 식재계획(grassy meadow planting schemes) 26
글로브(globes) 48
기근, 공중뿌리(air roots) 78
기생말벌류(parasitic wasps) 72
깍지벌레(mealybugs) 73
꽃받침(sepals) 56
꽃잎들(petals) 56

(ㄴ)

나무 세덤(tree sedum) 29, 42, 95, 101, 144, 149
나무 스톤크롭(tree stonecrop) 95
나비류(butterflies) 8, 184, 207
내한성 6지역 이북에서 자라는 세덤류들(lists of sedums hardy stonecrops for zone 6 and north) 65
내한성 세덤을 판매하는 곳(Marchants Hardy Plants) 221
내한성 스톤크롭류(hardy stonecrops) 65
네덜란드(Netherlands) 197, 222-224, 228
네팔(Nepal) 153
네페타(*Nepeta*) 16
네페타 '어얼리 버드'(*Nepeta* 'Early Bird') 218
노란색 잎(yellow foliage) 22
노란색에서 황금색 잎의 지피식물로 좋은 세덤류들(lists of sedums groundcovers with yellow to gold foliage) 23
노인 수염 스톤크롭(old man's beard stonecrop) 111
노인의 뼈 스톤크롭(old man's bones) 96
녹색 잎의 지피식물로 좋은 세덤류들(lists of sedums groundcovers with green foliage) 23
뉴멕시코(New Mexico) 97, 101
님 오일(neem oil) 73

(ㄷ)

다년생들(perennials) 16, 54, 224
다육식물의 크레슐산 대사(crassulacean acid metabolism, CAM) 42
다이안서스(*Dianthus*) 30, 84, 90, 112
다이안서스 '포이어헥세', 파이어위치(*Dianthus* 'Feuerhexe', firewitch) 187
달레아 푸르푸리아(*Dalea purpurea*) 168
달팽이류(snails) 73
담장(paver walls) 33-34
당나귀 꼬리(donkey tail) 110
대만(Taiwan) 92, 135
대비(contrast) 12-13
대영제국(Great Britain) 129
던스 캡(dunce caps) 154, 213
데스챔프시아(*Deschampsia*) 15
데이릴리(daylilies) 230
덴버식물원(Denver Botanic Gardens) 34
독일(Germany) 38, 179, 183, 185
돌부채(pigsqueak) 199
돌연변이(sport) 24-25, 87, 129, 157, 163, 167, 173, 184-185, 189, 205-206, 216, 218
동남아시아(Southeast Asia) 107
동반식물(companion plants) 16, 30
동유럽(Eastern Europe) 163
돼지고기와 콩류(pork and beans) 87
둥근 잎 바위솔(entire leaved roseroot) 85
드라바(Drabas) 89
디자인 원칙(design principles) 13
딸기 뿌리 바구미(strawberry root weevil) 73

(ㄹ)

라반둘라(*Lavandula*) 16
라벤더류(lavenders) 109
라이트 스톤크롭(Wright's stonecrop) 101

락 로즈(rock rose) 119
락크레스, 바위냉이(rock cress) 93, 155
람스이어, 허브식물(lamb's ears) 16, 163
래브라도(Labrador) 84
러시아(Russia) 230
러시아 세이지(Russian sage) 194
러시아 스톤크롭(Russian stonecrop) 169-170
레위시아(*Lewisia*) 30, 98
레지, 턱 스톤크롭(ledge stonecrop) 85
로디올라(*Rhodiola*) 52, 55, 58
로디올라 로단타(*Rhodiola rhodantha*) 85
로디올라 로세아(*Rhodiola rosea*) 54, 58, 84
로디올라 로세아 하위종 아티카(*Rhodiola rosea* f. *arctica*) 58, 84
로디올라 인테그리폴리아(*Rhodiola integrifolia*) 44, 85
로디올라 인테그리폴리아 변종 아트로푸르레아(*Rhodiola integrifolia* subsp. *procera*) 85
로디올라 인테그리폴리아 아종 프로세라(*Rhodiola integrifolia* var. *atropurpurea*) 85
로디올라 트롤리이(*Rhodiola trollii*) 135
로디올라 파키클라도스(*Rhodiola pachyclados*) 86
로디올라 파키클라도스 '네시'(*Rhodiola pachyclados* 'Nessy') 86
로디올라 파키클라도스 '화이트 다이아몬드'(*Rhodiola pachyclados* 'White Diamond') 86
로술라리아(*Rosularia*) 30
로술라리아 셈퍼비보이데스(*Rosularia sempervivoides*) 180
로술라리아류(rosularias) 153, 180
로제트(rosettes) 29, 41, 117, 153
로즈 카펫 스톤크롭(rose carpet stonecrop) 34, 216, 233
로즈플라워 스톤크롭(roseflower stonecrop) 98
로키 산맥(Rocky Mountains) 8, 44, 85, 96, 99
루비 글로우 세덤(Ruby Glow sedum) 28, 183, 187, 195, 198
루칸시뭄 슈퍼붐 '데이지 듀크'(*Leucanthemum superbum* 'Daisy Duke') 175
리리오페 무스카리(*Liriope muscari*) 46
리리오페 스피카타(*Liriope spicata*) 46
리비아(Libya) 122
리아트리스 스피카타(*Liatris spicata*) 16
리아트리스 실린드라세아(*Liatris cylindracea*) 32
리아트리스 푼크타타(*Liatris punctata*) 32
리족토니아(*Rhizoctonia*) 75, 207
리틀 힐 너서리(Little Hill Nursery) 142
린네, 칼(Linnaeus, Carl) 52

(ㅁ)
마키노 스톤크롭(Makino stonecrop) 104
말라티온, 살충제(malathion) 73
멀칭(mulch) 27, 30-31, 65, 68-71, 76, 92, 111, 153, 156, 180
메밀(buckwheat) 99
멕시코(Mexico) 55, 61
멕시코 스톤크롭(Mexican stonecrop) 107
멕시코 유래의 내건성 종(Mexico droughttolerant species from) 42, 62, 64, 100, 116, 121, 124, 133, 139, 143
멕시코 유래의 종(Mexico sedums from) 88, 97, 101 109-111, 117, 138, 140, 145, 147, 150
멕시코 유래의 트리세덤 종(Mexico tree sedums from) 95, 144, 149
멕시코 종(Mexican species) 55, 61
모로코(Morocco) 179
모리니아(*Molinia*) 15, 196
모리니아 오텀날리스(*Molinia autumnalis*) 196, 227
모튼수목원, 시카고(Morton Arboretum) 14
몽고(Mongolia) 165
몽크 실버 너서리(Monksilver Nursery) 200
무늬 잎(variegated foliage) 24-25, 104, 121, 129, 162, 167, 182, 189, 210, 215

무늬종 옥토버 다프네(variegated October daphne) 212
무늬종 잎의 지피식물로 좋은 세덤류들(lists of sedums groundcovers with variegated foliage) 25
무당벌레(ladybugs) 72
무미한 스톤크롭(tasteless stonecrop) 115
무어그래스(moor grass) 192, 196, 227
미국(United States) 99, 126
미국(United States, sedums rare) 희귀종 세덤류 136-137
미국 남동부 원산의 세덤류(United States, Southeastern native sedums) 91
미국 자생 그래스(native American grasses) 31-32, 99, 118
미국 자생 대나무류(native clumpers) 99
미국 자생 세덤(native American sedums) 10
미국, 동부 원산의 세덤류(United States, Eastern native sedums) 30, 55, 118
미국, 로키 산맥 원산의 세덤류(United States, Rocky Mountain native sedums) 85
미국, 식물 도입(United States, plant introductions) 105, 175, 215
미국, 신품종 세덤류(United States, sedums new) 92, 175, 177, 197
미국, 원예무역 이슈(United States, horticultural trade issues) 44, 84, 148, 141
미국, 이용이 어려운 세덤류(United States, sedums not available in) 206
미국, 태평양 북서부 원산의 세덤류(United States, Pacific Northwest native sedums) 112, 119, 131
미니어처 조수아 트리 스톤크롭(miniature Joshua tree stonecrop) 106
미래식물들(Future Plants) 222, 228, 230
미스칸투스 시넨시스 '말레파르투스'(*Miscanthus sinensis* 'Malepartus') 186
미스칸투스 시넨시스 '모닝라이트'(*Miscanthus sinensis* 'Morning Light') 72, 215
미시시피 강 유역(Mississippi basin) 148
미얀마(Myanmar) 55
미조우리 달맞이꽃(Missouri primrose) 84, 164, 183
미조우리식물원(Missouri Botanic Garden) 26, 39, 48
민달팽이(slugs) 73

(ㅂ)
바위솔(roseroot) 84
바이러스(viruses) 24, 76
박새(chickadees) 72
반내한성 7지역 이남에서 자라는 세덤류들(lists of sedums semihardy stonecrops for zone 7 and south) 65
반내한성 스톤크롭(semihardy stonecrops) 65
반복(repetition) 13
백분 스톤크롭(glaucous stonecrop) 91
버노니아 레터마니(*Vernonia lettermanii*) 201, 222
버터플라이 잡초(butterfly weed) 16, 230
벅 호세(Buck, Jose) 227
번식(propagation) 78-80
벌(bees) 77, 184, 205, 207
베로니카 인카나 '퓨어 실버'(*Veronica incana* 'Pure Silver') 16, 188
베르게니아 코르디폴리아(*Bergenia cordifolia*) 199
벨기에(Belgium) 179, 227
병(diseases) 14, 75-78, 207
보도, 통로(walkways) 32-33
보우텔로우아 그라실리스(*Bouteloua gracilis*) 32
보우텔로우아 쿠르티펜둘라(*Bouteloua curtipendula*) 32
보트리티스 시네리아(*Botrytis cinerea*) 76
볼토니아(boltonias) 9
봄맞이꽃, 락재스민(rock jasmine) 99
봄철 관리(spring maintenance) 70
뵈르네르 식물원(Boerner Botanical Gardens) 17
부로 테일 세덤(burro's tail) 28, 110
부종, 수종(edema) 76-77
북극 스톤크롭(Arctic stonecrop) 84
북미 대평원(Great Plains) 99
북아메리카(North America) 10, 55, 84, 96, 177

북아메리카암석정원협회(North American Rock Garden Society) 30
북아프리카(North Africa) 93-94, 113, 122, 125, 137, 166, 177, 179
분재 전시회(bonsai displays) 10, 46
분주(division) 78
불가리아(Bulgaria) 90, 178
불가사리(sea star) 148
브리티시컬럼비아주, 캐나다(British Columbia) 85, 99
블라디 크레인스빌(bloody cranesbill) 169
블랑, 파트리크(Blanc, Patrick) 41
블랙 몬도그래스(black mondo grass) 105
블랙 뷰티 스톤크롭(Black Beauty stonecrop) 223
블랙 아이 수산(blackeyed Susan) 72
블랙 와인 위빌(black wine weevil) 73
블루 스프루스 스톤크롭(Blue Spruce stonecrop) 174
블루 초크 스틱(blue chalk sticks) 121
블루버드 너서리(Bluebird Nursery) 219
블루페스큐(blue fescue) 15, 198, 217, 228
블룸, 앨런(Bloom, Alan) 183
비네트, 소품문(vignette) 13
비료(fertilizer) 68-69
비버테일 스톤크롭(beavertail stonecrop) 149
비올라 래브라도리카(*Viola labradorica*) 141
비율(proportion) 13
뿌리(roots) 58-60
뿌리썩음병, 근부병(root rot) 75
뿌리혹선충류(root knot nematodes) 73-75

(ㅅ)
사라스트로 너서리(Sarastro Nursery) 175
사르디니아(Sardinia) 113
사막 시리즈(desert series) 8
사막원산(desert natives) 42
사슴(deer) 75
사시프라가(*Saxifraga*) 30
사시프라제스(saxifrages) 127
사포나리아 오시모이데스(*Saponaria ocymoides*) 219
산호색에서 분홍색의 지피식물로 좋은 세덤류들(lists of sedums groundcovers with orange to coral foliage) 22
살아있는 식물 모습(living pictures) 40
살아있는 식물로 꾸민 벽들(living walls) 38-41
살아있는 식물로 만든 화환(living wreaths) 48
살충비누(insecticidal soaps) 73
살충제(insecticides) 72-73
삼색 스톤크롭(tricolor stonecrop) 162
삼엽 스톤크롭(threeleaved stonecrop) 141
색다른 용기들(offbeat containers) 28
샐비어 네모로사 '위수베'(*Salvia nemorosa* 'Wesuve') 190
생울타리(hedges) 17
생쥐-귀 스톤크롭(mouse-ear stonecrop) 97
샤스타 데이지(Shasta daisies) 175
서독(West Germany) 179
선로즈(sunrose) 119
선인장(cacti) 8, 67
세네시오(Senecio) 16, 30
세네시오 만드랄리스체(*Senecio mandraliscae*) 42, 121
세덤 'E.O. 오르펫(*Sedum* 'E,O, Orpet') 110
세덤 '골든 글로우'(*Sedum* 'Golden Glow') 100, 121
세덤 '다즐베리'(*Sedum* 'Dazzleberry') 181
세덤 '라임 굼 드롭'(*Sedum* 'Lime Gum Drops') 143
세덤 '레몬 코랄'(*Sedum* 'Lemon Coral') 108, 175
세덤 '로부스툼'(*Sedum* 'Robustum') 183
세덤 '로지 글로우'(*Sedum* 'Rosey Glow') 183
세덤 '로커리 챌린저'(*Sedum* 'Rockery Challenger') 88, 107
세덤 '론 에반스'(*Sedum* 'Ron Evans') 144
세덤 '루비 글로우'(*Sedum* 'Ruby Glow') 28, 183
세덤 '리틀 젬'(*Sedum* 'Little Gem') 87-88
세덤 '마에스트로'(*Sedum* 'Maestro') 184
세덤 '마트로나'(*Sedum* 'Matrona') 185
세덤 '문 글로우'(*Sedum* 'Moonglow') 120
세덤 '베라 제임슨'(*Sedum* 'Vera Jameson') 183, 187
세덤 '베르트램 앤드슨'(*Sedum* 'Bertram Anderson') 188
세덤 '베카'(*Sedum* 'Beka') 189
세덤 '비치 파티'(*Sedum* 'Beach Party') 191
세덤 '생일 파티'(*Sedum* 'Birthday Party') 26, 192
세덤 '서브라임'(*Sedum* 'Sublime') 23
세덤 '선더클라우드'(*Sedum* 'Thundercloud') 193
세덤 '선셋 클라우드'(*Sedum* 'Sunset Cloud') 195
세덤 '소프트 클라우드'(*Sedum* 'Soft Cloud') 196
세덤 '스파이럴 스테어케이스'(*Sedum* 'Spiral Staircase') 109
세덤 '실버 문'(*Sedum* 'Silver Moon') 120
세덤 '앰버'(*Sedum* 'Amber') 61, 197
세덤 '오텀 조이'(*Sedum* 'Autumn Joy') 60, 205
세덤 '와시필드 루비'(*Sedum* 'Washfield Ruby') 226
세덤 '와시필드 퍼플'(*Sedum* 'Washfield Purple') 226
세덤 '조이스 툴로치'(*Sedum* 'Joyce Tulloch') 87
세덤 '체리 타르트'(*Sedum* 'Cherry Tart') 198
세덤 '초콜릿 드롭'(*Sedum* 'Chocolate Drop') 199
세덤 '칼'(*Sedum* 'Carl') 200
세덤 '크로코다일'(*Sedum* 'Crocodile') 147
세덤 '클라우드 워크'(*Sedum* 'Cloud Walker') 201
세덤 '클래스 액트'(*Sedum* 'Class Act') 202
세덤 '퍼플 엠페러'(*Sedum* 'Purple Emperor') 226
세덤 '퓨어 조이'(*Sedum* 'Pure Joy') 203
세덤 '플럼 퍼펙션'(*Sedum* 'Plum Perfection') 204
세덤 '피콜레트'(*Sedum* 'Picolette') 228
세덤 '하렌'(*Sedum* 'Haren') 143
세덤 '하베스트 문'(*Sedum* 'Harvest Moon') 120
세덤 '헙스트프로이드'(*Sedum* 'Herbstfreude') 6, 8, 205
세덤 '헬렌 페인'(*Sedum* 'Helen Payne') 131
세덤 '화이트 초크'(*Sedum* 'White Chalk') 120
세덤 ×로렌조이(*Sedum* ×*lorenzoi*) 173
세덤 ×루브로틴크툼(*Sedum* ×*rubrotinctum*) 8, 28, 42, 48, 65, 87, 144, 150
세덤 ×루브로틴크툼 '미니 미'(*Sedum* ×*rubrotinctum* 'Mini Me') 127
세덤 ×루브로틴크툼 '베라 히긴스'(*Sedum* ×*rubrotinctum* 'Vera Higgins') 87
세덤 ×루브로틴크툼 '오로라'(*Sedum* ×*rubrotinctum* 'Aurora') 21, 42-43, 87
세덤 ×루테오룸(*Sedum* ×*luteolum*) 173
세덤 ×루테오비리데(*Sedum* ×*luteoviride*) 19, 88
세덤 구아테말렌세(*Sedum guatemalense*) 87
세덤 그라실(*Sedum gracile*) 47, 89, 136
세덤 그레기(*Sedum greggii*) 88
세덤 그리세바치(*Sedum grisebachii*) 47-48, 89-90, 103
세덤 글라우코필룸(*Sedum glaucophyllum*) 44, 62, 67, 86, 91
세덤 글라우코필룸 '레드 프로스트'(*Sedum glaucophyllum* 'Red Frost') 62, 91
세덤 글라우코필룸 '실버 프로스트'(*Sedum glaucophyllum* 'Silver Frost') 61, 91
세덤 글로보섬(*Sedum globosum*) 61, 96
세덤 나니폴리움(*Sedum nanifolium*) 122
세덤 너스바우메리아넘(*Sedum nussbaumerianum*) 61, 121
세덤 너스바우메리아넘 '쿠퍼톤'(*Sedum nussbaumerianum* 'Coppertone') 61
세덤 네비이(*Sedum nevii*) 62, 91
세덤 노코엔세(*Sedum nokoense*) 92, 135
세덤 노코엔세 '사이덴세'(*Sedum nokoense* 'Cidense') 92
세덤 니카엔세(*Sedum nicaeense*) 61

세덤 대시필름(*Sedum dasyphyllum*) 21, 35, 38, 47-48, 59, 80, 93, 113
세덤 대시필름 '메이저'(*Sedum dasyphyllum* 'Major') 94
세덤 대시필름 '아틀라스 산형'(*Sedum dasyphyllum* 'Atlas Mountain Form') 93
세덤 대시필름 변종 마크로필룸(*Sedum dasyphyllum* var. *macrophyllum*) 94
세덤 대시필름 아종 그랜둘리페룸(*Sedum dasyphyllum* subsp. *glanduliferum*) 59
세덤 대시필름 유사 종과 품종들(*Sedum dasyphyllum* similar species and cultivars) 139
세덤 대시필름 조경과 디자인용(*Sedum dasyphyllum* landscape and design uses) 128, 134, 136, 151
세덤 덴드로이디움(*Sedum dendroideum*) 27, 29, 42, 95, 149
세덤 디바일(*Sedum debile*) 96, 112
세덤 디버젠스(*Sedum divergens*) 23, 44, 61, 96, 98, 131-132
세덤 디버젠스 변종 미누스(*Sedum divergens* var. *minus*) 96
세덤 디쿰벤스(*Sedum decumbens*) 88, 95, 138, 140
세덤 디퓨섬(*Sedum diffusum*) 28, 97, 145
세덤 디퓨섬 '포토시눔'(*Sedum diffusum* 'Potosinum') 42, 97
세덤 뗏장(sedum sod) 36, 38
세덤 라코니쿰(*Sedum laconicum*) 90
세덤 라코니쿰 '라요스'(*Sedum* 'Lajos') 182
세덤 락숨(*Sedum laxum*) 20, 98, 132
세덤 락숨 아종 락숨(*Sedum laxum* subsp. *laxum*) 98
세덤 락숨 아종 래티폴리움(*Sedum laxum* subsp. *latifolium*) 98
세덤 락숨 아종 이스트우디아(*Sedum laxum* subsp. *eastwoodiae*) 98
세덤 락숨 아종 헤크네리(*Sedum laxum* subsp. *heckneri*) 98, 120
세덤 란체올라툼(*Sedum lanceolatum*) 99, 176
세덤 란체올라툼 변종 네지오티쿰(*Sedum lanceolatum* var. *nesioticum*) 99
세덤 란체올라툼 변종 루피콜라(*Sedum lanceolatum* var. *rupicola*) 99
세덤 란체올라툼 변종 루피콜룸(*Sedum lanceolatum* var. *rupicolum*) 118
세덤 란체올라툼 아종 알피눔(*Sedum lanceolatum* subsp. *alpinum*) 99
세덤 레플렉숨(*Sedum reflexum*) 173
세덤 렙탄스(*Sedum reptans*) 88
세덤 로제움 하위종 악티쿰(*Sedum roseum* f. *arcticum*) 84
세덤 루브로글라우쿰(*Sedum rubroglaucum*) 132
세덤 루시듐(*Sedum lucidum*) 29, 42, 48, 100, 117, 139, 143
세덤 루시듐 '오베숨'(*Sedum lucidum* 'Obesum') 100
세덤 루페스트레(*Sedum rupestre*) 173
세덤 루페스트레 '블루 스프루스'(*Sedum rupestre* 'Blue Spruce') 174
세덤 루페스트레 '안젤리나'(*Sedum rupestre* 'Angelina') 175
세덤 리가타(*Sedum wrightii*) 101, 133
세덤 리네아레(*Sedum lineare*) 107, 114
세덤 리네아레 '바리에가툼'(*Sedum lineare* 'Variegatum') 102
세덤 리디움(*Sedum lydium*) 34, 48, 103, 134
세덤 마키노이(*Sedum makinoi*) 44, 65, 67, 92, 104-105, 130, 142
세덤 마키노이 '라임라이트'(*Sedum makinoi* 'Limelight') 22-23, 44, 46, 104-105
세덤 마키노이 '바리에가툼'(*Sedum makinoi* 'Variegatum') 25, 104-105
세덤 마키노이 '살사 베르데'(*Sedum makinoi* 'Salsa Verde') 130, 104
세덤 마키노이 '오곤'(*Sedum makinoi* 'Ogon') 23, 44, 46, 105, 161, 189-190
세덤 마키노이 변종 에마르지나툼 '에코 어메이산'(*Sedum makinoi* var. *emarginatum* 'Eco Mt. Emei') 130
세덤 맥도갈리(*Sedum macdougallii*) 143
세덤 멀티셉(*Sedum multiceps*) 27, 29, 47, 58, 106
세덤 멀티포룸(*Sedum multiflorum*) 101
세덤 멕시카눔(*Sedum mexicanum*) 23, 48, 102, 107-108, 114
세덤 멕시카눔 '골든 볼'(*Sedum mexicanum* 'Golden Ball') 107
세덤 멕시카눔 '레몬 볼'(*Sedum mexicanum* 'Lemon Ball') 10, 23, 28, 39, 46-47, 61, 108, 146, 175
세덤 멕시카눔 '레몬 코랄'(*Sedum mexicanum* 'Lemon Coral') 175
세덤 모라넨세(*Sedum moranense*) 19, 109

세덤 모라넨세 아종 그랜디플로룸(*Sedum moranense* subsp. *grandiflorum*) 109
세덤 모르가니아눔(*Sedum morganianum*) 28, 42, 94, 110, 177
세덤 모시니아눔(*Sedum mocinianum*) 61, 111
세덤 몬타눔 아종 오리엔탈(*Sedum montanum* subsp. *orientale*) 176
세덤 미덴드로피아눔(*Sedum middendorffianum*) 156
세덤 미덴드로피아눔 '스트리아툼'(*Sedum middendorffianum* 'Striatum') 156
세덤 보에메리(*Sedum boehmeri*) 154
세덤 보치이(*Sedum borschii*) 112
세덤 보치이 '안나 스칼라크'(*Sedum borschii* 'Anna Schallach') 112
세덤 불레아눔(*Sedum booleanum*) 10
세덤 부리토(*Sedum burrito*) 94, 110
세덤 브레비폴리움(*Sedum brevifolium*) 113
세덤 브레비폴리움 변종 퀸케파리움(*Sedum brevifolium* var. *quinquefarium*) 113
세덤 사르멘토숨(*Sedum sarmentosum*) 44, 61, 67, 102, 107, 114
세덤 세디포르메(*Sedum sediforme*) 61, 173-174, 177
세덤 세르펜티니(*Sedum serpentini*) 125, 127
세덤 섹상굴라레(*Sedum sexangulare*) 34, 89-90, 103, 106, 115, 151, 204
세덤 섹상굴라레 '골드디그'(*Sedum sexangulare* 'Golddigger') 16, 22-23, 38, 45, 67, 89-90, 103, 115, 123, 204
세덤 섹상굴라레 '레드 힐'(*Sedum sexangulare* 'Red Hill') 22, 115
세덤 섹상굴라레 '우타'(*Sedum sexangulare* 'Utah') 115
세덤 섹상굴라레 '웨이제 타트라'(*Sedum sexangulare* 'Weisse Tatra') 115
세덤 섹상굴라레 아종 몬테네그리눔(*Sedum sexangulare* subsp. *montenegrinum*) 115
세덤 셀스키아눔(*Sedum selskianum*) 157
세덤 셀스키아눔 '바리에가툼'(*Sedum selskianum* 'Variegatum') 157, 167
세덤 셈퍼비보이데스(*Sedum sempervivoides*) 180
세덤 수아베오렌스(*Sedum suaveolens*) 42, 116
세덤 스탈리(*Sedum stahlii*) 21, 28, 42, 87, 117, 144, 150
세덤 스탈리 '바리에가타'(*Sedum stahlii* 'Variegata') 117
세덤 스테노페탈룸(*Sedum stenopetalum*) 99
세덤 스테노페탈룸 '더글라시이'(*Sedum stenopetalum* 'Douglasii') 118
세덤 스톨로니페룸(*Sedum stoloniferum*) 158
세덤 스파툴리폴리움(*Sedum spathulifolium*) 44, 48, 96, 131
세덤 스파툴리폴리움 '로그 리버'(*Sedum spathulifolium* 'Rogue River') 119
세덤 스파툴리폴리움 '카르네아'(*Sedum spathulifolium* 'Carnea') 120
세덤 스파툴리폴리움 '카르네움'(*Sedum spathulifolium* 'Carneum') 119
세덤 스파툴리폴리움 '케이프 블랑코'(*Sedum spathulifolium* 'Cape Blanco') 120
세덤 스파툴리폴리움 아종 스파툴리폴리움(*Sedum spathulifolium* subsp. *spathulifolium*) 120
세덤 스파툴리폴리움 아종 푸르디(*Sedum spathulifolium* subsp. *purdyi*) 119
세덤 스파툴리폴리움 아종 푸르푸레움(*Sedum spathulifolium* subsp. *purpureum*) 21, 119
세덤 스파툴리폴리움 아종 푸르푸레움 '레드 초크'(*Sedum spathulifolium* subsp. *purpureum* 'Red Chalk') 119
세덤 스파툴리폴리움 아종 프루이노숨 '케이프 블랑코'(*Sedum spathulifolium* subsp. *pruinosum* 'Cape Blanco') 38, 120
세덤 스펙타빌(*Sedum spectabile*) 60
세덤 스펙타빌 '네온'(*Sedum spectabile* 'Neon') 206
세덤 스펙타빌 '브릴리안트'(*Sedum spectabile* 'Brilliant') 207
세덤 스펙타빌 '스타더스트'(*Sedum spectabile* 'Stardust') 208
세덤 스펙타빌 '카르멘'(*Sedum spectabile* 'Carmen') 209
세덤 스펙타빌 '핑크 샤블리'(*Sedum spectabile* 'Pink Chablis') 210
세덤 스푸리움 '닥터 존 크리치'(*Sedum spurium* 'Dr, John Creech') 159
세덤 스푸리움 '레닌그라드 화이트'(*Sedum spurium* 'Leningrad White') 160
세덤 스푸리움 '아트로푸르푸리움'(*Sedum spurium* 'Atropurpureum') 161
세덤 스푸리움 '엘리자베스'(*Sedum spurium* 'Elizabeth') 161
세덤 스푸리움 '코시네움'(*Sedum spurium* 'Coccineum') 161
세덤 스푸리움 '트리컬러'(*Sedum spurium* 'Tricolor') 162

세덤 스푸리움 '풀다글루트'(*Sedum spurium* 'Fuldaglut') 163
세덤 시에볼디이(*Sedum sieboldii*) 211
세덤 시에볼디이 하위종 바리에가툼(*Sedum sieboldii* f. *variegatum*) 212
세덤 아나캄프세로스(*Sedum anacampseros*) 213
세덤 아돌피(*Sedum adolphii*) 16, 27-28, 30, 42, 48, 61, 100, 121, 143
세덤 아돌피 '골든 글로우'(*Sedum adolphii* 'Golden Glow') 61
세덤 아돌피 '쿠퍼톤'(*Sedum adolphii* 'Coppertone') 22, 42, 121
세덤 아우스트랄레(*Sedum australe*) 101, 133
세덤 아이조온(*Sedum aizoon*) 165
세덤 아크레(*Sedum acre*) 34, 46, 61, 80, 106, 109, 115, 122
세덤 아크레 '미누스'(*Sedum acre* 'Minus') 122, 129
세덤 아크레 '엘레강스'(*Sedum acre* 'Elegans') 123
세덤 아크레 '오레움'(*Sedum acre* 'Aureum') 23, 46, 115, 123
세덤 아크레 '옥토버페스트'(*Sedum acre* 'Oktoberfest') 122
세덤 아크레 아종 마유스(*Sedum acre* subsp. *majus*) 122
세덤 아크레 유사종과 품종들(*Sedum acre* similar species and cultivars) 106, 109, 114-115
세덤 아크레 조경과 디자인용(*Sedum acre* landscape and design uses) 128, 151
세덤 알란토이데스(*Sedum allantoides*) 27, 42, 124
세덤 알란토이데스 '골디'(*Sedum allantoides* 'Goldii') 124
세덤 알붐(*Sedum album*) 34-35, 47-48, 59, 65, 80, 112, 125, 128, 136-137, 151, 160
세덤 알붐 '아토움'(*Sedum album* 'Athoum') 125
세덤 알붐 '코랄 카펫'(*Sedum album* 'Coral Carpet') 21, 25, 38, 95, 126, 228
세덤 알붐 '파로'(*Sedum album* 'Fårö') 35, 46-47, 127
세덤 알붐 '프랑스'(*Sedum album* 'France') 125
세덤 알붐 변종 마크란툼 '그린 아이스'(*Sedum album* var. *micranthum* 'Green Ice') 128
세덤 알붐 변종 마크란툼 '레드 아이스'(*Sedum album* var. *micranthum* 'Red Ice') 128
세덤 알붐 변종 마크란툼 '오렌지 아이스'(*Sedum album* var. *micranthum* 'Orange Ice') 128
세덤 알붐 변종 마크란툼 '클로로티쿰'(*Sedum album* var. *micranthum* 'Chloroticum') 23, 32, 47, 128, 193
세덤 알붐 유사 종과 품종들(*Sedum album* similar species and cultivars) 112, 137
세덤 알붐 조경과 디자인용(*Sedum album* landscape and design uses) 128, 136, 151
세덤 알붐 하위종 머랠리(*Sedum album* f. *murale*) 126
세덤 앵글리쿰(*Sedum anglicum*) 129
세덤 앵글리쿰 '미누스'(*Sedum anglicum* 'Minus') 129
세덤 앵글리쿰 '수지 큐'(*Sedum anglicum* 'Suzie Q') 129
세덤 앵글리쿰 '하트랜드'(*Sedum anglicum* 'Hartland') 129
세덤 에리드로스티쿰 '프로스티 모른'(*Sedum erythrostictum* 'Frosty Morn') 215
세덤 에리드로스티쿰 하위종 메디오바리에가툼(*Sedum erythrostictum* f. *mediovariegatum*) 214
세덤 에마르지나툼(*Sedum emarginatum*) 51, 130
세덤 에마르지나툼 '에코 어메이산'(*Sedum emarginatum* 'Eco Mt. Emei') 22, 130
세덤 에웨르시이 아종 호모필룸 '로젠테피크'(*Sedum ewersii* subsp. *homophyllum* 'Rosenteppich') 216
세덤 오레가눔(*Sedum oreganum*) 29, 44, 65, 67, 96, 98, 131
세덤 오레가눔 유사 종과 품종들(*Sedum oreganum* similar species and cultivars) 96
세덤 오레가눔 조경과 디자인용(*Sedum oreganum* landscape and design uses) 96, 98, 131
세덤 오레고넨세(*Sedum oregonense*) 20, 98, 132
세덤 오리지폴리움(*Sedum oryzifolium*) 136
세덤 오리지폴리움 '타이니 폼'(*Sedum oryzifolium* 'Tiny Form') 136
세덤 오크롤레우쿰(*Sedum ochroleucum*) 178
세덤 오크롤레우쿰 '레드 위글'(*Sedum ochroleucum* 'Red Wiggle') 29

세덤 오악사카눔(*Sedum oaxacanum*) 29, 133
세덤 옵코다툼(*Sedum obcordatum*) 145
세덤 옵투사툼(*Sedum obtusatum*) 10, 98
세덤 옵투시폴리움 변종 리스토니아(*Sedum obtusifolium* var. *listoniae*) 168
세덤 와소니(*Sedum watsoni*) 132
세덤 요세미텐세(*Sedum yosemitense*) 119
세덤 요세미텐세 '레드 라브'(*Sedum yosemitense* 'Red Raver') 119
세덤 우르빌레이(*Sedum urvillei*) 122
세덤 우수리엔세 '터키시 딜라이트'(*Sedum ussuriense* 'Turkish Delight') 197-198, 217
세덤 인디쿰 변종 유난넨시스(*Sedum indicum* var. *yunnanensis*) 153
세덤 인테그리폴리움(*Sedum integrifolium*) 85
세덤 자포니쿰(*Sedum japonicum*) 47, 136
세덤 자포니쿰 '토쿄 선'(*Sedum japonicum* 'Tokyo Sun') 23, 38, 44, 48-49, 103, 106, 134, 146
세덤 자포니쿰 '파인 옐로우 폼'(*Sedum japonicum* 'Fine Yellow Form') 134
세덤 자포니쿰 변종 세나네세(*Sedum japonicum* var. *senanese*) 135
세덤 자포니쿰 변종 푸밀룸(*Sedum japonicum* var. *pumilum*) 22, 32, 35, 106, 129, 134, 136
세덤 자포니쿰 하위종 루칸시뭄(*Sedum japonicum* f. *leucanthemum*) 134
세덤 집시콜라(*Sedum gypsicola*) 137
세덤 체노코레비이(*Sedum tschenokolevii*) 115
세덤 카르니콜로(*Sedum carnicolor*) 61
세덤 카우카시쿰(*Sedum caucasicum*) 229
세덤 카우티콜라 '리다켄스'(*Sedum cauticola* 'Lidakense') 218
세덤 카이룰레움(*Sedum caeruleum*) 10
세덤 캄차티쿰(*Sedum kamtschaticum*) 61, 169
세덤 캄차티쿰 '더 엣지'(*Sedum kamtschaticum* 'The Edge') 167
세덤 캄차티쿰 변종 엘라콤비아눔(*Sedum kamtschaticum* var. *ellacombianum*) 61, 166-167
세덤 캄차티쿰 변종 엘라콤비아눔 '더 엣지'(*Sedum kamtschaticum* var. *ellacombianum* 'The Edge') 167
세덤 캄차티쿰 변종 플로리페룸 '바이엔슈테파너 골드'(*Sedum kamtschaticum* var. *floriferum* 'Weihenstephaner Gold') 170
세덤 캄차티쿰 아종 엘라콤비아누스(*Sedum kamtschaticum* subsp. *ellacombeanus*) 61
세덤 컴프레슘(*Sedum compressum*) 145
세덤 코믹툼(*Sedum commixtum*) 143
세덤 코스토비이(*Sedum kostovii*) 90
세덤 콘푸숨(*Sedum confusum*) 42, 95, 138, 140
세덤 크레이기(*Sedum craigii*) 116
세덤 클라바툼(*Sedum clavatum*) 20, 28, 30, 42, 48, 65, 100, 117, 139
세덤 클라바툼 '라임 드롭'(*Sedum clavatum* 'Lime Drops') 139
세덤 킴나키(*Sedum kimnachii*) 42, 138, 140
세덤 타이완니아눔(*Sedum taiwanianum*) 92
세덤 타케시멘시스 '골든 카펫'(*Sedum takesimensis* 'Golden Carpet') 171
세덤 타타리노위(*Sedum tatarinowii*) 219
세덤 테르나툼(*Sedum ternatum*) 28, 44-45, 56, 67, 91, 141
세덤 테르나툼 '라리넴 파크'(*Sedum ternatum* 'Larinem Park') 141
세덤 테트락티눔(*Sedum tetractinum*) 104, 130, 142
세덤 테트락티눔 '리틀 차이나'(*Sedum tetractinum* 'Little China') 142
세덤 테트락티눔 '코랄 리프'(*Sedum tetractinum* 'Coral Reef') 19, 22, 142
세덤 텔레피움 '래스베리 트러플'(*Sedum telephium* 'Raspberry Truffle') 225, 220
세덤 텔레피움 '레드 카울리'(*Sedum telephium* 'Red Cauli') 221
세덤 텔레피움 '문라이트 세레나데'(*Sedum telephium* 'Moonlight Serenade') 222
세덤 텔레피움 '블랙 뷰티'(*Sedum telephium* 'Black Beauty') 220, 223
세덤 텔레피움 '제녹스'(*Sedum telephium* 'Xenox') 224
세덤 텔레피움 '퍼플 엠퍼러'(*Sedum telephium* 'Purple Emperor') 226
세덤 텔레피움 '체리 트러플'(*Sedum telephium* 'Cherry Truffle') 225
세덤 텔레피움 '포스트맨스 프라이드'(*Sedum telephium* 'Postman's Pride') 227
세덤 텔레피움 아종 루프레티 '합 그레이'(*Sedum telephium* subsp.

ruprechtii 'Hab Gray') 229
세덤 텔레피움 아종 맥시뭄 '선키스트'(*Sedum telephium* subsp. *maximum* 'Sunkissed') 230
세덤 텔레피움 아종 텔레피움 '문스테드 다크 레드'(*Sedum telephium* subsp. *telephium* 'Munstead Dark Red') 231
세덤 트렐레아시(*Sedum treleasei*) 20, 28-29, 42, 48, 100, 110, 117, 139, 143
세덤 트롤리(*Sedum trollii*) 135
세덤 파키클라도스(*Sedum pachyclados*) 86
세덤 파키필룸(*Sedum pachyphyllum*) 20, 27, 30, 42, 48, 87, 101, 124, 144
세덤 파키필룸 유사 종과 품종들(*Sedum pachyphyllum* similar species and cultivars) 87, 144
세덤 파키필룸 조경과 디자인용(*Sedum pachyphyllum* landscape and design uses) 87, 101, 124, 147
세덤 팔리둠 변종 비시니쿰(*Sedum pallidum* var. *bithynicum*) 151-152
세덤 팔리둠(*Sedum pallidum*) 61, 152
세덤 팔메리(*Sedum palmeri*) 21, 27-28, 42, 101, 117, 145
세덤 팔메리 아종 루브로마르지나툼(*Sedum palmeri* subsp. *rubromarginatum*) 145
세덤 팔메리 아종 에마르지나툼(*Sedum palmeri* subsp. *emarginatum*) 145
세덤 포스테리아눔 아종 엘레강스(*Sedum forsterianum* subsp. *elegans*) 179
세덤 포풀리폴리움(*Sedum populifolium*) 232
세덤 폴리트리코이데스(*Sedum polytrichoides*) 44
세덤 폴리트리코이데스 '초콜릿 볼'(*Sedum polytrichoides* 'Chocolate Ball') 22, 60, 146
세덤 푸르푸라시움(*Sedum furfuraceum*) 29, 42, 147, 150
세덤 풀첼룸(*Sedum pulchellum*) 38, 67, 91, 148, 168
세덤 프레알툼(*Sedum praealtum*) 29, 42, 88, 95, 149
세덤 프레알툼 아종 파르비폴리움(*Sedum praealtum* subsp. *parvifolium*) 88, 149
세덤 플로리페루스 '바이엔슈테파너 골드'(*Sedum floriferus* 'Weihenstephaner Gold') 170
세덤 플루리코울레 변종 에자웨(*Sedum pluricaule* var. *ezawe*) 233
세덤 필로숨 (*Sedum pilosum*) 180
세덤 하이브리둠 '임머그룬첸'(*Sedum hybridum* 'Immergrünchen') 172
세덤 하코넨세(*Sedum hakonense*) 60, 146
세덤 학회(Sedum Society) 172
세덤 헤르난데지이(*Sedum hernandezii*) 27, 42, 147, 150
세덤 히르수툼(*Sedum hirsutum*) 59
세덤 히스패니쿰(*Sedum hispanicum*) 27, 61, 103
세덤 히스패니쿰 변종 미누스(*Sedum hispanicum* var. *minus*) 34, 44, 151-152
세덤 히스패니쿰 변종 미누스 '오레움'(*Sedum hispanicum* var. *minus* 'Aureum') 151
세덤 히스패니쿰 변종 히스패니쿰(*Sedum hispanicum* var. *hispanicum*) 34, 151-152
세덤 히스패니쿰 변종 히스패니쿰 '퍼플 폼'(*Sedum hispanicum* var. *hispanicum* 'Purple Form') 152
세덤 히스패니쿰 변종 히스패니쿰 '푸르푸레움'(*Sedum hispanicum* var. *hispanicum* 'Purpureum') 152
세덤 히스패니쿰 아종 글라우쿰(*Sedum hispanicum* subsp. *glaucum*) 151
세덤 힌토니(*Sedum hintonii*) 62, 111
세덤 속(genera of sedums) 52-55
세덤류의 전파(distribution of sedums) 55
세덤의 정의(sedums defined) 50-52
세데베리아 × '해리 버터필드'(*Sedeveria* × 'Harry Butterfield') 110
세데베리아 × 험멜리(*Sedeveria* × *hummellii*) 144
세라스티움 토멘토숨(*Cerastium tomentosum*) 163
세지(sedge) 15
셀스레리아 '그린리스 하이브리드'(*Sesleria autumnalis* 'Greenlee's Hybrid') 193
셀스레리아 아우툼날리스(*Sesleria autumnalis*) 15, 192-193
셈퍼비붐(*Sempervivum*) 17, 29, 30, 48, 154, 180
셈퍼비붐류(sempervivums) 127-128, 153
소비에트연방(Soviet Union), 러시아 157
소프트 스톱(soft stops) 20
손바닥선인장(prickly pear cactus) 67, 173
수경재배(hydroponics) 41
수분(moisture) 41-42, 47-48, 51, 66, 68-69,73, 75-76, 125-126, 199
수분(pollination) 80, 205, 207
수상화서(spike) 58
수술(stamens) 56
슈퍼 뷰로 테일, 당나귀 꼬리 세덤(super burro's tail) 110
스위스(Switzerland) 176
스위트 스멜링 스톤크롭(sweetsmelling stonecrop) 116
스카짓 정원, 미국 워싱턴 주(Skagit Gardens) 197
스칸디나비아(Scandinavia) 55, 129
스케일(scale) 13, 27
스크레로티움 롤프시(*Sclerotium rolfsii*) 75
스크로키, 에드(Scrocki, Ed) 167
스클레피아스 투베로사(*Asclepias tuberosa*) 16, 230
스키자크리움 스코파리움(*Schizachyrium scoparium*) 15, 32, 196, 225
스키자크리움 스코파리움 '재즈'(*Schizachyrium scoparium* 'Jazz') 203
스타키스 비잔티나, 램스이어(*Stachys byzantina*) 16, 163
스톤마운틴, 미국 조지아(Stone Mountain) 174
스톤크롭류(stonecrops) 8-10, 18-26, 186
스티븐슨, 레이(Stephenson, Ray) 6, 99, 217, 239, 240
스페인(Spain) 93-94, 137, 178-179, 213
스페인 스톤크롭(Spanish stonecrop) 152
스포로볼루스 헤테로렙시스(*Sporobolus heterolepis*) 191
스포로볼루스 헤테로렙시스 '타라'(*Sporobolus heterolepis* 'Tara') 32, 181, 206
시노크라슐라(*Sinocrassula*) 52, 55
시노크라슐라 유나넨세(*Sinocrassula yunnanense*) 153
시노크라슐라 인디카(*Sinocrassula indica*) 153
시노크라슐라 인디카 변종 유나넨세(*Sinocrassula indica* var. *yunnanense*) 54
시리아(Syria) 177
시베리아(Siberia) 85, 115, 165, 169, 217, 232-233
시실리(Sicily) 152
시에라 네바다(Sierra Nevada) 119
시에라 마드레(Sierra Madre) 116
시카고식물원(Chicago Botanic Garden) 37, 39, 41
식재(planting) 68
실레네(silene) 127
실버 세덤(silver sedum) 143
실버 젤리빈(silver jellybeans) 144
실버 젬 스톤크롭(silver gem stonecrop) 86
실오라기 스톤크롭(stringy stonecrop) 114
심피, 종자(carpels) 52, 56, 92, 100, 132, 155
심피오트리쿰 노바앙글리아 '퍼플 돔'(*Symphyotrichum novaeangliae* 'Purple Dome') 16, 224
심피후만증(kyphocarpic), 후만암술 56

(ㅇ)
아가베류(agaves) 140
아가스타체(*Agastache*) 16
아가스타체 '블루 포춘'(*Agastache* 'Blue Fortune') 16
아가스타체 '코튼 캔디'(*Agastache* 'Cotton Candy') 168
아나톨리아(Anatolia) 168
아라비스 카우카시카(*Arabis caucasica*) 34, 155
아렌즈 너서리(Arends Nursery) 205
아렌즈, 게오르그(Arends, Georg) 183
아르메니아(Armenia) 103, 163, 180
아르메리아(Armeria) 30
아르테미시아(*Artemisia*) 226
아르테미시아 슈미트티아나 '실버 마운드'(*Artemisia schmidtiana*

'Silver Mound') 16
아메로세덤 디버겐스(Amerosedum divergens) 96
아메로세덤 스테나페탈룸 '더글라시이'(Amerosedum stenopetalum 'Douglasii') 118
아벤트(Avent, Tony) 토니 (107
아스타 노베안글리에 '퍼플 돔'(Aster novaeangliae 'Purple Dome') 16, 224
아스타류(asters) 8, 16, 185, 194, 195, 209, 223, 231
아우츠호, 허버트(Oudshoorn, Herbert) 224, 230
아이조온(aizoon) 52
아일랜드(Ireland) 129
아종(subspecies) 58-59
아주 건조한 조건들(very dry conditions) 42
아코러스 그라미네우스 '오곤'(Acorus gramineus 'Ogon') 15
아키발드, 짐(Archibald, Jim) 195
아킬레아(Achillea) 16, 172, 190
아킬레아 '문샤인'(Achillea 'Moonshine') 16, 190
아프가니 스톤크롭(Afghani stonecrop) 86
아프가니스탄(Afghanistan) 86
아프리카(Africa) 55
안젤리나 스톤크롭(Angelina stonecrop) 175
안테나리아 네글렉타 '피위'(Antennaria neglecta 'Pewee') 35
알래스카(Alaska) 85
알로에(Aloe) 16
알로에류(aloes) 140
알리움(Allium) 16
알리움 스코에노프라섬 '라이징 스타'(Allium schoenoprasum 'Rising Star') 32
알리움 스코에노프라섬 '포어케이트'(Allium schoenoprasum 'Forescate') 210
알바니아(Albania) 178
알제리(Algeria) 106
알파인, 산악(alpines) 30, 85-86, 89, 92, 106, 127, 137, 180
암벽(rock walls) 33-34
암벽(stone walls) 30, 33-34
암석원, 락가든(rock gardens) 10, 30-32
암소니아(amsonia) 165, 194
암소니아 '블루 아이스'(Amsonia 'Blue Ice') 165
암술(pistils) 56
애리조나(Arizona) 97
애팔래치아 산맥, 북미 동부의 산맥(Appalachian Mountains) 44, 91
액자형 수직가든(framed vertical gardens) 40
앰버 스톤크롭(amber stonecrop) 197
앰버 웨이브 가든(Amber Waves Gardens) 184
야로우(yarrow) 16, 172
야생 세덤(wild sedums) 55
얕은 포트(shallow pots) 10
어메이산 스톤크롭(Mt. Emei stonecrop) 130
엉겅퀴(ironweed) 222
에라그로스티스(Eragrostis) 15
에라그로스티스 스펙타빌리스(Eragrostis spectabilis) 205, 221
에레인지먼트(arrangements) 48
에리시페, 흰가루병 병원균(Erysiphe) 76
에린지움 플라눔(Eryngium planum) 17
에버그린 밸리 너서리(Evergreen Valley Nursery) 120
에버그린 오르핀, 아나캄프세로스 세덤(evergreen orpine) 213
에오니움(Aeonium) 16, 29, 48-49
에오니움류(aeoniums) 140, 149
에케베리아(Echeveria) 16, 17, 29, 30, 61, 116, 124, 139
에케베리아 데런베르기(Echeveria derenbergii) 110, 144
에케베리아 엘레강스(Echeveria elegans) 116
에케베리아류(echeverias) 48, 100, 121
에코-가든 너서리(Eco-Gardens nursery) 130
에키나세아 '베이비 화이트 스완'(Echinacea 'Baby White Swan') 15
에키나세아 '사틴 나이트'(Echinacea 'Satin Nights') 202
에키나세아 '스노 콘'(Echinacea 'Snow Cone') 15
에키나세아 '파우와우 와일드베리'(Echinacea 'Pow Wow Wild Berry') 15
에키나세아 '픽시 메도우브라이트'(Echinacea 'Pixie Meadowbrite') 15
에키나세아 테네신시스(Echinacea tennesseensis) 32
에키나세아 푸르푸리아(Echinacea purpurea) 15
엽삽번식, 잎꽂이번식(leaf cutting propagation) 79
영국(United Kingdom) 200, 221
영국 스톤크롭(English stonecrop) 129
영국 왕립원예학회상(AGM, Royal Horticultural Society's Award of Garden Merit) 87, 163, 185-186, 188, 202, 205, 207, 218, 221
영국 왕립원예학회상(Royal Horticultural Society's Award of Garden Merit, AGM) 163, 185-186, 188, 202, 205, 207, 218, 221
오그던, 스캇(Ogden, Scott) 174
오레오세덤 집시콜라(Oreosedum gypsicola) 137
오렌지 데이릴리(orange daylily) 16
오렌지 스톤크롭(orange stonecrop) 169
오로스타키스(Orostachys) 28, 55, 213, 154
오로스타키스 보에메리(Orostachys boehmeri) 21, 58, 154
오로스타키스 보에메리 '케이코'(Orostachys boehmeri 'Keiko') 154
오로스타키스 아그레가투스(Orostachys aggregatus) 154
오로스타키스 차네티이(Orostachys chanetii) 155
오로스타키스 푸루세이(Orostachys furusei) 154
오리가눔 래비가툼 '헤렌하우젠'(Origanum laevigatum 'Herrenhausen') 201
오리건(Oregon) 98, 112, 132
오리건 스톤크롭(Oregon stonecrop) 131
오리니아 사사틸리스(Aurinia saxatilis) 34, 213
오브리에타 델토이데아(Aubrietia deltoidea) 34
오에노테라 마크로카르파(Oenothera macrocarpa) 32, 84, 164, 183
오텀 딜라이트 스톤크롭(Autumn Delight stonecrop) 189
오텀 무어그래스(autumn moor grass) 15, 192
오텀 세덤류(autumn sedums) 13
오텀 조이(Autumn Joy) 6, 13, 205
오텀 참 스톤크롭(Autumn Charm stonecrop) 182
오푼티아 휴미푸사(Opuntia humifusa) 67, 173
오헤어 국제공항, 시카고(O'Hare International airport) 36
왕관(king's crown) 85
왜생 콘플라워(dwarf coneflowers) 15
왜생 파운테인그래스(dwarf fountain grass) 184, 222
요정 가든(fairy gardens) 46
용기들(containers) 26-30, 71-72, 218
용기재배에 알맞은 세덤류들(lists of sedums for an extensive green roof) 27
용기재배에 알맞은 포복형 세덤류들(lists of sedums trailing sedums for containers) 28
우드랜드 스톤크롭(woodland stonecrop) 141
우든, 목재 팰릿(wooden pallets) 40
우크라이나(Ukraine) 164
워싱턴 주(Washington State) 99, 120
원예용 오일(horticultural oil) 73
원추화서, 원추꽃차례(panicle) 55, 138, 163
월 페퍼(wall pepper) 122
월터 정원, 미국 미시건 주(Walters Gardens) 185
웜 잎 스톤크롭(wormleaf stonecrop) 118
위내치 산맥, 미국 워싱턴 주(Wenatchee Mountains) 99
위스콘신대학(University of Wisconsin at Madison) 34
윈도우 박스(windowboxes) 9
유고슬라비아(Yugoslavia) 176, 178
유럽(Europe) 55, 122, 125, 166, 177
유럽 남부(Europe Southern) 137, 177
유럽 동부(Europe Eastern) 163
유럽 서부(Europe Western) 129, 173
유묘(seedlings) 207
유지관리(maintenance) 18
유카 브레비폴리아(Yucca brevifolia) 29
유포르비아(Euphorbia) 30

유포르비아 미르시니테스(*Euphorbia myrsinites*) 42, 110, 157, 167
윤문병(collar rot) 75
윤생 스톤크롭(whorled stonecrop) 114, 141
은색 잎(silver foliage) 20-21
은색에서 회록색 잎의 지피식물로 좋은 세덤류들(lists of sedums groundcovers with silver to graygreen foliage) 21
이끼 스톤크롭(mossy stonecrop) 103
이란(Iran) 158
이름을 바꾼 세덤류들(renamed sedums) 60-61
이베리스 셈페르비렌스(*Iberis sempervirens*) 155
이베리아(Iberia) 113
이스라엘(Israel) 177
이탈리아(Italy) 145, 176, 178, 213
인트린식 페레니얼 정원(Intrinsic Perennial Gardens) 23
인트린식 조경(Intrinsic Landscaping) 36
일반명(common names) 61
일본(Japan) 44
일본 스톤크롭(Japanese stonecrop) 135
일본 유래 종(Japan species from) 8, 84, 92, 105, 136, 146, 154-155, 165, 171, 211, 218
　일본 유래 품종(Japan cultivars from) 102, 104, 134-136, 215
일본 정원(Japanese gardens) 44
잉거, 배리(Yinger, Barry) 215
잉글랜드(England) 179, 183, 195, 231
잎(foliage) 20-25, 50, 53-54, 67

(ㅈ)
자갈 (gravel) 31
자갈 정원(gravel gardens) 30-32
자두색 스톤크롭(plum stonecrop) 204
자두색 잎(plum foliage) 20-21
자두색, 적색, 자색 잎의 지피식물로 좋은 세덤류들(lists of sedums groundcovers with plum red and purple foliage) 21
자색 러브그래스(purple lovegrass) 221
자색 바위냉이(purple rockcress) 93
자색 잎(purple foliage) 20-21
자색 콘플라워(purple coneflower) 15
자이언트 브리토 테일, 뷰로테일 세덤(giant burro's tail) 110
작고 깜찍한 세덤류(tiny sedums) 46
작고 깜찍한 세덤류들(lists of sedums tiny sedums) 46
작은 버튼 세덤(tiny buttons) 151
작은 블루 스템, 청색줄기(little bluestem) 15, 196, 223, 229
잔디(lawn grass) 22
잘못 명명된 세덤류(misnamed sedums) 60-61
잡초(weeds) 78
재배지역도(zone map) 265
적색 스톤크롭(red stonecrop) 109
적색 잎(red foliage) 20-21
전정(pruning) 30
절벽 스톤크롭(cliff stonecrop) 91
절화(cut flowers) 72
정립 암술(orthocarpic) 56
정좌 심피(orthocarpic) 56
제니스 스톤크롭(Jenny's stonecrop) 173
제라늄(*Geranium*) 16
제라늄 상귀네움(*Geranium sanguineum*) 169, 172
제이콥스, 돈(Jacobs, Don) 130
젤리토 씨드(Jelitto Seeds) 99
젤리빈 식물(jellybean plant) 87, 150
조경과 디자인용 관상 그래스류(ornamental grasses landscape and design uses) 184, 223-224
조비바르바, 주피터의 수염(*Jovibarba*) 17, 30, 89
조비바르바류(jovibarbas) 89, 127, 153, 180
조슈아 트리, 유카(Joshua tree) 29

좁은 꽃잎 스톤크롭(narrow petal stonecrop) 158
좁은 잎 스톤크롭(needle stonecrop) 102
종자(seeds) 80
주피터의 수염(beard of Jupiter) 17
줄기들(stems) 58
줄기삽, 경삽(stem cuttings) 79-80
중국(China) 35, 44
중국 스톤크롭(Chinese stonecrop) 142
중국 유래종(China species from) 55, 114, 153 155, 157, 169, 207, 219,
중국 유래품종(China cultivars from) 130, 102, 142
중국 크라술라(Chinese crassula) 153
중동(Middle East) 55, 152
중앙 몽골(Central Mongolia) 219
중앙 유럽(Central Europe) 84, 93-94, 115, 173
중앙아시아(Central Asia) 84
지역, 사이트(site) 65-66
지중해(Mediterranean) 10, 55, 93-94, 106
지킬, 거트루드(Jekyll, Gertrude) 231
지피식물용 세덤류들(groundcovering sedums) 8-10, 18-26
지하경(rhizome) 59
진균성 잎 반점병(fungal leaf spot) 76
진딧물(aphids) 73
질감(texture) 13
짧은 잎 스톤크롭(shortleaved stonecrop) 113

(ㅊ)
차이브(chives) 210
창엽 스톤크롭(lanceleaf stonecrop) 99
청색 잎(blue foliage) 20
초미니, 초왜생 식물(extra-dwarf plants) 127
초콜릿 볼 스톤크롭(Chocolate Ball stonecrop) 22, 60, 146
초콜릿 스톤크롭(chocolate stonecrop) 199
출원인명(ItSaul Plants) 134
충전제, 필러(fillers) 25
취산화서(cyme), 산형꽃차례 58

(ㅋ)
카렉스 부차나니(*Carex buchananii*) 15
카렉스 에라타 '보울스 골든'(*Carex elata* 'Bowles Golden') 189
카렉스 에라타 '오리아'(*Carex elata* 'Aurea') 15
카펫 베드(carpet beds) 38-41
칼라마그로스티스(*Calamagrostis*) 15
칼라마그로스티스 '엘도라도'(*Calamagrostis* 'Eldorado') 214
칼라마그로스티스 × 아쿠티플로라 '오버댐'(*Calamagrostis* ×*acutiflora* 'Overdam') 14, 215
칼라마그로스티스 × 아쿠티플로라 '칼 포스터'(*Calamagrostis* ×*acutiflora* 'Karl Foerster') 14, 214, 224
칼라민사 네페타 아종 네페타(*Calamintha nepeta* subsp. *nepeta*) 193
칼랑코에(*Kalanchoe*) 19, 50
칼리메리스 인시사 '블루 스타'(*Kalimeris incisa* 'Blue Star') 16
캄파눌라(*Campanula*) 90
캄파눌라 포스카야나(*Campanula poscharskyana*) 179, 219
캐나다(Canada) 85, 118, 237, 238, 240
캐스케이드 산맥, 워싱턴 주(Cascade Mountains) 99, 132
캐스케이드 스톤크롭(Cascade stonecrop) 96
캐트민트(catmint) 220
캔디터프트(candytuft) 155
캘리포니아(California) 97, 98, 240
캠식물, 다육식물의 크레슐산 대사(CAM, Crassulacean acid metabolism) 42
컬러, 색(color) 19, 29-30
코랄 세덤(coral beads) 117
코랄 카펫 스톤크롭(coral carpet stonecrop) 126
코레옵시스 란체올라타(*Coreopsis lanceolata*) 32

코레옵시스 버티실라타 '문빔'(*Coreopsis verticillata* 'Moonbeam') 175, 190
코르시카(Corsica) 113
코리달리스 루테아(*Corydalis lutea*) 167
코엘러리아 크리스타타(*Koeleria cristata*) 32
코카서스 산맥(Caucasus Mountains) 89, 158, 180
코코넛 코이어 트레이(coconut coir trays) 35, 38
쿠션 식물(cushion plants) 112
크라슐라(*Crassula*) 7, 9, 18, 29
크라슐라 오바타(*Crassula ovata*) 50
크라슐라 오바타(jade plants), 염좌 8, 18, 29, 50, 95
크라슐라류(crassulas) 149
크레비스 가든(crevice gardens) 30, 34-35
크레스, 크리스티안(Kress, Cristian) 175
크로아티아(Croatia) 175
크론, 광대 스톤크롭(Clown stonecrop) 214
크룩키드 스톤크롭(crooked stonecrop) 173
크리스마스 치어 세덤(Christmas cheer) 87
크리핑 플록스(creeping phlox) 218
크림 스톤크롭(cream stonecrop) 132
클라우드 세덤류(cloud sedums) 8

(ㅌ)
타임(thyme) 41, 127
탄저병(anthracnose) 76
탈리눔(*Talinum*) 30
탈리눔 칼리치눔(*Talinum calycinum*) 137
태평양 북서쪽(Pacific Northwest) 38, 44
태평양 북서쪽 유래 그린루프(옥상녹화) 종들(Pacific Northwest sedums for greenroofs) 96, 115, 122, 125, 137, 142, 159, 161, 164, 169-170, 174, 176
태평양 북서쪽 유래 종들(Pacific Northwest species from) 95-96, 98, 112, 119, 131, 132
태평양 북서쪽 유래 품종들(Pacific Northwest cultivars from) 118, 120
태평양 스톤크롭(Pacific stonecrop) 119, 120
태평양 연안(Pacific coast) 96
태평양 연안 자생식물들(Pacific islands natives) 55
터키(Turkey) 93-94, 103, 152, 177-178
터키시 딜라이트 스톤크롭(Turkish Delight stonecrop) 217
털이 있는 꼬리풀(woolly speedwell) 16
테두리식재 식물들(edging plants) 44
테라 노바 너서리(Terra Nova nurseries) 105, 186, 191-192, 194, 199, 201-202, 230
테라리움(terrariums) 10, 46
테라스(terraces) 32-33
테라스와 길가에 알맞은 세덤류들(lists of sedums for terraces and walkways) 32
테라코타(terra-cotta) 26-27, 61
텍사스, 미국(Texas) 97, 101, 145
토양(soil) 10, 38, 66
토피어리(topiary) 47-48, 128
톰슨과 모르간(Thompson & Morgan) 217
통통한 손가락 세덤(chubby fingers) 125
트럭, 개리(Trucks, Gary) 184
티무스 프래콕스(*Thymus praecox*) 129
티스칼라텐고 강(Tiscalatengo river) 139

(ㅍ)
파거룬더, 웨인(Fagerlund, Wayne) 120
파니쿰 레베르기(*Panicum leibergii*) 32
파니쿰 비르가툼 '노스와인드'(*Panicum virgatum* 'Northwind') 200, 224
파니쿰 비르가툼 '쉐난도'(*Panicum virgatum* 'Shenandoah') 208
파운틴 그래스(fountain grass) 15
파이어글로우, 두 줄 스톤크롭(fireglow, two row stonecrop) 16, 18, 38, 56, 163
파이어위치(Firewitch) 187
파키세덤(*Pachysedum*) 61
파키스탄(Pakistan) 86
파키피툼(*Pachyphytum*) 16, 30, 61
파키피툼류(pachyphytums) 149
팜, 야자 스톤크롭(palm stonecrop) 145
페기 노트배르트 자연사박물관, 미국 시카고(Peggy Notebaert nature museum) 37
페덱스 빌딩(FedEx building) 36
페디무스(*Phedimus*) 7, 52, 54, 61
페디무스 리토랄리스(*Phedimus litoralis*) 165
페디무스 미덴도피아누스(*Phedimus middendorffianus*) 19, 155, 164
페디무스 미덴도피아누스 '스트리아투스'(*Phedimus middendorffianus* 'Striatus') 156
페디무스 미덴도피아누스 변종 디퓨섬(*Phedimus middendorffianus* var. *diffusum*) 155, 170
페디무스 셀스키아누스(*Phedimus selskianus*) 157, 166
페디무스 셀스키아누스 '골디락'(*Phedimus selskianus* 'Goldilocks') 157
페디무스 스텔라투스(*Phedimus stellatus*) 168
페디무스 스톨로니페러스(*Phedimus stoloniferus*) 44, 158, 160
페디무스 스푸리우스(*Phedimus spurius*) 23, 28, 32, 34, 41, 65, 120, 132-133, 141, 162
페디무스 스푸리우스 '그린 맨틀'(*Phedimus spurius* 'Green Mantle') 160
페디무스 스푸리우스 '닥터 존 크리치'(*Phedimus spurius* 'Dr. John Creech') 32, 159
페디무스 스푸리우스 '래스베리 레드'(*Phedimus spurius* 'Raspberry Red') 161
페디무스 스푸리우스 '레닌그라드 화이트'(*Phedimus spurius* 'Leningrad White') 44, 160
페디무스 스푸리우스 '레드 락'(*Phedimus spurius* 'Red Rock') 163
페디무스 스푸리우스 '레드 카펫'(*Phedimus spurius* 'Red Carpet') 21, 161
페디무스 스푸리우스 '로열 핑크'(*Phedimus spurius* 'Royal Pink') 159
페디무스 스푸리우스 '로제움'(*Phedimus spurius* 'Roseum') 159
페디무스 스푸리우스 '루비 맨틀'(*Phedimus spurius* 'Ruby Mantle') 161
페디무스 스푸리우스 '바리에가툼'(*Phedimus spurius* 'Variegatum') 162
페디무스 스푸리우스 '부두'(*Phedimus spurius* 'Voodoo') 161
페디무스 스푸리우스 '브론즈 카펫'(*Phedimus spurius* 'Bronze Carpet') 163
페디무스 스푸리우스 '스코르부서 블루트', 용의 피(*Phedimus spurius* 'Schorbusser Blut', dragon's blood) 18, 163
페디무스 스푸리우스 '썸머 글로리'(*Phedimus spurius* 'Summer Glory') 159
페디무스 스푸리우스 '알붐 슈퍼붐'(*Phedimus spurius* 'Album Superbum') 160
페디무스 스푸리우스 '알붐'(*Phedimus spurius* 'Album') 160
페디무스 스푸리우스 '트리컬러'(*Phedimus spurius* 'Tricolor') 162, 182, 210
페디무스 스푸리우스 '풀 골드'(*Phedimus spurius* 'Fools Gold') 162
페디무스 스푸리우스 '풀다글루트', 파이어글루(*Phedimus spurius* 'Fuldaglut', fireglow) 16, 18, 38, 58, 163
페디무스 스푸리우스 '헤론스우드 핑크 스타'(*Phedimus spurius* 'Heronswood Pink Stars') 159
페디무스 시초텐시스(*Phedimus sichotensis*) 19, 155, 157, 164, 170
페디무스 아이조온(*Phedimus aizoon*) 165, 171
페디무스 아이조온 '아우란티아쿰'(*Phedimus aizoon* 'Aurantiacum') 165
페디무스 아이조온 '유포르비오이데스'(*Phedimus aizoon* 'Euphorbioides') 165
페디무스 아이조온 변종 래티폴리움(*Phedimus aizoon* var. *latifolium*) 165
페디무스 아이조온 아종 안구스티폴리움(*Phedimus aizoon* subsp. *angustifolium*) 165
페디무스 엘라콤비아누스(*Phedimus ellacombeanus*) 19, 33-34, 61, 166, 169
페디무스 엘라콤비아누스 '더 엣지'(*Phedimus ellacombeanus* 'The Edge') 167
페디무스 엘라콤비아누스 유사 종과 품종들(*Phedimus ellacombeanus* similar species and cultivars) 171-172
페디무스 옵투시폴리우스 변종 리스토니아(*Phedimus obtusifolius* var. *listoniae*) 148, 168

페디무스 캄차티쿠스(*Phedimus kamtschaticus*) 34, 57, 169, 171
페디무스 캄차티쿠스 '바리에가투스'(*Phedimus kamtschaticus* 'Variegatus') 25, 162, 166-167, 169
페디무스 캄차티쿠스 변종 플로리페루스 '바이엔슈테파너 골드'(*Phedimus kamtschaticus* var. *floriferus* 'Weihenstephaner Gold') 41, 148, 156, 164, 170
페디무스 캄차티쿠스 유사 종과 품종들(*Phedimus kamtschaticus* similar species and cultivars) 157, 164-167, 172
페디무스 타케시멘시스(*Phedimus takesimensis*) 29, 70
페디무스 타케시멘시스 '골든 카펫'(*Phedimus takesimensis* 'Golden Carpet') 41, 53, 166, 171-172
페디무스 포스테리아눔(*Phedimus forsterianum*) 44
페디무스 하이브리더스(*Phedimus hybridus*) 171
페디무스 하이브리더스 '임머그룬헨'(*Phedimus hybridus* 'Immergrünchen') 23, 38, 65, 166, 169, 172
페디무스 하이브리더스 '차르, 황제 골드'(*Phedimus hybridus* 'Czar's Gold') 155-156, 164, 170
페로브스키아 아트리플리키폴리아 '슈퍼바'(*Perovskia atriplicifolia* 'Superba') 14
페르시카리아 암플렉시카울레 '파이어테일'(*Persicaria amplexicaule* 'Firetail') 16
페스투카 오비나(*Festuca ovina*) 15, 198, 228
페트로세덤(*Petrosedum*) 7, 52, 54
페트로세덤 ×다르티(*Petrosedum* ×*thartii*) 177
페트로세덤 니카엔세(*Petrosedum nicaeense*) 177
페트로세덤 란체올라툼(*Petrosedum lanceolatum*) 99
페트로세덤 레플렉숨(*Petrosedum reflexum*) 173
페트로세덤 루페스트레(*Petrosedum rupestre*) 20, 41, 57, 61, 173
페트로세덤 루페스트레 '그린 스프루스'(*Petrosedum rupestre* 'Green Spruce') 53, 173
페트로세덤 루페스트레 '나눔'(*Petrosedum rupestre* 'Nanum') 174
페트로세덤 루페스트레 '블루 스프루스'(*Petrosedum rupestre* 'Blue Spruce') 20, 99, 173-174, 176
페트로세덤 루페스트레 '시 골드'(*Petrosedum rupestre* 'Sea Gold') 175
페트로세덤 루페스트레 '안젤리나'(*Petrosedum rupestre* 'Angelina') 19, 21-23, 25, 38, 53-54, 61, 108, 117, 175, 178
페트로세덤 루페스트레 아종 비리데(*Petrosedum rupestre* subsp. *viride*) 173
페트로세덤 루페스트레 유사 종과 품종들 (*Petrosedum rupestre* similar species and cultivars) 107, 118, 146, 177-178
페트로세덤 루페스트레 조경과 디자인용(*Petrosedum rupestre* landscape and design uses) 148
페트로세덤 루페스트레 하위종 크리스타툼 (*Petrosedum rupestre* f. *cristatum*) 173
페트로세덤 몬타눔(*Petrosedum montanum*) 176-177
페트로세덤 몬타눔 아종 오리엔탈(*Petrosedum montanum* subsp. *orientale*) 174, 176
페트로세덤 세디포르메(*Petrosedum sediforme*) 174, 176-177
페트로세덤 세디포르메 '터쿠아즈 테일스' (*Petrosedum sediforme* 'Turquoise Tails') 177
페트로세덤 오크롤레우쿰(*Petrosedum ochroleucum*) 173, 176, 178
페트로세덤 오크롤레우쿰 '레드 위글'(*Petrosedum ochroleucum* 'Centaureus') 50, 178
페트로세덤 오크롤레우쿰 '센타오레우스'(*Petrosedum ochroleucum* 'Red Wiggle') 178
페트로세덤 포스테리아눔(*Petrosedum forsterianum*) 29
페트로세덤 포스테리아눔 '블루 라군'(*Petrosedum forsterianum* 'Blue Lagoon') 179
페트로세덤 포스테리아눔 '오라클'(*Petrosedum forsterianum* 'Oracle') 179
페트로세덤 포스테리아눔 아종 엘레강스(*Petrosedum forsterianum* subsp. *elegans*) 179
페트로세덤 포스테리아눔 아종 엘레강스 '실버 스톤'(*Petrosedum forsterianum* subsp. *elegans* 'Silver Stone') 179
페트로세덤 포스테리아눔 아종 엘레강스 하위종 푸르푸레움(*Petrosedum forsterianum* subsp. *elegans* f. *purpureum*) 179

펜니세툼 세타케움 '루브럼'(*Pennisetum setaceum* 'Rubrum') 15
펜니세툼 알로페쿠로이데스 '레드 헤드'(*Pennisetum alopecuroides* 'Red Head') 14-15
펜니세툼 알로페쿠로이데스 '전저 러브'(*Pennisetum alopecuroides* 'Ginger Love') 15, 184
펜니세툼 알로페쿠로이데스 '피그렛'(*Pennisetum alopecuroides* 'Piglet') 222
펜스테몬(*Penstemon*) 16
펜스테몬 디기탈리스 '포카혼타스'(*Penstemon digitalis* 'Pocahontas') 203
펠트, 모직을 압축한 천 식생매트(felt vegetation mats) 41
펼침, 스필러(spillers) 27
포르투갈(Portugal) 129, 179
포르툴라카(*Portulaca*) 30
포마 텔레피(*Phoma telephii*) 75
포미움 테낙스(*Phormium tenax*) 15
포복경 스톤크롭(stolon stonecrop) 158
표본(specimens) 27
푸른색 식물들(bluehued plants) 15
푸른색 잎의 지피식물로 좋은 세둠류들(lists of sedums groundcovers with blue foliage) 20
풀잠자리(lacewings) 72
프라이버시 패널(privacy panels) 40
프랑스(France) 41, 113, 125, 176, 178-179, 213
프레리 드롭시드, 초원의 자연종자(prairie dropseed) 191
프로메튬(*Prometheum*) 55
프로메튬 셈퍼비보이데스(*Prometheum sempervivoides*) 180
프로메튬 필로숨(*Prometheum pilosum*) 153, 180
프로빈 위너스(Proven Winners) 108
플라네타륨, 천체(Planetarium) 227
플라스틱 트레이(plastic trays) 41
플랜트 해븐(Plant Haven) 206
플로렌시스 육묘회사(Florensis nursery) 197, 223
플록스(phlox) 127
플록스 수불라타 '블루 에머럴드'(*Phlox subulata* 'Blue Emerald') 218
피시움(*Phythium*) 75
필라멘트(filaments) 56
핑크 젤리빈(pink jellybeans) 87
핑크, 분홍(pinks) 84

(ㅎ)

하드니스, 경화(hardiness) 64-65, 265
하메닉, 할런(Hamernik, Harlan) 219
하우, 크리스토퍼(Howe, Christopher) 210
하이드란지아 '애나벨'(*Hydrangea* 'Annabelle') 205
하인즈 너서리(Hines Nursery) 215
하임스 단(Heims Dan) 105
하절기 관리(summer maintenance) 70
하코네클로아 마크라 '아우레올라'(*Hakonechloa macra* 'Aureola') 15
한국(Korea) 84, 92, 146, 171, 207, 217
한센, 크리스(Hansen Chris) 183, 192, 200
항아리형 플랜터(urntype planters) 10
해안지역(coastal areas) 44
해충(pests) 72-75
햇빛(sun) 65-66
헤르만, 로버트(Herman, Robert) 175
헤메로칼리스(*Hemerocallis*) 230
헤메로칼리스 '프리말 스크림'(*Hemerocallis* 'Primal Scream') 16
헨앤칙스, 암탉과 병아리 세덤(hens and chicks) 10, 17, 48, 154, 180
헬리안시뭄(*Helianthemum*) 119
헬리토트리촌 셈퍼비렌스(*Helictotrichon sempervirens*) 15
형태(form) 13
호르텍 너서리(Hortech Nursery) 210
호스타류(hostas) 44
혼합 경계식물들(mixed borders) 14
화두(flowerhead) 58

화분 전시(potted displays) 27-28
화서(inflorescence) 56
화이트 스톤크롭(white stonecrop) 125
화형(flower forms) 50-52, 56-58
환태평양(Pacific Rim) 55
황금색 월 페퍼(gold wall pepper) 123
황금색 이끼 스톤크롭(gold moss stonecrop) 114, 123
황금색 잎(gold foliage) 22
회록색 잎(graygreen foliage) 20, 21
회색곰팡이병(gray mold) 76
후긴, 에왈드(Hugin, Ewald) 185
후만 암술(kyphocarpic) 56
휴케라(*Heuchera*) 16
휴케라 '블랙 뷰티'(*Heuchera* 'Black Beauty') 15
휴케라 '실버 스크롤'(*Heuchera* 'Silver Scrolls') 211
휴케라 '오시디언'(*Heuchera* 'Obsidian') 22, 194
휴케라 '플럼 푸딩'(*Heuchera* 'Plum Pudding') 22, 182
흰가루병(powdery mildew) 76
흰점나도나물(snow-in-summer) 163
히말라야 산맥(Himalayan Mountains) 55
힐, 폴(Hill, Paul) 142
힐로텔레피움(*Hylotelephium*) 7, 8, 13, 16, 32, 58-59
힐로텔레피움 'T-렉스'(*Hylotelephium* 'TRex') 205
힐로텔레피움 '다이노마이트'(*Hylotelephium* 'Dynomite') 191-192, 194
힐로텔레피움 '다즐베리'(*Hylotelephium* 'Dazzleberry') 181, 183, 187-188, 195, 197
힐로텔레피움 '다크 잭'(*Hylotelephium* 'Dark Jack') 185
힐로텔레피움 '라요스'(*Hylotelephium* 'Lajos') 24, 182, 189, 205
힐로텔레피움 '라임 진저'(*Hylotelephium* 'Lime Zinger') 211, 216
힐로텔레피움 '루비 글로우'(*Hylotelephium* 'Ruby Glow') 28, 183, 187-188, 195, 198
힐로텔레피움 '마에스트로'(*Hylotelephium* 'Maestro') 24-25, 184, 201
힐로텔레피움 '마트로나'(*Hylotelephium* 'Matrona') 14, 24-25, 68, 77, 184-185, 201
힐로텔레피움 '미스터 굳버드'(*Hylotelephium* 'Mr. Goodbud') 186, 194, 200, 202
힐로텔레피움 '베라 제임슨'(*Hylotelephium* 'Vera Jameson') 183, 187-188
힐로텔레피움 '베르트램 앤더슨'(*Hylotelephium* 'Bertram Anderson') 20-21, 55, 181, 183, 187-188
힐로텔레피움 '베르트램 앤더슨' 유사 종과 품종들(*Hylotelephium* 'Bertram Anderson' similar species and cultivars) 181, 183, 195, 198, 204
힐로텔레피움 '베카'(*Hylotelephium* 'Beka') 182, 189, 205
힐로텔레피움 '블랙 뷰티'(*Hylotelephium* 'Black Beauty') 199
힐로텔레피움 '블랙 잭'(*Hylotelephium* 'Black Jack') 77, 185
힐로텔레피움 '블루 펄'(*Hylotelephium* 'Blue Pearl') 190
힐로텔레피움 '비치 파티'(*Hylotelephium* 'Beach Party') 17, 191-192
힐로텔레피움 '생일 파티'(*Hylotelephium* 'Birthday Party') 26, 192
힐로텔레피움 '선더클라우드'(*Hylotelephium* 'Thundercloud') 15, 17, 26, 193
힐로텔레피움 '선더클라우드' 조경과 디자인용(*Hylotelephium* 'Thundercloud' landscape and design uses) 203
힐로텔레피움 '선더클라우드', 유사 종과 품종들(*Hylotelephium* 'Thundercloud' similar species and cultivars) 196, 219
힐로텔레피움 '선더헤드'(*Hylotelephium* 'Thunderhead') 186, 190, 194
힐로텔레피움 '선셋 클라우드'(*Hylotelephium* 'Sunset Cloud') 29, 181, 187, 190, 195
힐로텔레피움 '소프트 클라우드'(*Hylotelephium* 'Soft Cloud') 196, 203, 207, 219
힐로텔레피움 '아베이도레'(*Hylotelephium* 'Abbeydore') 200, 231
힐로텔레피움 '아쿠아렐'(*Hylotelephium* 'Aquarel') 185
힐로텔레피움 '앰버'(*Hylotelephium* 'Amber') 61, 183, 195, 197, 217
힐로텔레피움 '엘시 골드'(*Hylotelephium* 'Elsie's Gold') 182, 205
힐로텔레피움 '오텀 파이어'(*Hylotelephium* 'Autumn Fire') 205

힐로텔레피움 '인디안 추장'(*Hylotelephium* 'Indian Chief') 205
힐로텔레피움 '조스'(*Hylotelephium* 'Jaws') 205
힐로텔레피움 '조이스 헨더슨'(*Hylotelephium* 'Joyce Henderson') 185
힐로텔레피움 '체리 타르트'(*Hylotelephium* 'Cherry Tart') 20, 187, 198
힐로텔레피움 '초콜릿 드롭'(*Hylotelephium* 'Chocolate Drop') 199
힐로텔레피움 '칼'(*Hylotelephium* 'Carl') 200
힐로텔레피움 '크레이지 러플'(*Hylotelephium* 'Crazy Ruffles') 184-185
힐로텔레피움 '클라우드 워커'(*Hylotelephium* 'Cloud Walker') 201
힐로텔레피움 '클래스 액트'(*Hylotelephium* 'Class Act') 186, 192, 194, 200, 202
힐로텔레피움 '퓨어 조이'(*Hylotelephium* 'Pure Joy' similar species and cultivars) 15, 26, 77, 203
힐로텔레피움 '퓨어 조이' 유사 종과 품종들(*Hylotelephium* 'Pure Joy') 191, 193, 196, 219
힐로텔레피움 '프로스테드 파이어'(*Hylotelephium* 'Frosted Fire') 182
힐로텔레피움 '플럼 퍼펙션'(*Hylotelephium* 'Plum Perfection') 20, 42, 187, 204
힐로텔레피움 '헙스트프로드'(*Hylotelephium* 'Herbstfreude') 6, 8, 12, 14, 54, 59, 65, 205
힐로텔레피움 '헙스트프로드' 돌연변이(*Hylotelephium* 'Herbstfreude' sport) 24, 182
힐로텔레피움 '헙스트프로드' 이름(*Hylotelephium* 'Herbstfreude' naming) 60, 185
힐로텔레피움 '헙스트프로드' 조경과 디자인용(*Hylotelephium* 'Herbstfreude' landscape and design uses) 17, 207, 209
힐로텔레피움 '헙스트프로드' 화형(*Hylotelephium* 'Herbstfreude' flower forms) 56
힐로텔레피움 '헙스트프로드', 유사 종과 품종들(*Hylotelephium* 'Herbstfreude' similar species and cultivars) 189, 200, 231
힐로텔레피움 '화이트 투스 샤크'(*Hylotelephium* 'White Tooth Shark') 24, 205
힐로텔레피움 비리데센스(*Hylotelephium viridescens*) 214
힐로텔레피움 스펙타빌(*Hylotelephium spectabile*) 56, 59, 60, 205, 210
힐로텔레피움 스펙타빌 'K의 리틀 조이'(*Hylotelephium spectabile* 'K's Little Joy') 196
힐로텔레피움 스펙타빌 '네온'(*Hylotelephium spectabile* 'Neon') 15, 206
힐로텔레피움 스펙타빌 '로젠텔러'(*Hylotelephium spectabile* 'Rosenteller') 207
힐로텔레피움 스펙타빌 '리자'(*Hylotelephium spectabile* 'Lisa') 209
힐로텔레피움 스펙타빌 '미니 조이'(*Hylotelephium spectabile* 'Mini Joy') 206
힐로텔레피움 스펙타빌 '미티어'(*Hylotelephium spectabile* 'Meteor') 200, 209
힐로텔레피움 스펙타빌 '브릴리안트'(*Hylotelephium spectabile* 'Brilliant') 186, 207
힐로텔레피움 스펙타빌 '셉템버글루'(*Hylotelephium spectabile* 'Septemberglut') 209
힐로텔레피움 스펙타빌 '스노우 퀸'(*Hylotelephium spectabile* 'Snow Queen') 208
힐로텔레피움 스펙타빌 '스타더스트'(*Hylotelephium spectabile* 'Stardust') 208
힐로텔레피움 스펙타빌 '스티븐 와드'(*Hylotelephium spectabile* 'Steven Ward') 206
힐로텔레피움 스펙타빌 '아벤트롯'(*Hylotelephium spectabile* 'Abendrot') 206
힐로텔레피움 스펙타빌 '아이스베르그'(*Hylotelephium spectabile* 'Icedberg') 208
힐로텔레피움 스펙타빌 '카르멘'(*Hylotelephium spectabile* 'Carmen') 209
힐로텔레피움 스펙타빌 '크리스탈 핑크'(*Hylotelephium spectabile* 'Crystal Pink') 196
힐로텔레피움 스펙타빌 '피재즈'(*Hylotelephium spectabile* 'Pizzazz') 206
힐로텔레피움 스펙타빌 '피핀 퍼플'(*Hylotelephium spectabile* 'Pippin Purple') 206
힐로텔레피움 스펙타빌 '핑크 봄브'(*Hylotelephium spectabile* 'Pink

Bomb') 206
힐로텔레피움 스펙타빌 '핑크 샤블리'(*Hylotelephium spectabile* 'Pink Chablis') 210, 215
힐로텔레피움 스펙타빌 '핑크 페어리'(*Hylotelephium spectabile* 'Pink Fairy') 209
힐로텔레피움 스펙타빌 '핫 스트프'(*Hylotelephium spectabile* 'Hot Stuff') 206
힐로텔레피움 시에볼디이(*Hylotelephium sieboldii*) 15, 21, 52, 73, 211
힐로텔레피움 시에볼디이 '옥토버 다프네'(*Hylotelephium sieboldii* 'October Daphne') 211
힐로텔레피움 시에볼디이 변종 미노르(*Hylotelephium sieboldii* var. *minor*) 216
힐로텔레피움 시에볼디이 유사 종과 품종들(*Hylotelephium sieboldii* similar species and cultivars) 197, 203, 216
힐로텔레피움 시에볼디이 조경과 디자인용(*Hylotelephium sieboldii* landscape and design uses) 105
힐로텔레피움 시에볼디이 하위종 바리에가툼(*Hylotelephium sieboldii* f. *variegatum*) 25, 29, 212
힐로텔레피움 아나캄프세로스(*Hylotelephium anacampseros*) 41, 213
힐로텔레피움 아나캄프세로스 하위종 마유스(*Hylotelephium anacampseros* f. *majus*) 213
힐로텔레피움 알보로세움(*Hylotelephium alboroseum*) 61, 214
힐로텔레피움 에리드로스티쿰(*Hylotelephium erythrostictum*) 61, 73
힐로텔레피움 에리드로스티쿰 '더 크로운'(*Hylotelephium erythrostictum* 'The Clown') 214
힐로텔레피움 에리드로스티쿰 '레모네이드'(*Hylotelephium erythrostictum* 'Lemonade') 214
힐로텔레피움 에리드로스티쿰 '메디오바리에가툼'(*Hylotelephium erythrostictum* 'Mediovariegatum') 23, 25, 189, 214
힐로텔레피움 에리드로스티쿰 '크로운'(*Hylotelephium erythrostictum* 'Clown') 214
힐로텔레피움 에리드로스티쿰 '프로스티 모른'(*Hylotelephium erythrostictum* 'Frosty Morn') 210, 215
힐로텔레피움 에웨르시이(*Hylotelephium ewersii*) 105, 211, 216
힐로텔레피움 에웨르시이 아종 호모필룸 '로젠테피크'(*Hylotelephium ewersii* subsp. *homophyllum* 'Rosenteppich') 21, 34, 216, 233
힐로텔레피움 우수리엔세(*Hylotelephium ussuriense*) 197
힐로텔레피움 우수리엔세 '터키시 딜라이트'(*Hylotelephium ussuriense* 'Turkish Delight') 197-198, 217
힐로텔레피움 카우티콜라(*Hylotelephium cauticola*) 42, 73, 105, 183, 188, 216, 218
힐로텔레피움 카우티콜라 '로부스툼'(*Hylotelephium cauticola* 'Robustum') 218
힐로텔레피움 카우티콜라 '리다켄스'(*Hylotelephium cauticola* 'Lidakense') 183, 188, 218
힐로텔레피움 카우티콜라 '콜라 콜라'(*Hylotelephium cauticola* 'Cola Cola') 218
힐로텔레피움 타타리노위(*Hylotelephium tatarinowii*) 193, 219
힐로텔레피움 타타리노위 '몽골리안 스노우플레이크'(*Hylotelephium tatarinowii* 'Mongolian Snowflakes') 219
힐로텔레피움 텔레피오이데스(*Hylotelephium telephioides*) 214
힐로텔레피움 텔레피움(*Hylotelephium telephium*) 59, 183, 186, 205, 226
힐로텔레피움 텔레피움 '구즈베리 풀'(*Hylotelephium telephium* 'Gooseberry Fool') 230
힐로텔레피움 텔레피움 '디저트 레드'(*Hylotelephium telephium* 'Desert Red') 8, 221, 223, 231
힐로텔레피움 텔레피움 '디저트 블랙'(*Hylotelephium telephium* 'Desert Black') 8, 227
힐로텔레피움 텔레피움 '디저트 블론드'(*Hylotelephium telephium* 'Desert Blonde') 8, 229-230
힐로텔레피움 텔레피움 '래스베리 트러플'(*Hylotelephium telephium* 'Raspberry Truffle') 199, 220, 224-226
힐로텔레피움 텔레피움 '레드 카울리'(*Hylotelephium telephium* 'Red Cauli') 15, 221

힐로텔레피움 텔레피움 '레인보우 제녹스'(*Hylotelephium telephium* 'Rainbow Xenox') 222, 224
힐로텔레피움 텔레피움 '린다와 로더니'(*Hylotelephium telephium* 'Lynda et Rodney') 227
힐로텔레피움 텔레피움 '마르찬트 베스트 레드'(*Hylotelephium telephium* 'Marchants Best Red') 221
힐로텔레피움 텔레피움 '문라이트 세레나데'(*Hylotelephium telephium* 'Moonlight Serenade') 222
힐로텔레피움 텔레피움 '블랙 뷰티'(*Hylotelephium telephium* 'Black Beauty') 220, 223-226
힐로텔레피움 텔레피움 '스튜드 루바브 마운틴'(*Hylotelephium telephium* 'Stewed Rhubarb Mountain') 222, 231
힐로텔레피움 텔레피움 '스트로베리 앤 크림'(*Hylotelephium telephium* 'Strawberries and Cream') 222
힐로텔레피움 텔레피움 '아베이도레'(*Hylotelephium telephium* 'Abbey Dore') 200, 231
힐로텔레피움 텔레피움 '옐로우 제녹스'(*Hylotelephium telephium* 'Yellow Xenox') 57, 230
힐로텔레피움 텔레피움 '오렌지 제녹스'(*Hylotelephium telephium* 'Orange Xenox') 224
힐로텔레피움 텔레피움 '제녹스'(*Hylotelephium telephium* 'Xenox') 52, 224
힐로텔레피움 텔레피움 '조세 오베르진'(*Hylotelephium telephium* 'Jose Aubergine') 227
힐로텔레피움 텔레피움 '체리 트러플'(*Hylotelephium telephium* 'Cherry Truffle') 16, 220, 225-228
힐로텔레피움 텔레피움 '카를펀켈스테인'(*Hylotelephium telephium* 'Karlfunkelstein') 224
힐로텔레피움 텔레피움 '퍼플 엠페러'(*Hylotelephium telephium* 'Purple Emperor') 15, 21, 199, 224, 226-227
힐로텔레피움 텔레피움 '포스트맨스 프라이드'(*Hylotelephium telephium* 'Postman's Pride') 199, 227
힐로텔레피움 텔레피움 '피콜레트'(*Hylotelephium telephium* 'Picolette') 223, 228
힐로텔레피움 텔레피움 아종 루프레티(*Hylotelephium telephium* subsp. *ruprechtii*) 60, 221
힐로텔레피움 텔레피움 아종 루프레티 '합 그레이'(*Hylotelephium telephium* subsp. *ruprechtii* 'Hab Gray') 15, 20-21, 229
힐로텔레피움 텔레피움 아종 맥시멈(*Hylotelephium telephium* subsp. *maximum*) 60, 218
힐로텔레피움 텔레피움 아종 맥시멈 '브론코'(*Hylotelephium telephium* subsp. *maximum* 'Bronco') 230
힐로텔레피움 텔레피움 아종 맥시멈 '선키스트'(*Hylotelephium telephium* subsp. *maximum* 'Sunkissed') 230
힐로텔레피움 텔레피움 아종 맥시멈 '아트로푸르푸리움'(*Hylotelephium telephium* subsp. *maximum* 'Atropurpureum') 185, 187
힐로텔레피움 텔레피움 아종 텔레피움(*Hylotelephium telephium* subsp. *telephium*) 60
힐로텔레피움 텔레피움 아종 텔레피움 '문스테드 다크 레드'(*Hylotelephium telephium* subsp. *telephium* 'Munstead Dark Red') 200, 202, 221, 231
힐로텔레피움 텔레피움 아종 파바리아(*Hylotelephium telephium* subsp. *fabaria*) 60
힐로텔레피움 팔레센스(*Hylotelephium pallescens*) 10, 230
힐로텔레피움 포풀리폴리움(*Hylotelephium populifolium*) 42, 232
힐로텔레피움 포풀리폴리움 '마우리 폼'(*Hylotelephium populifolium* 'Maurie's Form') 232
힐로텔레피움 플루리코올레(*Hylotelephium pluricaule*) 216
힐로텔레피움 플루리코올레 변종 에자웨(*Hylotelephium pluricaule* var. *ezawe*) 34, 233
힐로텔레피움, 계절에 따른 관리(*Hylotelephium*, seasonal maintenance) 70
힐로텔레피움, 다른 세덤류와 구별되는(*Hylotelephium*, distinguished from other sedums) 52-54

7. 영문색인
(English Index)

(A)

Achillea(아킬레아) 16, 172, 190
Achillea 'Moonshine'(아킬레아 '문샤인') 16, 190
Acorus gramineus 'Ogon'(아코러스 그라미네우스 '오곤') 15
Aeonium(에오니움) 16, 29, 48-49
Aeoniums(에오니움류) 140, 149
Afghani stonecrop(아프가니 스톤크롭) 86
Afghanistan(아프가니스탄) 86
Africa(아프리카) 55
Agastache(아가스타체) 16
Agastache 'Blue Fortune'(아가스타체 '블루 포춘') 16
Agastache 'Cotton Candy'(아가스타체 '코튼 캔디') 168
Agaves(아가베류) 140
AGM, Royal Horticultural Society's Award of Garden Merit(영국 왕립원예학회상) 87, 163, 185-186, 188, 202, 205, 207, 218, 221
air roots(기근, 공중뿌리) 78
aizoon(아이조온) 52
Alaska(알래스카) 85
Albania(알바니아) 178
Algeria(알제리) 106
Allium(알리움) 16
Allium schoenoprasum 'Forescate'(알리움 스코에노프라섬 '포어케이트') 210
Allium schoenoprasum 'Rising Star'(알리움 스코에노프라섬 '라이징 스타') 32
Aloe(알로에) 16
Aloes(알로에류) 140
Alpines 알파인, 산악) 30, 85-86, 89, 92, 106, 127, 137, 180
amber stonecrop(앰버 스톤크롭) 197
Amber Waves Gardens(앰버 웨이브 가든) 184
Amerosedum divergens(아메로세덤 디버겐스) 96
Amerosedum stenopetalum 'Douglasii'(아메로세덤 스테노페탈룸 '더글라시이') 118
Amsonia(암소니아) 165, 194
Amsonia 'Blue Ice'(암소니아 '블루 아이스') 165
Anatolia(아나톨리아) 168
Angelina stonecrop(안젤리나 스톤크롭) 175
Antennaria neglecta 'Pewee'(안테나리아 네글렉타 '피위') 35
Anthracnose(탄저병) 76
Aphids(진딧물) 73
Appalachian Mountains(애팔래치아 산맥, 북미 동부의 산맥) 44, 91
Arabis caucasica(아라비스 카우카시카) 34, 155
Archibald, Jim(아키발드, 짐) 195
Arctic stonecrop(북극 스톤크롭) 84
Arends Nursery(아렌즈 너서리) 205
Arends, Georg(아렌즈, 게오르그) 183
Arizona(애리조나) 97
Armenia(아르메니아) 103, 163, 180
Armeria(아르메리아) 30
Arrangements(에레인지먼트) 48
Artemisia(아르테미시아) 226
Artemisia schmidtiana 'Silver Mound'(아르테미시아 슈미트시아나 '실버 마운드') 16
Asclepias tuberosa(스클레피아스 투베로사, 16, 230
Aster novaeangliae 'Purple Dome'(아스타 노베안글리에 '퍼플 돔') 16, 224
Asters(아스타류) 8, 16, 185, 194, 195, 209, 223, 231
Aubrietia deltoidea(오브리에타 델토이데아) 34
Aurinia saxatilis(오리니아 사사틸리스) 34, 213
Autumn Charm stonecrop(오텀 참 스톤크롭) 182
Autumn Delight stonecrop(오텀 딜라이트 스톤크롭) 189
Autumn Joy(오텀 조이) 6, 13, 205
autumn moor grass(오텀 무어그래스) 15, 192
autumn sedums(오텀 세덤류) 13
Avent Tony(아벤트 토니) 107

(B)

beard of Jupiter(주피터의 수염) 17
beavertail stonecrop(비버테일 스톤크롭) 149
bees(벌) 77, 184, 205, 207
Belgium(벨기에) 179, 227
Bergenia cordifolia(베르게니아 코르디폴리아) 199
Black Beauty stonecrop(블랙 뷰티 스톤크롭) 223
black mondo grass(블랙 몬도그래스) 105
black wine weevil(블랙 와인 위빌) 73
blackeyed Susan(블랙 아이 수산) 72
Blanc, Patrick(블랑, 파트리크) 41
bloody cranesbill(블라디 크레인스빌) 169
Bloom Alan(블룸 앨런) 183
blue chalk sticks(블루 초크 스틱) 121
blue fescue 블루페스큐) 15, 198, 217, 228
blue foliage(청색 잎) 20
Blue Spruce stonecrop(블루 스프루스 스톤크롭) 174
Bluebird Nursery(블루버드 너서리) 219
bluehued plants(푸른색 식물들) 15
Boerner Botanical Gardens(뵈르네르 식물원) 17
Boltonias(볼토니아) 9
bonsai displays(분재 전시회) 10, 46
border sedums(경계식재용 세덤류) 7, 8, 13-18, 52, 54, 64, 75
Botrytis cinerea(보트리티스 시네리아) 76
Bouteloua curtipendula(보우텔로우아 쿠르티펜둘라) 32
Bouteloua gracilis(보우텔로우아 그라실리스) 32
British Columbia(브리티시컬럼비아주(캐나다, BC주)) 85, 99
broadleaf stonecrop(광엽 스톤크롭) 120
Buck, Jose(벅 호세) 227
buckwheat(메밀) 99
Bulgaria(불가리아) 90, 178
burro's tail(부로 테일 세덤) 28, 110
butterflie(나비류) 8, 184, 207
butterfly weed(버터플라이 잡초) 16, 230

(C)

cacti(선인장) 8. 67
Calamagrostis(칼라마그로스티스) 15
Calamagrostis 'Eldorado'(칼라마그로스티스 '엘도라도') 214
Calamagrostis ×*acutiflora* 'Karl Foerster'(칼라마그로스티스 ×아쿠티플로라 '칼 포스터') 14, 214, 224
Calamagrostis ×*acutiflora* 'Overdam'(칼라마그로스티스 ×아쿠티플로라 '오버댐') 14, 215
Calamintha nepeta subsp. *nepeta*(칼라민사 네페타 아종 네페타) 193
California(캘리포니아) 97-98, 240
CAM, crassulacean acid metabolism(캠 식물, 다육식물의 크레슐산 대사) 42
Campanula poscharskyana(캄파눌라 포스카야나) 179, 219
Campanula(캄파눌라) 90
Canada(캐나다, 85, 118, 237, 238, 240
Candytuft (캔디터프트(이베리스)) 155
Carex buchananii(카렉스 부차나니) 15
Carex elata 'Aurea'(카렉스 에라타 '오리아') 15

Carex elata 'Bowles Golden'(카렉스 에라타 '보울스 골든') 189
Carpels(심피(종자)) 52, 56, 92, 100, 132, 159
carpet beds(카펫 베드) 38-41
Cascade Mountains(캐스케이드 산맥(워싱턴 주)) 99, 132
Cascade stonecrop(캐스케이드 스톤크롭) 96
Catmint(캐트민트) 220
Caucasus Mountains(코카서스 산맥) 89, 158, 180
Central Asia(중앙아시아) 84
Central Europe(중앙 유럽) 84, 93-94, 115, 173
Central Mongolia(중앙 몽골) 219
Cerastium tomentosum(세라스티움 토멘토숨) 163
Chicago Botanic Garden(시카고식물원) 37, 39, 41
Chickadees(박새) 72
China cultivars from(중국 유래품종) 130, 102, 142
China species from(중국 유래종) 55, 114, 153 155, 157, 169, 207, 219
China(중국) 35, 44
Chinese crassula(중국 크라슐라) 153
Chinese stonecrop(중국 스톤크롭) 142
Chives(차이브) 210
Chocolate Ball stonecrop(초콜릿 볼 스톤크롭) 22, 60, 146
chocolate stonecrop(초콜릿 스톤크롭) 199
Christmas cheer(크리스마스 치어 세덤) 8, 87
chubby fingers(통통한 손가락 세덤) 125
cliff stonecrop(절벽 스톤크롭) 91
cloud sedums(클라우드 세덤류) 8
Clown stonecrop(크론(광대) 스톤크롭) 214
coastal areas(해안지역) 44
coconut coir trays(코코넛 코이어 트레이) 35, 38
collar rot(윤문병) 75
color(컬러, 색) 19, 29-30
common names(일반명) 61
companion plants(동반식물) 16, 30
containers(용기들) 26-30, 71-72, 218
contrast(대비) 12-13
coral beads(코랄 세덤) 117
coral carpet stonecrop(코랄 카펫 스톤크롭) 126
Coreopsis lanceolata(코레옵시스 란체올라타) , 32
Coreopsis verticillata 'Moonbeam'(코레옵시스 버티실라타 '문빔') 175, 190
Corsica(코르시카) 113
Corydalis lutea(코리달리스 루테아) 167
Crassula ovata(크라슐라 오바타) 50
Crassula(크라슐라) 7, 10, 18, 29
crassulacean acid metabolism(CAM, 다육식물의 크레슐산 대사) 42
crassulas(크라슐라류) 149
cream stonecrop(크림 스톤크롭) 132
creeping phlox(크리핑 플록스) 218
crevice gardens(크레비스 가든) 30, 34-35
Croatia(크로아티아) 175
crooked stonecrop(크루키드 스톤크롭) 173
cushion plants(쿠션 식물) 112
cut flowers(절화) 72
cyme(취산화서, 산형꽃차례) 58

(D)

Dalea purpurea(달레아 푸르푸리아) 168
daylilies(데이릴리) 230
deer(사슴) 75
Denver Botanic Gardens(덴버식물원) 34
Deschampsia(데스챔프시아) 15
desert natives(사막원산) 42
desert series(사막 시리즈) 8
design principles(디자인 원칙) 13
Dianthus(다이안서스) 30, 84, 90, 112
Dianthus 'Feuerhexe'(firewitch) (다이안서스 '포이어헥세' (파이어위치)) 187

diseases(병) 14, 75-78, 207
distribution of sedums(세덤류의 전파) 55
division(분주) 78
DNA research(DNA 연구) 52
donkey tail(당나귀 꼬리) 110
Drabas(드라바) 89
dry conditions(건조한 조건들) 42
dunce caps(던스 캡) 154, 213
dwarf coneflowers(왜생 콘플라워) 15
dwarf fountain grass(왜생 파운테인그래스) 184, 222

(E)

Eastern Europe(동유럽) 163
Echeveria(에케베리아) 16, 17, 29, 30, 61, 116, 124, 139
echeverias(에케베리아류) 48, 100, 121
Echeveria derenbergii 에케베리아 데런베르기) 110, 144
Echeveria elegans(에케베리아 엘레강스) 116
Echinacea 'Baby White Swan'(에키나세아 '베이비 화이트 스완') 15
Echinacea 'Pixie Meadowbrite'(에키나세아 '픽시 메도우브라이트') 15
Echinacea 'Pow Wow Wild Berry' (에키나세아 '파우와우 와일드베리') 15
Echinacea 'Satin Nights'(에키나세아 '사틴 나이트') 202
Echinacea 'Snow Cone'(에키나세아 '스노 콘') 15
Echinacea purpurea(에키나세아 푸르푸리아) 15
Echinacea tennesseensis(에키나세아 테네시시스) 32
Eco-Gardens nursery(에코-가든 너서리) 130
edema(부종, 수종) 76-77
edging plants(테두리식재 식물들) 44
England(잉글랜드) 179, 183, 195, 231
English stonecrop(영국 스톤크롭) 129
entire leaved roseroot(둥근 잎 바위솔) 85
Eragrostis(에라그로스티스) 15
Eragrostis spectabilis(에라그로스티스 스펙타빌리스) 205, 221
Eryngium planum(에린지움 플라눔) 17
Erysiphe(에리시페, 흰가루병 병원균) 76
Euphorbia myrsinites(유포르비아 미르시니테스) 42, 110, 157, 167
Euphorbia(유포르비아) 30
Europe Eastern(유럽 동부) 163
Europe Southern(유럽 남부) 137, 177
Europe Western(유럽 서부) 129, 173
Europe(유럽) 55, 122, 125, 166, 177
evergreen orpine(에버그린 오르핀(아나캄프세로스 세덤)) 213
Evergreen Valley Nursery(에버그린 밸리 너서리) 120
extradwarf plants(초미니(초왜생) 식물) 127

(F)

Fagerlund, Wayne (파거룬더, 웨인) 120
fairy gardens(요정 가든) 46
fall maintenance(가을철 관리) 70-71
FedEx building (페덱스 빌딩) 36
felt vegetation mats(펠트(모직을 압축한 천) 식생매트) 41
fertilizer(비료) 68-69
Festuca ovina(페스투카 오비나) 15, 198, 228
filaments(필라멘트) 56
fillers(충전제) 필러) 27
Phedimus spurius 'Fuldaglut'(페디무스 스푸리우스 '풀다글루트' (파이어글로우)) 16, 18, 38, 56, 163
fireglow, two row stonecrop(파이어글로우, 두 줄 스톤크롭) 16, 18, 38, 56, 163
Firewitch(파이어위치) 187
Florensis nursery(플로렌시스 육묘회사) 197, 223
flower forms(화형) 50-52, 56-58
flowerhead(화두) 58
foliage(잎) 20-25, 50, 53-54, 67

form(형태) 13
fountain grass(파운테인 그래스) 15
framed vertical gardens(액자형 수직가든) 40
France(프랑스) 41, 113, 125, 176, 178-179, 213
fungal leaf spot(진균성 잎 반점병) 76
Future Plants(미래식물들) 222, 228, 230

(G)

genera of sedums(세덤 속) 52-55
Gentiana(겐티아나) 179
Geranium(제라늄) 16
Geranium sanguineum(제라늄 상귀네움) 169, 172
Germany(독일) 38, 179, 183, 185
Geum triflorum(게움 트리플로룸) 32
giant burro's tail(자이언트 브로토 테일(뷰로테일) 세덤) 110
glaucous stonecrop(백분 스톤크롭) 91
globes(글로브) 48
gold foliage(황금색 잎) 22
gold moss stonecrop(황금색 이끼 스톤크롭) 114, 123
gold wall pepper(황금색 월 페퍼) 123
golden ball stonecrop(골든 볼 스톤크롭) 107
golden Japanese stonecrop(골든 재패니스 스톤크롭) 134
golden Makino stonecrop(골든 마키노 스톤크롭) 105
Gotemba Nursery(고텐바(일본 시즈오카 현) 너서리) 215
Gough, Graham(고프, 그레이엄) 221
Graptopetalum(그랍토페탈룸) 16, 30
graptopetalums(그랍토페탈룸류) 149
Graptopetalum suaveolens × *Graptosedum* 'Golden Glow'(그랍토페탈룸 수아베오렌스 × 그랍토세덤 '골든 글로우') 121
Graptopetalum suaveolens × *Graptosedum*(그랍토페탈룸 수아베오렌스 × 그랍토세덤) 100
Graptopetalum suaveolens(그랍토페탈룸 수아베오렌스) 116
grassy meadow planting schemes(글래시 메도우 식재계획) 26
gravel gardens(자갈 정원) 30-32
gravel(자갈) 31
gray mold(회색곰팡이병) 76
graygreen foliage(회록색 잎) 20, 21
Great Britain(대영제국) 129
Great Garden Plants(그레이트 가든 식물원) 181, 190, 198
Great Plains(북미 대평원) 99
Greece(그리스) 153-154, 180
Greenland(그린랜드) 84
greenroofs(그린루프, 옥상녹화) 10, 35-38, 176
groundcovering sedums(시피식물용 세덤류들) 8-10, 18-26
Grunsfeld Children's Growing Garden(그룬펠드 어린이 재배정원) 39
Guatemala(과테말라) 95

(H)

Hakonechloa macra 'Aureola'(하코네클로아 마크라 '아우레올라') 15
Hamernik, Harlan(하메닉, 할런) 219
Hansen Chris(한센, 크리스) 183, 192, 200
hardiness(하드니스, 경화) 64-65, 265
hardy stonecrops(내한성 스톤크롭류) 65
hedges(생울타리) 17
Heims Dan(하임스 단) 105
Helianthemum(헬리안시뭄) 119
Hemerocallis(헤메로칼리스) 230
Helictotrichon sempervirens(헬릭토트리촌 셈퍼비렌스) 15
Hemerocallis 'Primal Scream'(헤메로칼리스 '프리말 스크림') 16
hens and chicks(헨앤칙스, 암탉과 병아리 세덤) 10, 17, 48, 154, 180
Herman, Robert(헤르만, 로버트) 175
Heuchera 'Black Beauty'(휴케라 '블랙 뷰티') 15
Heuchera 'Obsidian'(휴케라 '오시디언') 22, 194
Heuchera 'Plum Pudding'(휴케라 '플럼 푸딩') 22, 182

Heuchera 'Silver Scrolls'(휴케라 '실버 스크롤') 211
Heuchera(휴케라) 16
Hill, Paul(힐, 폴) 142
Himalayan Mountains(히말라야 산맥) 55
Hines Nursery(하인즈 너서리) 215
Hortech Nursery(호르텍 너서리) 210
horticultural oil(원예용 오일) 73
hostas(호스타류) 44
Howe, Christopher(하우, 크리스토퍼) 210
Hugin, Ewald(후긴, 에왈드) 185
hybrids(교잡종) 59
Hydrangea 'Annabelle'(하이드란지아 '애나벨') 205
hydroponics(수경재배) 41
Hylotelephium(힐로텔페이움) 7, 8, 13, 16, 32, 58-59
Hylotelephium 'Abbeydore'(힐로텔페이움 '아베이도레') 200
Hylotelephium 'Amber'(힐로텔페이움 '앰버') 61, 183, 195, 197, 217
Hylotelephium 'Aquarel'(힐로텔페이움 '아쿠아렐') 185
Hylotelephium 'Autumn Fire'(힐로텔페이움 '오텀 파이어') 205
Hylotelephium 'Beach Party'(힐로텔페이움 '비치 파티') 17, 191-192
Hylotelephium 'Beka'(힐로텔페이움 '베카') 182, 189, 205
Hylotelephium 'Bertram Anderson' similar species and cultivars(힐로텔페이움 '베르트램 앤드슨' 유사 종과 품종들) 181, 183, 195, 198, 204
Hylotelephium 'Bertram Anderson'(힐로텔페이움 '베르트램 앤드슨') 20-21, 55, 181, 183, 187-188
Hylotelephium 'Birthday Party'(힐로텔페이움 '생일 파티') 26, 192
Hylotelephium 'Black Beauty'(힐로텔페이움 '블랙 뷰티') 199
Hylotelephium 'Black Jack'(힐로텔페이움 '블랙 잭') 77, 185
Hylotelephium 'Blue Pearl'(힐로텔페이움 '블루 펄') 190
Hylotelephium 'Carl'(힐로텔페이움 '칼') 200
Hylotelephium 'Cherry Tart'(힐로텔페이움 '체리 타르트') 20, 187, 198
Hylotelephium 'Chocolate Drop'(힐로텔페이움 '초콜릿 드롭') 199
Hylotelephium 'Class Act'(힐로텔페이움 '클래스 액트') 186, 192, 194, 200, 202
Hylotelephium 'Cloud Walker'(힐로텔페이움 '클라우드 워크') 201
Hylotelephium 'Crazy Ruffles'(힐로텔페이움 '크레이지 러플') 184-185
Hylotelephium 'Dark Jack'(힐로텔페이움 '다크 잭') 185
Hylotelephium 'Dazzleberry'(힐로텔페이움 '다즐베리') 181, 183, 187-188, 188, 195, 197
Hylotelephium 'Dynomite'(힐로텔페이움 '다이노마이트') 191-192, 194
Hylotelephium 'Elsie's Gold'(힐로텔페이움 '엘시 골드') 182, 205
Hylotelephium 'Frosted Fire'(힐로텔페이움 '프로스테드 파이어') 182
Hylotelephium 'Herbstfreude'(힐로텔페이움 '헙스트프루드') 6, 8, 12, 14, 54, 59, 65, 205
Hylotelephium 'Herbstfreude' flower forms(힐로텔페이움 '헙스트프루드' 화형) 56
Hylotelephium 'Herbstfreude' landscape and design uses(힐로텔페이움 '헙스트프루드' 조경과 디자인용) 17, 207, 209
Hylotelephium 'Herbstfreude' naming of(힐로텔페이움 '헙스트프루드' 이름) 60, 185
Hylotelephium 'Herbstfreude' similar species and cultivars(힐로텔페이움 '헙스트프루드', 유사 종과 품종들) 189, 200, 231
Hylotelephium 'Herbstfreude' sport(힐로텔페이움 '헙스트프루드' 돌연변이) 24, 182
Hylotelephium 'Indian Chief'(힐로텔페이움 '인디안 추장') 205
Hylotelephium 'Jaws'(힐로텔페이움 '조스') 205
Hylotelephium 'Joyce Henderson'(힐로텔페이움 '조이스 헨더슨') 185
Hylotelephium 'Lajos'(힐로텔페이움 '라요스') 24, 182, 189, 205
Hylotelephium 'Lime Zinger'(힐로텔페이움 '라임 진저') 211, 216
Hylotelephium 'Maestro'(힐로텔페이움 '마에스트로') 24-25, 184, 201
Hylotelephium 'Matrona'(힐로텔페이움 '마트로나') 14, 24-25, 68, 77, 184-185, 201
Hylotelephium 'Mr. Goodbud'(힐로텔페이움 '미스터 굿버드') 186, 194, 200, 202
Hylotelephium 'Plum Perfection'(힐로텔페이움 '플럼 퍼펙션') 20, 42,

187, 204
Hylotelephium 'Pure Joy' similar species and cultivars(힐로텔레피움 '퓨어 조이') 15, 26, 77, 203
Hylotelephium 'Pure Joy'(힐로텔레피움 '퓨어 조이' 유사 종과 품종들) 191, 193, 196, 219
Hylotelephium 'Ruby Glow'(힐로텔레피움 '루비 글로우') 28, 183, 187-188, 195, 198
Hylotelephium 'Soft Cloud'(힐로텔레피움 '소프트 클라우드') 196, 203, 207, 219
Hylotelephium 'Sunset Cloud'(힐로텔레피움 '선셋 클라우드') 29, 181, 187, 190, 195
Hylotelephium 'Thundercloud' landscape and design uses (힐로텔레피움 '선더클라우드' 조경과 디자인용) 203
Hylotelephium 'Thundercloud' similar species and cultivars (힐로텔레피움 '선더클라우드', 유사 종과 품종들) 196, 219
Hylotelephium 'Thundercloud'(힐로텔레피움 '선더클라우드') 15, 17, 26, 193
Hylotelephium 'Thunderhead'(힐로텔레피움 '선더헤드') 186, 190, 194
Hylotelephium 'TRex'(힐로텔레피움 'T-렉스') 205
Hylotelephium 'Vera Jameson'(힐로텔레피움 '베라 제임슨') 183, 187-188
Hylotelephium 'White Tooth Shark'(힐로텔레피움 '화이트 투스 샤크') 24, 205
Hylotelephium alboroseum(힐로텔레피움 알보로세움) 61, 214
Hylotelephium anacampseros f. *majus*(힐로텔레피움 아나캄프세로스 하위종 마유스) 213
Hylotelephium anacampseros(힐로텔레피움 아나캄프세로스) 41, 213
Hylotelephium cauticola(힐로텔레피움 카우티콜라) 42, 73, 83, 105, 188, 216, 218
Hylotelephium cauticola 'Cola Cola'(힐로텔레피움 카우티콜라 '콜라콜라') 183, 188, 218
Hylotelephium cauticola 'Lidakense'(힐로텔레피움 카우티콜라 '리다켄스') 218
Hylotelephium cauticola 'Robustum'(힐로텔레피움 카우티콜라 '로부스툼') 218
Hylotelephium erythrostictum(힐로텔레피움 에리드로스티쿰) 61, 73
Hylotelephium erythrostictum 'Clown'(힐로텔레피움 에리드로스티쿰 '크로운') 214
Hylotelephium erythrostictum 'Frosty Morn'(힐로텔레피움 에리드로스티쿰 '프로스티 모른') 210, 215
Hylotelephium erythrostictum 'Lemonade'(힐로텔레피움 에리드로스티쿰 '레모네이드') 214
Hylotelephium erythrostictum 'Mediovariegatum'(힐로텔레피움 에리드로스티쿰 '메디오바리에가툼') 23, 25, 189, 214
Hylotelephium erythrostictum 'The Clown'(힐로텔레피움 에리드로스티쿰 '더 크로운') 214
Hylotelephium ewersii(힐로텔레피움 에웨르시이) 105, 211, 216
Hylotelephium ewersii subsp. *homophyllum* 'Rosenteppich' (힐로텔레피움 에웨르시이 아종 호모필룸 '로젠테피크') 21, 34, 216, 233
Hylotelephium pallescens(힐로텔레피움 팔레센스) 10, 230
Hylotelephium pluricaule var. *ezawe*(힐로텔레피움 플루리코울레 변종 에자웨) 34, 233
Hylotelephium pluricaule(힐로텔레피움 플루리코울레) 216
Hylotelephium populifolium 'Maurie's Form'(힐로텔레피움 포풀리폴리움 '마우리 폼') 232
Hylotelephium populifolium(힐로텔레피움 포풀리폴리움) 42, 232
Hylotelephium sieboldii(힐로텔레피움 시에볼디이) 15, 21, 52, 73, 211
Hylotelephium sieboldii 'October Daphne'(힐로텔레피움 시에볼디이 '옥토버 다프네') 211
Hylotelephium sieboldii f. *variegatum*(힐로텔레피움 시에볼디이 하위종 바리에가툼) 25, 29, 212
Hylotelephium sieboldii landscape and design uses(힐로텔레피움 시에볼디이 조경과 디자인용) 105
Hylotelephium sieboldii similar species and cultivars(힐로텔레피움 시에볼디이 유사 종과 품종들) 197, 203, 216

Hylotelephium sieboldii var. *minor*(힐로텔레피움 시에볼디이 변종 미노르) 216
Hylotelephium spectabile(힐로텔레피움 스펙타빌) 56, 59, 60, 205, 210
Hylotelephium spectabile 'Abendrot'(힐로텔레피움 스펙타빌 '아벤트롯(저녁노을)') 206
Hylotelephium spectabile 'Brilliant'(힐로텔레피움 스펙타빌 '브리리안트') 186, 207
Hylotelephium spectabile 'Carmen'(힐로텔레피움 스펙타빌 '카르멘') 209
Hylotelephium spectabile 'Crystal Pink'(힐로텔레피움 스펙타빌 '크리스탈 핑크') 196
Hylotelephium spectabile 'Hot Stuff'(힐로텔레피움 스펙타빌 '핫 스트프') 206
Hylotelephium spectabile 'Icedberg'(힐로텔레피움 스펙타빌 '아이스베르그') 208
Hylotelephium spectabile 'K's Little Joy'(힐로텔레피움 스펙타빌 'K의 리틀 조이') 196
Hylotelephium spectabile 'Lisa'(힐로텔레피움 스펙타빌 '리자') 209
Hylotelephium spectabile 'Meteor'(힐로텔레피움 스펙타빌 '미티어(유성)') 200, 209
Hylotelephium spectabile 'Mini Joy'(힐로텔레피움 스펙타빌 '미니 조이') 206
Hylotelephium spectabile 'Neon'(힐로텔레피움 스펙타빌 '네온') 15, 206
Hylotelephium spectabile 'Pink Bomb'(힐로텔레피움 스펙타빌 '핑크 봄브') 206
Hylotelephium spectabile 'Pink Chablis'(힐로텔레피움 스펙타빌 '핑크 샤블리') 210, 215
Hylotelephium spectabile 'Pink Fairy'(힐로텔레피움 스펙타빌 '핑크 페어리') 209
Hylotelephium spectabile 'Pippin Purple'(힐로텔레피움 스펙타빌 '피핀 퍼플') 206
Hylotelephium spectabile 'Pizzazz'(힐로텔레피움 스펙타빌 '피재즈(활기)') 206
Hylotelephium spectabile 'Rosenteller'(힐로텔레피움 스펙타빌 '로젠텔러') 207
Hylotelephium spectabile 'Septemberglut'(힐로텔레피움 스펙타빌 '셉템버글루') 209
Hylotelephium spectabile 'Snow Queen'(힐로텔레피움 스펙타빌 '스노우 퀸') 208
Hylotelephium spectabile 'Stardust'(힐로텔레피움 스펙타빌 '스타더스트') 208
Hylotelephium spectabile 'Steven Ward'(힐로텔레피움 스펙타빌 '스티븐 와드') 206
Hylotelephium tatarinowii(힐로텔레피움 타타리노위) 193, 219
Hylotelephium tatarinowii 'Mongolian Snowflakes'(힐로텔레피움 타타리노위 '몽골리안 스노우플레이크') 219
Hylotelephium telephioides(힐로텔레피움 텔레피오이데스) 214
Hylotelephium telephium(힐로텔레피움 텔레피움) 60, 183, 186, 205, 226
Hylotelephium telephium 'Abbey Dore'(힐로텔레피움 텔레피움 '아베이도레') 200, 231
Hylotelephium telephium 'Black Beauty'(힐로텔레피움 텔레피움 '블랙 뷰티') 220, 223-226
Hylotelephium telephium 'Cherry Truffle'(힐로텔레피움 텔레피움 '체리 트러플') 16, 220, 225-228
Hylotelephium telephium 'Desert Black'(힐로텔레피움 텔레피움 '디저트 블랙') 8, 226-227
Hylotelephium telephium 'Desert Blonde'(힐로텔레피움 텔레피움 '디저트 블론드') 8, 229-230
Hylotelephium telephium 'Desert Red'(힐로텔레피움 텔레피움 '디저트 레드') 8, 221, 223, 231
Hylotelephium telephium 'Gooseberry Fool'(힐로텔레피움 텔레피움 '구즈베리 풀') 230
Hylotelephium telephium 'Jose Aubergine'(힐로텔레피움 텔레피움 '조세 오베르진') 227
Hylotelephium telephium 'Karlfunkelstein'(힐로텔레피움 텔레피움

'카를펀켈스테인') 224
Hylotelephium telephium 'Lynda et Rodney'(힐로텔레피움 텔레피움 '린다와 로드니') 227
Hylotelephium telephium 'Marchants Best Red'(힐로텔레피움 텔레피움 '마르찬트 베스트 레드') 221
Hylotelephium telephium 'Moonlight Serenade'(힐로텔레피움 텔레피움 '문라이트 세레나데') 222
Hylotelephium telephium 'Orange Xenox'(힐로텔레피움 텔레피움 '오렌지 제녹스') 224
Hylotelephium telephium 'Picolette'(힐로텔레피움 텔레피움 '피콜레트') 223, 228
Hylotelephium telephium 'Postman's Pride'(힐로텔레피움 텔레피움 '포스트맨스 프라이드') 199, 227
Hylotelephium telephium 'Purple Emperor'(힐로텔레피움 텔레피움 '퍼플 엠퍼러') 15, 21, 199, 224, 226-227
Hylotelephium telephium 'Rainbow Xenox'(힐로텔레피움 텔레피움 '레인보우 제녹스') 222, 224
Hylotelephium telephium 'Raspberry Truffle'(힐로텔레피움 텔레피움 '래스베리 트러플') 199, 220, 224-226
Hylotelephium telephium 'Red Cauli'(힐로텔레피움 텔레피움 '레드 카울리') 15, 221
Hylotelephium telephium 'Stewed Rhubarb Mountain'(힐로텔레피움 텔레피움 '스튜드 루바브 마운틴') 222, 231
Hylotelephium telephium 'Strawberries and Cream'(힐로텔레피움 텔레피움 '스트로베리 앤 크림') 222
Hylotelephium telephium 'Xenox'(힐로텔레피움 텔레피움 '제녹스') 52, 224
Hylotelephium telephium 'Yellow Xenox'(힐로텔레피움 텔레피움 '옐로우 제녹스') 57, 230
Hylotelephium telephium subsp. *fabaria*(힐로텔레피움 텔레피움 아종 파바리아) 60
Hylotelephium telephium subsp. *maximum* 'Atropurpureum'(힐로텔레피움 텔레피움 아종 맥시멈 '아트로푸르푸리움') 185, 187
Hylotelephium telephium subsp. *maximum* 'Bronco'(힐로텔레피움 텔레피움 아종 맥시멈 '브론코') 230
Hylotelephium telephium subsp. *maximum* 'Sunkissed'(힐로텔레피움 텔레피움 아종 맥시멈 '선키스트') 230
Hylotelephium telephium subsp. *maximum*(힐로텔레피움 텔레피움 아종 맥시멈) 60, 218
Hylotelephium telephium subsp. *ruprechtii* 'Hab Gray'(힐로텔레피움 텔레피움 아종 루프레티 '합 그레이') 15, 20-21, 229
Hylotelephium telephium subsp. *ruprechtii*(힐로텔레피움 텔레피움 아종 루프레티) 60, 221
Hylotelephium telephium subsp. *telephium* 'Munstead Dark Red'(힐로텔레피움 텔레피움 아종 텔레피움 '문스테드 다크 레드') 200, 202, 221, 231
Hylotelephium telephium subsp. *telephium*(힐로텔레피움 텔레피움 아종 텔레피움) 60
Hylotelephium ussuriense 'Turkish Delight'(힐로텔레피움 우수리엔세 '터키시 딜라이트') 197-198, 217
Hylotelephium ussuriense(힐로텔레피움 우수리엔세) 197
Hylotelephium viridescens(힐로텔레피움 비리데센스) 214
Hylotelephium, distinguished from other sedums(힐로텔레피움, 다른 세덤류와 구별되는) 52-54
Hylotelephium, seasonal maintenance(힐로텔레피움, 계절에 따른 관리) 70

(I)

Iberia(이베리아) 113
Iberis sempervirens(이베리스 셈페르비렌스) 155
inflorescence(화서) 56
insecticidal soaps(살충비누) 73
insecticides(살충제) 72-73
insects(곤충들) 76
International Stauden Union Award(ISU Award, 국제 스타우덴(육묘) 연합회 상) 185
Intrinsic Landscaping(인트린식 조경) 36
Intrinsic Perennial Gardens(인트린식 페레니얼(다년생) 정원) 23
Iran(이란) 158
Ireland(아일랜드) 129
ironweed(엉겅퀴) 222
Israel(이스라엘) 177
ISU Award, See International Stauden Union Award(ISU 국제 스타우덴(육묘) 연합회 상) 185
Italy(이탈리아) 145, 176, 178, 213
ItSaul Plants(출원인명) 134

(J)

Jacobs, Don(제이콥스, 돈) 130
jade plants(크라슐라 오바타, 염좌) 7, 18, 29, 50, 95
Japan(일본) 44
Japan cultivars from(일본 유래 품종) 102, 104, 127, 134-136, 215
Japan species from(일본 유래 종) 8, 84, 92, 105, 136, 146, 154-155, 165, 171, 211, 218
Japanese gardens(일본 정원) 44
Japanese stonecrop(일본 스톤크롭) 135
Jekyll, Gertrude(지킬, 거트루드) 231
Jelitto Seeds(젤리토 씨드) 99
jellybean plant(젤리빈 식물) 87, 150
Jenny's stonecrop(제니스 스톤크롭) 173
Joshua tree(조슈아 트리, 유카) 29
Jovibarba(조비바르바, 주피터의 수염) 17, 30, 89
jovibarbas(조비바르바류) 89, 127, 153, 180

(K)

Kalanchoe(칼랑코에) 19, 50
Kalimeris incisa 'Blue Star'(칼리메리스 인시사 '블루 스타') 16
king's crown(왕관) 85
Koeleria cristata(코엘러리아 크리스타타) 32
Korea(한국) 84, 92, 146, 171, 207, 217
Kress, Cristian(크레스, 크리스티안) 175
kyphocarpic(심피후만증, 후만 암술) 56
Kyushu Island(규슈 섬, 일본) 146

(L)

Labrador(래브라도) 84
lacewings(풀잠자리) 72
ladybugs(무당벌레) 72
lamb's ears(람스이어, 허브식물) 16, 163
lanceleaf stonecrop(창엽 스톤크롭) 99
Lavandula(라반둘라) 16
lavenders(라벤더류) 109
lawn grass(잔디) 22
leaf cutting propagation(엽삽번식, 잎꽂이번식) 79
ledge stonecrop(레지(턱) 스톤크롭) 85
Leucanthemum superbum 'Daisy Duke'(루칸시뭄 슈퍼붐 '데이지 듀크') 175
Lewisia(레위시아) 30, 98
Liatris cylindracea(리아트리스 실린드라세아) 32
Liatris punctata(리아트리스 푼크타타) 32
Liatris spicata(리아트리스 스피카타) 16
Libya(리비아) 122
Linnaeus, Carl(린네, 칼) 52
Liriope muscari(리리오페 무스카리) 46
Liriope spicata(리리오페 스피카타) 46
lists of sedums favorites for containers(그늘에 잘 자라는 세덤류) 67
lists of sedums for an extensive green roof(용기재배에 알맞은 세덤류들) 27
lists of sedums for shade(경량형 옥상녹화에 알맞은 세덤류들) 38
lists of sedums for terraces and walkways(테라스와 길가에 알맞은 세덤류들) 32
lists of sedums for very dry conditions(건조지대에 알맞은 세덤류들) 42

lists of sedums groundcovers with blue foliage(푸른색 잎의 지피식물로 좋은 세덤류들) 20
lists of sedums groundcovers with green foliage(녹색 잎의 지피식물로 좋은 세덤류들) 23
lists of sedums groundcovers with orange to coral foliage(산호색에서 분홍색의 지피식물로 좋은 세덤류들) 22
lists of sedums groundcovers with plum red and purple foliage(자두색, 적색, 자색 잎의 지피식물로 좋은 세덤류들) 21
lists of sedums groundcovers with silver to graygreen foliage(은색에서 회록색 잎의 지피식물로 좋은 세덤류들) 21
lists of sedums groundcovers with variegated foliage(무늬종 잎의 지피식물로 좋은 세덤류들) 25
lists of sedums groundcovers with yellow to gold foliage(노란색에서 황금색 잎의 지피식물로 좋은 세덤류들) 23
lists of sedums hardy stonecrops for zone 6 and north(내한성 6지대 이북에서 자라는 세덤류들) 65
lists of sedums semihardy stonecrops for zone 7 and south(반내한성 7지대 이남에서 자라는 세덤류들) 65
lists of sedums tiny sedums(작고 깜찍한 세덤류들) 46
lists of sedums trailing sedums for containers(용기재배에 알맞은 포복형 세덤류들) 28
little bluestem(작은 블루 스템, 청볏줄기) 15, 196, 223, 229
Little Hill Nursery(리틀 힐 너서리) 142
living pictures(살아있는 식물 모습) 40
living walls(살아있는 식물로 꾸민 벽들) 38–41
living wreaths(살아있는 식물로 만든 화환) 48

(M)

maintenance(유지관리) 18
Makino stonecrop(마키노 스톤크롭) 104
malathion(말라티온, 살충제) 73
Marchants Hardy Plants(내한성 세덤을 판매하는 곳) 221
mealybugs(깍지벌레) 73
Mediterranean(지중해) 10, 55, 93–94, 106
Mexican species(멕시코 종) 55, 61
Mexican stonecrop(멕시코 스톤크롭) 107
Mexico droughttolerant species from(멕시코 유래의 내건성 종) 42, 62, 64, 100, 116, 121, 124, 133, 139, 143
Mexico sedums from(멕시코 유래의 종) 88, 97, 101 109–111, 117, 138, 140, 145, 147, 150
Mexico tree sedums from(멕시코 유래의 트리세덤 종) 95, 144, 149
Mexico(멕시코) 55, 61
Middle East(중동) 55, 152
miniature Joshua tree stonecrop(미니어처 조수아 트리 스톤크롭) 106
Miscanthus sinensis 'Malepartus'(미스칸투스 시넨시스 '말레파르투스') 186
Miscanthus sinensis 'Morning Light'(미스칸투스 시넨시스 '모닝라이트') 72, 215
misnamed sedums(잘못 명명된 세덤류) 60–61
Mississippi basin(미시시피 강 유역) 148
Missouri Botanic Garden(미조우리식물원) 26, 39, 48
Missouri primrose(미조우리 달맞이꽃) 84, 164, 183
mixed borders(혼합 경계식물들) 14
moisture(수분) 41–42, 47,–48, 51, 66, 68–69, 73, 75–76, 125–126, 199
Molinia(모리니아) 15, 196
Molinia autumnalis(모리니아 오텀날리스) 196, 227
Mongolia (몽고) 165
Monksilver Nursery(몽크 실버 너서리) 200
moor grass (무어그래스) 192, 196, 227
Morocco(모로코) 179
Morton Arboretum(모튼수목원, 시카고) 14
mossy stonecrop(이끼 스톤크롭) 103
mouse-ear stonecrop(생쥐-귀 스톤크롭) 97
Mt. Emei stonecrop(어메이산 스톤크롭) 130
mulch(멀칭)27, 30–31, 65, 68–71, 76, 92, 111, 153, 156, 156, 180

Myanmar(미얀마) 55

(N)

narrow petal stonecrop(좁은 꽃잎 스톤크롭) 158
native American grasses(미국 자생 그래스) 31–32, 99, 118
native American sedums(미국 자생 세덤) 10
native clumpers(미국 자생 대나무류) 99
needle stonecrop(좁은 잎 스톤크롭) 102
neem oil(님 오일) 73
Nepal(네팔) 153
Nepeta(네페타) 16
Nepeta 'Early Bird'(네페타 '어얼리 버드') 218
Netherlands(네덜란드) 197, 222-224, 228
New Mexico(뉴멕시코) 97, 101
North Africa(북아프리카) 93–94, 113, 122, 125, 137, 166, 177, 179
North America(북아메리카) 10, 55, 84, 96, 177
North American Rock Garden Society(북아메리카 암석정원협회) 30

(O)

O'Hare International airport(오헤어 국제공항, 시카고) 36
oat grass(귀리) 15
Oenothera macrocarpa(오에노테라 마크로카르파) 32, 84, 164, 184
offbeat containers(색다른 용기들) 28
Ogden, Scott(오그던, 스캇) 174
old man's beard stonecrop(노인 수염 스톤크롭) 111
old man's bones(노인의 뼈 스톤크롭) 96
Opuntia humifusa(오푼티아 휴미푸사) 67, 173
orange daylily(오렌지 데이릴리) 16
orange stonecrop(오렌지 스톤크롭) 169
Oregon stonecrop(오리건 스톤크롭) 131
Oregon(오리건) 98, 112, 132
Oreosedum gypsicola(오레오세덤 깁시콜라) 137
Origanum laevigatum 'Herrenhausen'(오리가눔 래비가툼 '헤렌하우젠') 201
ornamental goldenrods(관상용 골든로드) 8
ornamental grasses landscape and design uses(조경과 디자인용 관상 그래스류) 184, 223–224
ornamental grasses with border sedums(경계용 세덤과 어울리는 관상용 그래스류) 185, 194, 231
ornamental grasses(관상용 그래스 식물들) 196, 206, 215
Orostachys(오로스타키스) 28, 55, 213, 154
Orostachys aggregatus(오로스타키스 아그레가투스) 154
Orostachys boehmeri 'Keiko'(오로스타키스 보에메리 '케이코') 154
Orostachys boehmeri(오로스타키스 보에메리) 21, 58, 154
Orostachys chanetii(오로스타키스 차네티이) 35
Orostachys furusei(오로스타키스 푸루세이) 154
orthocarpic(정립 암술, 정좌 심피) 56
Oudshoorn, Herbert(아우츠혼, 허버트) 224, 230

(P)

Pachyphytum(파키피툼) 16, 30, 61
pachyphytums(파키피툼류) 149
Pachysedum(파키세덤) 61
Pacific coast(태평양 연안) 96
Pacific islands natives(태평양 연안 자생식물들) 55
Pacific Northwest cultivars from(태평양 북서쪽 유래 품종들) 118, 120
Pacific Northwest sedums for greenroofs(태평양 북서쪽 유래 그린루프(옥상녹화) 종들) 96, 115, 122, 125, 137, 142, 159
Pacific Northwest species from(태평양 북서쪽 유래 종들) 95-96, 98, 112, 119, 131, 132
Pacific Northwest(태평양 북서쪽) 38, 44
Pacific Rim(환태평양) 55
Pacific stonecrop(태평양 스톤크롭) 119, 120
Pakistan(파키스탄) 86
palm stonecrop(팜(야자) 스톤크롭) 145

panicl (원추화서, 원추꽃차례) 56
Panicum leibergii(파니쿰 레베르기) 32
Panicum virgatum 'Northwind'(파니쿰 비르가툼 '노스와인드') 200, 224
Panicum virgatum 'Shenandoah'(파니쿰 비르가툼 '쉐난도') 208
parasitic wasps(기생말벌류) 72
paver walls(담장) 33-34
Peggy Notebaert nature museum(페기 노트배르트 자연사박물관, 미국 시카고) 37
Pennisetum alopecuroides 'Ginger Love'(펜니세툼 알로페쿠로이데스 '진저 러브') 15, 184
Pennisetum alopecuroides 'Piglet'(펜니세툼 알로페쿠로이데스 '피그렛') 222
Pennisetum alopecuroides 'Red Head'(펜니세툼 알로페쿠로이데스 '레드 헤드') 14-15
Pennisetum setaceum 'Rubrum'(펜니세툼 세타케움 '루브럼') 15
Penstemon digitalis 'Pocahontas'(펜스테몬 디기탈리스 '포카혼타스') 203
Penstemon(펜스테몬) 16
perennials(다년생들) 16, 54, 224
Perovskia atriplicifolia 'Superba'(페로브스키아 아트리플리키폴리아 '슈퍼바') 14
Persicaria amplexicaule 'Firetail'(페르시카리아 암플렉시카울레 '파이어테일') 16
pests(해충) 72-75
petals(꽃잎들) 56
Petrosedum × *thartii*(페트로세덤 ×다르티) 177
Petrosedum forsterianum(페트로세덤 포스테리아눔) 29
Petrosedum forsterianum 'Blue Lagoon'(페트로세덤 포스테리아눔 '블루 라군') 179
Petrosedum forsterianum 'Oracle'(페트로세덤 포스테리아눔 '오라클') 179
Petrosedum forsterianum subsp. *elegans* 'Silver Stone'(페트로세덤 포스테리아눔 아종 엘레강스 '실버 스톤') 179
Petrosedum forsterianum subsp. *elegans* f. *purpureum*(페트로세덤 포스테리아눔 아종 엘레강스 하위종 푸르푸레움) 179
Petrosedum forsterianum subsp. *elegans*(페트로세덤 포스테리아눔 아종 엘레강스) 179
Petrosedum lanceolatum(페트로세덤 란체올라툼) 99
Petrosedum montanum(페트로세덤 몬타눔) 176-177
Petrosedum montanum subsp. *orientale*(페트로세덤 몬타눔 아종 오리엔탈) 174, 176
Petrosedum nicaeense (페트로세덤 니카엔세) 177
Petrosedum ochroleucum(페트로세덤 오크롤레우쿰) 173, 176, 178
Petrosedum ochroleucum 'Centaureus'(페트로세덤 오크롤레우쿰 '레드 위글') 50, 178
Petrosedum ochroleucum 'Red Wiggle'(페트로세덤 오크롤레우쿰 '센타오레우스') 178
Petrosedum reflexum(페트로세덤 레플렉숨) 173
Petrosedum rupestre(페트로세덤 루페스트레) 20, 41, 57, 61, 173
Petrosedum rupestre 'Angelina'(페트로세덤 루페스트레 '안젤리나') 19, 21-23, 25, 38, 53-54, 61, 108, 117, 175, 178
Petrosedum rupestre 'Blue Spruce'(페트로세덤 루페스트레 '블루 스프루스') 20, 99, 173-174, 176
Petrosedum rupestre 'Green Spruce'(페트로세덤 루페스트레 '그린 스프루스') 53, 173
Petrosedum rupestre 'Nanum'(페트로세덤 루페스트레 '나눔') 174
Petrosedum rupestre 'Sea Gold'(페트로세덤 루페스트레 '시 골드') 175
Petrosedum rupestre f. *cristatum*(페트로세덤 루페스트레 하위종 크리스타툼) 173
Petrosedum rupestre landscape and design uses(페트로세덤 루페스트레 조경과 디자인용) 148
Petrosedum rupestre similar species and cultivars(페트로세덤 루페스트레 유사 종과 품종들) 107, 118, 146, 177-178
Petrosedum rupestre subsp. *viride*(페트로세덤 루페스트레 아종 비리데) 173
Petrosedum sediforme 'Turquoise Tails'(페트로세덤 세디포르메 '터콰이즈 테일스') 177
Petrosedum sediforme(페트로세덤 세디포르메) 174, 176-177

Petrosedum(페트로세덤) 7, 52, 54
Phedimus aizoon 'Aurantiacum'(페디무스 아이조온 '아우란티아쿰') 165
Phedimus aizoon 'Euphorbioides'(페디무스 아이조온 '유포르비오이데스') 165
Phedimus aizoon subsp. *angustifolium*(페디무스 아이조온 아종 안구스티폴리움) 165
Phedimus aizoon var. *latifolium*(페디무스 아이조온 변종 래티폴리움) 165
Phedimus aizoon(페디무스 아이조온) 165, 171
Phedimus ellacombeanus(페디무스 엘라콤비아누스) 19, 33-34, 61, 166, 169
Phedimus ellacombeanus 'The Edge'(페디무스 엘라콤비아누스 '더 엣지') 167
Phedimus ellacombeanus similar species and cultivars(페디무스 엘라콤비아누스 유사 종과 품종들) 171-172
Phedimus forsterianum(페디무스 포스테리아눔) 44
Phedimus hybridus 'Czar's Gold'(페디무스 하이브리더스 '차르(황제) 골드') 155-156, 164, 170
Phedimus hybridus 'Immergrünchen'(페디무스 하이브리더스 '임머그륀첸') 23, 38, 65, 166, 169, 172
Phedimus hybridus(페디무스 하이브리더스) 171
Phedimus kamtschaticus(페디무스 캄차티쿠스) 34, 57, 169, 171
Phedimus kamtschaticus 'Variegatus'(페디무스 캄차티쿠스 '바리에가투스') 25, 162, 166-167, 169
Phedimus kamtschaticus similar species and cultivars(페디무스 캄차티쿠스 유사 종과 품종들) 157, 164-167, 172
Phedimus kamtschaticus var. *floriferus* 'Weihenstephaner Gold'(페디무스 캄차티쿠스 변종 플로리페루스 '바이엔슈테파너 골드') 41, 148, 156, 164, 170
Phedimus litoralis(페디무스 리토랄리스) 165
Phedimus middendorffianus 'Striatus'(페디무스 미덴도피아누스 '스트리아투스') 156
Phedimus middendorffianus var. *diffusum*(페디무스 미덴도피아누스 변종 디퓨숨) 155, 170
Phedimus middendorffianus(페디무스 미덴도피아누스) 19, 155, 164
Phedimus obtusifolius var. *listoniae*(페디무스 옵투시폴리우스 변종 리스토니아) 148, 168
Phedimus selskianus 'Goldilocks'(페디무스 셀스키아누스 '골디락') 157
Phedimus selskianus(페디무스 셀스키아누스) 157, 166
Phedimus sichotensis(페디무스 시초텐시스) 19, 155, 157, 164, 170
Phedimus spurius(페디무스 스푸리우스) 23, 28, 32, 34, 41, 65, 120, 132-133, 141, 162
Phedimus spurius 'Album Superbum'(페디무스 스푸리우스 '알붐 슈퍼붐') 160
Phedimus spurius 'Album'(페디무스 스푸리우스 '알붐') 160
Phedimus spurius 'Bronze Carpet'(페디무스 스푸리우스 '브론즈 카펫') 163
Phedimus spurius 'Dr. John Creech'(페디무스 스푸리우스 '닥터 존 크리치') 32, 159
Phedimus spurius 'Fools Gold'(페디무스 스푸리우스 '풀 골드') 162
Phedimus spurius 'Fuldaglut'(fireglow)(페디무스 스푸리우스 '풀다글루트'(파이어글루)) 16, 18, 38, 58, 163
Phedimus spurius 'Green Mantle'(페디무스 스푸리우스 '그린 맨틀') 160
Phedimus spurius 'Heronswood Pink Stars'(페디무스 스푸리우스 '헤론스우드 핑크 스타') 159
Phedimus spurius 'Leningrad White'(페디무스 스푸리우스 '레닌그라드 화이트') 44, 160
Phedimus spurius 'Raspberry Red'(페디무스 스푸리우스 '래스베리 레드') 161
Phedimus spurius 'Red Carpet'(페디무스 스푸리우스 '레드 카펫') 21, 161
Phedimus spurius 'Red Rock'(페디무스 스푸리우스 '레드 락') 163
Phedimus spurius 'Roseum'(페디무스 스푸리우스 '로제움') 159
Phedimus spurius 'Royal Pink'(페디무스 스푸리우스 '로열 핑크') 159
Phedimus spurius 'Ruby Mantle'(페디무스 스푸리우스 '루비 맨틀') 161
Phedimus spurius 'Schorbusser Blut'(dragon's blood)(페디무스 스푸리우스 '스코르부스 블루트' (용의 피)) 18, 163
Phedimus spurius 'Summer Glory'(페디무스 스푸리우스 '썸머 글로리') 159

Phedimus spurius 'Tricolor'(페디무스 스푸리우스 '트리컬러') 162, 182, 210
Phedimus spurius 'Variegatum'(페디무스 스푸리우스 '바리에가툼') 162
Phedimus spurius 'Voodoo'(페디무스 스푸리우스 '부두') 161
Phedimus stellatus(페디무스 스텔라투스) 168
Phedimus stoloniferus(페디무스 스톨로니페러스) 44, 158, 160
Phedimus takesimensis(페디무스 타케시멘시스) 29, 70
Phedimus takesimensis 'Golden Carpet'(페디무스 타케시멘시스 '골든 카펫') 41, 53, 166, 171-172
Phedimus(페디무스) 7, 52, 54, 61
Phlox subulata 'Blue Emerald'(플록스 수불라타 '블루 에머럴드') 218
phlox(플록스) 127
Phoma telephii(포마 텔레피) 75
Phormium tenax(포미움 테낙스) 15
Phythium(피시움) 75
pigsqueak(돌부채) 199
pink jellybeans(핑크 젤리빈) 87
pinks(핑크, 분홍) 84
pistils(암술) 56
Planetarium(플라네타륨, 천체) 227
Plant Haven(플랜트 해븐) 206
planting(식재) 68
plastic trays(플라스틱 트레이) 41
plum foliage(자두색 잎) 20-21
plum stonecrop(자두색 스톤크롭) 204
pollination(수분) 80, 205, 207
pork and beans(돼지고기와 콩류) 87
Portugal(포르투갈) 129, 179
Portulaca(포르툴라카) 30
potted displays(화분 전시) 27-28
powdery mildew(흰가루병) 76
prairie dropseed(프레리 드롭시드, 초원의 자연종자) 191
prickly pear cactus(손바닥선인장) 67, 173
privacy panels(프라이버시 패널) 40
Prometheum(프로메툼) 55
Prometheum pilosum(프로메툼 필로숨) 153, 180
Prometheum sempervivoides(프로메툼 셈퍼비보이데스) 180
propagation(번식) 78-80
proportion(비율) 13
Proven Winners(프로븐 위너스) 108
pruning(전정) 30
purple coneflower(자색 콘플라워) 15
purple foliage(자색 잎) 20-21
purple lovegrass(자색 러브그래스) 221
purple rockcress(자색 바위냉이) 93

(R)
red foliage(적색 잎) 20-21
red stonecrop(적색 스톤크롭) 109
renamed sedums(이름을 바꾼 세덤류들) 60-61
repetition(반복) 13
Rhizoctonia(리족토니아) 75, 207
rhizome(지하경) 59
Rhodiola integrifolia(로디올라 인테그리폴리아) 44, 85
Rhodiola integrifolia subsp. *procera*(로디올라 인테그리폴리아 변종 아트로퍼푸레아) 85
Rhodiola integrifolia var. *atropurpurea*(로디올라 인테그리폴리아 아종 프로세라) 85
Rhodiola pachyclados 'Nessy'(로디올라 파키클라도스 '네시') 86
Rhodiola pachyclados 'White Diamond'(로디올라 파키클라도스 '화이트 다이아몬드') 86
Rhodiola(로디올라) 52, 55, 58
Rhodiola pachyclados(로디올라 파키클라도스) 86
Rhodiola rhodantha(로디올라 로단타) 85
Rhodiola rosea(로디올라 로세아) 54, 58, 84-85

Rhodiola rosea f. *arctica*(로디올라 로세아 하위종 아티카) 54, 58, 84-85
Rhodiola trollii(로디올라 트롤리) 135
rock cress(락크레스, 바위냉이) 93, 155
rock gardens(암석원, 락가든) 10, 30-32
rock jasmine(봄맞이꽃, 락재스민) 99
rock rose(락 로즈) 119
rock walls(암벽) 33-34
Rocky Mountains(로키 산맥) 8, 44, 85, 96, 99
root knot nematodes(뿌리혹선충류) 73-75
root rot(뿌리썩음병, 근부병) 75
roots(뿌리) 58-60
rose carpet stonecrop(로즈 카펫 스톤크롭) 34, 216, 233
roseflower stonecrop(로즈플라워 스톤크롭) 98
roseroot(바위솔) 84
rosettes(로제트) 29, 41, 117, 153
Rosularia(로술라리아) 30
rosularias(로술라리아류) 153, 180
Rosularia sempervivoides(로술라리아 셈퍼비보이데스) 180
Royal Horticultural Society's Award of Garden Merit (AGM)(영국 왕립원예학회상) 163, 185-186, 188, 202, 205, 207, 218, 221
Ruby Glow sedum(루비 글로우 세덤) 28, 183, 187, 195, 198
Russia(러시아) 230
Russian sage(러시안 세이지) 194
Russian stonecrop(러시아 스톤크롭) 169-170

(S)
Salvia nemorosa 'Wesuve'(샐비어 네모로사 '위수베') 190
Saponaria ocymoides(사포나리아 오시모이데스) 219
Sarastro Nursery(사라스트로 너서리) 175
Sardinia(사르디니아) 113
Saxifraga(사시프라가) 30
saxifrages(사시프라제스) 127
scale(스케일) 13, 27
Scandinavia(스칸디나비아) 55, 129
Schizachyrium scoparium(스키자크리움 스코파리움) 15, 32, 196, 225
Schizachyrium scoparium 'Jazz'(스키자크리움 스코파리움 '재즈') 203
Sclerotium rolfsii(스크레로티움 롤프시) 75
Scrocki, Ed(스크로키, 에드) 167
sea star(불가사리) 148
seasonal maintenance(계절에 따른 관리) 70-71
Sedeveria × 'Harry Butterfield'(세데베리아 × '해리 버터필드') 110
Sedeveria × *hummellii*(세데베리아 × 험멜리) 144
sedge(세지) 15
Sedum 'Amber'(세덤 '앰버') 61, 197
Sedum 'Autumn Joy'(세덤 '오텀 조이') 60, 205
Sedum 'Beach Party'(세덤 '비치 파티') 191
Sedum 'Beka'(세덤 '베카') 189
Sedum 'Bertram Anderson'(세덤 '베르트램 앤드슨') 188
Sedum 'Birthday Party'(세덤 '생일 파티') 101, 133, 192
Sedum 'Carl'(세덤 '칼') 200
Sedum 'Cherry Tart' (세덤 '체리 타르트') 198
Sedum 'Chocolate Drop'(세덤 '초콜릿 드롭') 199
Sedum 'Class Act'(세덤 '클래스 액트') 202
Sedum 'Cloud Walker'(세덤 '클라우드 워커') 201
Sedum 'Crocodile'(세덤 '크로코다일') 147
Sedum 'Dazzleberry'(세덤 '다즐베리') 181
Sedum 'E,O, Orpet (세덤 'E.O. 오르펫) 110
Sedum 'Golden Glow'(세덤 '골든 글로우') 100, 121
Sedum 'Haren'(세덤 '하렌') 143
Sedum 'Harvest Moon'(세덤 '하베스트 문') 120
Sedum 'Helen Payne'(세덤 '헬렌 페인') 131
Sedum 'Herbstfreude'(세덤 '헙스트프로드') 205
Sedum 'Joyce Tulloch'(세덤 '조이스 툴로치') 87
Sedum 'Lajos'(세덤 라코니쿰 '라요스') 182

Sedum 'Lemon Coral'(세덤 '레몬 코랄') 108, 175
Sedum 'Lime Gum Drops'(세덤 '라임 굼 드롭') 143
Sedum 'Little Gem'(세덤 '리틀 젬') 87-88
Sedum 'Maestro'(세덤 '마에스트로') 184
Sedum 'Matrona'(세덤 '마트로나') 185
Sedum 'Moonglow'(세덤 '문 글로우') 120
Sedum 'Picolette'(세덤 '피콜레트') 228
Sedum 'Plum Perfection'(세덤 '플럼 퍼펙션') 204
Sedum 'Pure Joy'(세덤 '퓨어 조이') 203
Sedum 'Purple Emperor'(세덤 '퍼플 엠퍼러') 226
Sedum 'Robustum'(세덤 '로부스툼') 183
Sedum 'Rockery Challenger'(세덤 '로커리 챌린저') 88, 107
Sedum 'Ron Evans'(세덤 '론 에반스') 144
Sedum 'Rosey Glow'(세덤 '로지 글로우') 183
Sedum 'Ruby Glow'(세덤 '루비 글로우') 28, 183
Sedum 'Silver Moon'(세덤 '실버 문') 120
Sedum 'Soft Cloud'(세덤 '소프트 클라우드') 196
Sedum 'Spiral Staircase'(세덤 '스파이럴 스테어케이스') 109
Sedum 'Sublime'(세덤 '서브라임') 23
Sedum 'Sunset Cloud'(세덤 '선셋 클라우드') 195
Sedum 'Thundercloud'(세덤 '선더클라우드') 193
Sedum 'Vera Jameson'(세덤 '베라 제임슨') 183, 187
Sedum 'Washfield Purple'(세덤 '와시필드 퍼플') 226
Sedum 'Washfield Ruby'(세덤 '와시필드 루비') 226
Sedum 'White Chalk'(세덤 '화이트 초크') 120
Sedum × lorenzoi(세덤 × 로렌조이) 173
Sedum × luteolum(세덤 × 루테오룸) 173
Sedum × luteoviride(세덤 × 루테오비리데) 19, 27, 88
Sedum × rubrotinctum(세덤 ×루브로틴크툼) 8, 28, 42, 48, 65, 87, 144, 150
Sedum × rubrotinctum 'Aurora'(세덤 ×루브로틴크툼 '오로라') 21, 42-43, 87
Sedum × rubrotinctum 'Mini Me'(세덤 ×루브로틴크툼 '미니 미') 127
Sedum × rubrotinctum 'Vera Higgins'(세덤 ×루브로틴크툼 '베라 히긴스') 87
Sedum acre(세덤 아크레) 34, 46, 61, 80, 106, 109, 115, 122
Sedum acre 'Aureum'(세덤 아크레 '오레움') 23, 46, 115, 123
Sedum acre 'Elegans'(세덤 아크레 '엘레강스') 123
Sedum acre 'Minus'(세덤 아크레 '미누스') 122, 129
Sedum acre 'Oktoberfest'(세덤 아크레 '옥토버페스트') 122
Sedum acre landscape and design uses(세덤 아크레 조경과 디자인용) 128, 151
Sedum acre similar species and cultivars(세덤 아크레 유사종과 품종들) 106, 109, 114-115
Sedum acre subsp. majus(세덤 아크레 아종 마우스) 122
Sedum adolphii(세덤 아돌피) 16, 27-28, 30, 42, 47, 60, 100, 121, 143
Sedum adolphii 'Coppertone'(세덤 아돌피 '쿠퍼톤') 22, 42, 121
Sedum adolphii 'Golden Glow'(세덤 아돌피 '골든 글로우') 60
Sedum aizoon(세덤 아이조온) 165
Sedum album(세덤 알붐) 34-35, 47-48, 59, 65, 80, 112, 125, 128, 136-137, 151, 160
Sedum album 'Athoum'(세덤 알붐 '아토움') 125
Sedum album 'Coral Carpet'(세덤 알붐 '코랄 카펫') 21, 25, 38, 95, 126, 228
Sedum album 'Fårö'(세덤 알붐 '파로') 35, 46-47, 127
Sedum album 'France'(세덤 알붐 '프랑스') 125
Sedum album f. murale subsp.(세덤 알붐 하위종 머랠리) 126
Sedum album landscape and design uses(세덤 알붐 조경과 디자인용) 128, 136, 151
Sedum album similar species and cultivars(세덤 알붐 유사 종과 품종들) 112, 137
Sedum album var. micranthum 'Chloroticum'(세덤 알붐 변종 마크란툼 '클로로티쿰') 23, 32, 47, 128, 193
Sedum album var. micranthum 'Green Ice'(세덤 알붐 변종 마크란툼 '그린 아이스') 128

Sedum album var. micranthum 'Orange Ice'(세덤 알붐 변종 마크란툼 '오렌지 아이스') 128
Sedum album var. micranthum 'Red Ice'(세덤 알붐 변종 마크란툼 '레드 아이스') 128
Sedum allantoides(세덤 알란토이데스) 124
Sedum allantoides 'Goldii'(세덤 알란토이데스 '골다') 27, 42, 124
Sedum anacampseros(세덤 아나캄프세로스) 213
Sedum anglicum(세덤 앵글리쿰) 129
Sedum anglicum 'Hartland'(세덤 앵글리쿰 '하트랜드') 129
Sedum anglicum 'Minus'(세덤 앵글리쿰 '미누스') 129
Sedum anglicum 'Suzie Q'(세덤 앵글리쿰 '수지 큐') 129
Sedum australe(세덤 아우스트랄레) 101, 133
Sedum boehmeri(세덤 보에메리) 154
Sedum booleanum(세덤 불레아눔) 10
Sedum borschii(세덤 보치이) 112
Sedum borschii 'Anna Schallach'(세덤 보치이 '안나 스칼라크') 112
Sedum brevifolium var. quinquefarium(세덤 브레비폴리움 변종 퀸케파리움) 113
Sedum brevifolium(세덤 브레비폴리움) 113
Sedum burrito(세덤 부리토) 94, 110
Sedum caeruleum(세덤 카이룰레움) 10
Sedum carnicolor(세덤 카르니콜로) 61
Sedum caucasicum(세덤 카우카시쿰) 229
Sedum cauticola 'Lidakense'(세덤 카우티콜라 '리다켄스) 218
Sedum clavatum 'Lime Drops'(세덤 클라바툼 '라임 드롭') 139
Sedum clavatum(세덤 클라바툼) 20, 28, 30, 42, 48, 65, 100, 117, 139
Sedum commixtum(세덤 코믹툼) 143
Sedum compressum(세덤 컴프레숨) 145
Sedum confusum(세덤 콘푸숨) 42, 95, 138, 140
Sedum craigii(세덤 크레이기) 116
Sedum dasyphyllum(세덤 대시필룸) 21, 35, 38, 47-48, 59, 80, 93, 113
Sedum dasyphyllum 'Atlas Mountain Form'(세덤 대시필룸 '아틀라스 산형') 93
Sedum dasyphyllum 'Major'(세덤 대시필룸 '메이저') 94
Sedum dasyphyllum landscape and design uses(세덤 대시필룸 조경과 디자인용) 128, 134, 136, 151
Sedum dasyphyllum similar species and cultivars(세덤 대시필룸 유사 종과 품종들) 139
Sedum dasyphyllum subsp. glanduliferum(세덤 대시필룸 아종 그랜둘리페룸) 59
Sedum dasyphyllum var. macrophyllum(세덤 대시필룸 변종 마크로필룸) 94
Sedum debil(세덤 데바일) 96, 112
Sedum decumbens(세덤 디쿰벤스) 88, 95, 138, 140
Sedum dendroideum(세덤 덴드로이디움) 27, 29, 42, 95, 149
Sedum diffusum(세덤 디퓨섬) 29, 97, 145
Sedum diffusum 'Potosinum'(세덤 디퓨섬 '포토시눔') 42, 97
Sedum divergens(세덤 디버겐스) 23, 44, 61, 96, 98, 131-132
Sedum divergens var. minus(세덤 디버겐스 변종 미누스) 96
Sedum emarginatum 'Eco Mt. Emei'(세덤 에마르지나툼 '에코 어메이산') 22, 130
Sedum emarginatum(세덤 에마르지나툼) 51, 130
Sedum erythrostictum 'Frosty Morn'(세덤 에리드로스티쿰 '프로스티 모른') 215
Sedum erythrostictum f. mediovariegatum(세덤 에리드로스티쿰 하위종 메디오바리에가툼) 214
Sedum ewersii subsp. homophyllum 'Rosenteppich'(세덤 에에르시이 아종 호모필룸 '로젠테피크') 216
Sedum floriferus 'Weihenstephaner Gold'(세덤 플로리페루스 '바이엔슈테파너 골드') 170
Sedum forsterianum subsp. elegans(세덤 포스테리아눔 아종 엘레강스) 179
Sedum furfuraceum(세덤 푸르파시움) 29, 42, 147, 150
Sedum glaucophyllum(세덤 글라우코필룸) 44, 62, 67, 86, 91
Sedum glaucophyllum 'Red Frost'(세덤 글라우코필룸 '레드 프로스트') 62, 91

Sedum glaucophyllum 'Silver Frost'(세덤 글라우코필룸 '실버 프로스트') 62, 91
Sedum globosum(세덤 글로보섬) 61, 96
Sedum gracile(세덤 그라실) 47, 89, 136
Sedum greggii(세덤 그레기) 88
Sedum grisebachii(세덤 그리세바치) 47-48, 89-90, 103
Sedum guatemalense(세덤 구아테말렌세) 87
Sedum gypsicola(세덤 집시콜라) 137
Sedum hakonense(세덤 하코넨세) 60, 146
Sedum hernandezii(세덤 헤르난데지이) 27, 42, 147, 150
Sedum hintonii(세덤 힌토니) 62, 111
Sedum hirsutum(세덤 히르수툼) 59
Sedum hispanicum(세덤 히스패니쿰) 27, 61, 103
Sedum hispanicum subsp. *glaucum*(세덤 히스패니쿰 아종 글라우쿰) 151
Sedum hispanicum var. *hispanicum* 'Purple Form'(세덤 히스패니쿰 변종 히스패니쿰 '퍼플 폼') 152
Sedum hispanicum var. *hispanicum* 'Purpureum'(세덤 히스패니쿰 변종 히스패니쿰 '푸르퓨레움') 152
Sedum hispanicum var. *hispanicum*(세덤 히스패니쿰 변종 히스패니쿰) 34, 151-152
Sedum hispanicum var. *minus* 'Aureum'(세덤 히스패니쿰 변종 미누스 '오레움') 151
Sedum hispanicum var. *minus*(세덤 히스패니쿰 변종 미누스) 34, 44, 151-152
Sedum hybridum 'Immergrünchen'(세덤 하이브리둠 '임머그륀첸') 172
Sedum indicum var. *yunnanensis*(세덤 인디쿰 변종 유나넨시스) 153
Sedum integrifolium(세덤 인테그리폴리움) 85
Sedum japonicum(세덤 자포니쿰) 47, 136
Sedum japonicum 'Fine Yellow Form'(세덤 자포니쿰 '파인 옐로우 폼') 134
Sedum japonicum 'Tokyo Sun'(세덤 자포니쿰 '토쿄 선') 23, 38, 44, 48-49, 103, 106, 134, 146
Sedum japonicum f. *leucanthemum*(세덤 자포니쿰 하위종 루칸시뭄) 134
Sedum japonicum var. *pumilum*(세덤 자포니쿰 변종 푸밀룸) 22, 32, 35, 106, 129, 134, 136
Sedum japonicum var. *senanese*(세덤 자포니쿰 변종 세나네세) 135
Sedum kamtschaticum(세덤 캄차티쿰) 61, 169
Sedum kamtschaticum 'The Edge'(세덤 캄차티쿰 '더 엣지') 167
Sedum kamtschaticum subsp. *ellacombeanus*(세덤 캄차티쿰 아종 엘라콤비아누스) 61
Sedum kamtschaticum var. *ellacombianum* 'The Edge'(세덤 캄차티쿰 변종 엘라콤비아눔 '더 엣지') 167
Sedum kamtschaticum var. *ellacombianum*(세덤 캄차티쿰 변종 엘라콤비아눔) 61, 166-167
Sedum kamtschaticum var. *floriferum* 'Weihenstephaner Gold'(세덤 캄차티쿰 변종 플로리페룸 '바이엔슈테파너 골드') 170
Sedum kimnachii(세덤 킴나키) 42, 138, 140
Sedum kostovii(세덤 코스토비이) 90
Sedum laconicum(세덤 라코니쿰) 90
Sedum lanceolatum(세덤 란체올라툼) 99, 176
Sedum lanceolatum subsp. *alpinum*(세덤 란체올라툼 아종 알피눔) 99
Sedum lanceolatum var. *nesioticum*(세덤 란체올라툼 변종 네지오티쿰) 99
Sedum lanceolatum var. *rupicola*(세덤 란체올라툼 변종 루피콜라) 99
Sedum lanceolatum var. *rupicolum*(세덤 란체올라툼 변종 루피콜룸) 118
Sedum laxum(세덤 락숨) 20, 98, 132
Sedum laxum subsp. *eastwoodiae*(세덤 락숨 아종 이스트우디아) 98
Sedum laxum subsp. *heckneri*(세덤 락숨 아종 헤크네리) 98, 120
Sedum laxum subsp. *latifolium*(세덤 락숨 아종 라티폴리움) 98
Sedum laxum subsp. *laxum*(세덤 락숨 아종 락숨) 98
Sedum lineare 'Variegatum'(세덤 리네아레 '바리에가툼') 102
Sedum lineare(세덤 리네아레) 107, 114
Sedum lydium(세덤 리디움) 29, 34, 48, 103, 134
Sedum lucidum(세덤 루시둠) 42, 48, 100, 117, 139, 143
Sedum lucidum 'Obesum'(세덤 루시둠 '오베숨') 100
Sedum macdougallii(세덤 맥도갈리) 143

Sedum makinoi(세덤 마키노이) 44, 65, 67, 92, 104-105, 130, 142
Sedum makinoi 'Limelight'(세덤 마키노이 '라임라이트') 44, 104-105
Sedum makinoi 'Ogon'(세덤 마키노이 '오곤') 23, 44, 46, 105, 161, 189-190
Sedum makinoi 'Salsa Verde'(세덤 마키노이 '살사 베르데') 130, 104
Sedum makinoi 'Variegatum'(세덤 마키노이 '바리에가툼') 104-105
Sedum makinoi var. *emarginatum* 'EcoMt. Emei'(세덤 마키노이 변종 에마르지나툼 '에코 어메이산') 130
Sedum mexicanum(세덤 멕시카눔) 23, 48, 102, 107-108, 114
Sedum mexicanum 'Golden Ball'(세덤 멕시카눔 '골든 볼') 107
Sedum mexicanum 'Lemon Ball'(세덤 멕시카눔 '레몬 볼') 10, 23, 28, 39, 46-47, 61, 108, 146, 175
Sedum mexicanum 'Lemon Coral'(세덤 멕시카눔 '레몬 코랄') 175
Sedum middendorffianum(세덤 미덴드로피아눔) 156
Sedum middendorffianum 'Striatum'(세덤 미덴드로피아눔 '스트리아툼') 156
Sedum mocinianum(세덤 모시니아눔) 61, 111
Sedum montanum subsp. *orientale*(세덤 몬타눔 아종 오리엔탈) 176
Sedum moranense(세덤 모라넨세) 19, 109
Sedum moranense subsp. *grandiflorum*(세덤 모라넨세 아종 그랜디플로룸) 109
Sedum morganianum(세덤 모르가니아눔) 28, 42, 94, 110, 177
Sedum multiceps(세덤 멀티셉스) 27, 29, 47, 58, 106
Sedum multiflorum(세덤 멀티포룸) 101
Sedum nanifolium(세덤 나니폴리움) 122
Sedum nevii(세덤 네비이) 62, 91
Sedum nicaeense(세덤 니카엔세) 61
Sedum nokoense 'Cidense'(세덤 노코엔세 '사이덴세') 92
Sedum nokoense(세덤 노코엔세) 92, 135
Sedum nussbaumerianum 'Coppertone'(세덤 너스바우베리아눔 '쿠퍼톤') 61
Sedum nussbaumerianum(세덤 너스바우베리아눔) 61, 121
Sedum oaxacanum(세덤 오악사카눔) 21, 27-28, 42, 133
Sedum obcordatum(세덤 옵코다툼) 145
Sedum obtusatum(세덤 옵투사툼) 10, 98
Sedum obtusifolium var. *listoniae*(세덤 옵투시폴리움 변종 리스토니아) 168
Sedum ochroleucum(세덤 오크롤레우쿰) 178
Sedum ochroleucum 'Red Wiggle'(세덤 오크롤레우쿰 '레드 위글') 29
Sedum oreganum(세덤 오레가눔) 29, 44, 65, 67, 96, 98, 131
Sedum oreganum landscape and design uses(세덤 오레가눔 조경과 디자인용) 96, 98, 131
Sedum oreganum similar species and cultivars(세덤 오레가눔 유사 종과 품종들) 96
Sedum oregonense(세덤 오레고넨세) 20, 98, 132
Sedum oryzifolium 'Tiny Form'(세덤 오리지폴리움 '타이니 폼') 136
Sedum oryzifolium(세덤 오리지폴리움) 136
Sedum pachyclados(세덤 파키클라도스) 86
Sedum pachyphyllum(세덤 파키필룸) 20, 27, 30, 42, 48, 87, 101, 124, 144
Sedum pachyphyllum landscape and design uses(세덤 파키필룸 조경과 디자인용) 87, 101, 124, 147
Sedum pachyphyllum similar species and cultivars(세덤 파키필룸 유사 종과 품종들) 87, 144
Sedum pallidum(세덤 팔리둠) 61, 152
Sedum pallidum var. *bithynicum*(세덤 팔리둠 변종 비시니쿰) 151-152
Sedum palmeri(세덤 팔메리) 21, 27-28, 42, 101, 117, 145
Sedum palmeri subsp. *emarginatum*(세덤 팔메리 아종 에마르지나툼) 145
Sedum palmeri subsp. *rubromarginatum*(세덤 팔메리 아종 루브로마르지나툼) 145
Sedum pilosum(세덤 필로숨) 180
Sedum pluricaule var. *ezawe*(세덤 플루리코울레 변종 에자웨) 233
Sedum polytrichoides(세덤 폴리트리초이데스) 44
Sedum polytrichoides 'Chocolate Ball'(세덤 폴리트리초이데스 '초콜릿 볼') 22, 60, 146
Sedum populifolium(세덤 포풀리폴리움) 232
Sedum praealtum(세덤 프레알툼) 29, 42, 88, 95, 149

Sedum praealtum subsp. *parvifolium*(세덤 프레알툼 아종 파르비폴리움) 88, 149
Sedum pulchellum(세덤 풀첼룸) 38, 67, 91, 148, 168
Sedum reflexum(세덤 레플렉숨) 173
Sedum reptans(세덤 렙탄스) 88
Sedum roseum f. *arcticum*(세덤 로제움 하위종 악티쿰) 84
Sedum rubroglaucum(세덤 루브로글라우쿰) 132
Sedum rupestre 'Angelina'(세덤 루페스트레 '안젤리나') 175
Sedum rupestre 'Blue Spruce'(세덤 루페스트레 '블루 스프루스') 174
Sedum rupestre(세덤 루페스트레) 173
Sedum sarmentosum(세덤 사르멘토숨) 44, 61, 67, 102, 107, 114
Sedum sediforme(세덤 세디포르메) 60, 173-174, 177
Sedum selskianum 'Variegatum'(세덤 셀스키아눔 '바리에가툼') 157, 167
Sedum selskianum(세덤 셀스키아눔) 157
Sedum sempervivoides(세덤 셈퍼비보이데스) 180
Sedum serpentini(세덤 세르펜티니) 125, 127
Sedum sexangulare(세덤 섹상굴라레) 34, 89-90, 103, 106, 115, 151, 204
Sedum sexangulare 'Golddigger'(세덤 섹상굴라레 '골드디그') 16, 22-23, 38, 45, 67, 89-90, 103, 115, 123, 204
Sedum sexangulare 'Red Hill'(세덤 섹상굴라레 '레드 힐') 22, 115
Sedum sexangulare 'Utah'(세덤 섹상굴라레 '우타') 115
Sedum sexangulare 'Weisse Tatra'(세덤 섹상굴라레 '웨이제 타트라') 115
Sedum sexangulare subsp. *montenegrinum*(세덤 섹상굴라레 아종 몬테네그리눔) 115
Sedum sieboldii f. *variegatum*(세덤 시에볼디이 하위종 바리에가툼) 212
Sedum sieboldii(세덤 시에볼디이) 211
Sedum Society(세덤 학회) 172
sedum sod(세덤 뗏장) 36, 38
Sedum spathulifolium(세덤 스파툴리폴리움) 44, 48, 96, 131
Sedum spathulifolium 'Cape Blanco'(세덤 스파툴리폴리움 '케이프 블랑코') 120
Sedum spathulifolium 'Carnea'(세덤 스파툴리폴리움 '카르네아') 120
Sedum spathulifolium 'Carneum'(세덤 스파툴리폴리움 '카르네움') 119
Sedum spathulifolium 'Rogue River'(세덤 스파툴리폴리움 '로그 리버') 119
Sedum spathulifolium subsp. *pruinosum* 'Cape Blanco'(세덤 스파툴리폴리움 아종 프루이노숨 '케이프 블랑코') 38, 120
Sedum spathulifolium subsp. *purdyi*(세덤 스파툴리폴리움 아종 푸르디) 119
Sedum spathulifolium subsp. *purpureum* 'Red Chalk'(세덤 스파툴리폴리움 아종 푸르푸레움 '레드 초크') 119
Sedum spathulifolium subsp. *purpureum*(세덤 스파툴리폴리움 아종 푸르푸레움) 21, 119
Sedum spathulifolium subsp. *spathulifolium*(세덤 스파툴리폴리움 아종 스파툴리폴리움) 120
Sedum spectabile (세덤 스펙타빌) 60
Sedum spectabile 'Brilliant'(세덤 스펙타빌 '브릴리안트') 207
Sedum spectabile 'Carmen'(세덤 스펙타빌 '카르멘') 209
Sedum spectabile 'Neon'(세덤 스펙타빌 '네온') 206
Sedum spectabile 'Pink Chablis'(세덤 스펙타빌 '핑크 샤블리') 210
Sedum spectabile 'Stardust'(세덤 스펙타빌 '스타더스트') 208
Sedum spurium 'Atropurpureum'(세덤 스푸리움 '아트로푸르푸리움') 161
Sedum spurium 'Coccineum'(세덤 스푸리움 '코시네움') 161
Sedum spurium 'Dr John Creech'(세덤 스푸리움 '닥터 존 크리치') 159
Sedum spurium 'Elizabeth'(세덤 스푸리움 '엘리쟈베스') 161
Sedum spurium 'Fuldaglut'(세덤 스푸리움 '풀다글루트') 163
Sedum spurium 'Leningrad White'(세덤 스푸리움 '레닌그라드 화이트') 160
Sedum spurium 'Tricolor'(세덤 스푸리움 '트리컬러') 162
Sedum stahlii(세덤 스탈리) 21, 28, 42, 87, 117, 144, 150
Sedum stahlii 'Variegata'(세덤 스탈리 '바리에가타') 117
Sedum stenopetalum(세덤 스테나페탈룸) 99
Sedum stenopetalum 'Douglasii'(세덤 스테나페탈룸 '더글라시이') 118
Sedum stoloniferum(세덤 스톨로니페룸) 158
Sedum suaveolens(세덤 수아베오렌스) 42, 116
Sedum taiwanianum(세덤 타이완니아눔) 92
Sedum takesimensis 'Golden Carpet'(세덤 타케시멘시스 '골든 카펫') 171
Sedum tatarinowii(세덤 타타리노위) 219
Sedum telephium 'Black Beauty'(세덤 텔레피움 '블랙 뷰티') 220, 223
Sedum telephium 'Cherry Truffle'(세덤 텔레피움 '체리 트러플') 225
Sedum telephium 'Moonlight Serenade'(세덤 텔레피움 '문라이트 세레나데') 222
Sedum telephium 'Postman's Pride'(세덤 텔레피움 '포스트맨스 프라이드') 227
Sedum telephium 'Purple Emoeror'(세덤 텔레피움 '퍼플 엠페러') 226
Sedum telephium 'Raspberry Truffle'(세덤 텔레피움 '래스베리 트러플') 225, 220
Sedum telephium 'Red Cauli'(세덤 텔레피움 '레드 카울리') 221
Sedum telephium 'Xenox'(세덤 텔레피움 '제녹스') 224
Sedum telephium subsp. *maximum* 'Sunkissed'(세덤 텔레피움 아종 맥시멈 '선키스트') 230
Sedum telephium subsp. *ruprechtii* 'Hab Gray'(세덤 텔레피움 아종 루프레타 '합 그레이') 229
Sedum telephium subsp. *telephium* 'Munstead Dark Red'(세덤 텔레피움 아종 텔레피움 '문스테드 다크 레드') 231
Sedum ternatum(세덤 테르나툼) 28, 44-45, 56, 67, 91, 141
Sedum ternatum 'Larinem Park'(세덤 테르나툼 라리넴 파크) 141
Sedum tetractinum(세덤 테트락티눔) 104, 130, 142
Sedum tetractinum 'Coral Reef'(세덤 테트락티눔 '코랄 리프') 19, 22, 142
Sedum tetractinum 'Little China'(세덤 테트락티눔 '리틀 차이나') 142
Sedum treleasei(세덤 트렐레아시) 28-29, 42, 48, 100, 110, 117, 139, 143
Sedum trollii(세덤 트롤리이) 135
Sedum tschenokolevii(세덤 체노코레비이) 115
Sedum urvillei(세덤 우르빌레이) 122
Sedum ussuriense 'Turkish Delight'(세덤 우수리엔세 '터키시 딜라이트') 197-198, 217
Sedum watsoni(세덤 와소니) 132
Sedum wrightii(세덤 리가티) 101, 133
Sedum yosemitense 'Red Raver'(세덤 요세미텐스 '레드 라브') 119
Sedum yosemitense(세덤 요세미텐스) 119
sedums defined(세덤의 정의) 50-52
seedlings(유묘) 207
seeds(종자) 80
semihardy stonecrops(반내한성 스톤크롭) 65
Sempervivum(셈퍼비붐) 17, 29, 30, 48, 154, 180
sempervivums(셈퍼비붐류) 127-128, 153
Senecio(세네시오) 16, 30
Senecio mandraliscae(세네시오 만드랄리스체) 42, 121
sepals(꽃받침) 56
Sesleria autumnalis(셀스레리아 아우툼날리스) 15, 192-193
Sesleria 'Greenlee's Hybrid'(셀스레리아 '그린리스 히이브리드') 193
shade(그늘) 44, 67
shallow pots(얕은 포트) 10
Shasta daisies(샤스타 데이지) 175
shortleaved stonecrop(짧은 잎 스톤크롭) 113
shrublike sedums(관목같은 세덤류) 29
Siberia(시베리아) 85, 155, 165, 169, 217, 232-233
Sicily(시실리) 152
Sierra Madre(시에라 마드레) 116
Sierra Nevada(시에라 네바다) 119
silene(실레네) 127
silver foliage(은색 잎) 20-21
silver gem stonecrop(실버 젬 스톤크롭) 86
silver jellybeans(실버 젤리빈) 144
silver sedum(실버 세덤) 143
Sinocrassula(시노크라슐라) 52, 55
Sinocrassula indica var. *yunnanense*(시노크라슐라 인디카 변종 유나넨세) 54
Sinocrassula indica(시노크라슐라 인디카) 153
Sinocrassula yunnanense(시노크라슐라 유나넨세) 153
site(지역, 사이트) 65-66

Skagit Gardens(스카깃 정원, 미국 워싱턴 주) 197
slugs(민달팽이) 73
snails(달팽이류) 73
snow-in-summer(흰점나도나물) 163
soft stops(소프트 스톱) 20
soil(토양) 10, 38, 66
Southeast Asia(동남아시아) 107
Soviet Union(소비에트연방, 러시아) 157
Spain(스페인) 93-94, 137, 178-179, 213
Spanish stonecrop(스페인 스톤크롭) 152
specimens(표본, 샘플) 27
spike(수상화서) 17, 58
spillers(뻘침, 스필러) 27
Sporobolus heterolepsis(스포로볼루스 헤테로렙시스) 191
Sporobolus heterolepsis 'Tara'(스포로볼루스 헤테로렙시스 '타라') 32, 181, 206
sport(돌연변이) 24-25, 87, 129, 157, 163, 167, 173, 184-185, 198, 205-206, 216, 228
spring maintenance(봄철 관리) 70
Stachys byzantina(스타키스 비잔티나, 램스이어) 16, 163
stamens(수술) 56
stem cuttings(줄기삽, 경삽) 79-80
stems(줄기들) 58
Stephenson, Ray(스티븐슨, 레이) 6, 99, 217, 239, 240
stolon stonecrop(포복경 스톤크롭) 158
Stone Mountain(스톤마운틴, 미국 조지아) 174
stone walls(암벽) 30, 33-34
stonecrops(스톤크롭류) 8-10, 18-26, 186
strawberry root weevil(딸기 뿌리 바구미) 73
stringy stonecrop(실오라기 스톤크롭) 114
subspecies(아종) 58-59
summer maintenance(하절기 관리) 70
sun(햇빛) 65-66
sunrose(선로즈) 119
super burro's tail(슈퍼 뷰로 테일, 당나귀 꼬리 세덤) 110
sweetsmelling stonecrop(스위트 스멜링 스톤크롭) 116
Switzerland(스위스) 176
Symphyotrichum novaeangliae 'Purple Dome'(심피오트리쿰 노바양글리아 '퍼플 돔') 16, 224
Syria(시리아) 177

(T)
Taiwan(대만) 92, 135
Talinum(탈리눔) 30
Talinum calycinum(탈리눔 칼리치눔) 137
tasteless stonecrop(무미한 스톤크롭) 115
Terra Nova nurseries(테라 노바 너서리) 105, 186, 191-192, 194, 199, 201-202, 230
terraces(테라스) 32-33
terra-cotta(테라코타) 26-27, 61
terrariums(테라리움) 10, 46
Texas(텍사스, 미국) 97, 101, 145
texture(질감) 13
Thompson & Morgan(톰슨과 모르간) 217
threeleaved stonecrop(삼엽 스톤크롭) 141
thyme(타임) 41, 127
Thymus praecox(티무스 프래콕스) 129
tiny buttons(작은 버튼 세덤) 151
tiny sedums(작고 깜찍한 세덤류) 46
Tiscalatengo river(티스칼라텡코 강) 139
topiary(토피어리) 47-48, 128
tree sedum(나무 세덤) 29, 42, 95, 101, 144, 149
tree stonecrop(나무 스톤크롭) 95
tricolor stonecrop(삼색 스톤크롭) 162

trough gardens(구유 정원) 10
Trucks, Gary(트럭, 개리) 184
Turkey(터키) 93-94, 103, 152, 177-178
Turkish Delight stonecrop(터키시 딜라이트 스톤크롭) 217

(U)
Ukraine(우크라이나) 164
United Kingdom(영국) 200, 221
United States(미국) 99, 126
United States, Eastern native sedums(미국, 동부 원산의 세덤류) 30, 55, 118
United States, horticultural trade issues(미국, 원예무역 이슈) 44, 84, 148, 141
United States, Pacific Northwest native sedums(미국, 태평양 북서부 원산의 세덤류) 112, 119, 131
United States, plant introductions(미국, 식물 도입) 105, 175, 215
United States, Rocky Mountain native sedums(미국, 로키 산맥 원산의 세덤류) 85
United States, sedums new(미국, 신품종 세덤류) 92, 175, 177, 197
United States, sedums not available in(미국, 이용이 어려운 세덤류) 206
United States, sedums rare(미국, 희귀종 세덤류) 136-137
United States, Southeastern native sedums(미국 남동부 원산의 세덤류) 91
University of Wisconsin at Madison(위스콘신대학) 34
urntype planters(항아리형 플랜터) 10

(V)
variegated foliage(무늬 잎) 24-25, 104, 121, 129, 162, 167, 182, 189, 210, 215
variegated October daphne(무늬종 옥토버 다프네) 212
Vernonia lettermanii(버노니아 레터마니) 201, 222
Veronica incana 'Pure Silver'(베로니카 인카나 '퓨어 실버') 16, 188
very dry conditions(아주 건조한 조건들) 42
vignette(비네트, 소품문) 13
Viola labradorica(비올라 래브라도리카) 141
viruses(바이러스) 24, 76

(W)
walkways(보도, 통로) 32-33
wall pepper(월 페퍼) 122
Walters Gardens(월터 정원, 미국 미시건 주) 185
Washington State(워싱턴 주) 99, 120
weeds(잡초) 78
Wenatchee Mountains(위냇치 산맥, 미국 워싱턴 주) 99
West Germany(서독) 179
white stonecrop(화이트 스톤크롭) 125
whorled stonecrop(윤생 스톤크롭) 114, 141
widow's cross(과부의 십자가) 148
wild sedums(야생 세덤) 55
windowboxes(윈도우 박스) 10
winter maintenance(겨울철 관리) 71
wooden pallets(우든(목재) 팰릿) 40
woodland stonecrop(우드랜드 스톤크롭) 141
woolly speedwell(털이 있는 꼬리풀) 16
wormleaf stonecrop(웜 잎 스톤크롭) 118
Wright's stonecrop(라이트 스톤크롭) 101

(Y)
yarrow(야로우) 16, 172
yellow foliage(노란색 잎) 22
Yinger(Barry (잉거, 배리) 215
Yucca brevifolia(유카 브레비폴리아) 29
Yugoslavia(유고슬라비아) 176, 178

(Z)
zone map(재배지역도) 265

8. 작물의 재배지역도
(ZONE MAP)

〈미국 농무성의 재배 지역도와 최저 온도(℃)〉

섭씨온도(℃)	지역기호	화씨온도(℉)
−51 ~ −48	1a	−60 ~ −55
−48 ~ −46	1b	−55 ~ −50
−46 ~ −43	2a	−50 ~ −45
−43 ~ −40	2b	−45 ~ −40
−40 ~ −37	3a	−40 ~ −35
−37 ~ −34	3b	−35 ~ −30
−34 ~ −32	4a	−30 ~ −25
−32 ~ −29	4b	−25 ~ −20
−29 ~ −26	5a	−20 ~ −15
−26 ~ −23	5b	−15 ~ −10
−23 ~ −21	6a	−10 ~ −5
−21 ~ −18	6b	−5 ~ 0
−18 ~ −15	7a	0 ~ 5
−15 ~ −12	7b	5 ~ 10
−12 ~ −9	8a	10 ~ 15
−9 ~ −7	8b	15 ~ 20
−7 ~ −4	9a	20 ~ 25
−4 ~ −1	9b	25 ~ 30
−1 ~ 2	10a	30 ~ 35
2 ~ 4	10b	35 ~ 40
4 ~ 7	11a	40 ~ 45
7 ~ 10	11b	45 ~ 50
10 ~ 13	12a	50 ~ 55
13 ~ 16	12b	55 ~ 60
16 ~ 18	13a	60 ~ 65
18 ~ 21	13b	65 ~ 70

내한성 재배지역도는 하드니스(hardiness), 작물이 추위를 견디는 힘, 즉 내한성(耐寒性)을 기준으로 제안된 것으로 여기서 하드니스 존(hardiness zone)이란 특정 부류의 식물이 그 지역의 최저온도를 견디어내는 성질을 가진 것으로 특정지역에서 살 수 있는지를 기준으로 재배학적 정의한 지대(地帶, zone)이다. 이것은 USDA(미국 농무성)에 의해 제안되었다. 여기서 지역(Zone)은 매해 겨울에 기록된 최저기온의 평균치에 따라 나누어진다. 따라서 서울의 예년 평균 최저기온이 −15℃ 이면 7b zone(지역)에 해당된다. 즉 지역 1이 가장 추운 지역이고, 지역 11은 가장 따뜻한 열대지역이다. 하와이, 남부 캘리포니아 해안지역, 플로리다의 남단 등이다.

이것은 미국에서 제안되었기에 화씨(℉) 10도 차이로 구획된 2에서 10까지의 각 지역(zone)은 또 화씨(℉) 5도를 사이로 a와 b, 두 개의 반 지역(half-zone)으로 나눈다. b가 a보다 더 따뜻한 지역을 나타낸다. 예를 들면 지역(zone) 11은 연간 최저기온의 평균치가 40℉(4.4℃)가 넘는 지역을 나타낸다. 일반적으로 고위도, 고지대일수록 더 추운 지역임을 볼 수 있다.

만약 어떤 자료에서 특정 식물에 대해 "Zone 6"이라고 기록하고 있다면 그 식물은 그 지역과 그보다 따뜻한 지역의 노지에서 겨울을 날 수 있다는 말이며, "Zones 4-9" 등으로 범위로 표시했다면 그 안에서만 서식하고 더 춥거나 따뜻한 바깥쪽 권역에서는 생육이 어렵다는 뜻이다. 그러나 식물의 생존 요건에는 최저온도만 있는 게 아니며, 토양이나 강수량, 온도, 광도, 습도 등도 영향을 미치는데 같은 지역 간에도 기후가 다를 수가 있고 미기후도 다르므로 어디까지나 참고자료로만 보면 된다.

〈인터넷 검색 주소〉

미국(United States)
http://www.usna.usda.gov/Hardzone/ushzmap.html
※미국의 경우 특정지역의 우편번호를 넣으면 바로 재배지역도의 지역기호 검색이 가능하다.

캐나다(Canada)
http://www.planthardiness.gc.ca/
http://atlas.nrcan.gc.ca/site/english/maps/environment/forest/forestcanada/planthardi

유럽(Europe)
http://www.gardenweb.com/zones/europe/
http://www.uk.gardenweb.com/forums/zones/hze.html

다육식물 세덤
THE PLANT LOVER'S GUIDE TO SEDUMS

이 책의 한국어 판권은 베스툰 코리아를 통하여 저작권자와 독점 계약한 RGB 출판사에 있습니다. 저작권법에 의해 한국 내에서 보호를 받는 저작물이므로 어떠한 형태로든 무단 전재와 무단복제를 금합니다.

Copyright ⓒ 2014 by Brent Horvath. All rights reserved.
Published in 2014 by Timber Press, Inc.
The Haseltine Building 133 S.W. Second Avenue Suite 450 Portland, Oregon 97204-3527
6a Lonsdale Road London NW6 6RD

다른 팀버 출판사(Timber Press) 책을 구입하고 싶거나 뉴스레터를 구독하고 싶으시면 우리의 웹사이트(websites)인 timberpress.com 그리고 timberpress.co.uk를 방문해 보라. 저자와 출판사는 상표와 저작권, 판매, 사후 서비스 문제는 여기서 보장하지 않는다.

2016년 12월 21일 초판인쇄
2016년 12월 31일 초판발행
발행 : (사)한국선인장과 다육식물협회(TEL 02-3399-1745, FAX 02-3399-1741)
출판 : RGB Press(36cactus@naver.com)
ISBN 978-89-98180-13-3

〈역자의 공지〉
이 책은 몇년 전에 출판된 〈다육식물의 관리와 번식〉과 관련성이 많은 책으로 우리나라의 선인장과 다육식물산업에 일조할 것으로 판단된다. 한국인의 취향에 맞추기 위해 사진을 재정비하고 색인을 만들었으며 전문적인 부분은 설명을 곁들이고 내용을 보강하였다. 독자여러분들의 이해와 성원을 기대한다.

〈역서출판에 도움을 주신 분들〉
먼저 한국어 번역을 흔쾌히 허락해준 저자와 팀버 출판사(Timber Press), 법적인 문제와 업무대행을 해준 베스툰 코리아의 전유미 선생, 편집 및 인쇄를 맡아준 파오디의 조흥원 실장, 무엇보다도 대중국수출사업단 박종서 단장님과 다육식물 과제수행 팀원들, 가족들께도 감사를 드린다.

〈역자경력〉
남상용(농학박사)
서울대 농생명과학대 식물생산과학부 학부, 석사, 박사졸업
현재 삼육대학교 과학기술대학 원예학과 교수
현재 삼육대학교 부설 자연과학연구소 소장
현재 노원삼육에코팜센터/학교기업 SU-AgRI CEO
현재 대중국수출사업단 다육식물 과제장
현재 (사)한국선인장과 다육식물협회장